高等学校“十三五”应用型本科规划教材

金融学

主　编　李小丽

参　编　任瑞丽　梁慧珍

丛禹月　吴　田

西安电子科技大学出版社

内 容 简 介

本书是根据我国近年来经济、金融体制改革的实践，为适应加强基础理论、提升专业能力的应用型本科金融人才培养目标的需求而编写的，书中突出市场经济条件下金融的特点，既充分反映国内外金融业发展现状，又兼顾我国金融改革的成就和发展前沿。全书共分十三章，内容包括货币与货币制度，信用，利息与利息率，金融机构体系，中央银行与政策性银行，商业银行，金融市场与金融中介，证券，保险、信托与租赁，货币供求，货币政策，国际金融，金融创新与金融发展等。

本书既适用于高等院校应用型本科经济类、管理类、金融专业学生使用，也可作为广大读者了解金融知识的启蒙读本。

图书在版编目(CIP)数据

金融学/李小丽主编. —西安：西安电子科技大学出版社，2018.2

ISBN 978-7-5606-4871-2

Ⅰ. ① 金…　Ⅱ. ① 李…　Ⅲ. ① 金融学　Ⅳ. ① F830

中国版本图书馆 CIP 数据核字(2018)第 024655 号

策　　划　戚文艳

责任编辑　孙雅菲　阎　彬

出版发行　西安电子科技大学出版社(西安市太白南路 2 号)

电　　话　(029)88242885　88201467　　邮　　编　710071

网　　址　www.xduph.com　　电子邮箱　xdupfxb001@163.com

经　　销　新华书店

印刷单位　陕西天意印务有限责任公司

版　　次　2018 年 2 月第 1 版　　2018 年 2 月第 1 次印刷

开　　本　787 毫米×1092 毫米　1/16　印　张　22

字　　数　520 千字

印　　数　1～3000 册

定　　价　49.00 元

ISBN 978-7-5606-4871-2/F

XDUP 5173001-1

高等学校“十三五”应用型本科规划教材

编审专家委员会名单

出 版 说 明

本书为西安科技大学高新学院课程建设的最新成果之一。西安科技大学高新学院是经教育部批准，由西安科技大学主办的全日制普通本科独立学院。

学院秉承西安科技大学五十余年厚重的历史文化积淀，充分发挥其优质教育教学资源和学科优势，注重实践教学，突出“产学研”相结合的办学特色，务实进取，开拓创新，取得了丰硕的办学成果。

学院现设置有国际教育学院、信息与科技工程学院、新传媒与艺术设计学院、城市建设学院、经济与管理学院五个二级学院，以及公共基础部、体育部、思想政治教学与研究部三个教学部，开设有本、专科专业 44 个，涵盖工、管、文、艺等多个学科门类。

学院现占地 912 余亩，总建筑面积 22.6 万平方米，教学科研仪器设备总值 6000 余万元，现代化的实验室、图书馆、运动场、多媒体教室、学生公寓、学生活动中心等一应俱全。学院优质的教育教学资源、紧跟行业需求的学科优势、“产学研”相结合的办学特色，为广大学子提供创新、创业和成长、成才平台。

学院注重教学研究与教学改革，围绕“应用型创新人才”这一培养目标，充分利用合作各方在能源、建筑、机电、文化创意等方面的产业优势，突出以科技引领、产学研相结合的办学特色，加强实践教学，以科研产业带动就业，为学生提供了学习、就业和创业的广阔平台。学院注重国际交流合作和国际化人才培养模式，与美国、加拿大、英国、德国、澳大利亚以及东南亚各国进行深度合作，开展本科双学位、本硕连读、本升硕、专升硕等多个人才培养交流合作项目。

在学院全面、协调发展的同时，学院以人才培养为根本，高度重视以课程设计为基本内容的各项专业建设，以扎扎实实的专业建设，构建学院社会办学的核心竞争力。学院大力推进教学内容和教学方法的变革与创新，努力建设与时俱进、先进实用的课程教学体系，在师资队伍、教学条件、社会实践及教材建设等各个方面，不断增加投入、提高质量，为广大学子打造能够适应时代挑战、实现自我发展的人才培养模式。学院与西安电子科技大学出版社合作，发挥学院办学条件及优势，不断推出反映学院教学改革与创新成果的新教材，以逐步建设学校特色系列教材为又一举措，推动学院人才培养质量不断迈向新的台阶，同时为在全国建设独立本科教学示范体系，服务全国独立本科人才培养，做出有益探索。

西安科技大学高新学院

西安电子科技大学出版社

2018 年 1 月

前　言

金融学是应用型本科金融专业和经济管理类专业必须开设的专业基础理论课程。为了满足我国金融体制改革和经济发展对金融人才培养的客观需要，本书在充分吸收国内外金融理论研究及实践最新成果的基础上，着力突出基础性、前沿性和实用性的特点，力求实现将金融学科基础理论教学与注重实践能力、创新精神的培养相结合，加大实践教学环节与知识拓展的内容比例，相比以往的金融基础理论教材更具有针对性。

本书以通俗、简洁的语言，深入浅出地介绍了在市场经济条件下金融运作的规律以及金融与经济发展之间的关系，是金融专业学生涉足金融领域的一本入门教材，既适合作为应用型本科院校教学用书，又可作为财经或金融爱好者的学习参考读本。

本书由李小丽担任主编，负责编写大纲及定稿，由西安科技大学高新学院、西安欧亚学院教师负责编写。

全书共十三章，各章编写分工如下：第一、五、六、十三章由李小丽编写；第二、十二章由吴田老师编写；第三、七章由丛禹月编写；第四、十、十一章由梁慧珍编写；第八、九章由任瑞丽编写。

由于金融学科的不断发展和完善，金融理论和实践的创新也将层出不穷，加之编者水平有限，书中如有不足之处敬请广大读者批评指正，以便修订时改进。

李小丽

2017 年 12 月 6 日

目　　录

第一章　货币与货币制度

【知识目标】

1. 了解货币的起源和本质，掌握货币职能
2. 理解货币形态的变迁过程，掌握货币形成原理
3. 理解货币层次的划分
4. 了解货币制度含义，掌握货币制度的构成

【能力目标】

1. 能够简单分析和判断货币职能
2. 能够认识和理解经济运行中的货币指标

案例导入

比特币(虚拟货币)

比特币(BitCoin)的概念最初由中本聪在2009年提出，是一种P2P形式的数字货币。其点对点的传输意味着这是一个去中心化的支付系统。

与大多数货币不同，比特币不依靠特定货币机构发行，它依据特定算法，通过大量的计算产生。比特币经济使用整个P2P网络中众多节点构成的分布式数据库来确认并记录所有的交易行为，并使用密码学的设计来确保货币流通各个环节的安全性。P2P的去中心化特性与算法本身可以确保无法通过人为来大量制造比特币或操控币值。基于密码学的设计可以使比特币只能被真实的拥有者转移或支付，这同样确保了货币所有权与流通交易的匿名性。比特币与其他虚拟货币最大的不同，是其总数量非常有限，具有极强的稀缺性。该货币系统曾在4年内只有不超过1050万个，之后的总数量将被永久限制在2100万个。

比特币可以用来兑现，可以兑换成大多数国家的货币。使用者可以用比特币购买一些虚拟物品，比如网络游戏当中的衣服、帽子、装备等，只要有人接受，也可以使用比特币购买现实生活当中的物品。在被投资者疯狂追逐的同时，比特币已经在现实中被个别商家

接受。北京一家餐馆开启了比特币支付。这家位于朝阳大悦城的餐馆称，该店从 2013 年 11 月底开始接受比特币支付。消费者在用餐结束时，把一定数量的比特币转账到该店账户，即可完成支付，整个过程类似于银行转账。该餐馆曾以 0.13 个比特币结算了一笔 650 元的餐费。2014 年 1 月，Overstock 开始接受比特币，成为首家接受比特币的大型网络零售商。

在现实经济生活中，我们每天都在与货币打交道，究竟什么是货币？货币的存在形式有哪些？货币的职能是什么？货币经历了一个什么样的演变过程？货币和经济之间存在什么样的关系？这是每一个学习金融的人都必须要面对的问题。在本章中，我们将首先学习货币的定义和职能，货币和货币制度的演变，最后讨论货币与经济的关系。

第一节　形形色色的货币

经济学中被称之为货币的是日常人们生活中俗称为“钱”。由于货币在不同时期，存在的形式有所不同，因此，人们对货币的定义也各有不同。一部分经济学家从实物货币或商品货币出发来定义货币，注重货币的内在价值，从商品的内在矛盾来揭示货币的产生及属性；另一部分经济学家从商品交换的“便利”出发，注重货币的媒介性，从解决物物交换的困难角度来揭示货币的产生和属性。如果不考虑历史的因素，仅从现代的角度来定义货币，可以将货币定义为：由国家法律规定的，在商品劳务交易中或债务清偿中被社会普遍接受的一般等价物。理解货币要注意区分现金货币、存款货币、货币与财富等概念。

一、现金货币

现金就是指家庭个人、工商企业、政府部门所拥有的现钞，包括纸币现钞、硬币现钞。在中国，本币主要有 100 元、50 元、20 元、10 元、5 元、2 元、1 元；辅币现钞有 5 角、2 角、1 角。现金是货币的一部分。这部分货币的流动性强，使用频率高，对人们日常消费的影响较大。一国现金数量的多少，与该国的货币支付结算制度有关。支付结算制度越发达，通过支票、信用卡、转账结算等银行方式进行的商品劳务交易的数量越多，现金需求量就越少；反之，则越多。

中国是目前世界上使用现金数量较多的国家，随着中国网络金融的发展，信用卡、ATM、POS 的广泛运用，流通的现金会逐渐减少。近年来，我国现金增幅均在 10%以下，表明随着市场经济的发展，信用卡、商业票据等各种替代现金支付的结算工具将有快速增长趋势。

二、存款货币

存款的划分种类很多，有按期限划分，有按用途划分，有按性质划分……我们这里按存款可否通过银行直接转账，完成支付交易行为来划分，将存款划分为两大类。一类是可直接通过金融机构划转，完成商品劳务交易的活期存款。这类存款具有直接的媒介交易和支付功能，具有普遍的接受性。由于这部分货币对商品劳务的价格会产生直接影响，在统计中，将这部分活期存款计算为流通中的货币。第二类是不可直接通过金融机构划转的定期存款和储蓄类存款。定期存款和储蓄存款是一种账面符号。在具体的商品劳务交易中，这些存款不能直接完成交易，必须经由金融机构将之转化为现金或活期存款后，才能完成货币的交易支付功能。

【知识拓展】

我国的货币

中国人民银行成立于1948年12月1日，当日发行人民币。至1951年，除了台湾、香港、澳门和西藏外，人民币成了全国统一的、独立自主的稳定的货币。1955年进行了人民币改革。1955年3月1日发行新的人民币，以1∶10000的比率无限制、无差别收兑旧人民币，同时建立辅币制度。目前在中国境内共有人民币、港元、澳门元、新台币四个货币区，以下分别介绍这四种货币及其流通的基本情况。人民币全称中国人民银行币，是中华人民共和国的法定货币。其正式的简称为CNY(ChiNa Yuan)，标志为￥。

人民币的基本单位为圆(元)。一圆分为十角；一角再分为十分(1圆=10角=100分)。目前人民币已经发行至第五套。现时发行的纸币(第五套)包括了100元、50元、20元、10元、5元、1元(还有第四套，现市面上已经很少流通，但官方尚未宣布停止使用的2元、5角、2角、1角)。人民币在中国香港和中国澳门不是法定货币。它们有按基本法自行决定发行的香港元和澳门元，但是现在港澳地区有些商店接受使用人民币交易。台湾地区银行不接收人民币的兑换，一般商家也不接受人民币，而使用新台币来买卖交易。台湾地区法律亦仅认为人民币是“有价证券”，不具有通货身份。

港元，或称港币，是中华人民共和国香港特别行政区的法定流通货币。按照香港基本法和中英联合声明，香港的自治权包括自行发行货币的权力。其正式的简称为HKD(Hong Kong Dollar)；标志为HK$。港元的纸币绝大部分是在香港金融管理局监管下由三家发钞银行发行的。三家发钞行包括汇丰银行、渣打银行和中国银行，另有少部分新款十元钞票，由香港金融管理局自行发行。硬币则由金融管理局负责发行。1997年香港回归前，香港流通硬币上铸有英女王头像，曾一度成为收藏对象。1993年起，政府逐渐收回旧硬币，以背面上为香港市花洋紫荆的新硬币代替。但女王头像硬币仍为合法货币，与新硬币同时流通。值得注意的是，香港所有钞票的式样都有版权。所以，任何人在未有得到版权持有人的许可前，都不能任意复制钞票的式样。多年来在香港有几家机构因为未得钞票版权持有银行的批准而在广告上运用，结果被判支付巨额罚款。虽然港元只在香港有法定地位，但在中国大陆和澳门很多地方也接受港元。而且，在澳门的赌场，港元是澳门元以外唯一接受的货币。

澳门币，或称澳门元，是中华人民共和国澳门特别行政区的法定流通货币，常用缩写MOP$，其正式的简称为MOP(Macao Pataca)。澳门的货币政策由澳门金融管理局管理。现在，澳门币的纸币由澳门金融管理局授权大西洋银行与中国银行澳门分行发行，硬币则由澳门金融管理局负责发行。澳门现时对澳门币与外币的进出境都没有管制，游客可以在澳门的酒店、银行、兑换店等地自由兑换货币。

新台币的前身为台币，又称为旧台币，在1945年5月22日开始发行。当初台币被定位为一种过渡时期的货币，由于当时中国大陆战后金融状况不稳定，因此中国台湾未使用当时通行于中国大陆的法币、金圆券，而是另外再发行台币。但由于1948年上海爆发金融危机，连带也使旧台币币值大幅贬值，造成台湾物价水准急剧上扬。在1949年6月15日台湾发行新台币，明确规定40 000元旧台币兑换1元新台币，成为今日台湾的法定货币。另外为应对金门、马祖等战地的特殊需要，也曾经发行限定流通这些地区的新台币金门、马祖流通券，目前则已经取消。新台币到2000年发行的1000圆之前，都是“中央银行”委托台湾银行发行。2000年后改由中央银行发行。

三、货币与财富

货币只是财富的一部分，而不是全部。在重商主义时期，金银货币被看成是唯一的财富。国家实行多吸收金银、少输出货币的贸易保护主义政策。古典主义时期，有“古典经济学之父”之称的威廉·配弟又有了“土地是财富之母、劳动是财富之父”的经典名言。到了1776年，亚当·斯密在《国富论》一书中写道，一国财富的多少不是金银的多少，而是可供消费品的多少，国家财富的增长在于经济自由；后来萨伊又提出了“财富就是效用”，认为财富不一定就是“有形产品”，也可以是“无形产品”，即各种“服务”……不管财富的内涵如何演变，有一点是明确的：货币只是财富的一个部分，有形的财富还包括房产、地产、股票、债券、轿车等。

第二节 货币的职能

中国的经济学家通常将货币的功能描述为价值尺度、流通手段、支付手段、价值贮藏手段和世界货币五种。

一、价值尺度

货币具有普遍的接受性，意味着所有的商品劳务都必须经由货币来表现其价值，使其具有价格。商品劳务能否流通要看其有没有价格。没有价格的商品劳务是不能流通的。商品劳务的价格就是商品劳务内在价值的货币表现，即值多少钱。“值多少钱”就是货币在发挥价值尺度职能。

价值尺度，就是价值标准，或者价格单位。发挥这一功能只要具有一定量观念上的货币就行了。在金本位时期，这一标准通常用“盎司”或“两”等重量标准来表示，即一件商品=x盎司或x两黄金。在信用货币流通的条件下，商品劳务的价格通常用“元”、“美元”等来表示。“元”、“美元”就是价格标准。

确定标准的意义在于比较，有了比较才便于流通和交换。因此，货币作为价格尺度，解决了商品劳务之间进行价值比较的难题。

价值尺度是衡量一种物品是不是货币的最重要的标志。在中国，我们用“元”作为尺度的标准，如：一件商品=人民币100元。它所包含的信息是：人民币是货币，价格标准是“元”，一切商品劳务必须经由人民币“元”来表现其价值。而其他财富，如黄金、房产、地产、股票、债券、汽车等均不是货币，因为它们不能发挥价值尺度的职能。

二、流通手段

货币发挥价值尺度，使商品劳务具有价格后，就必须依靠现实的货币来完成交换。货币流通手段职能就是为了实现商品劳务现实的交换。商品交换是由物物交换发展而来的。物物交换是缺乏统一价格标准而没有普遍接受的货币的交换。这种交换受时间、空间和交换双方是否彼此需求对方物品等诸多限制。比如，在交换中，甲必须要找到这样一个人，他拥有甲所需求的商品或劳务，而这个人恰好在同一时间、同一地点又需要甲所能提供的商品和劳务，在这种情况下交易才能进行。物物交换往往要花费大量的时间，是一种效率低、交易成本高的交换方式。

物物交换还受到实物本身价值量的比较困难和是否可以分割的限制。比如，牛和羊之间的交换。它们如何比较价值，是依据体重还是依据饲养成本，抑或是依据满足人们需求的程度。假定，依据饲养成本，一头牛相当于两只半羊。那么，在交换时，是否可以用一头牛交换两只半羊；再假定一头牛值三只羊，而此时甲只有两只羊，那么，甲只能望牛兴叹，因为牛是不能分割的，一旦分割，就失去了价值。

让我们将货币引入到上述交易中，甲只需将自己的物品转化为一定量的货币，然后用货币去交换自己需要的物品。由于货币具有普遍接受性，从而可以完成所有的交易。有了货币的交换则不再受时间、空间限制，也不再受买卖双方彼此需求对方物品的限制。同样，由于货币是标准化的价值尺度，可以加减自如，随意“分割”，从而可以满足任意数量的交易需求。

货币充当商品交换的流通手段职能，降低了买卖的难度，缩短了交易的时间，节省了交易成本，从而提高了交换效率。

三、支付手段

一手交钱，一手交货，这是货币在发挥流通手段的职能。一手交钱，一手没有拿到货；或者一手交货，另一手并没有得到相应的钱，只得到的是延期支付的允诺。在这些方式中，商品让渡与商品价格的实现在时间和地点上分离开来，货币充当延期支付或者未来支付的工具。

社会化大生产，使生产流通领域形成了彼此合作、相互依赖的关系。由于企业的产销条件、生产周期等因素的差异，会出现欲购买原料而手中无钱，或者急于将产品销售出去，对方又无钱支付的“脱节”现象。鉴于供需双方长期的合作关系，就使得延期付款的方式成为维系生产正常进行的环节。货币发挥支付手段功能就是通过合约的方式，解决钱货交易分离——现时成交，一定时期后付款或付货的方式。货币的支付手段这一职能，不仅体现在生产环节，同时还体现在消费环节，货币的支付功能也愈加显现。比如，分期付款、消费信贷等交易方式，以及支付工资、缴纳税金等。

货币执行支付手段职能，是以信用关系为基础的。信用关系是否正常将成为影响货币流通量进而影响经济正常运行的一个因素。由于货币的支付手段职能的存在，当某些商品转手时，相应的货币并没有现实地进入流通领域，而是在支付日期到来的时候，货币才会从买者手里转到卖者手中。于是，当进入流通的商品增加时，流通所需的货币可能不会增加；相反，当进入流通的商品没有增加时，流通所需的货币可能增加。这就是说，货币执行支付手段的职能会影响货币流通。

由于货币支付有一个时间长度，在正常条件下，大量由信用关系引起的债权、债务可以相互抵消，不需要现实的货币量。到期不能相互抵消的债权债务，则必须以现实的货币支付。货币发挥支付手段职能，一方面对现实经济具有促进作用，因为其扩大了商品劳务交易量，克服了现款交易对商品生产、商品流通的限制；但另一方面，又会由于信用关系的过分扩张，或某些企业生产流转过程出现问题，导致到期不能支付的“脱节”问题。

四、贮藏手段

贮藏手段即货币退出流通领域并作为社会财富的一般代表被保存起来的职能。货币作为贮藏手段能够自发地调节流通中的货币量。当流通中需要的货币量减少时，多余的货币就退出流通；当流通中需要的货币量增加时，部分被贮藏的货币就进入流通。充当贮藏手段的货币，必须是实在的、足值的金银货币，只有金银铸币或金银条块才能发挥货币的贮藏手段职能。

【知识拓展】

去银行存钱属于货币的哪种职能？

我们说执行贮藏手段时必须是实实在在的足值的货币，也就是金银，而纸币不能执行贮藏手段的职能，但实际上在银行里存人民币已经起到贮藏手段的作用了，因为人们到银行里存钱时，是把纸币看作货币的，也就是人们认为纸币是有价值的，尽管按经济学来讲它不过是货币符号。也就是说理论和实际是有一定距离的，理论上不可以的事，在现实生活中往往是合情合理的。

暂时退出流通，被人们当作社会财富的一般代表而持有的货币，发挥价值贮藏手段职能。人们在取得收入时，并不会将所有收入一下子花光，而是根据消费需求，制定一个合理的支出安排，分期花费不同数量的货币。合理安排支出，经常保有一定数量的货币量在手中，是保证生产生活正常进行的条件。

任何财富或者任何资产都具有价值贮藏功能，而非只有货币，比如债券、土地、房产、地产、珠宝玉器等一般财富作为价值贮藏手段，其目的在于保值增值，通过利息、租金、涨价等收益为所有者谋利。货币作为资产，除了保值增值功能外，还有其特殊性。由于货币是直接的购买手段，随时可以进入流通。因此，货币相对于其他资产而言，是一种流动性最好、最安全的价值贮藏形式。人们之所以喜欢以货币的形式保存价值，就因为货币是直接的交易媒介。在完成作为资产的货币(价值贮藏)向交易的货币(流通手段)转换时，无任何转换成本。而其他财富一旦要转换成货币时，都存在转换成本。比如，你在出售股票、出售房产时，必须支付经纪人的佣金；还可能存在股票、房产价格下跌损失成本的危险。

实物货币是价值和使用价值的统一。实物货币被作为价值保存时，其作为商品的使用价值就被“浪费”了。因此，实物货币发挥价值贮藏手段的社会成本很高。信用货币是一种价值符号，是价值和使用价值的分离。正是这种分离，使信用货币在发挥价值贮藏功能时，与其对应的社会资源仍然可以被人们利用。因此，信用货币发挥价值贮藏可以提高储蓄的效率。

信用货币发挥价值贮藏功能的优势，取决于能否有效地控制货币数量。一国政府，如能控制货币量与经济发展水平相一致，即维系商品劳务价格的基本稳定，那么，货币的这一功能便能够有效发挥；反之，这一功能可能对经济产生不利的影响。

五、世界货币

国际资源配置的前提是国际资源的合理流动。在经济一体化、全球化趋势下，一国对国际市场的依赖越来越明显。从这种意义上，货币在国与国之间自由流动，已成为推动国际经济发展的一个先决条件。所谓世界货币，就是在世界市场具有普遍接受性的且能够发挥价值尺度、流通手段、支付手段、贮藏手段职能的货币。

黄金曾经发挥过世界货币的作用，在国家之间作为商品劳务流通的媒介，执行货币的各种职能。但目前，黄金只是一般的商品，偶尔在国家之间作为最后的清偿支付手段。当前的世界货币是信用货币，主要以美元为代表。在世界经济运行中，美元可以自由兑换成其他国家的货币。在世界贸易中，大多国家都以美元为清偿手段。在国家之间，美元具有普遍的接受性，发挥着价值尺度、流通手段等职能。中国的人民币还不是可自由兑换的货币，这与中国经济的发展水平和在国际上的影响是有关系的。

第三节 货币形态的演变

从古至今，充当过货币的物品很多，如牛、羊、树皮、铜、铁、贝壳、黄金等。除具体的物品外，还有一些以国家权力为支持的价值符号，如纸币、信用货币等。这些不同形式的货币，在不同时期发挥着货币的各种职能。下面，通过对不同时期的货币形式进行分类、梳理，了解货币不断演进的基本过程。

一、实物货币

实物货币是指作为货币的价值与作为普遍商品的价值相等的货币。实物货币是货币最原始、最朴素的形式。它本身既作为商品，同时又作为货币充当交换媒介。

实物货币可以划分为两个阶段：朴素的实物货币阶段和贵金属货币阶段。朴素的实物货币是商品货币，通常以牛、羊等形式存在。这些实物货币受自身物理属性局限，且易受季节、场景变化影响，充当实物货币的商品具有不稳定性，接受范围有限，难以分割，缺乏统一的价值衡量标准。朴素商品货币具有的局限性，使贵金属货币逐渐成为普遍的交易媒介，换句话说，贵金属具有的物理特性更适合于充当货币，发挥货币的各种职能。以黄金、白银作为货币，几乎是所有国家共同的历史。之所以如此，是因为贵金属有以下几个特点：① 币值稳定，便于携带；② 价值大，易于分割；③ 不受场景、季节的影响，易于贮藏；④ 具有统一的价值衡量标准。但是，黄金等贵金属作为货币也有其局限：贵金属的产量有限，难以满足不断增加的商品流通对货币的需求，且生产贵金属耗费的劳动量大；在流通中鉴别成色和称量麻烦；携带运输成本高等。所以，贵金属货币并非是最理想的货币。

目前，黄金、白银等贵金属作为货币的属性主要表现在价值贮藏方面。它们更多的是一般商品，发挥着一般商品的职能。但是，在那些经济、政治局势动荡或爆发战争的国家，这些贵金属仍然发挥着货币的一些功能。

【知识拓展】

战俘营里的货币

二战期间，在纳粹的战俘集中营中流通着一种特殊的商品货币：香烟。当时的红十字会设法向战俘营提供了各种人道主义物品，如食物、衣服、香烟等。由于数量有限，这些物品只能根据某种平均主义的原则在战俘之间进行分配，而无法顾及到每个战俘的特定偏好。但是人与人之间的偏好显然是会有所不同的，有人喜欢巧克力，有人喜欢奶酪，还有人则可能更想得到一包香烟。因此这种分配显然是缺乏效率的，战俘们有进行交换的需要。但是,即便在战俘营这样一个狭小的范围内，物物交换也显得非常不方便，因为它要求交易双方恰巧都想要对方的东西，也就是所谓的需求双重巧合。为了使交换能够更加顺利地进行，需要有一种充当交易媒介的商品，即货币。那么，在战俘营中，究竟哪一种物品适合做交易媒介呢？许多战俘营都不约而同地选择香烟来扮演这一角色。战俘们用香烟来进行计价和交易，如一根香肠值 10 根香烟，一件衬衣值 80 根香烟，替别人洗一件衣服则可以换得两根香烟。有了这样一种记账单位和交易媒介之后，战俘之间的交换就方便多了。香烟之所以会成为战俘营中流行的"货币"，是和它自身的特点分不开的。它容易被标准化，而且具有可分性，同时也不易变质。这些正是和作为"货币"的要求相一致的。当然，并不是所有的战俘都吸烟，但是，只要香烟成了一种通用的交易媒介，就用它可以换到自己想要的东西，自己吸不吸烟又有什么关系呢？我们现在愿意接受别人付给我们的钞票，也并不是因为我们对这些钞票本身有什么偏好，而仅是因为我们相信，当我们用它来买东西时，别人也愿意接受。

二、代用货币

代用货币是黄金等贵金属的替代品，代表黄金等贵金属发挥货币的职能。代用货币本身的价值低于它作为货币的价值。

代用货币的出现是商品交换日益扩大的结果。在贵金属货币流通时期，有专门经营货币的行业出现。它们替客户保管金银、鉴别成色、兑换铸币等，在替客户保管金银时，需向客户出示相应的保管凭条。这些保管凭条最初只是作为客户取回其保管金银的一种书面证明。随着商品交易活动的日益频繁，交易规模的日益扩大，在现实商品交易中，为避免兑换程序上的繁琐，保存金银的客户不再先用保管凭条去兑取金银，而是直接用保管凭条进行商品劳务的购买与支付。于是，保管凭条开始在市场上流通，取代金银发挥货币的各种职能。保管凭条就是典型的代用货币。

代用货币解决了贵金属数量上的不足。一些国家借助于国家权力，以黄金为准备金发行纸币，规定流通中的纸币按一定的比例兑换成黄金，比如，36 美元 =1 盎司黄金。这些以贵金属为基础发行的纸币，都是代用货币。

三、信用货币

信用货币是由国家法律规定，以国家权力为后盾，不以任何贵金属为基础的，独立行使货币各种职能的货币。目前，世界各国几乎都实行的是这一货币形式。

信用货币是一种比较优秀的货币形式，它具有易携带、易分割、不磨损、不易伪造等优点。它可以满足人们日常进行的大宗和零星的各种商品劳务交易。

信用货币的存在形式很多，如现钞、银行存款、信用卡、电子货币等。信用货币发行受国家政府或中央银行控制，这意味着，信用货币的发行具有弹性，一方面可以随时满足社会经济发展和商品生产流通对货币数量扩张的需求；另一方面，也隐含着货币数量失控的可能性。如何适量控制货币，避免货币数量的过多过少对经济造成的不良影响，是任何一国政府都必须关注的问题。

【知识拓展】

货币防伪

伪造货币的问题与货币制度是一同出现的，在使用金属货币的时代，伪造的方法是在金币中掺入铜、铅等廉价金属。当时对付这种犯罪唯一的方法是一旦发现，就使用严厉的刑罚，以此来威吓伪造者。

纸币更容易伪造。法国大革命后，发行了以没收的教会地产为抵押的债券，作为代用纸币。为了破坏法国经济，英国政府曾经伪造过这种货币(同时规定私人不得伪造法国纸币，伪造法国纸币将会被判处死刑)。第二次世界大战期间，德国曾经在集中营里大量伪造英国和美国的纸币。私人或犯罪组织伪造纸币的记录也层出不穷。为了避免伪造，纸币采用了很多防伪措施，如专用的特殊纸张、胶版凸印、水印，磁性油墨，金属安全线，紫外线荧光记号、变色油墨、正反面图案对印(这种技术在法国法郎上最为醒目)等。澳大利亚、新西兰等国还发行了塑料货币。

四、中国当前的货币

中国当前的货币主要包括现金(硬币、纸币)和银行存款。现金由硬币和纸币构成，主要用于日常零星交易，是使用最为广泛的货币形式。由于历史和结算方式等方面的原因，中国目前的现金数量相对于其他经济发达国家要多很多。近年来，随着市场经济的发展，信用卡、商业票据等各种替代现金支付的结算工具快速增长，现金在货币供应量中所占比重已在逐年下降。

银行存款包含的范围较广，是货币的主要储存形式。受银行结算方式的影响，一些存款可以通过银行直接转账完成货币的各种功能，比如企事业单位的活期存款、家庭个人的信用卡存款等；一些存款不能经由银行转账，更多地发挥贮藏手段职能，比如家庭个人的储蓄存款、企事业单位的定期存款。

第四节　货币制度

货币制度是一个国家以法律形式确定的货币流通准则和规范。在内容上包括规定本位货币和辅币的材料；确定货币单位；规定货币的发行程序和流通办法；确定发行准备和货币的对外联系。

本位货币是一国货币制度规定的标准货币，其特点是具有无限法偿的能力，即用它作为流通和支付手段，债权人不得拒绝接受。非本位货币不具有这种能力。当被用于流通和支付时，超过一定数量的非本位货币，债权人可以拒绝接受，因而被称为“有限法偿”。

货币单位通常是指一个单位的本位货币。它是一个尺度或一个标准。比如，中国目前的货币名称是人民币，货币单位是“元”。在很多情况下，商品劳务的交换价格会出现低于一个货币单位，或者一个货币单位后有小数，于是需要一个小于货币单位的流通手段完成现时的商品劳务交易，这就出现了“有限法偿”的辅币，辅币的面值通常是本位货币的一个百分比。各国辅币的名称不一样，中国辅币的名称为“角”、“分”，美国辅币的名称为“分”。

货币制度的演变过程大致可以划分为两个阶段，即金属货币本位制阶段和纸币本位制阶段。货币制度的演进如图 1-1 所示。

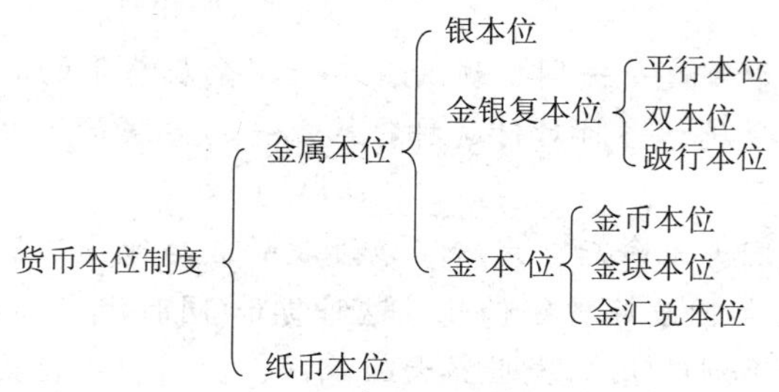

图 1-1　货币制度的演进

一、银本位制

银本位制是近代最早实行的货币制度之一。15 世纪末，意大利人哥伦布发现了美洲，继而白银矿山也被发现，随着白银生产技术的日益提高，使世界白银的产量猛增，为许多国家实行银本位制创造了条件。最早实行银本位制的国家有西班牙、墨西哥、秘鲁，后来西欧各国都相继采用了银本位制。在实行银本位制的国家，政府颁布法令规定：白银为币材，由政府的铸币厂铸造的银币为本位货币，在流通中具有无限法偿的能力；银币可以自由铸造,自由熔化；白银和银币可以自由输出与输入；纸币和其他货币可以自由兑换银币。银本位制盛行了三四百年，即从 16 世纪到 19 世纪。我国也是最早以白银为货币的国家，公元前 119 年，西汉武帝时期便开始铸造银币，但由国家法律确认为一种货币制度是在公元 1910 年，即清宣统二年，该年四月，清政府颁布了《币制则例》，正式确定我国实行银本位制。各国实行银本位制顺乎时代潮流。随着时间的推移，银本位制产生了不少缺陷，到了 19 世纪末，各国先后放弃了银本位制，而采取金银复本位制或金本位制(我国 1934 年 11 月才放弃银本位制)。

二、金银复本位制

银本位制的主要缺陷是价值不稳，这是因为世界白银的产量在继续增加。据记载，18 世纪 40 年代，白银的年平均产量是公元 1521—1544 年间年平均产量的五倍。由于产量增加，使得白银的价格逐步下落。据记载，中世纪，黄金与白银的比价大约为 1∶10 到 1∶

13.29；19 世纪中叶(公元 1851—1855 年)，下跌到 1∶15.41；1898 年下跌到 1∶35.30；而到了 20 世纪初，已下跌到 1：39.74。在这种情况下，白银既不利于国内货币流通，也不利于国际收支，从而影响国家经济发展。加上银币体重价轻不适合巨额支付，因而许多国家纷纷由银本位制过渡到金银复本位制。最早实行金银复本位制是英国，1663 年铸造金币"尼基"与原来的银币"先令"并用。在实行金银复本位制的国家，政府颁布法令规定：金银为币材，以金银铸造的货币为本位货币，具有无限法偿的能力；金银可以自由铸造，自由熔化；金银和金银币可以自由输出、输入；纸币和其他货币可以自由兑换金银币。在金银复本位制下，金币与银币必须有一定的比价。最初，这种比价完全由市场价格确定，后来由政府规定。其比价完全由市场价格确定的金银复本位制称为"平行本位制"；其比价由政府规定的金银复本位制称为"复本位制"。导致"平行本位制"到"双本位制"的原因是金银市场的涨落，使得它们的比价不断波动。因为这种波动，从国内来说，必然使交易双方的某一方受害；从国际来说，必然使黄金、白银对流(国内银价高时，白银流入，黄金流出；相反，国内金价高时，黄金流入，白银流出)从而影响币值的稳定。金银复本位制中的"复本位制"在历史上存在了相当长一段时期，它是资本主义发展初期(18—19 世纪)最典型的货币制度，因为实行"复本位制"与当时商品经济的发展相适应。后来，世界上白银供应激增，国际市场银价渐落，使得实行"复本位制"的国家银币充斥，金币减少。在这种情况下，政府不得不规定：金币可以自由铸造，银币不能自由铸造，将银币的铸造权完全收归政府以保持银币与金币的比价稳定。人们把这种金银复本位制称为"跛行本位制"。金银复本位制有以下优点：① 以金银作币材，币材充足，能满足流通的需要；② 在复本位制下，金银比价由政府规定，能够反过来影响金银市场的价格，有利于金银币值的稳定；③ 便于交易，人们可以根据交易额的大小，选择不同的货币支付。但是，金银复本位制的缺陷是会产生"劣币驱逐良币"的现象，实行"跛行本位制"，是为了限制这种现象而采取的措施。

在金银双本位制条件下，由于各国政府规定的比价不同，使得金银仍然在各国间不断流动，这种流动使得在一个国家内金银的供给和需求发生重大变化，从而造成其中一种货币退出流通，经济学家称之为"劣币驱逐良币"的规律。所谓劣币，就是实际价值低于名义价值的金属货币；所谓良币，就是实际价值高于名义价值的金属货币。在等价交换的条件下，黄金与白银的实际价值表现在市场价格中，而名义价值则表现在政府规定的交换比例即比价上。假设市场价格为 1∶16(即一个单位的黄金换 16 个单位的白银)，而政府规定的比价为 1∶15(即一个单位的黄金换 15 个单位白银)，则白银的实际价值 1/16 小于名义价值 1/15，相反，黄金的实际价值 16 大于名义价值 15。在这种情况下，白银是劣币，黄金是良币，人们宁愿用白银作为货币支付，因为在黄金的实际价值大于名义价值的情况下，人们可以将黄金收藏起来，也可以将金币熔化为金块输往国外。例如美国 1791 年实行复本位制，政府将金银比价定为 1∶15.5，而别国金银的比价是 1∶15.5，于是人们在国内支付，只用白银，不用黄金，把黄金输往国外，换取白银牟利。这样的结果，使复本位制实际上变成了银本位制，因为白银驱逐了黄金。1834 年，美国政府又将金银比价定为 1∶16，而国外仍然为 1∶15，于是人们在国内支付只用黄金，不用白银，把白银输出国外去换黄金，这又使复本位制变成了金本位制，因为黄金驱逐了白银。再如英国，1717 年实行复本位制时，政府将金银比价定为 1∶15.2，而金银的市场比价为 1∶14.5，于是人们将银币熔化为银块输出国外，国内人们使用金币，因为黄金的实际价值 14.5 低于名义价值 15.2。

三、金本位制

金本位制的兴起，从货币制度的演变来说，是由于“劣币驱逐良币”规律发生作用；从物质条件说，金本位制的兴起是由于19世纪中叶在美国、南非和澳大利亚发现了丰富的金矿，出现了“淘金热”，使世界黄金的产量大幅增加，为“金本位制”的产生提供了物质基础。在世界上，最早实行金本位制是英国，它在1816年通过金本位制法案，继而，许多经济发达的资本主义国家也实行金本位制。典型的金本位制是金币位制，其特点是：规定金铸币为本位货币，居民可自由申请将金块铸造成金币，也可将金币熔化为金块；流通中的其他货币可以自由兑换为金币；允许黄金在国家间自由输出、输入。由于黄金的价值比较稳定，使得货币对内对外的价值在较长时期保持不变，从而促进了各国商品经济的发展。这种货币制度兴盛了将近一个世纪，直到1914年第一次世界大战爆发时，有的国家才开始废除，因为黄金的产量和储备有限。

金币本位制被废除以后，实行的是金块本位制。金块本位制的特点是：政府停止了金币的铸造；不允许金币流通，代替金币流通的是中央银行发行的纸币；纸币的发行必须以金块为准备；货币的价值与黄金保持等值关系，即一元钱的纸币的价值相当于一元纸币的含金量所具有的价值；人们持有的其他货币不能兑换金币，但可以兑换为金块；黄金仍然可以自由输出、输入。由于金块较重，价值较高，规定兑换的限额较大，非一般人所能兑换，因而这种制度被人们称为“富人本位制”。除金块本位制外，还有金汇兑本位制，其内容与金块本位制大体相同，只是人们持有的其他货币在国内不能兑换黄金，只能兑换与黄金有联系的外币。这实际上是把黄金存于国外，国内中央银行以外汇做准备金发行纸币流通。进一步说，也就是只能让国内居民购买外汇，外汇虽然代表着并能兑换一定的黄金，但一般难于到国外去兑换黄金，所以人们称这种货币制度为“虚金本位制”。我国1935年进行币制改革，让法币与美元挂钩，美元与黄金挂钩，人们持有的法币不能兑换黄金，只能兑换美元，也是“虚金本位制”。它反映了旧中国货币制度的半封建半殖民地的性质。

【知识拓展】

金本位制崩溃的原因

金本位制盛行于19世纪末和20世纪初，崩溃于20世纪30年代。由于上世纪30年代的经济大危机动摇了金本位货币制度的基础，使金币的自由铸造与自由流通、价值符号的自由兑现、黄金的自由输入、输出遭到削弱甚至丧失。这是从货币制度本身来观察金本位制的崩溃，由于金本位制的基本内容——“四自”遭到了削弱或丧失，因而这种制度就难以继续下去。总的说来，黄金不是理想的货币。之所以如此是因为以下几个因素：

第一，黄金的价值难以稳定。其价值除受生产金的劳动生产率的变动的影响外，主要受市场上黄金供求关系的影响。因为黄金既是货币又是一般商品，它作为货币，其价值要求稳定；它作为一般商品，其价格受供求关系影响。当黄金的价格受供求关系影响波动时，其他商品的价格也随之波动。在这种情况下，黄金就难以固定的尺度把其他商品的价值表现为金价格，因而，它不是理想的货币。

第二，黄金在国家之间流进、流出难以实现均衡，各国的货币供应量难以与黄金保持固定比例。主张实行金本位制以黄金作为理想货币的人，有这样一种理论，即黄金在国家之间流进、流出能自动调节，并实现均衡。这种自动调节的过程如图 1-2 所示。

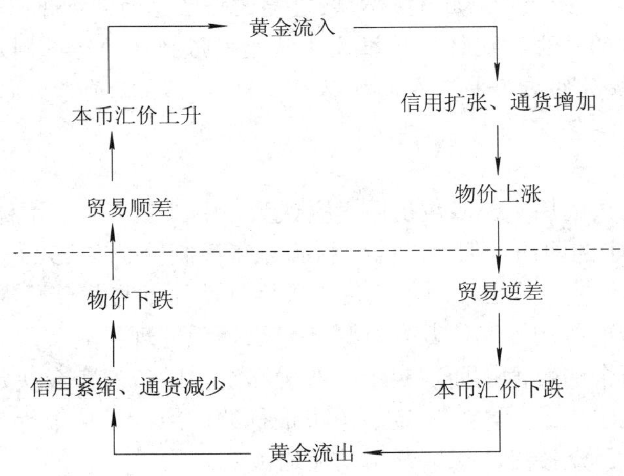

图 1-2　黄金自动调节的过程

这一模式的核心思想是：黄金的流进、流出能直接影响黄金储备的增加、减少，而黄金储备的增加、减少能直接影响到信用的扩张和收缩；信用的扩张和收缩能直接影响流通中货币量的多少，而货币量的多少能直接影响物价的高低；国内物价高低能直接影响进出口业务，而进出口业务能直接影响贸易逆差、顺差；贸易的逆差、顺差能直接影响本币与外币的汇价高低，而本币与外币的汇价高低能直接影响黄金流出、流进。从图中我们可以看到，黄金在国家之间的流进、流出是一个循环，在这个循环圈中有若干中间环节，一个中间环节的作用导致另一个中间环节的产生，最后才导致黄金流进、流出。如果某个中间环节的运行因人为的或其他的条件不受阻，即不能导致另一个中间环节的产生时，那么整个循环就可能停滞，其结果就不能产生黄金流动调节经济的效应。因人为的或其他条件不具备使中间环节的运行受阻的情况：① 在黄金流出时，不紧缩信用，反而扩张信用，这样流通中货币量不是减少而是增多，物价不是下跌而是上涨，为什么会呈现出这种状态？因为“货币的数量与黄金的增减失去了固定的联系”，货币管理当局为了阻止物价下跌扩张信用增加货币供应。② 在贸易发生逆差时，政府卖出外汇以制止本币汇价下跌和黄金流出。③ 实行外汇倾销和限制入口以避免贸易逆差。这些人为的干预都是从维护本国的利益出发。在这种情况下，上述循环就难以运行，从而不能实现黄金在国际间的流进、流出均衡，也就是使各国的货币供应量难以与黄金的储备保持恰当比例。

第三，各国货币之间的比价难以用所含的黄金量作基础确定，固定汇率不能维持。主张实行金本位制以金作为理想的货币者认为，国与国之间的货币比价应当以所含黄金量作为基础，从而保持汇率的稳定。经过几十年的实践证明，这难以解决对外汇率稳定与国内物价上涨的矛盾。资本主义国家的政府为了刺激或抑制本国经济的发展，需要实行扩张的或紧缩的货币政策。货币政策的效应要通过需求变动来实现，而需求变动直接反映在国内物价上，如实行刺激需求的货币政策，则国内物价往往上涨。国内物价上涨影响出口商品成本，客观上要求变动对外汇率，如果对外汇率按“金平价”固定不动，就使各国政府难以执行独立的货币政策。以上三点说明黄金并非理想的货币，这是从货币本身来考察金本位制退出历史舞台的原因。主张金本位认为黄金是理想的货币的思维方法是一种“自由主义经济思想的主张”。前面我们指出的核心思想是这一思想的具体化。一个因素的产生“能直接影响”另一因素的产生，这样的思维方法就是主张经济运行机制是自由的，不存在人为的干预。但“现代经济的运行要求人们加以管理和调节”，这是纸币取代黄金的根本原因。

四、纸币本位制

以纸为货币有悠久的历史。多数货币学家认为，中国最早的纸币称做“交子”，始于公元995年(即宋朝年间)的四川。但以纸为币材确立货币制度是在1929—1933年世界经济危机之后。所谓纸币本位制，是指一国本位货币采用纸币而不与黄金发生关系，它的特点是：纸币的发行不受黄金准备的限制，其发行量决定于货币管理当局实现货币政策的需要；纸币的价值不决定于黄金的价值，而决定于购买力；纸币的流通完全决定于纸币发行者的信用，如纸币发行者是中央银行，则决定于中央银行的信用；中央银行是政府的银行，政府以法律手段强制社会公众接受，保证纸币的流通。

货币制度的发展史告诉人们：货币制度是对货币运动的约束和规范。其核心内容是稳定币值，促进商品经济的发展。而稳定币值的办法，在金属本位制的条件下，以贵金属作保证。在纸币本位制条件下，以社会公众提供的资源或资产作保证。金属本位制中各种货币制度的更替，始终是以怎样稳定币值展开的。在纸币本位制下，虽然没有贵金属作保证，但中央银行发行纸币时，也需有准备金，准备金或者以外汇形式存在，或者以基础货币的形式存在，无论是前者还是后者都是社会公众提供给中央银行的信用。社会公众对中央银行提供信用意味着自己持有的资源或资产供中央银行分配。可以说，社会公众提供给中央银行分配的资源或资产是稳定币值的基础，这个基础越扎实，纸币的价值越稳定。

我国的人民币制度是一种纸币本位制，它的发行不与任何贵金属挂钩，也不依附于任何一国的货币；它是一种独立的货币；人民币已于1996年实现了在国际收支经常项目下的自由兑换。随着中国经济的进一步发展和实力的进一步增强，人民币将成为可自由兑换的货币。

【知识拓展】

纸币本位发展史

最早的纸币其实是储户存放在银行(金匠/钱庄)那里保管金币/银币的收据。由于携带大量金银货币非常不便，大家就开始用收据进行交易，然后再用收据兑换相应的金币。这个时期的“货币”(纸币)则完全是金银本位的，因为一定面额的纸币在银行中都对应一定固定价值的金银，比如美国财政部发行的白银券(纸币的一种)每一美元“白银券”可直接兑换1美元等价银币。但是在西方国家，纸币的发行权几乎都归私人银行所有，所以往往造成纸币发行量大于银行内金属货币储备量，使以金属货币为支撑的流通纸币贬值或者不稳定。货币的发行权是以国债高利贷抵押的形式“出售”给私有银行的，如果要想将国债全部还清就需要将市面上流通的几乎所有纸币兑换回来，那样将造成纸币的短缺甚至“蒸发”，所以世界上几乎没有任何国家赎回过私有银行的纸币发行权(美国第17届总统安德鲁·杰克逊在 1835 年 1 月 8 日曾还清过国债)。西方银行家、商业巨头等长久以来一直依靠对货币的发行权来控制各国经济从中牟取暴利。但是长久以来纸币的发行受到金银实体货币的限制与制衡。为了更好地操控纸币的发行权，控制世界各国纸币的汇率，金属银被银行家们逐渐挤出了货币系统(1967 年)。因为银的储量相对较大，以当时世界银行家的经济实力无法面对金银两线的金融作战，所以千方百计将白银从货币体制中挤出去，形成了单一的金本位。随着经济的发展，理论的不断延伸，1919 年经济学家凯恩斯发现了“廉价货币”的秘密：金本位牢牢地遏制了通货膨胀的泛滥(作为纸币的支撑，黄金储量一定程度上限制了纸币的发行量)，废除作为纸币唯一支撑的金本位之后，纸币的发行就“不受任何限制”更有利于银行家通过纸币的发行来控制国家经济。简单地说就是与黄金脱钩，由政府或者银行指定纸币与黄金之间的等价关系，但是又不能兑换黄金的纸币就是所谓的“廉价货币”又称作“纸黄金”。金本位最早在美国宣告终止，1933 年 4 月 5 日美国总统罗斯福下令，要求美国公民必须上缴他们所有的黄金(稀有金币和首饰除外)，政府以 20.67 美元兑换一盎司的价格收购。任何私藏黄金的人将被重判 10 年监禁和 25 万美元的罚款。自此黄金开始与美元脱钩，美元也成为第一个被国际银行家完全控制，理论上可以不受任何限制随意发行的纸币。由于失去黄金作为支撑点，美元的国际价格一度非常不稳定。为了稳定美元价格，国际银行家选中了任何国家都不可缺少的石油作为新的支撑点，首先通过对沙特的控制，使得沙特石油只能以美元进行交易，从而通过石油稳定住了美元的价格，之后又控制欧佩克石油只能通过美元进行交易，这样美元又找到了新的支撑点。从某些角度上来说，现在的美元可以算是“石油本位”了。但是购买石油的美元，又经过美国对石油出口国及欧佩克的投资建设回笼到美国，这样一条经由石油的“石油美元回流”就完美的成形了。美国的纸币发行银行(美联储，实际由纽约中央银行控制)也就由此牢牢地控制住了美元，从而通过美元—石油控制住世界经济。

第五节　国际货币体系

国与国之间的贸易交往是货币在国家之间的运动，区域经济发展会形成区域统一的货币——区域本位货币。经济全球化的发展、国际贸易的支付、债权债务的了结等都要求有一种能被多数国家接受的国际本位货币。

一、区域本位货币：欧元

区域经济一体化、集团化的发展是区域经济一体化和区域性货币一体化中的重要一环。区域性货币一体化，又称货币集团化，它是在二战后国际金融权力日益分散化、国际货币关系趋向区域化的背景下，一定地区的国家为建立相对稳定的货币区域而进行的货币协调与合作，其最终目标是组建一个由统一的货币管理机构发行单一货币、执行单一货币政策的、紧密的区域性货币联盟。区域货币一体化的核心是建立区域本位货币。

所谓区域本位货币，是指在一定的地理区域内的国与国之间的经济往来中，各国出于经济条件和政策上的考虑，用法律的形式将本国货币与之固定起来，作为衡量本国货币价值的标准，以及区域内经济往来的最终清偿手段。区域本位货币的终极目标是形成区域内单一货币。区域本位货币的理论基础是1999年获得诺贝尔经济学奖的蒙代尔于1961年提出的“最优货币区”理论。在该理论的指导下，欧洲各国基于政治和经济的利益建立了区域本位货币——欧元。

欧元的实行可分为四个阶段：

第一阶段，为欧元的准备阶段，时间从1991年欧共体12国在荷兰马斯特里赫特签订的《马斯特里赫特条约》至1998年底。欧盟国家以全民公决的形式确定本国是否参加欧元区，各国为达到加入欧元的标准实行相关的财政和金融政策；1998年5月由欧盟财长理事会投票决定哪些国家符合欧盟统一货币的标准，同时选出欧洲中央银行的行长、副行长和董事，确定欧元区各国货币的双边汇率。

第二阶段，为欧元区各国货币向欧元转换的过渡期，时间从1999年1月1日至2001年12月31日。欧元汇率于1999年1月1日固定下来且不可撤销，欧洲货币单位也于1999年1月1日以1：1的兑换汇率全部自动转换为欧元。金融批发市场的业务以欧元进行，企业和个人可以在银行开立欧元账户，欧元的收付可以在账户之间进行，但欧元的纸币和硬币未投入使用。

第三阶段，从2002年1月1日至2002年6月30日，欧元纸币和硬币投入流通，欧元在欧元区内与成员国纸币和硬币同时流通。

第四阶段，从2002年7月1日起，欧元区内各国的货币完全退出流通，欧元将成为欧元区内11个国家唯一的货币，欧洲统一货币正式形成。

区域本位货币——欧元，突破了“一个国家、一种货币”的传统主权观念，真正从货币的功能价值尺度、流通手段等出发，构筑了“一个市场、一种货币”的新理念。欧洲本位货币的建立有效地消除了区域内各国货币汇兑风险，缩小贸易与金融的交易成本，提高了价格的透明度，促进了市场竞争，实现了区域内各国的经济稳定增长。

【知识拓展】

欧元货币简介

欧元现钞的主要特征可以简单归纳为以下几个：货币名称：欧元(EURO)；发行机构：欧洲中央银行(EUROPEAN CENTRAL BANK)；货币符号：EUR；辅币进位：1欧元=100欧分(CENTS)

钞票面额：5、10、20、50、100、200、500欧元；铸币有1、2、5、10、20、50欧分和1欧元、2欧元共8个面值。欧元(Euro)这个名称是1995年12月在西班牙马德里举行欧洲议会时，与会各国共同决定的。欧元的正式缩写是EUR。

欧元的符号，看起来很像英文字母的 E ，中间有两条并行线横在其中，这个符号的构想来自希腊语的第五个字母(ε)，一方面是对欧洲文明发源地的尊敬，另一方面也是欧洲(Europe) 的第一个字母，中间两条并行线则象征欧元的稳定性。欧元是欧盟区的官方货币，涵盖爱尔兰、奥地利、比利时、德国、法国、芬兰、荷兰、卢森堡、葡萄牙、西班牙、希腊、意大利、斯洛文尼亚等19个国家和地区，欧元已影响着全球超过7.4亿的人口。欧元由坐落在法兰克福的欧洲央行和欧洲央行系统管理。作为独立的中央银行，欧洲央行可以制定独立的货币政策。而欧洲央行系统则参与钞票和硬币的印制、铸造、发行、监管和欧元区支付系统的运作。

二、国际本位货币：美元

经济全球化的发展要求一个有效的国际货币体系，国际货币体系的核心就是国际本位货币。所谓国际本位货币，是指国际经济活动中，世界各个国家处于经济或政策上的考虑，用法律的形式将本国货币与之固定地联系起来，作为衡量本国货币价值的标准，以及国际交易的最终清偿手段。国际本位货币是在国际上占据中心货币地位的可自由兑换货币。它首先必须能在世界上自由兑换；其次，还必须占据国际中心货币的地位，能充当国际商品的价值尺度或价格标准，并成为各种货币汇率计算的中心。充当这种中心货币的、曾经有金属形态的货币，如黄金。当代纸币信用本位制的条件下，由于历史的、政治的、经济的原因，美元成为主要的国际本位货币。

国际本位货币的演变经历了三个阶段：

第一阶段，1944 以前的黄金本位阶段，该阶段各国都规定金币的法定含量，不同货币之间的比价是由它们各自的含金量的对比来决定的，世界各国的贸易往来主要以黄金结算。

第二阶段，从 1944 年 7 月至 1978 年 3 月 1 日的黄金－美元本位阶段。随着国际货币金融体系的发展演变，金本位制被黄金－美元本位为特征的布雷顿森林体系取代。布雷顿森林体系实行美元与黄金挂钩，各国货币与美元挂钩的双挂钩机制：一方面锁定各国货币与美元的比价；另一方面，确定了美元与黄金的兑换比例，各国政府可将所持有的美元与美国政府兑换黄金。

第三阶段，从 1978 年 3 月 1 日到现在的以美元为主体的多元化的国际本位制。1978 年生效的牙买加协议废除了黄金与美元的联系，在法律上实行了黄金的非货币化。自此以后，国际货币本位制经历了短暂的、无中心的多元化阶段(美元、欧元、日元三分天下)，然后进入了以美元为主体的多元化的阶段。

以美元为主体的多元化国际本位货币制，在一定程度上缓解了布雷顿森林体系“黄金－美元”本位下基础货币发行国与其他国家相互牵连，解决了国际清偿手段不足的弊端，在某些方面促进了世界经济的发展。但是，与此同时，它并没有使“黄金—美元”本位制所存在的根本问题得到解决。相反，国际汇率的波动大为加剧，国际货币金融秩序更加混乱，各国间特别是经济发达国家与发展中国家之间的矛盾冲突日趋尖锐，发展中国家的经济政策的制定与执行效果很大程度上仍然受制于美元变动。要从根本上改变这一现状，就必须摆脱多数国家对少数国家信用货币的过度依赖，必须重新设计各国货币的共同定值标准——由若干国家货币所组成的多种货币的复合体一揽子货币，其他国家的货币均与一揽子货币挂钩，与之保持某种形式的固定或可调整的法定比价。当然，这离不开一个由在世界经济中具有较大影响的、各国所共同认可的、组织较为健全的国际通货管理协调机构的存在。

第六节　货币与经济运行

由于货币具有各种经济功能，如价值尺度、流通手段、支付手段等，使货币成为现代经济社会的必需品。在生产中，我们需要货币完成生产要素与劳动者的结合，推进生产得以顺畅进行；在分配中，我们需要货币作为分配工具，使劳动者可以通过取得货币而取得消费品；在交换中，我们需要货币完成具体的交易行为；在价值贮藏中，我们需要货币完成对财富的积累。货币在我们日常生活中，已扮演着十分重要的角色。

一、货币的简单循环

如果作最大限度的抽象，我们将实际经济部门划分为两大类：生产部门和消费部门。消费部门为了获取所需的消费品，必须向生产部门提供各种生产要素，比如土地、劳动力、资本等。生产部门利用这些生产要素从事生产，一定时期结束，生产部门作为交换必须向消费部门支付各种报酬，比如提供土地的人获得地租，提供资本的人获得利息，提供劳动力的人获得工资等。这些报酬形成了消费部门的收入，消费部门用这些收入去购买生产部门提供的各种商品劳务。消费部门的各种货币支出，又转化为生产部门的各种收入。

在货币的简单循环中，包含了经济运行的多种信息：

(1) 家庭中的个人作为消费者，为满足食品、房屋、医疗、交通等需求，必须从事与之相关的各种经济活动。“工作”或服务社会是获取收入的最基础手段。

(2) 工商企业作为生产者，为满足获取利润的动机，必须筹集资金，用于新厂房、设备的投资、雇佣员工、更换旧机器、购买原材料，创造出新的商品劳务，满足社会成员对消费品需求。

(3) 政府部门作为社会的服务者和管理者，在服务与管理之间获取税收等收入，为实现社会和公众目标，在税收框架内完成各种支出活动。

二、收入、支出、储蓄与投资

在货币流通的简单循环中，消费部门如果将获得的收入在给定时间内花光、用光，意味着生产部门生产的商品劳务都能顺畅地实现价值，整个经济运行将会在原有规模上进行，即收入=消费。

其实，由于种种因素影响，消费部门不会将取得的收入全部花光、用光。从理性的角度，会有各种“扣除”，以应付可能出现的意外事件：

第一，从历史的角度看，人类的生存与发展，在很大程度上受自然的影响较大，“靠天吃饭”使人类有“以丰补歉”或“储蓄备荒”的防患意识。“留有余地”这一经济行为是与人类自身演进发展息息相关的。西汉时桓宽著的《盐铁论》一书中提出：“丰年岁登，无储积可以备乏绝”；南朝范晔撰写的《后汉书》中说到“节用储蓄以备凶灾”，就是强调“以丰补歉”的思想。由于人类对自然界的认识有限，从防范的角度，人们在有限收入的前提下，会采取控制支出的理性行为。

第二，从现实的角度看，人类对自身生存的环境，对自身社会发展规律的认识有限。生、死、病、残等意外事件难以预料。劳动力丧失、失业的困扰、意外支出来袭等，都会使生活陷入入不敷出的窘境。因此，从防范的角度，也有“以丰补歉”，解决“入不敷出”的问题。除此而外，为了提高消费质量，合理地安排支出，做到支出理性化，都需要“有节奏”地安排支出需求。

第三，从国家的角度看，为应付大面积的自然灾害、或可能出现的战争、动乱等，一个国家必须要有相当的物资资源储备。为保证国内经济健康发展，维护经济平稳运行，一国还要有一定数量的外汇储备。

总之，收入的有限性与人们消费愿望的无限性之间，人们的理性选择是控制消费，或使消费达到合理地安排。

收入不能花光用光，即收入＝消费＋储蓄。

经济学家对储蓄的定义是：在给定的时期内，收入中没有用于购买商品和劳务的部分，或收入中用于支出后的剩余，即收入－支出＝储蓄

储蓄在经济运行中，表现为“漏出”。储蓄的存在形式对整个经济运行会产生不同的影响。如果储蓄被人们以货币的形式贮藏在自己的手中，那么意味着相当于货币储蓄的社会资源，可能会由于流通中缺少货币推动而被闲置。从生产与消费的联系来看，由于一部分货币退出流通，会使相当部分的商品劳务无法完成消费，形成商品劳务的积淀。这些积淀，会使生产决策削减下一轮的生产计划，以至辞退员工。紧缩的生产计划，又会导致消费领域的进一步紧缩，因为被辞退的员工会节省开支，经济会由于储蓄而出现衰退。

对生产领域而言，如果储蓄被人们以货币形式贮藏，也可以不削减生产计划，而采取降低价格的措施，在低价格条件下，完成商品劳务与流通中货币量的交换，维持原有的经济平衡。但是，降低价格会损害生产者的利益，即盈利水平降低。而工资、租金、利息等也是价格，在利润率降低时，这些价格也会随之降低，这是提供各种生产要素的债权人不愿意接受的。

在现实社会里，社会公众的储蓄极少会贮藏在家里，而主要由类别众多的金融机构所吸收，然后通过信用形式把这些货币贷给那些想支出超过他们现有资金的投资者(工商企业等)，从而使储蓄回流到经济运行中去。从这个意义上来看，储蓄为金融部门的贷款提供了可能。有了储蓄，也就有了各种依据储蓄进行的投资活动。贷款使经济运行中各经济主体，可以支出的货币超过他们当前收入所许可的货币。如果没有贷款，我们的经济以及其他活动都将减缓甚至停滞。从消费者的角度看，如果我们的消费只能依据我们自己收入和拥有的储蓄进行，那么，只有较少的消费者能够购买住房、汽车和度假旅行。工商企业可能无法更新过时的设备和购买保持先进水平所需的物资材料。因此，在整个经济运行中，各经济主体能否获得大额信贷已成为经济增长的关键因素。

社会公众的储蓄，除了可以通过金融机构的信贷转化为投资进入经济运行外，还可以通过购买各种金融工具，比如国债、国库券、公司债券、股票等，直接成为经济主体的投资来源。

三、经济运行中的货币指标

经济活动的结果和经济状况的好坏，都有一些指标来进行衡量。与货币量相关的经济指标具有可比性，可以直接说明一国经济运行的状况，比如国内生产总值、国民收入、个人收入等，这些指标显示了货币怎样通过自身的运动，将复杂的经济活动与生产和消费联系在一起。

(一) 国内生产总值

国内生产总值代表的是一个国家在给定时期内(一年)，以市场价格计量的商品和劳务的总产出。由于国内生产总值受现实价格影响，当价格上涨，而商品劳务量既定时，国内

生产总值就会增加。但这种增加不是国民生产和生活水平的真正提高。

由于上述原因，国内生产总值有名义国内生产总值和实际国内生产总值的区分。名义国内生产总值，即以当前价格计算出的总产出；而实际国内生产总值则是名义国内生产总值在剔除了物价上涨因素后所得出的结果。实际国内生产总值的计算是选定一个基础年度，把当前年度的价格与之相比较，从而计算出物价指数，用来反映两年间的物价变动百分比。

实际国内生产总值的计算公式如下：

$$实际国内生产总值 = 名义国内生产总值/物价指标 \times 100$$

（二）国民收入

国民收入是一国各种生产要素的收入之和，即劳动、资本、土地等生产要素所获得的全部收入。它是从 GDP 中减去折旧和间接税而得到的。国民收入等于工资、租金、利息、业主收入和企业利润之和。

由于生产企业经常发生销售税、货物税、不动产税和其他间接营业税而产生的额外生产成本。将间接营业税从国内生产净值指标中扣除后，所得到的货币指标不仅可以衡量生产所耗资源的成本，而且可以衡量这些资源的出售者的收入。这个货币指标就是国民收入。

（三）个人可支配收入

个人可支配收入是衡量个人在纳税后可供支出或储蓄的收入，即从个人收入中减去个人直接税和各种其他税支付。这类税后收入的 90%花费在商品和劳务上，其余的收入被储蓄起来。

个人可支配收入的计算公式如下：

$$个人收入 - 各种税收 = 个人可支配收入$$

个人可支配收入=商品劳务消费(约 90%) + 储蓄(约 10%)

以货币形式的储蓄主要是流入银行等金融机构，转化为各种存款；以金融资产的储蓄主要是流入金融市场，转化为不同流动性、风险和回报率的金融工具。

本章小结

(1) 货币是由国家法律规定的，在商品劳务交易中或债务清偿中被社会普遍接受的东西。货币是财富的组成部分之一，可包括现金货币和存款货币；货币有价值尺度、流通手段、支付手段、贮藏手段和世界货币等职能。

(2) 从货币形式上来看，货币经历了实物货币、代用货币和信用货币等阶段，信用货币价值的稳定取决于对货币数量的控制。

(3) 从货币制度的演变来看，经历了银本位、金银复本位、金本位和纸币本位等历程。在当今世界经济一体化、全球化的发展趋势下，一些区域性或世界性的本位货币也值得我们关注。

(4) 货币在我们日常生活中扮演着十分重要的角色。通过对简单货币循环的分析，我们可以对国民经济各部门之间的关系和相关的货币指标如国民收入、国民生产总值、个人可支配收入等有一个简单的认识。

知识网络图

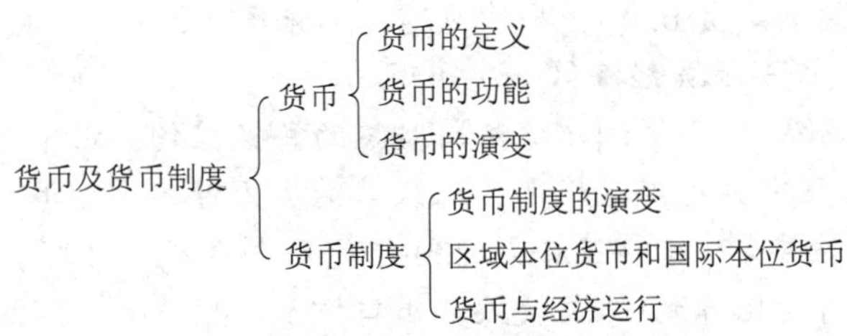

本章练习

一、思考题

(1) 在当前的中国，黄金只是一种商品，你同意这一观点吗？

(2) 家庭个人贮藏货币与将货币存入银行等金融机构对经济的影响是否相同？

(3) 代用货币与信用货币有什么不同？

(4) 中国的货币层次有哪些？

(5) 为什么说“货币是经济运行的必需品”？

二、典型案例分析

【案例 1】

关于货币制度的选择

南斯拉夫曾经是经济改革的先行者，但是进入 20 世纪 80 年代以来，经济持续滞胀，危机日益深刻尖锐，其通货膨胀犹如脱缰野马，达到难以控制的地步，有“欧洲的玻利维亚”之称。1987 年，南斯拉夫通货膨胀率首次突破三位数，1988 年达到 251%，1989 年 12 月 11 日通货膨胀率达 1255.5%，1988 年 12 月，通货膨胀率高达 2665%。20 世纪 80 年代，南斯拉夫货币第纳尔的最高面值曾为 1000 第纳尔，而到 1989 年则达 500 万第纳尔，1989 年 12 月 30 日，1 美元等于 54324 第纳尔，真可以算得上是超级通货膨胀。与此同时，工农业生产下降，外债负担沉重。

马尔科维奇总理 1989 年 3 月 16 日就职后，采取了稳定宏观经济的一揽子改革方案：

(1) 改革币制，废除旧币，发行新币。政府决定自 1990 年 1 月 1 日起，每 1 万旧第纳尔折合 1 新第纳尔，并与坚挺的西德马克挂钩，二者的比率为 7:1，半年不变；币制改革后，任何人都可以按官方牌价在南斯拉夫银行自由兑换马克，旧币换新币也没有限制。南斯拉夫还准备一待时机成熟，就使第纳尔成为完全可兑换货币。

(2) 改革银行体制，禁止用发钞票的办法弥补赤字，管住货币超量发行。1990 年 1 月开始把国家的金融职能与市场的金融职能分开，中央银行发行货币，但独立于政府，向议会负责。

(3) 降低关税，放开进口，大部分商品价格由市场供求决定。

自此，奇迹居然出现了，四位数的通货膨胀率从1990年1月以来被遏制到两位数、一位数、零甚至为负数。1990年通货膨胀率1月份为17.3%，2月份为8.4%，3月份为2.6%，4月份已降到零，6月份则是负0.3%，平均月通货膨胀率保持在1%左右。这是自20世纪80年代以来的十年中，南斯拉夫经济第一次出现的转折。

更不寻常的是，如此贬值的第纳尔竟然与坚挺的马克挂钩，汇率保持不变，并由国际货币基金组织依据其章程中第八条款规定，承认第纳尔为可兑换货币。价格放开后，国内市场物价下跌，市场供应丰富。十年来高居200亿美元左右不下的外债，到1990年3月份下降到160亿美元，6月份已降到76亿美元。出口增长幅度较大，1989年出口增长8.3%，全年国际收支顺差达23亿美元。外汇储备也明显增加，1990年前6个月南斯拉夫外汇储备增加30亿美元，到7月底，外汇储备总计有90亿美元，到年底预计可达100亿美元。南斯拉夫一揽子配套综合措施方案的主要目标是：遏制通货膨胀和保证南斯拉夫的货币成为可兑换货币，这两个目的在一年后都达到了。

请分析：

结合货币制度的内容，试分析马尔科维奇总理改革方案的影响。

【案例2】

货币与黄金的联系最终会被切断？

1944年7月，在美国新罕布什尔州的布雷顿森林召开有44个国家参加的联合国与联盟国家国际货币金融会议，通过了以“怀特计划”为基础的“联合国家货币金融会议的最后决议书”以及“国际货币基金组织协定”和“国际复兴开发银行协定”两个附件，总称为“布雷顿森林协定”。

布雷顿森林体系主要体现在两个方面：第一，美元与黄金直接挂钩；第二，其他会员国货币与美元挂钩，即同美元保持固定汇率关系。布雷顿森林体系实际上是一种国际金汇兑本位制，又称美元—黄金本位制。它使美元在战后的国际货币体系中处于中心地位，美元成了黄金的“等价物”，各国货币只有通过美元才能同黄金发生关系。从此，美元就成了国际清算的支付手段和各国的主要储备货币。

以美元为中心的布雷顿森林体系的建立，使国际货币金融关系又有了统一的标准和基础，结束了战前货币金融领域里的混乱局面，并在相对稳定的情况下扩大了世界贸易。美国通过赠与、信贷、购买外国商品和劳务等形式，向世界散发了大量美元，客观上起到扩大世界购买力的作用。同时，固定汇率制在很大程度上消除了由于汇率波动而引起的动荡，在一定程度上稳定了主要国家的货币汇率，这有利于国际贸易的发展。据统计，世界出口贸易总额年平均增长率，1948—1960年为6.8%，1960—1965年为7.9%，1965—1970年为11%；世界出口贸易年平均增长率，1948—1976年为7.7%，而战前的1913—1938年，平均每年只增长0.7%。基金组织要求成员国取消外汇管制，也有利于国际贸易和国际金融的发展，因为它可以使国际贸易和国际金融在实务中减少许多干扰或障碍。

布雷顿森林体系是以美元和黄金为基础的金汇兑本位制。它必须具备两个基本前提：一是美国国际收支能保持平衡；二是美国拥有绝对的黄金储备优势。但是进入60年代后，随着资本主义体系危机的加深和政治经济发展不平衡的加剧，各国经济实力对比发生了变化，美国经济实力相对减弱。1950年以后，除个别年度略有顺差外，其余各年度都是逆差，并且有逐年增加的趋势。至1971年，仅上半年，逆差就高达83亿美元。随着国际收支逆差的逐步增加，美国的黄金储备也日益减少。1949年，美国的黄金储备为246亿美元，占当时整个资本主义世界黄金储备总额的73.4%，这是战后的最高数字。此后，逐年减少，至1971年8月，尼克松宣布“新经济政策”时，美国的黄金储备只剩下102亿美元，而短期外债为520亿美元，黄金储备只相当于积欠外债的1／5。美元大量流出美国，导致“美元过剩”，1973年底，游荡在各国金融市场上的“欧洲美元”就达1000多亿。由于布雷顿森林体系前提的消失，也就暴露了其致命弱点，即“特里芬难题”。体系本身发生了动摇，美元国际信用严重下降，各国争先向美国挤兑黄金，而美国的黄金储备已难于应付，这就导致了从1960年起，美元危机迭起，货币金融领域陷入日益混乱的局面。为此，美国于1971年宣布实行“新经济政策”，停止各国政府用美元向美国兑换黄金，这就使西方货币市场更加混乱。在1973年的美元危机中，美国再次宣布美元贬值，导致各国相继实行浮动汇率制代替固定汇率制。美元停止兑换黄金和固定汇率制的垮台，标志着战后以美元为中心的货币体系瓦解。

请分析：

(1) 布雷顿森林体系的内容有哪些？

(2) 为什么说布雷顿森林体系所确定的“双挂钩”难以维持下去？

第二章 信 用

【知识目标】

1．了解信用的产生与发展，理解信用的含义与本质
2．掌握信用的形式及功能
3．掌握利率的概念与利率的功能

【能力目标】

1．能够分析利率在经济现象中的影响与作用
2．能够完成利率的简单计算

案例导入

诚信——金融市场的灵魂

金融市场的高度风险性与信用机制所起的作用决定了金融市场必须要强调诚信。如果一个金融市场连诚信都没有建立起来的话，那么这个金融市场就绝对不可能运行良好。我国曾经出现过金融三乱、证券市场的暗箱操作以及这些年频频浮出水面的金融大案，都表明我国金融市场上诚信的缺失。典型的如“银广夏造假”案、“亿安科技庄家操纵市场”案等。2001 年，时任证监会主席的周小川提出“用 10 年左右的时间建立资本市场的诚信法则”的口号，在最近几年里，金融监管主体相继启动了打击内幕交易、操纵市场的行为，对因虚假信息披露行为需要对利益受损者进行民事赔偿的规定，都表明我国建设诚信的金融市场力度加大，发达的金融业必须建立在高度诚信的基础之上。

第一节 信 用 概 述

一、信用的含义

“信用”是当今中国社会使用频率极高的一个词汇。“信用缺失”、“信用危机”、“信用

制度”等词汇，虽然都有“信用”一词，但是讨论的却是不同的问题。大体而言，信用可划分为两个范畴：一是道德范畴的信用，二是经济范畴的信用。这两个信用既有各自独立的含义，同时也存在着密切的联系。

(一) 道德范畴的信用

道德范畴的信用主要是指诚信，即通过诚实履行自己的承诺而取得他人的信任。自古以来，中国一直崇尚诚信的品德。汉字中的“信”字就是由“人”、“言”二字构成，表达了人言为信的含义。在中国古代，上至约束皇帝的“君无戏言”，下至约束百姓的“言而有信、言必信、行必果”，“自古皆有死，人无信则不立”、“为将五德，忠、勇、智、信、严”，诚信一直是中华民族的传统美德。与诚信相对立的是隐瞒、欺骗、欺诈、违约等信用缺失行为。信用是人类社会存在和发展所应具备的最基本的道德范畴。良好的信用不仅是人与人之间正常交往的基础，而且在个人与机构、部门、企业交往中，在机构、部门、企业之间、在国家与国民之间，政府机构与其他机构之间，乃至国与国的关系之间都是不可缺失的。如果一个社会信用缺失，那么在这个社会中，无论是一般的人际交往还是经济交往都要受到极大的损害。

(二) 经济范畴的信用

经济范畴的信用是指以偿还和付息为基本特征的借贷行为，体现一定的债权、债务关系。具体而言，就是商品和货币的所有者，把商品和货币让渡给需要者(即贷者)，并按约定时间由借者还本付息的行为。因此在把握经济范畴的信用的时候需要把握如下几点：

1. 信用以还本付息为条件

由于在信用活动中债权人并没有放弃所有权，故必须偿还；贷者之所以愿意借出，是因为可以从中获益，借者之所以能够借入，是因为承诺了付息的责任，故付息成为信用活动的基本条件。现实中也有无利息的借贷行为，比如亲戚朋友之间的互助性借贷，往往不支付利息，但这种行为应属于特例。

2. 信用是价值的单方面让渡

在买卖过程中一手交钱、一手交货，双方是等价的交换，即卖者让渡具有一定使用价值商品的所有权和使用权，取得价值相等的货币的所有权和使用权；而买者则让渡货币的所有权和使用权，取得商品的所有权和使用权。买卖行为结束之后，双方便没有任何联系。而在信用活动中，商品和货币不是被卖出而是被贷出，债权人所让渡的是商品或货币一定时期的使用权，但并没有改变所有权。这意味着只有贷出者到期收回全部商品或货币，等价交换的只是商品或货币的使用权，是价值的单方向转移，是价值运动的特殊形式。

3. 信用关系是债权、债务关系

信用关系是债权、债务关系，有借方和贷方两个关系人，贷方为授信人，即债权人；借方为受信人，为债务人。信用关系是债权、债务关系，信用行为就是放债和承债行为。信用关系或债权、债务关系是一种最普遍的经济关系，广泛存在于经济社会中的各个方面。

4. 信用的构成要素

(1) 信用的主体。信用行为发生的当事双方，即具有各种民事行为能力的经济主体(包

括自然人和法人)。转移资产一方，即贷方、债权人也称授信者，其将商品和货币借出，作为债权人，也就是借出者，具有要求将来偿付商品和货币的权利；而接受资产一方，借方为债务人也即受信者，其接受商品和货币。作为债务人，也就是受信者，其有将来偿还的义务。

(2) 信用的客体。信用是通过一定的交易行为来实现的，因此会有被交易的对象，也就是信用的客体。这种被交易的对象可以是授信方的资产，可以是有形产品、货币形式，也可以是无形的服务形式。没有交易对象，就不会有经济交易行为的发生，也不会有信用行为的发生。

(3) 信用的内容。在信用活动中，授信人以自身的财务为依据授予对方信用，受信人以自身承诺为保证取得信用。债权人承担的是信任风险和约期收回本息的权利，债务人承担的是还本付息的责任与义务。没有权利与义务关系的承诺就无所谓信用，所以具有权利和义务关系是信用内容。

二、信用的产生

信用产生与发展的基础是商品经济发展和私有制的产生。人类最早的信用产生于原始社会末期，由于社会两次大分工，即畜牧业从原始农业中分离出来、手工业从农业中分离出来，较大地提高了生产力，使商品生产和商品交换得以发展，原始社会解体，产生了私有制，出现了贫富差距，贫困者为了生存，必须向富者借债，这就是最初的信用。

人类社会产生第三次分工后，出现了专门从事商品经营的商人。在商品交换过程中存在着商品或货币在时间和空间上分布的不均衡，也就是商品或货币时多时少，时余时缺，此多彼少，此余彼缺，于是商品买卖采取了延期支付的形式。卖者因赊销商品成为债权人，而买者因赊购商品成为债务人，到约定期限偿还货款和利息。这种债权、债务关系就是信用关系。可见，商品经济的发展是信用产生的基础。

信用产生之后，经历了一个长期的发展变化过程。早期的信用是实物借贷，货币出现以后，逐渐发展成为货币借贷。在奴隶制和封建制社会中，信用的形式是高利贷。而当代社会信用表现为借贷资本的运动。

(一) 高利贷信用

高利贷是以取得高额利息为特征的借贷活动。作为人类历史上最初的信用形式，高利贷产生于原始公社瓦解时期，在奴隶社会和封建社会得到了广泛的发展。

高利贷盘剥的对象主要是广大的小生产者，因为小生产经济极不稳定，经不起意外事件的打击。高利贷的对象还有封建主和奴隶主，他们借贷是为了满足奢侈的生活，或为了政治、军事等目的，但高额的利息支出最终还是转移给小生产者。

从事高利贷放款的主要是商人，特别是从事货币经营业的商人。此外，还有寺院、教堂、修道院等，也从事高利贷活动。

高利贷最明显的特点是利率高、剥削残酷。因为小生产者借贷多用于生活和生产急需；统治者和寄生阶层借贷多用于奢侈消费，并且可以转嫁。借贷的这种非生产性决定了利息率几乎没有上限的约束。另外，在自然经济占统治地位的社会，用于借贷的暂时闲置资产也是有限的，这也使得高利息率得以维持。

高利贷产生与发展的基础是小生产占主导地位的经济方式。随着商品货币经济的发展，货币借贷逐渐成为高利贷的主要形式，债务人为了清偿债务就得出售产品，以便获得货币来偿还，这在一定程度上推动了自然经济的解体和商品货币关系的发展。但在高利贷的盘剥下，小生产者的绝大部分劳动产品甚至连同一部分生产资料都转入高利贷者手中，加上封建主和奴隶主将高利贷本息的转嫁，使小生产日益萎缩，破坏了社会生产力。

由于高利贷者的长期重利剥削，积累了大量的货币财富。从封建社会向资本主义社会过渡时期，高利贷为资本主义生产方式的形成提供了物质基础。同时，大量的小生产者沦为无产者，又形成了资本主义生产方式赖以生存的社会基础——雇佣工人。但高利贷只能促进资本主义生产方式的形成，并不能创造新的生产方式，由此产生了新型资产阶级反对高利贷的斗争。经过反复较量，资本主义信用随着现代银行的出现而建立。

（二）资本主义信用

借贷资本是货币资本家为了获得利息而贷放给职能资本家的一种货币资本，是继高利贷之后在产业资本循环周转中产生和发展起来的一种生息资本。借贷的货币是作为资本来使用的，借入者作为资本借入，贷出者也作为资本贷出，这里体现的是借贷资本的运动。

借贷资本是在高利贷基础上产生的，但两者有许多区别：一是借贷资本的利率要保持在一定的水平上，不像高利贷那样几乎没有什么限制；二是借贷资本主要是贷给生产经营者用于生产的扩大，而高利贷则主要用于消费；三是借贷资本的资金来源于社会资金循环中的闲置部分，而高利贷则主要来源于富人阶层。

资本主义信用对资本主义经济的形成和发展起了重要的作用。它通过存款、股票、债券等方式，集中了巨额货币资本，有力推动了生产力的提高。同时，通过信用活动，使货币资本在各部门、各地区进行流动，促进了利润平均化。当然，信用也使财富越来越集中在少数资本家手中，这就不能使资本主义生产的社会化与资本主义私人占有形式之间的矛盾日益尖锐化。

（三）社会主义信用

社会主义市场经济会产生货币资金的暂时闲置和需求。但由于各社会单位的所有制形式不同，各单位都有自身经济利益，因此经济单位之间货币余缺调剂必须采用信用形式。

社会主义信用有存在的客观基础，也有存在的必要。在社会主义市场经济条件下，筹集资金、分配资金、对外开放、经济管理都需要信用。市场经济越发展，就越需要信用。

社会主义信用也是一种借贷行为，是以偿还为条件的价值运动形式。社会主义信用的发展，能有力推动社会主义市场经济建设，也能更好地施展对宏观经济的调控。

三、现代信用的作用

从信用的产生和发展可以看出，信用是经济社会尤其是现代经济社会不可缺少的重要基础。信用在市场经济中的作用主要表现在以下几个方面：

（一）资源配置

信用是价值运动的特殊形式，利用这一方式，使货币所有权和使用权分离，以达到对资源的重新配置，满足不同的需要，实现社会资源合理运用。

任何一个时期，社会经济单位都存在三种类型的企业：收支相等、收大于支、收不抵支的企业。要充分利用资源，有效地提高资金分配的效率，只有通过信用，将盈余单位的资金转移给赤字单位使用，才能调剂货币余缺和重新分配资源。

信用的资源配置作用是由银行信用和金融市场完成的。通过银行信用，盈余单位将剩余资金存入银行，由银行再分配，通过贷款给资金缺少的单位，解决其对资金的需求；通过金融市场，采取发行股票、债券等形式使资金短缺单位吸收资金。这两种货币分配和调剂的形式是完成资源分配的过程。通过资源配置，有利于产业结构和产品结构的优化。

（二）筹集资金

经济增长有赖于不断扩大再生产，而追加投资就是扩大再生产的起点。因此，最大限度地筹集资金就是扩大再生产及其规模的前提条件。储蓄是筹资的主要途径，在储蓄转化为投资的过程中，信用成为促进经济发展、推动资金积累的有利杠杆。

如果每个企业的新增投资额仅限于它本身的储蓄，那么这些企业就不能获得大规模生产所带来的节约。相反，借助于信用关系，则可以实现资本集聚，有利于提高生产效率，实现规模经济节约的原则。

各个企业在生产过程中，会由于种种因素产生或多或少的暂时闲置资金，这些闲置资金的时间有长短，其所有者自己不以运用，信用却可以把它们变成可以使用的资金。由于信用具有变短为长的作用，能动员更多闲置的资金形成现时的投资，从而迅速扩大投资规模。

家庭的储蓄并非一定和现实的消费要求相交换，利用信用可以把已经确定为消费资金的家庭储蓄转用于扩大再生产，从而扩大积累规模。

（三）节省流通费用

由于信用制度的存在，商品可以赊购、赊销，可以加快商品的流通速度，缩短流通时间，降低商品储存以及与此有关的各种费用；信用制度的存在创造了许多信用工具，通过银行办理转账结算，便利了商品流通，节省了现金保管点数、运输等流通费用。

（四）调节国民经济

在现代商品经济条件下，信用既可以调节国民经济总量，又可以调节国民经济结构，成为调节国民经济的杠杆。通过变动信用规模，调节货币供给量，使货币供给量与货币需求量趋于一致，确保社会总供求基本平衡；通过变动利率和信贷投向，调节需求结构，以调整产品结构、产业结构和经济结构；通过变动汇率和国际信贷，以协调对外经济并达到调节国际贸易和国际收支的目的。

第二节　高　利　贷

高利贷是指索取特别高额利息的贷款，或叫大耳窿、地下钱庄。被称为“放数”的放债人，向“高利贷”借钱，一般无需抵押，甚至无需立下字据。高利贷产生于原始社会末期，在奴隶社会和封建社会，它是信用的基本形式。也就是说，在资本主义社会出现之前，在现代银行制度建立之前，民间放贷的利息是很高的。

一、高利贷的含义

对于什么是高利贷，我国民法学界目前有以下三种不同的观点：

第一种观点认为，借贷的利率只要超过或者变相超过国家规定的利率，即构成高利贷。有的学者认为借贷利率可以适当高于国家银行贷款利率，但不能超过法律规定的最高限度，否则即构成高利贷。

第二种观点认为，高利贷应有一个法定界限，但这个界限不能简单地以银行的贷款利率为参数，而应根据各地的实际情况，专门制定民间借贷指导利率，超过指导利率上限的，即构成高利贷。持这种观点的人还认为，凡约定利息超过法定指导利率的，其超过部分无效，债权人对此部分无请求给付的权利。

第三种观点认为，高利贷就是一种超过正常利率的借贷。至于利息超过多少才构成高利贷，由于在立法和司法中都没有统一的规定和解释，在实践中只能按照民法通则和有关法律规定的精神，本着保护合法借贷关系，有利于生产和稳定经济秩序的原则，对具体的借贷关系进行具体分析，然后再认定其是否构成高利贷。这种观点还认为在确定高利贷时，应注意区别生活性借贷与生产经营性借贷，后者的利率一般可以高于前者。因为生活性借贷只是用于消费，不会增值；而生产经营性借贷的目的在于获取超过本金的利润，因此，它的利率应高于生活性借贷的利率。

目前我国的主流观点认为，利率高于银行同期贷款利率 4 倍就属于高利贷。

二、高利贷信用的特点

1．利率高

高利贷一般年利率在 36%以上，如借款 100 元，一年要支出 36 元以上的利息。个别的利率也可达 100%～200%。我国历史上高利贷年利一般都达 100%，而且是“利滚利”，即借款 100 元，一年后要还 200 元，如果到期不能归还，第二年要还 400 元，第三年就是 800 元，逐年成倍数增加。

高利贷信用之所以有这样高的利息，是由当时的经济条件决定的。由于前资本主义是自给自足的自然经济，劳动生产力水平低，生产规模小，小生产者一般都经受不住意外事故的冲击(如天灾人祸)。在这样的情况下，小生产者(农民和其他小手工业者)就不得不向放高利贷者借钱或实物，以维持生产和生活。放高利贷者正是看到了借者为了维持生存这一点，就无情地抬高利率。如果借钱的人不是为了生活和生存，而是向资本主义生产方式那样，借钱是为了投资，获取利润，那么贷款的利率高了，使得投资的利润大部分或全部被高利贷的利息侵吞，借钱的人就不借了，贷款的利率自然也高不上去。

高利贷借者除了小生产者以外，也有一些破落的奴隶主和封建主，他们是为了维持奢侈的生活，其利息最终要转嫁到小生产者身上。高利贷的债权人主要是商人，特别是货币经营商人，除此之外还有奴隶主和地主。

2．剥削重

高利贷的利息来源于奴隶和小生产者的剩余劳动及一部分必要劳动。小生产者借用高利贷所支付的利息，是他们直接以自己的剩余劳动或必要劳动产品支付的。奴隶主和封建主借用高利贷所支付的利息，同样是奴隶和小生产者的剩余劳动或必要劳动产品。因为奴隶主和封建主不劳动，他们所支付的利息，归根到底是对奴隶和小生产者的压榨和剥削。由于高利贷利息来源不仅要包括劳动者所创造的全部剩余劳动，还包括一部分必要劳动，这与利息只是剩余价值的一部分的资本主义利息比较，其剥削程度更重。

3. 非生产性

前面已经提到，高利贷的借者，无论是统治者还是小生产者，他们借用高利贷主要用于非生产支出。统治者借高利贷主要是为了维持其奢侈的生活，小生产者借高利贷是为了其基本的生活需要。这与资本主义借贷资本的用途以及社会主义信用资金的用途有着明显的区别。

三、高利贷的社会影响

由于高利贷有主体分散、个人价值取向、风险控制无力等特点。高利贷活动不可避免地会引发一定的经济和社会问题。一些利率奇高的非法高利贷，经常出现借款人的收入增长不足以支付贷款利息的情况。当贷款拖期或者还不上时，出借方经常会采用不合法的收债渠道，如雇佣讨债公司进行暴力催讨等。于是，因高利贷死亡、家破人散、远离他乡、无家可归的现象数不胜数。由于民间“高利贷”利率普遍高于银行基准利率，受利益驱动，一部分人便将自有资金用于民间借贷，对地方金融机构(尤其是农村信用社)吸收存款造成很大压力；同时，由于其贷款机制灵活、便利，也在一定程度上对银行信贷造成冲击；另外，由于民间“高利贷”多为私人之间的协议，大多没有信贷担保和抵押，而且对借款人的资信仅凭个人的主观判断，主观性和随意性很强，对风险的产生也无从控制，因此隐藏了极大的风险。如果借款人不能归还贷款，对贷款人来说打击是巨大甚至是终身的，所以，极易冲击正常的金融秩序。

四、政策建议

1. 利率市场化

高利贷之所以能够生存，说明并不是所有的借贷者都会因此而家破人亡，它还是有高回报的。从全世界的经验看来，所有的小额贷款和农村金融之所以能够取得突破、能够成功，它最根本的问题就是打破了过去那种认为农村的贷款、扶贫的贷款一定要低息的观念。所有成功的小额贷款都是高息的，一般来说，比城市的贷款要高出10%到15%左右。2006年10月13日，被称为“穷人银行家”的孟加拉人尤努斯，荣获诺贝尔和平奖。孟加拉平常的商业贷款利率在12%～13%左右，但是尤努斯给农村和贫困农民的贷款是25%左右。

之所以银行不愿意放贷，是因为他们认为给小企业或农民放贷的收益与风险不对称。一般而言，小企业或农民规模小、底子薄，没有多少资产可以用来抵押，从而加大了银行放贷风险。另外，他们贷款金额不大，对大银行来说，在一定的利率水平下可得到的利润少之又少，而各种信誉评估手续与大企业基本相同，所以银行宁愿不赚这部分利润。然而，如果我们放开利率，让银行根据所面临风险的大小，自己制定利率，那么在利益的驱使下，银行便不会再放弃这些小客户。对于借贷者来说，即使银行实行较高的利率，但相对于高利贷，也是小巫见大巫；同时，银行的资金供应同高利贷相比要稳定得多。有了银行的涉足，资金的供给量大大增加，放高利贷者要想生存，也必须降低他们的利率，这样就大大减少了借贷者的负担，也就大量减少了各种悲剧的发生。

2．发展多种形式的金融机构和组织

(1) 建立民营小额信贷公司。

从1994年我国首次开展小额信贷业务以来，已经在国内形成了三种模式：一种是由政府的扶贫基金开展的小额信贷，第二种是由国际捐赠等方式形成的民间小额信贷组织，这两种机构的最大特点是有扶贫的作用但缺乏后续资金；第三种是由农信社等正规金融机构提供的小额信贷，但是推广情况不太理想。目前，信用社是中国大多数乡村地区唯一的农村金融机构，据社科院“农村金融市场研究”课题组所做的农户调查，农户得到的正规金融贷款80%以上来自信用社。然而，由于信用社的经营行为带有浓重的计划经济和政策性金融特点，无法形成真正的、规范的竞争性金融市场，结果是一方面农村金融服务远远满足不了需要，另一方面信用社自身的生存和发展也面临严峻的挑战。

我们应该借鉴其他国家的成功经验，允许建立专门为农村服务的民营金融企业。2006年10月13日，诺贝尔和平奖之所以颁给孟加拉人尤努斯，就是因为这位被称为“穷人银行家”的孟加拉人，在30年中从借款27美元给42个赤贫农妇开始，发展成为拥有近400万借款者、12546名员工的庞大乡村银行网络。他的银行有1277个分行，遍及46620个村庄，解决了农民的资金需要。事实上，我国也已经开始对民营金融机构进行试点，2005年底，两家分别名为“日升隆”及“晋源泰”的小额贷款公司在山西省平遥县正式开业。这两家小额贷款公司的成立，标志着“草根金融”将以合法的身份走向融资的前台。

(2) 建立各种担保机构。

要消除贷款难的问题，除建立多层次的信贷体系外，还要鼓励社会团体、行业协会、企业法人和自然人等投资创办中小企业信用担保机构，为个人和中小企业提供信用担保。

当然，成立多种担保机构对贷款难问题也只能治标不治本。要想从根本上解决问题，还需要引导企业或个人培养诚信意识。诚信是市场经济的灵魂，是市场经济正常运行的基础，诚信是规则，也是一种文化和道德。诚信的培养并非一日之功，因此要常抓不懈，以求改进。可以说，创建诚信企业，才是企业融资的最好办法。

3．对民间借贷加以引导和规范

要消除非法高利贷带来的危害，不能对所有高利贷实行一刀切，应该通过法律使民间借贷由地下走向公开，在法律允许的范围内进行活动，引导、管理并规范其行为。明确规定什么是违法的“高利贷”活动，该受何种惩罚，确定其程序和明确管理部门，同时应逐步建立资金保险市场和风险赔偿机制，以促使其健康发展。另外，我们要加强对民间“高利贷”市场行为的监督，使其在合法合规的基础上开展信贷活动，要督促其照章纳税，并保护民间“高利贷”主体的个人财产不受侵犯，以促进民间借贷市场有形、有序、竞争、规范化发展。高利率是对高风险的补偿，那么，只要对其进行合理的规范，并保护放贷者的利益等，则高利贷就会自动转变为“低利贷”。

在现实状况下，使高利贷市场行为合法化，还可以形成与银行信用竞争的局面，督促银行改善经营，反过来与民间信贷展开竞争，这样不仅可以提高银行自己的经营业绩，也会使民间借贷利率下降。

4．针对非生产性的高利贷，我们则需要政府加大社会保障力度

一个人一旦陷入高利贷的陷阱，就会形成恶性循环。虽然当前我们国家在社会保障方面不断加大投入，比如助学贷款、医疗保险、最低生活保障等，但覆盖面还不够大，有些地方还没实施社保政策，甚至有人还不知道这些保障制度的存在，因此，除了加大保障力度，还需加大宣传力度。

【知识拓展】

温州吴英案

2009 年 4 月 16 日上午，备受关注的"东阳富姐"吴英集资诈骗案在浙江省金华市中级法院大法庭开庭审理。检察机关指控吴英涉嫌集资诈骗达 3.89 亿余元。28 岁的吴英演绎了一个短期的财富传奇故事。

吴英，一个年仅 26 岁的女子，却在三个月内购下 100 多间商铺、创建 8 家实业公司，成立本色集团并自任董事长；跑车、珠宝、别墅，张扬的个性，使她成为 2006 年中国商界最具争议的人物之一。风传拥有 38 亿身价的她，资金原来都是借的。借 100 万，承诺三个月以后还 200 万。2006 年 12 月，就在外界风传吴英和她的本色集团遭遇资金危机的关键时刻，吴英却突然神秘失踪了。8 天后，吴英重新现身，声称是被人绑架了。她在失踪 8 天后的重新现身也未能化解本色集团的这次资金危机。2007 年 2 月 7 日，吴英在首都机场被东阳警方抓获，并因为涉嫌非法吸收公众存款罪被刑事拘留。2 月 11 日东阳市政府发出一纸通告，表示吴英及其本色控股集团有限公司有非法吸收公众存款的重大犯罪嫌疑，并已由东阳市公安局立案侦查。短短数月，"吴英神话"从辉煌走向破灭。

第三节　现代信用形式

信用形式是信用关系的具体表现。随着商品经济的发展，现代信用在资本主义社会中得到了极大的发展，并在社会主义社会中继续发展和完善。不仅信用活动日益频繁和深化，信用形式也日益多样化。以信用期限为准，信用可分为即期信用、短期信用、长期信用；以有无抵押为准，信用可分为有担保信用和无担保信用；以受信的用途为准，信用可分为消费信用、盈利信用和政府信用。本书以信用的主体作为主要划分依据，将信用形式划分为商业信用、银行信用、国家信用、消费信用以及国际信用五种类型。

一、商业信用

（一）商业信用的概念

商业信用是企业之间进行商品交易时，以延期支付或者预付形式提供的信用，即赊购或预购行为，它也是现代信用制度的基础。

商业信用是基本的信用形式，当商品交换发生延期支付，货币执行支付手段职能时，就产生了信用。由于这种以延期支付的形式所提供的信用是在商品买卖过程中发生的，所以被称之为商业信用。

商业信用有效地调节了企业之间的资金余缺，成为再生产正常循环和周转的必要前提和维持社会简单再生产的基本条件。商业信用有效地把社会再生产和流通过程结合起来，加速了商品流通，从而加速了整个再生产过程。就全社会来讲，商业信用使各企业之间的资金得以充分利用，不仅提高了资金使用效率，而且广泛地节省了社会资金。此外，商业信用在记载债权、债务关系中创造了商业信用票据，为商业信用票据化提供了条件，也为社会提供了流通和支付工具。

（二）商业信用的特点

(1) 商业信用的债权人和债务人都是企业。商业信用是以商品形态提供的，不仅债务人是从事生产流通的企业，债权人也必然是从事生产流通的企业，这种信用是由卖方向买方提供。

(2) 商业信用是一种直接信用。信用交易的达成，无需经过金融机构撮合，只要赊销方和赊购方达成协议即可，手续极为简便。

(3) 商业信用所提供的资本是商品资本。商业信用是将一个企业的商品形态提供给另一个企业，贷出的资本是处于产业资本循环过程的最后阶段的商品资本，而不是产业闲置资本，它是产业资本的一部分。虽然商业信用是以商品形态提供的信用，但它实际包含了两种性质不同的经济行为——买卖和借贷。一个企业把一批商品赊给另一个企业时，商品的买卖行为就完成了，即商品的所有权发生了转移，由卖者转移到买者的手中。但由于商品的货款并未支付，卖方就变成债权人，买者就变成了债务人，买卖双方便形成了债权、债务关系。

(4) 商业信用是集融资、融物于一体的信用形式。由于商业信用的借贷物是商品资本，决定了其买卖行为和借贷行为是同时进行的，所以商业信用绕过了先落实货币资金、后购买商品物资的时间差，是一种集融资、融物于一体的信用形式。

(5) 商业信用的规模与产业的周转动态相一致。经济繁荣时期，生产规模扩大了，生产的商品增多了，对商业信用的需求增加了，以商业信用出售的商品也会相应增加。在经济危机时期，商品滞销，市场疲软，生产缩减，商品减少，对商业信用的需求减少，使整个商业使用规模都大大地缩减。

(6) 商业信用一般都不计利息。在经济生活中，赊购和预付的借贷双方往往都不计付利息，不过在西方国家，现货买卖一般享受折扣上的优惠，信用买卖与现货买卖的差额就是一种变相的利息所得。

（三）商业信用的作用与局限性

由于商业信用直接以商品生产和流通为基础，并为商品生产和流通服务，所以商业信用对加速资本的循环和周转，最大限度地利用产业资本和节约商业资本，促进社会生产和流通的发展具有重大的促进作用。受自身特点的影响，商业信用的局限性主要表现在以下几个方面：

(1) 商业信用的规模受企业资本数量的限制。商业信用是企业之间互相提供的，其规模受提供商业信用的企业所拥有的资本额限制，而且，企业不是按照全部资本额，而仅是按照其商品资本额来决定所能提供的商业信用规模。所以，商业信用在数量上是有限的。

(2) 商业信用受企业之间商品买卖关系的限制。由于商业信用是以商品形态提供的，而商品都有特定的使用价值，因此，提供商业信用是有条件的，它只能向需要该商品的厂商提供，即只能由上游企业向下游企业提供商业信用。例如，纺纱厂(卖方)可以以自己的面纱向织布厂(买方)提供商业信用；反过来则不行，因为织布厂的棉布对纺纱厂的生产来说是无意义的。

此外，商业信用还具有期限短、盲目性和自发性等局限性。商业信用的种种局限性使得它不能满足商品经济发展对信用的需要，客观上需要产生一种新的信用形式，以满足生产和流通对信用的要求。

二、银行信用

（一）银行信用的概念

银行信用是指银行及各类金融机构以货币形式提供的信用。这种信用是银行通过信用方式，将再生产过程中游离出来的暂时闲置的货币资金以及社会上的其他闲置资金集中起来，以货币形式贷给需要补充资金的企业，以保证社会再生产过程的顺利进行。

（二）银行信用的特点

(1) 银行信用的借贷双方必有一方是银行等金融机构。银行在银行信用中一方面以债务人的身份从社会上广泛吸收闲散资金，另一方面又以债权人的身份将货币资金贷放出去。实际上，银行信用中的银行及其他金融机构集债权与债务人于一身的间接信用形式。

(2) 银行信用是以货币形态提供的，所贷出的资本是从产业资本循环过程中独立出来的货币资金，它可以不受个别企业资金数量的限制，聚集小额的可贷资金满足大额资金借贷的需求；同时也可把短期的借贷资本转换为长期的借贷资本，满足对较长时期的货币需求，不再受资金流转方向的约束，从而在规模、范围、期限和资金使用方向上都大大优越于商业信用。

(3) 银行信用的动态与产业资本的动态不一致。银行信用所需资本，是生产过程中暂时闲置的货币资本，是与商业资本相对应的，其动态与产业资本动态刚好相反。如经济繁荣时期，生产发展，商品流通扩大，但银行信用由于需求增加，资本供应反而紧张。

由于银行信用克服了商业信用的局限性，扩大了信用的范围、数量和期限，可以在更大程度上满足资本主义经济发展需要，所以银行信用成了资本主义信用的主要形式。20 世纪末，银行信用不断发展，越来越多的借贷资本集中在大银行手中，大量的借贷资本为垄断组织所利用，同时贷款数额的增大和贷款期限的延长又促进了银行资本与产业资本的结合，使得银行信用更具优势，发展更加迅速。

尽管银行信用是社会最主要的信用形式，但是商业信用仍是社会信用制度的基础，因为它直接服务于产业资本的周转，同时服务于商品从生产领域到消费领域的运动，因此，在商业信用能够解决问题的范围内，往往总是先利用商业信用。而且，从银行信用本身来看，也有大量业务如票据贴现和票据抵押放款等仍然是以商业信用为基础的。目前，商业信用的作用还有进一步增强的趋势，商业信用与银行信用相互交织，使得商业信用和银行信用能够相互联系、互为发展。

【知识拓展】

我国国债发展历程

我国历史上第一次发行国债是在1898年发行的“昭信股票”。

中华人民共和国成立后，第一次是1950年发行的“人民胜利折实公债”，一直到1981年国家没有发行国内公债。

1981年7月，财政部经国务院批准首次发行国库券48.6亿元，揭开了中国证券市场恢复和起步的序幕。

1981年以后，我国每年发行国债，其中国库券发行13次共计3130亿元。财政债券从1987年起发行5次，期限均为5年，共计333亿元。1987年和1988年发行重点企业债券2次，期限均为5年，共计80亿元。1988年发行一次基本建设债券，期限5年，共计50亿元。1989年发行一次保值公债，期限为3年，共计130亿元。

三、国家信用

(一) 国家信用的概念

国家信用是指国家及其附属机构作为债权人和债务人，依据信用原则向社会公众和国外政府举债或向债务国放债的信用形式。这里主要指狭义的国家信用，即国债。

国家信用也可以称作财政信用，它既属于信用体系范畴，也属于财政体系范畴，其基本形式是国家公债。按照发行范围划分，国债分为国内国债和国外国债。国内国债(内债)是国家向国内的居民、企业、社会团体等发行债券筹集资金的信用形式；国外国债(外债)是国家以债务人身份向国外的居民、企业、社会团体、国际金融机构、外国政府等发行债券或取得借款的信用形式。

(二) 国家信用的形式

(1) 国家公债。这是一种长期负债，期限在 1 年以上。发行这种公债筹来的资金一般用于一国大型项目上的建设，在发行时不注明具体用途和项目。例如，我国在20世纪50年代曾发行过公债，用于我国第一批大型重点项目的建设。

(2) 国库券。国际上的国库券一般是短期负债，多在1年以下，以1个月、3个月、6个月居多，也有超过1年的。

(3) 专项债券或重点建设债券。这是一种在发行时指明用途并将筹集来的资金专项使用的债券。例如我国近年来发行的重点建设债券、重点企业的债券等。

【知识拓展】

中国首期地方债

2009年3月初，备受关注的首期地方债终于浮出水面，财政部发布通知，宣布将于2009年3月27日就2009年新疆维吾尔自治区政府债券(一期)30亿元进行招标，这标志着

2000亿元的地方债发行大幕正式拉开。

根据财政部通知，首期地方债将于3月30日开始发行并计息，4月3日起上市交易。财政部将代为办理本期债券还本付息，委托中央国债登记结算有限责任公司、中国证券登记结算有限责任公司上海、深圳分公司办理利息支付及到期偿还本金等事宜。

记者从财政部了解到，地方政府债券统一由财政部代理，按照记账式国债发行方式，面向记账式国债承销团甲类成员招标发行。债券冠以发债地方政府名称，具体为“2009年XX省(自治区、直辖市、计划单列市)政府债券(XX期)”。发行后可按规定在全国银行间债券市场和证券交易所市场上市流通。

尽管首期地方债利率尚未确定，财政部有关负责人表示，地方政府债券期限为3年，利息按年支付，利率通过市场化招标确定。由于债券利率随行就市，投资者可以根据自己意愿选择投资组合。

随着各地地方债将陆续发行，大量地方政府债券将涌入债券市场，不少机构投资者在接受记者采访时表示，地方债发行并不会对市场产生太大影响，但在当前债市整体收益较低的背景下，其收益也不会太高。

招商证券债券市场分析师刘宝强说，市场对地方债发行的大概日期和额度都已经有了预期，而且地方债利率预计将略高于同期国债利率，期限也偏短，因此不会对市场造成什么影响。

中国银行托管及投资者服务部高级客户经理王徽说，代理发行国债是银行的一项传统业务，此次发行地方债，信用上接近国债，再加上中央政府提供担保，为投资者增强了投资信心。

记者从新疆维吾尔自治区财政厅了解到，除了发行本期30亿元的一期地方债以外，新疆还计划于当年7月发行另外25亿元的地方债。当地官员表示，发行地方债所得资金将全部用于民生项目建设，包括乡镇学校和医院抗震加固25亿元、廉租住房建设15亿元、农村公路建设10亿元、喀什老城区改造5亿元。

(三) 国家信用的作用

(1) 调节财政收支不平衡。在国家预算执行的过程中，财政收入和实际支出之间经常出现暂时的脱节现象；或者即使从整个财政年度看财政收支是平衡的，但是由于财政收入的时间不一致，也可能发生财政的暂时不平衡，例如出现上个财政年度支出大于收入，下半年度收入大于支出，为了解决财政年度内收支不平衡，国家往往借助于发行国库券的方式来解决。

(2) 弥补财政赤字，培植后续财源。由于许多原因，国家往往会出现财政赤字的情况，一般来说，为了弥补赤字，主要有以下几点做法：第一，增加税收，增加税收具有一定限度，税收过重，会影响企业生产经营，甚至破产倒闭，无法形成稳定财源；第二，向银行寻求借款，这一做法容易导致通货膨胀、物价上涨；第三，发行政府债券，与前两者相比，发行国债将企业、居民的现实购买力转移给了国家，是一国财力的再分配，不会导致通货膨胀，也不会影响企业正常生产的积极性，因此当今各国政府一般都尽量采取发行国债的方式来弥补财政赤字。

(3) 调节货币供应量。中央银行通过买进或卖出国债来调节货币供应量，影响金融市场资金供求关系，从而实现宏观调控的目的。

(4) 为国家建设筹集资金。国家要进行基础设施和公共设施建设，为此需要大量的中长期资金，通过发行中长期国债，可将一部分短期资金转化为中长期资金，用于国家的大型项目，以促进经济的发展。

四、消费信用

(一) 消费信用的概念

消费信用是指银行及其他金融机构、企业为消费者提供的用于满足其消费需求的信用形式。现代市场经济中的消费信用是与商品和劳务，特别是住房和耐用消费品的销售紧密联系在一起的，其实质是通过赊销或消费贷款等方式，为消费者提供超前消费的条件，促进商品的销售。因此，消费信用与商业信用和银行信用本质并无区别，只是授信对象和授信目的有所不同。

(二) 消费信用的形式

(1) 赊销。零售商直接以延期付款的销售方式向消费者提供的信用，如信用卡结算方式等。一般来说，赊销是一种短期消费信用形式。

(2) 分期付款。消费者先支付一部分货币(首期付款)，然后按合同分期摊还本息，或分期摊还本金、利息一次计付；这种付款方式在购买耐用消费品中广泛使用，是一种中期消费信用方式。

(3) 消费信贷方式。银行或其他金融机构直接贷款给消费者，用于购买耐用消费品、住房以及支付旅游费用。按贷款发放对象的不同，可分为买方信贷和卖方信贷，前者是对消费者发放贷款，后者是对商品销售企业发放贷款，消费贷款属于中长期信用形式。

(三) 消费信用的作用

(1) 消费信贷的发展扩大了需求，刺激了经济发展。首先，利用消费信贷可以使消费者提前享受当前无能力购买的消费品(如住房、汽车等)，这种消费信用惊人地扩大了需求，据统计，西方国家每年汽车消费量中，1/3 是与消费信贷有关的，同时也带动了钢铁、橡胶、铝等工业的发展；其次，利用消费信贷，促进了技术的应用、新产品的销售以及产品的更新换代，促进了经济的发展。

(2) 消费信贷的发展为社会经济增加了不稳定因素，使许多人陷入沉重的债务负担中，通常是借新债还旧债。在经济繁荣时期，由于消费信用的稳定与发展，使产品过剩问题被掩盖起来，但在萧条时期，贷者和借者都会降低消费信用的意向，减少消费信用的额度，从而使商品销售的困难突然加大，导致经济更加恶化。

综上所述，消费信用能够在一定程度上缓解消费者有限的购买力与生活之间的矛盾，从而更好地促进商品生产和销售，尤其是在经济紧缩、市场疲软的时期。当然，过量地发展消费信用也会导致信用膨胀，因此我们一定要注意消费信用的合理规模。

五、国际信用

（一）国际信用的概念

国际信用是指国与国之间的企业、经济组织、金融机构及国际经济组织相互提供的与国际贸易密切联系的信用形式。

（二）国际信用的分类

(1) 出口信贷。出口信贷是指国际贸易中一种中长期贷款形式，是一国政府为了促进本国出口，增强国际竞争力，而对本国出口企业给予利息补贴和提供信用担保的信用形式。根据补贴和贷款对象不同又可以划分为卖方信贷和买方信贷。

卖方信贷是出口方银行或金融机构向以赊销方式出口商品的企业提供的一种信贷，因是出口商直接向卖方提供的信贷，故称之为卖方信贷。

买方信贷是出口商银行或金融机构直接向进口商或进口商银行提供信贷，由于是出口商银行直接向买方提供的信贷，故称之为买方信贷。

(2) 银行信贷。国际间的银行信贷是进口企业或进口方银行直接从外国金融机构借入资金的一种信用形式。这种信用形式一般采用货币贷款方式，并事先指定了贷款货币的用途，它不享受出口信贷优惠，所以贷款利率要比出口信贷高。另外，这种信用形式与发行国际债券的性质不同，它不是债权人与债务人直接发生债权、债务关系，而是双重的债权、债务关系。在遇到大宗贷款时，国际金融市场往往采取银团贷款方式以分散风险。

(3) 补偿贸易。补偿贸易是指买方以赊销方式进口设备和技术等，并以该项目建成投产后的产品或其他指定的商品还本付息的一种贸易方式，实质上是一种国际间的商业信用，在发展中国家中得到了广泛使用。

(4) 国际政府间信用。国际政府间信用指国际间一主权国家政府对另一主权国家政府提供的信用。这种信用一般是非生产性的，如用于解决财政赤字或国际收支逆差，必要时还用来应付货币信用危机等。

(5) 国际金融机构贷款。国际金融机构货款主要指包括国际货币基金组织、世界银行在内的国际性金融机构向其成员国提供的贷款。这种信用一般有特定的用途，贷款期限较长，贷款条件优惠。

六、民间信用

（一）民间信用的概念

民间信用是指社会公众之间自发形成的以货币形式提供的信用，一般采取利息面议、直接成交的方式。

（二）民间信用的形式

(1) 直接货币借贷。

(2) 通过中介人进行的间接货币借贷。

(3) 以实物作抵押取得借款的“典当”等。

（三）民间信用的特点

(1) 利率高。决定民间信用的因素主要是资金供求关系，银行利率只能起指导作用。从实际看，民间信用利率普遍高于银行利率。

(2) 风险大，手续不全，容易发生违约现象。民间信用是私人之间的借贷，具有一定的隐蔽性、随意性和自发性，国家法规难以规范其行为，加上当事人多采取口头信用，因而违约现象盛行，风险较大。

(3) 民间信用期限短。民间信用的需求者由于生产和生活的急需，在民间求借以解决燃眉之急，所以期限短。

(4) 民间信用比较灵活，能够弥补银行信用的不足。

（四）民间信用的作用

(1) 积极作用：扩大了融资范围，有利于商品经济的发展，而且能够将竞争机制引入金融领域，有利于推动金融体制的改革。

(2) 消极作用：由于民间信用具有自发性和盲目性，给国家宏观调控增加了难度，以民间信用为代表的融资活动中金融投资，高利盘剥，不利于国家稳定货币流通和金融秩序的稳定。

本章小结

(1) 信用的含义包括三个方面：首先，信用是一种基本的道德准则；其次，信用是一种特殊的价值运动形式；再次，信用是一种法律制度。信用的特征包括三个方面：第一，是商品经济中的一种借贷行为；第二，具有偿还性；第三，是价值运动的特殊形式。信用的构成要素包括信用的主体、信用的客体、信用的内容。

(2) 在现代信用形式中，商业信用和银行信用是最基本和最重要的两种信用形式，它们相辅相成，密不可分。国家信用的重要性在于这种信用形式已经成为国家调控经济的一种重要手段。消费信用与商业信用和银行信用并无本质区别，只是授信对象和授信目的有所不同。国际信用是国际经济联系的一个重要方面，在世界经济一体化趋势下，将起到越来越重要的作用。民间信用也是一种在社会生活中普遍存在的信用形式。

(3) 利息是借贷关系中由借入方支付给贷出方贷出资金的报酬。在不同的社会制度下利息所代表的含义均不同。利率是一定时期内利息额与贷出资本额的比率。利息率体现着升息资本增值的程度，是衡量本金与利息量之比的尺度。根据不同的标准利率可划分为不同的种类。利息的计息方式主要有单利法和复利法。复利法是一种更精确的计算方法，因为它能更好反映资金的时间价值。影响利率变动的因素有很多，主要有社会平均利润率、资金供求状况、国家经济政策、物价水平、国际利率水平等。利率的作用主要表现在对宏微观经济均具有调节作用。

知识网络图

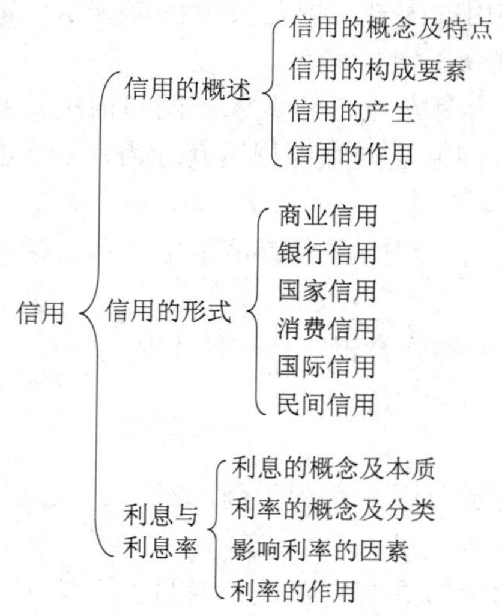

本章练习

一、思考题

(1) 如何理解经济范畴下信用的内涵？

(2) 商业信用与银行信用的关系？

(3) 国家信用与银行信用之间的区别？

(4) 利率变动对经济的影响有哪些？

二、典型案例分析

【案例 1】

从“孙大午案”，看民间信用与民间融资行为

2003 年，“孙大午案”一度成为新闻传媒与民众关注的热点。孙大午，河北大午农牧集团有限公司法定代表人、董事长，因涉嫌非法吸收公众存款罪于 2003 年 5 月 29 日被徐水县公安局刑事拘留，同年 7 月 7 日被逮捕。

孙大午是位农民企业家，在筹建大午学校的过程中，由于资金困难，不得不想方设法筹集资金，但是，当地的银行机构对于这样一位农民企业家并没有给予支持，所以他只有通过民间信贷的方式向民众筹资。由于他的信誉较好，大家都愿意把钱存到他那里。这样他就利用民间信用的形式获得了很多的资金支持，但是，如此也引起了当地银行不满，于 2003 年 9 月 10 日，徐水县检察院向徐水县法院提起公诉，指控大午集团涉嫌非法吸收公众存款，孙大午涉嫌非法吸收公众存款罪、非法持有弹药罪。这份起诉书中说，大午集团为筹集资金，未经中国人民银行批准，以高于银行同期利率、不收利息税等手段，进行变相吸收公众存款活动。而据2005年10月30日徐水县人民法院对孙大午案的判决：河北大午农牧集团有限公司，未经中国人民银行批准，经被告人孙大午决策，招收代办人员，设立代办点，于2001年1月至2003年间，以高于银行同期存款利率，承诺不交利息税的方式，出具名为“借款凭证”或“借据”，实为存单的制式凭证，向社会公众变相吸收存款1627单，共计1300多万元，涉及611人。

在这个案件中，虽然也涉及农民问题、地方体制腐败的问题，但是，这起案件的导火索还应该是法院对其“非法吸收公众存款罪”的事实，即他利用民间信用吸收公众存款的行为已经触及当地银行的利益，甚至出现了当地银行的资金来源因此而受到极大影响的情况。现在对于孙大午，法院虽然采取了一种比较中庸的形式来判决，他被判缓刑，但是，从此案中，我们依然可以看到民间信用在中国被认为是非法的，即不允许以信贷作为基本形式的民间信用的存在。在这当中，却也存在着一个问题，即对于一些中小民营企业，往往无法获得银行的贷款，但企业要发展，他们就只有通过向民众筹资的方式来吸引资本。这正是民间信用生存的土壤之所在，因此即使我们不愿意放活民间信用，也有必要对由此产生的制度漏洞进行补救。

请分析：

(1) 民间信用与民间融资在我国存在的原因及影响？

(2) 针对上述案例，我们该如何对民间信用进行有效监督管理？

第三章 利息与利息率

【知识拓展】

不可小觑的利率功能

362年前，白人移民用价值24美元的物品，从印第安人手中买下了相当于现在曼哈顿的那块土地，现在这块地皮值281亿美元，与本金差额整整有11亿倍之巨。如果把这24美元存进银行，以年息8厘计算，今天的本息就是30万亿美元，可以买下1067个曼哈顿；6厘计算，现值为347亿美元，可以买下1.23个曼哈顿。

(摘自《上海金融报》)

利息在信用的基础上产生，是对投资者投入资本的报酬。利息额通常不能超过融资者的利润额。因此，利率的高低必然受平均利润率的制约。由于利率变动对经济有重大的影响，因此利率政策往往是国家干预和调节经济的重要手段。

第一节 利　　息

利息是指借款者取得货币资金使用权，而支付给贷款者超过贷出货币额的那一部分代价；也是贷款者因暂时让渡货币资金使用权，而从借款者那里取得的超过借贷货币额的那一部分报酬。

利息是从属于信用的一个重要的经济范畴，利息的存在是信用经济的一个重要特征，只要有信用关系存在，就必然存有利息，因而利息的性质由信用关系决定。

在私有制社会里面，高利贷者以利息形式，不仅榨取小生产者的全部剩余劳动，而且还榨取一部分必要劳动，因而利息反映着剥削关系。

在资本主义社会，借贷资本家与职能资本家以及职能资本家之间借贷。利息是利润的一部分，利润是剩余价值的转化形式。因此，资本主义利息反映了职能资本家和借贷资本家共同剥削工人的关系。

在社会主义社会里面，利息来源于社会主义的纯收入，纯收入是劳动者为社会所创造的剩余产品的价值形态。社会主义企业的纯收入，一部分上缴财政，一部分形成生产者本身的积累，一部分以利息形式付给借贷资金的所有者。借贷资金的所有者可以是国家、集体，也可以是个人，他们都凭对资金的实际所有权参与纯收入的分配，反映了国家、集体、个人三者利益相结合的关系。

第二节　利息率及其种类

一、利息率的定义

利息率简称利率，是一定时期内利息额与贷出资本额的比率。利息率体现着升息资本增值的程度，是衡量本金与利息量之比的尺度。其公式为

$$利息率 = 利息额/本金$$

二、利息率的种类

根据计算方法的不同，利率可分为单利和复利两种；根据与通货膨胀的关系，利率可分为名义利率和实际利率；根据利率的确定方式不同，利率可分为官定利率与市场利率；根据利率的变化情况不同，利率分为固定利率和浮动利率；根据国家政策意向不同，利率可分为一般利率与优惠利率。除此之外，还有一些在实际业务中需应用的利率，如储蓄利率、存款利率、贷款利率等。这里我们只介绍几种主要的利率。

(1) 根据利率体系的地位和作用不同，可划分为基准利率和非基准利率。

基准利率，是指在整个利率体系中处于关键地位、起决定作用的利率。它是带动和影响其他利率的利率，是决定利率政策和构成利率体系的中心环节，它的变动可预示利率体系的变动趋势，甚至在某种程度上影响人们的预期，具有告示效应。西方发达国家往往将再贴现率作为基准利率，即央行向其借款银行收取的利率。目前，我国的基准利率是指由中国人民银行对商业银行的再贷款利率。随着货币政策工具的转换，中央银行的再贴现率将逐步成为我国利率体系中的基准利率。

非基准利率是指基准利率以外的所有利率。它在利率体系中不处于关键地位、不起决定性作用。当然，在所有非基准利率中，它们各自的地位和作用也是有一定区别的。

(2) 根据计息期的不同，可划分为年利率、月利率和日利率。

年利率(%)是以年为单位计算利息，月利率(‰)是以月为单位计算利息，日利率(‱)是以天为单位计算利息。它们三者之间的换算关系如下：

$$年利率 = 12 \times 月利率 = 360 \times 日利率$$

在我国民间，无论是年利率、月利率还是日利率，都习惯用“厘”做单位，如年息2.25厘是指2.25%，月息3厘是指3‰，日息2厘是指2‱。

(3) 根据借贷期内利率水平是否调整，可划分为固定利率和浮动利率。

固定利率是指在整个借贷期限内都固定不变，不随市场利率变化而变化的利率。在贷款期限较短和预期市场利率变化不大的情况下，通常采用固定利率。但当贷款期限较长或市场利率变化较大时，很难预测利率变化趋势，借贷双方都可能要承担利率风险，因此，借贷双方通常愿意采用浮动利率。浮动利率是指在借贷关系存续期内，可随市场变化定期进行调整的利率。采用浮动利率时，借款人在计算借款成本时要复杂一些，利息负担也不确定；但是，借贷双方承担的利率风险较小。

(4) 根据利率是否按市场规律自由变动，可划分为市场利率、法定利率和公定利率。

市场利率是指由借贷资金的供求关系所决定的利率。当资金供大于求时，市场利率下跌；供小于求时，市场利率上升，资金的供求均衡点决定了市场利率。

官方利率是指由政府金融管理部门或者中央银行确定的利率。官方利率是货币管理当局根据宏观经济运行状况和国际收支状况等来决定的，是国家调节经济的重要杠杆。

公定利率是由金融机构或行业公会、协会(如银行公会、银行业协会等)按协商的办法确定的利率。这种利率只对参加该公会或协会的金融机构有约束作用，而对其他金融机构则没有约束力。但是，公定利率对整个市场利率有重要影响。我国目前的利率基本上是官定利率。

(5) 根据与通货膨胀的关系，利率可分为实际利率和名义利率。

实际利率是指在物价不变，货币购买力不变条件下的利率，在通货膨胀情况下就是剔除通货膨胀因素后的利率。

名义利率是没有剔除通货膨胀因素的利率(借贷契约和有价值证券上载明的利率)。在出现通货膨胀时，名义利率提高了，但从实际购买力考察，利率实际上并没有增加那么多。所以要得知实际利率的高低，必须先剔除通货膨胀的影响。

(6) 根据计息方式的不同，可划分为单利和复利。

单利是指只按本金计算利息，所生利息不再加入本金计算利息。

复利是指按一定期限，将所升息资本加入本金逐期滚算，重复计算利息，俗称“利滚利”。

在西方国家，存款和贷款基本上采用复利，目前我国长期以来不承认复利，认为复利是剥削，这是片面的认识。改革开放以来，这一观念得到了转变。现在我国用复利计算利息的范围越来越宽。实际上，单利和复利都是利息的计算方法，无论哪一种方法计算利息，都是劳动者创造的价值，但是复利与单利相比，复利更符合利息的定义的计算利息的方法。当然，对短期信用而言，单利也有其方便之处。

(7) 根据存贷关系，可划分为存款利率和贷款利率。

存款利率是指个人和单位在金融机构存款所获得的利息与其存款本金的比率。

贷款利率是指金融机构向个人或单位发放贷款所收取的利息与其贷款本金的比率。银行等金融机构对个人和单位的存款要支付利息，对他们的贷款要收取利息。银行利用贷款获得利息，支付存款利息及其经营活动的费用，其二者之间的差额构成银行的利润。

(8) 根据是否带有优惠性质，可划分为一般利率与优惠利率。

优惠利率是指政府通过金融机构或金融机构本身对认为需要扶持或照顾的企业、行业所提供的低于一般利率水平的利率。我国目前的优惠利率主要是对老、少、边、穷地区发展经济的贷款，对重点行业的基本建设贷款，出口贸易贷款等。一般利率则是指不带任何优惠性质的利率。

第三节 单利与复利

一、单利

单利(simple interest)是指按照固定的本金计算的利息，是计算利息的一种方法。单利的计算取决于所借款项或贷款的金额(本金)，资金借用时间的长短及市场一般利率水平等因素。

按照单利计算的方法，只要本金在贷款期限中获得利息，不管时间多长，所生利息均不加入本金重复计算利息。这里所说的“本金”是指贷给别人以收取利息的原本金额。“利息”是指借款人付给贷款人超过本金部分的金额。

在单利计算中，经常使用以下符号：

P——本金，又称期初金额或现值；

i——利率，通常指每年利息与本金之比；

I——利息；

F——本金与利息之和，又称本利和或终值；

n——计息期数，通常以年为单位。

单利利息的计算公式为

$$利息(I) = 本金(P) \times 利率(i) \times 计息期数(n)$$

例：某企业有一张带息期票，面额为 1200 元，票面利率 4%，出票日期 6 月 15 日，8 月 14 日到期(共 60 天)，则到期时利息为

$$I = 1200 \times 4\% \times 60/360 = 8(元)$$

在计算利息时，除非特别指明，给出的利率是指年利率。对于不足一年的利息，以一年(360 天)来折算。

依据人们的使用要求，单利的计算又有终值与现值之分。

1. 单利终值的计算

单利终值即现在的一定资金在将来某一时点按照单利方式下计算的本利和。单利终值的计算公式为

$$F = P + P \times i \times n = P \times (1 + i \times n)$$

在上例中，如票据到期，出票人应付的本利和即票据终值为

$$F = 1200 \times (1 + 4\% \times 60/360) = 1208(元)$$

2. 单利现值的计算

在现实经济生活中，有时需要根据终值来确定其现在的价值即现值。例如，在使用未到期的票据向银行申请贴现时，银行按一定利率从票据的到期值中扣除自借款日至票据到期日的应计利息，将余额付给持票人，该票据则转归银行所有。贴现时使用的利率称贴现率，计算出来的利息称贴现息，扣除贴现息后的余额称为现值。

单利现值的计算公式为

$$P = F - I = F - F \times i \times t = F \times (1 - i \times n)$$

假设在上例中，企业因急需用款，凭该期票于 6 月 27 日到银行办理贴现，银行规定的贴现率 6%。因该期票 8 月 14 日到期，贴现期为 48 天。银行付给企业的金额为

$$P = 1208 \times (1 - 6\% \times 48/360) = 1208 \times 0.992 = 1198.34(元)$$

也就是说，在单利存储过程中，一旦出现了单利现值(提前提取存款的情况)，存款单位或者法人，很可能会碰到本金亏损的情况，因为银行在结算贴现时是使用终值为基数来结算，贴现值有很大的几率高于总利息。

二、复利

复利是指在每经过一个计息期后，都要将所剩利息加入本金，以计算下期的利息。这样，在每一个计息期，上一个计息期的利息都将成为生息的本金，即以利生利，也就是俗称的“利滚利”。

1．复利计算

把上期末的本利和作为下一期的本金，在计算时每一期本金的数额是不同的。复利的计算公式为

$$S = P(1 + i)^n$$

复利现值是指在计算复利的情况下，要达到未来某一特定的资金金额，现今必须投入的本金。所谓复利也称利上加利，是指一笔存款或者投资获得回报之后，再连本带利进行新一轮投资的方法。

复利终值是指本金在约定的期限内获得利息后，将利息加入本金再计利息，逐期滚算到约定期末的本金之和。

例 1：本金为 50 000 元，利率或者投资回报率为 3%，投资年限为 30 年，那么，30 年后所获得的利息收入，按复利计算公式来计算本利和(终值)是：$50\ 000 \times (1 + 3\%)^{30}$

由于，通胀率和利率密切关联，就像是一个硬币的正反两面，所以，复利终值的计算公式也可以用以计算某一特定资金在不同年份的实际价值。只需将公式中的利率换成通胀率即可。

例 2：30 年之后要筹措到 300 万元的养老金，假定平均的年回报率是 3%，那么，现今必须投入的本金是 $3\ 000\ 000/(1 + 3\%)^{30}$

由本金和前一个利息期内应记利息共同产生的利息，即由未支取利息按照本金的利率赚取的新利息，常称息上息、利滚利，不仅本金产生利息，利息也产生利息。复利的计算公式为

$$F = P(1 + i)^n$$

其中：P = 本金；i = 利率；n = 持有期限。

2．普通年金终值

普通年金终值：指一定时期内，每期期末等额收入或支出的本利和，也就是将每一期的金额按复利换算到最后一期期末的终值，然后加总和，就是该年金终值。

例 1：每年存款 1 元，年利率为 10%，经过 5 年，逐年的终值和年金终值，计算公式为

$$F = A[(1+i)^{n-1}]/i，\text{记作 } F = A(F/A，i，n)。$$

式中，$[(1+i)^{n-1}]/i$ 为普通年金终值系数，或后付年金终值系数，利率为 i，经过 n 期的年金终值记作$(F/A，i，n)$，可查普通年金终值系数表。

例 2：一个投资者每年都将积蓄的 50 000 元进行投资，每年都能获得 3%的回报，他将这些本利之和连同年金再投入新一轮的投资，那么 30 年后，他的资产总值将变为

$$F = 50\ 000 \times [(1 + 3\%)^{30-1}] / 3\% = 2\ 378\ 770.79(\text{元})$$

第四节　利率的作用

一、决定利率水平的影响因素

(一) 社会平均利润率

利息是利润的一部分，平均利润率是决定利率的基本因素。平均利润率是社会利润总额与社会实体投资总额的比率。在制定利率时，主要考虑企业的中等利润率水平，不能因少数企业利润低而降低利率，也不能按照少数高利润企业的水平而提高利率，而要根据平均利润率制定利率。平均利润率越高，利率也就越高，但平均利润率是利率的最高限。利息率不能高于平均利润率，只能低于平均利润率，但是无论如何不能低于零。所以利息率总是在平均利润率和零之间波动。

(二) 资金供求状况

利率是资金使用权的“价格”。在成熟的市场经济条件下，利率水平主要由资金的供求状况决定。当资金供不应求时，利率会上升；反之，利率会下降。利率水平的高低反映资金供求关系，同时也调节资金供求关系，利率政策是调节资金供求的重要手段。我国是一个资金资源比较缺乏的发展中国家，金融机构的资金供给能力有限，企业的资金需求又缺乏自我约束，资金严重供不应求。在这种情况下，如果完全放开利率，必然导致利率较大幅度的增长，所以，目前我国的利率水平不能完全由资金供求状况决定，但在制定利率时必须考虑资金供求状况。随着我国经济体制改革的深入和利率市场化进程的推进，利率受资金供求状况的影响越来越大，利率对资金供求关系的调节作用也越来越明显。

(三) 国家经济政策

国民经济是一个宏观运行的整体，无论是在市场经济还是在计划经济的国家里，为协调全社会的整体利益，对利率水平和利率结构的确定及设计，是政府以利率杠杆调节经济的具体运用。政府要支持什么地区，支持什么产业，都可以用低利率政策体现；相反，可用高利率政策来限制。政府要实行扩张性的经济政策可适当调低利率；反之，可提高利率，以贯彻“区别对待，择优扶植”的原则。

(四) 物价水平

银行存款利率低于物价上涨率，实际利率就会出现负值，人们在银行的存款不但不会增值，还会使本金遭受损失，从而引起人们的提存抢购风。所以，银行存款利率必须高于物价上涨率。物价上涨对银行贷款利率的影响也是显而易见的。如果贷款利率低于物价上涨率，则银行的实际收益将不断减少，甚至造成银行实际自有资本金减少，不利于银行正常的经济核算；而贷款企业却可因此减轻债务负担。在物价不断上涨中获得额外收益，使企业产生贷款扩张的冲动，对缓解资金供求紧张的矛盾是十分不利的。所以，银行贷款利率也应高于物价上涨率。

（五）国际利率水平

在当今经济与金融全球化的今天，一个国家的利率水平必然受到国际利率水平的影响。当国内利率水平高于国际利率水平时，国外资本就会向国内流动，导致国内金融市场上资金供给增加，从而国内利率水平会下降，最终趋向于国际利率水平；反之，当国内利率水平低于国际利率水平时，国内资本就会外流，导致国内金融市场上资金供给减少，国内利率水平上升。当然国际利率水平对一个国家利率水平的影响与一国的开放程度有关。一个国家开放程度越高，国际利率水平对其国内利率水平影响就越大。

影响利率变动的因素还有很多，如借贷风险、借贷期限、利率管制、税率和汇率等。任何一个时期的一项具体利率，总是由多种因素综合决定的。

二、利率的作用

市场经济可以说是一种信用经济。利息收复和利率的高低，涉及各方利益，因而它能够成为重要的经济杠杆，在经济生活中发挥着重要的作用。随着市场经济体制和信用制度的不断完善，利率的作用会不断地扩大。利率不仅影响企业，也涉及政府和个人。

（一）利率对宏观经济活动中的调节作用

(1) 调节社会总供求。社会总需求与社会总供给保持基本平衡，是经济稳定发展的必要条件。利率既可以调节总需求，也可以调节总供给，使二者趋于平衡。一方面，利率的高低可以使总需求发生变化。在其他条件不变的情况下，调高利率可以使更多的社会闲散资金以存款方式集中到银行，从而推迟消费品社会购买力，减少了社会总需求；调低利率则相反。另一方面，利率也可以调节总供给。商品的总供给取决于生产主体对生产的投资规模。高利率不利企业扩大投资规模，这样会增加生产成本，导致产品价格过高而影响销售和盈利，从而使商品供给减少。相反，调低利率，对企业投资具有刺激作用，企业减少生产成本中的利息支出可以增加企业盈利，使企业有利可图而扩大投资规模，从而增加商品供给量。例如 2007 年央行连续多次调高利率水平，主要是为了抑制经济过热、需求过旺，尤其是控制投资需求，而到了 2008 年采取降息主要也是为了抑制经济下滑的目的。

(2) 优化产业结构。利率作为资金的价格，会自发地引导资金从利润率低的部门流向利润率较高的部门，实现社会资源的优化配置。同时，国家可以利用差别利率政策，对急需发展的农业、能源、交通运输等行业以及有关的企业和产品，适当降低利率或实行优惠利率政策，大力支持其发展；对需要限制发展的部门、企业及产品，适当提高利率，限制其发展，从而优化产业结构，实现经济结构的合理化。

(3) 调节货币供给量。经济发展的良好环境是货币总供给与货币总需求基本相适应。货币供给量超过货币需求量出现物价上涨，货币出现贬值。利率调节货币总供给量主要体现在信用规模上。调高利率可以抑制信用需求，紧缩信用规模，减少货币量，达到稳定物价的目的，而调低利率会有相反的效果。

(4) 平衡国际收支。当国际收支出现不平衡时候，可以通过利率杠杆调节。例如，当国际收支出现逆差比较严重时，可以将本国的利率水平调节到高于其他国家的程度，这样一面可以阻止本国资金流向利率较高的其他国家，另一方面还可以吸引外资流入本国。但是，当国际收支逆差发生在国内经济衰退时期，则不宜采取调节利率的做法，而只能通过调整利率结构来平衡国际收支。

（二）利率对微观经济活动中的调节作用

(1) 对企业经济活动的调节。首先，利率影响企业的投资决策。在其他条件不变的情况下，如果利率降低，可以减少企业生产成本中的利息支出，从而增加企业盈利，使得企业更加有利可图，于是刺激企业扩大投资、扩大生产。反之，如果提高利率，则会使企业减少投资，压缩生产规模。其次，利率能促使企业加强经济核算。为了降低成本，企业就应努力减轻利息负担，从而不断加强经济核算，力求节约资金，加速资金周转，提高经营管理水平和资金使用效益。因此，如果企业经营管理不善，资金周转慢，贷款逾期不还，效益不佳，则被市场淘汰。

(2) 对个人与家庭经济活动的调节。首先，利率能调节储蓄与消费之间的比例，人们获得的收入，通常不能全部用于当前的消费，为了应付未来的一些支出，必须将一部分收入储蓄起来。利率能够调节储蓄与消费的比例，如果利率水平提高，会增强人们的储蓄愿望和热情，增加储蓄份额，相应减少当前消费的份额。反之，如果利率水平过低，会挫伤人们储蓄的积极性。其次，利率能调节金融资产组合。对于个人家庭来说，用于消费后的节余收入，既可以存入银行，也可以用于购买国债、企业债券、基金和股票等金融证券。利率可以影响人们对金融资产的选择。一般而言，当利率水平下降时，证券价格趋于上升，持有证券会给人们带来更多的收益，所以人们会减少银行存款的持有，而增加债券与股票持有数量。当然，在进行金融资产之间的选择时，不但要考虑收益性，还要考虑安全性。但是收益往往是人们进行选择时所着重考虑的因素，所以，利率对家庭金融资产组合选择的调节作用比较大。

本章小结

知识网络图

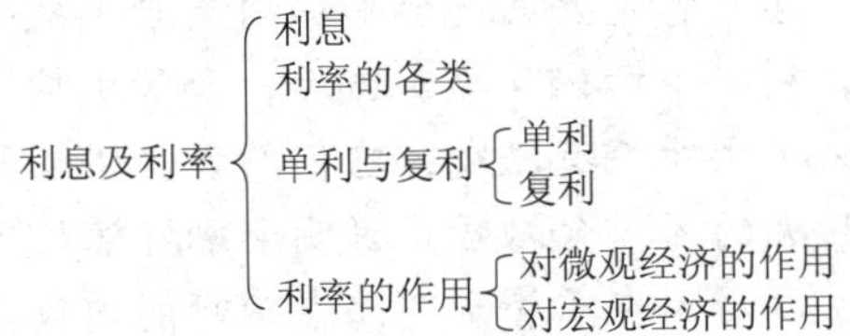

本章练习

一、思考题

(1) 利率的涵义？

(2) 利率的种类？

(3) 利率的作用？

(4) 利率变动对经济的影响有哪些？

二、典型案例分析

【案例 1】

利率市场化的改革制度和国际借鉴

法国的利率市场化改革是典型的渐进式改革，其进程主要分为 60～70 年代和 80 年代两个阶段。而第一阶段又具体分为四个步骤，整个改革进程经历 20 多年最终取得成功。法国的利率市场化改革具有两个主要特点：(1) 利率市场化改革伴随着整个金融体制改革，是在政府和金融管理当局的推动下进行的；(2) 伴随着金融市场的逐步完善循序渐进地进行，是一个与外汇管理体制、金融衍生工具发展、金融创新政策等配套进行的过程。因此，法国利率市场化的改革也是改善和提升制度环境的过程，事实证明它是成功的。

但亚洲国家如韩国、马来西亚、泰国同样是以渐进方式推进利率市场化改革，结果却与法国不尽相同。在 1997 年东南亚金融危机爆发以前，这些国家的利率市场化改革实践被认为是成功的。但是，相对成功的改革，掩盖了许多亟待解决的问题。在这些国家推进利率市场化改革的进程中，并没有有效地改善制度环境。市场化的资金定价机制与脆弱的制度环境之间的矛盾积累到一定程度，便促成了后来的东南亚金融风暴。从这个角度来重新审视这些国家推进的利率市场化改革，我们不难得出这样的结论：他们的改革即使不能说是失败的，至少也是没有完全成功，还有许多亟待改进的地方。制度环境的滞后，不仅使利率市场化改革的预期目标落空，而且引发了严重的金融危机。理论界总结出亚洲金融危机的独特制度成因有以下几条：(1) 腐败的官商勾结制度。特别体现在这些国家政府、银行、企业之间的关系过于亲密。(2) 银行的隐性担保制度。存款保险制度只不过是一种形式，实际上银行由政府担保，导致了亚洲银行的道德风险特别严重。(3) 过于放松的金融监管制度。甚至非普及式的高等教育制度与不注重能力培养的育人机制也被认为应该为此负责任，因为这些国家的教育制度和育人机制不能为经济和社会的快速发展提供足够的人才。

拉美三国(智利、阿根廷、乌拉圭)利率市场化改革是典型的激进模式。在短短的几年时间内放开了对利率的管制。其本意是要促进金融业的竞争，提高资金的配置效率，以此来稳定宏观金融形势。但是，利率市场化改革实施后，金融机构正常的竞争因素未发挥主要作用，相反银行却被一些大集团所拥有，成为它们的资金供应商，加上监管不力，导致贷款质量下降，坏账增加。巨大的劣质金融资产说明金融资源的配置效率是低下的，从这个角度看，改革是失败的，主要原因在于管制可以在短时间内放开，但是制度的建设却无法一蹴而就。

请分析：

(1) 利率市场化在各国的效果如何？

(2) 结合我国实际情况讨论推进我国利率市场化进程的措施有哪些？

第四章　金融机构体系

【知识目标】

1. 了解金融机构的含义和功能
2. 掌握我国现有金融机构体系的构成
3. 了解国际金融机构的作用

【能力目标】

1. 能够认识和分析金融机构的作用和意义
2. 能够分析金融机构对经济发展的影响

案例导入

金融危机下的中国银行业状况

在全球金融危机持续蔓延之际，工商银行、建设银行、中国银行连日来公布的2008年业绩，为阴霾笼罩的国际银行业增添了一抹亮色：三大银行不仅稳居全球市值最大银行“前三甲”，利润也均创下历史新高，工商银行、建设银行更成为全球最赚钱银行的冠、亚军。

而在金融海啸使任何一国无法“独善其身”的情况下，中国银行业在加大金融对经济增长的支持方面同样表现不俗。不过，三大银行年报也显示，第四季度净利差收窄，有的银行不良贷款率有所反弹。随着全球金融危机进一步深化，经济增长放缓，如何把住风险底线，中国银行业界严阵以待，坚决防止不良贷款大幅度快速反弹。

危机下中国银行业独放异彩

自2008年秋天以来，人们对受金融风暴侵袭的跨国银行巨头不断传来的创记录亏损消息，似乎已经习以为常：曾在全球金融界“独占鳌头”的花旗集团因巨额亏损急剧陨落，本月股价一度跌破1美元；苏格兰皇家银行2008年亏损达241亿英镑，创下英国公司史上的最大年度亏损；即使以经营稳健著称的汇丰集团，其税前利润2008年也仅为93亿美元，较上年大幅下降62%……

与多数国外大型银行受金融海啸冲击深陷亏损泥潭相比，工行、建行和中行连日来公布的 2008 年业绩则让人眼前一亮：年报显示，工行 2008 年税后利润首次突破千亿元，达到 1112 亿元，同比增长 35.2%。事实上，这是该行自 2003 年以来连续 6 年实现高增长，6 年中税后利润年复合增长率达 37.5%，从而使其成为全球市值最大、最赚钱的银行。

新出炉的建行 2008 年业绩同样表现出色：全年实现净利润 926.42 亿元，增长 34.0%，其市值和净利润均跃居全球上市银行第二位。其平均资产回报率、平均股东权益回报率分别达到 1.3%和 20.7%，较上年增长 0.16 个和 1.18 个百分点，居全球银行业最高水平。

中行作为国际化程度最高的中资银行，虽然受国际金融危机影响较大，收入增速有所放缓，2008 年依然实现净利润 643.6 亿元，同比上升 14.42%，总市值位居全球上市银行第三。

"国际金融危机对中国银行业影响有限，风险可控。30 年来的改革开放使中国银行业在危机下虽不能独善其身，但可以独树一帜。2008 年业绩有望在利润总额、利润增长额、全行业资本回报率方面在世界名列前茅。"中国银监会主席刘明康说。

统计显示，2008 年中国银行业金融机构实现税后净利润达 5834 亿元，较上年增长 30.6%；在各银行大规模加大拨备的情况下，资本回报率仍然高达 17.1%，显著高于全球银行业平均水平。

支持经济增长 银行表现"可圈可点"

"如果说美国、欧洲是在金融领域和实体经济两条战线上作战的话，那么中国只是防范金融风险，没有拿财政的钱去补金融的窟窿。相反，在这个时候，金融为经济建设提供了大量的贷款。"国务院总理温家宝日前在十一届全国人大二次会议记者会上回答记者提问时说。

数据显示，2008 年 11 月份银行贷款为 4700 亿元，12 月份为 7700 亿元；2009 年 1 月份达 1.62 万亿元，2 月份达 1.07 万亿元。

在适度宽松的货币政策下，信贷投放快速增加，尤其是工、中、建等国有大型商业银行授信规模呈超常规态势，企业由此获得大量信贷资金。

建行行长张建国指出，2008 年建行把贯彻国家宏观调控政策与调整信贷结构相结合，加大了信贷资源向小企业、机构业务、涉农领域等战略重点业务的倾斜力度。

"2008 年下半年以来，中国银行积极响应国家政策，加大对重点行业和产业的信贷支持力度，扩大有效信贷投放规模，加快投放进度，年末贷款总额较年初增长 15.63%。"中行行长李礼辉说。

在年报业绩发布会上，中行表示 2009 年信贷增长目标将超过 5000 亿元，目前新增人民币贷款已超过 3000 亿元；工行表示 2009 年计划人民币贷款增长总额为 5300 亿元，今年前两个月已完成 3300 亿元。

在加大金融对经济增长的支持方面，中国银行业发挥了应有的作用。清华大学中国与世界经济研究中心主任李稻葵认为："虽然还不能称为全面恢复，但中国经济已经出现了局部性恢复的苗头。"

防止不良贷款反弹　银行业挑战依然严峻

年报显示，截至 2008 年年底，工行不良贷款余额比上年末下降 73 亿元，不良率同比下降 0.45 个百分点至 2.29%；建行不良贷款率为 2.2%，较上年末下降 0.4%；中行不良贷款率也继续保持下降，不良贷款拨备覆盖率达121.72%。尽管三大银行2008年末不良贷款率均较年初保持下降，但当年第四季度有的银行不良贷款率已略有反弹，如中行截至2008年9月30日不良贷款总额为850.07亿元、不良贷款率为2.58%，但至2008年末不良贷款余额增至874.90亿元，不良贷款率为2.65%；建行2008年末不良贷款余额为838.82亿元，较第三季度末增加53.45亿元，不良贷款率2.21%，较第三季度末提高4个基点。

业内专家认为，在国际金融危机的大背景下，中国银行业面临风险控制的挑战，未来一两年尤其是中国银行业风险防控的重要关口。而目前国内信贷投放的规模和质量，给银行的风险控制也带来一定压力。

中行行长李礼辉认为，在当前的宏观环境下，新的不良贷款可能会有一定程度增加，但不会出现大幅反弹，中行的贷款风险是可控的。

李礼辉介绍，对新投放的贷款，中行将严格把握条件和坚持内外审批程序，绝不会用放松贷款条件来扩大规模。而对于高污染、高耗能、低水平的项目，中行将一律不贷。

建行也表示，2009年将是该行股改以来经营压力最大的一年，压力包括金融危机尚未见底、国内经济下行、利差缩小等。对此，建行行长张建国说："建行将认真执行'保增长、扩内需、调结构'的宏观经济政策，加大金融支持和服务经济社会发展的力度，加强风险内控，提升服务水平，沉着应对危机与挑战。"

银监会主席刘明康指出，我国经济对外依存度很高，目前危机仍在加深。今年既要加大金融对经济增长的支持，又要做好银行业的风险防范工作，对监管能力和水平将是一个很大的考验。"银监会将更加注重加强监管的国际与国内合作，注重增强监管工作的预见性、针对性和有效性，牢牢把住风险底线，坚决防止今年不良贷款大幅度快速反弹。"

第一节　金融机构概述

一、金融机构的概念

（一）金融机构的概念

金融，是指货币资金的融通。一切与货币流通有关的活动，包括货币的发行和流通、股票的买卖、商业银行的存贷款、国内外汇兑的往来结算、票据的承兑与贴现等都属于金融的范畴。因此，金融机构是指专门从事货币信用活动的中介组织。从某种程度上说，金融机构是社会资金运动的组织者和运营者，是金融活动的载体和媒介，在金融运作中处于重要地位。根据社会经济发展的水平，建立与之相适应的金融机构体系，需要我们不断在实践中加以探索总结和完善。

（二）金融机构存在的必要性

资金融通可分为直接融资和间接融资，此两种资金融通方式的区别在于融资过程中金融机构是否发挥了主要作用。直接融资指没有金融机构介入或金融机构只发挥中介作用，资金供给者和资金需求者直接发借贷关系的融资行为。间接融资是资金供给者将资金提供给金融中介机构，然后由金融中介机构将资金提供给资金需求者的融资方式，中介机构从中收取佣金等中介费用。那么为什么借款人愿意支付这笔中介费而不去直接融资呢？为什么现代经济中大部分资金融通是通过金融机构进行的呢？为什么要存在金融机构呢？

金融机构存在的必要性在于以下几个方面：

1. 调节借贷数额

金融机构可以先采用吸收存款的方法将社会上的闲散资金集中起来，然后就可以根据资金需求者的借贷数额进行调整，发挥聚少成多、化整为零的功效。如果没有金融机构存在的话，一旦资金供给者和资金需求者在借贷数额上出现较大差距时，借贷就无法顺利完成。

2. 调节借贷期限

直接融资的局限性在于需要借贷双方对借贷期限的要求一致。而通过金融机构作为中介的融资方式，双方要求都由金融机构来满足，这样就能较好地满足借贷双方对借贷期限的要求。

3. 减少交易费用

我们假设，如果市场经济中不存在金融机构的，如果你手里有笔积蓄，你该怎么办？你可以将积蓄储藏在家中，还可以将积蓄投资或借出去，但借给谁呢，怎么找呢？这时就会发生寻找融资对象的信息成本。即便是找到资金需求者后，为了降低贷款风险，你需要自己先对借款人的投资项目进行可行性分析，还需要找公证处对你们之间的借贷进行公证等，这些都加大了交易费用。现在有了金融机构的牵线搭桥，借贷双方在寻找融资对象的信息成本都大大降低了。

4. 降低风险

在直接融资行为下，债务人的任何一项违约行为都会给债权人带来巨大的风险。有了金融机构后，债权人的风险大大降低了，由金融机构来承担借贷风险，而金融机构又可以凭借自身的优势来最大程度地分散风险、降低风险。

二、金融机构的特征

从性质上说，金融机构是一种经济组织，即经营货币信用业务，从事资金融通的金融企业。绝大多数的金融机构是以追求利润为目标，以经营货币资金为对象的特殊企业。金融机构首先是企业，它具有一般企业的基本特征，但也有自身的特殊性，主要表现在以下几个方面：

（一）经营对象特殊性

金融机构经营的对象是货币资金这一特殊的商品。经营业务内容包括运用各种金融工具以实现货币的借贷和资金的转账、结算、支付以及各种与货币运动有关的或者与之相联系的金融业务。

（二）中介机构

一般企业以生产或销售产品、提供劳务为主要任务，而金融机构是以融通资金为己任，促使资金盈余者和资金需求者联系起来的金融中介。它可以通过向资金盈余者出售金融工具，把资金集中起来，然后再用这些资金去购买资金需求者的金融工具，实现资金盈余者和资金需求者之间的资金融通。

（三）服务对象的广泛性

金融是资金社会化的产物，金融机构是实现资金社会化的特殊机构，负有社会责任，它在国民经济中的地位远比一般企业重要得多。从金融机构产生那天起，就为全社会提供金融服务，如货币的兑换、保管、汇兑等。在现代商品经济条件下，金融机构面向全社会各阶层，多方面提供各种金融服务。金融企业在考虑自身利益的同时，更多地着眼于服从经济发展对经济的要求，服从政府对经济发展的特定轻视作宏观调控的要求，服从货币政策需要，从这个意义上说，金融机构具有影响国家最高利益和社会经济发展等特殊的公共性和社会性，而一般工商企业不具有这种特征。正因为金融机构是一种社会公共服务机构，才要不断进行金融服务创新，对社会负责，对人民负责，在不断提高金融服务种类和质量中创造利润，增加收入。

（四）最具风险、最需要加强管理的经济组织

金融机构面临较多的信用风险、道德风险、金融风险和市场风险，它与一般企业相比，风险度要大得多。更为重要的是一般企业经营不善，资不抵债可以申请破产清算，它的经济影响是局部的、有限的；金融机构则不同，它同整个经济社会，从政府到企业和个人，发生着纵向、横向错综复杂的经济联系，成为社会货币流、资金链的中心环节。一旦金融机构倒闭，会导致一系列债权、债务关系无法清偿，这对整个经济社会的影响和冲击是巨大而广泛的。

三、金融机构的功能

金融机构作为一个经营货币资金的特殊企业，在现代经济社会中主要发挥以下四个方面的功能。

（一）信用中介功能

信用中介是金融中介机构最基本的职能。在经济中表现为金融机构一方面通过吸收存款把社会各方面的闲置货币资金集中起来，另一方面又以贷款的形式把集中起来的资金贷给借款者。金融机构由此充当借款者和贷款者的桥梁，促使资金从盈余者向需求者方向流动，实现资金融通。金融机构在吸收存款和发放贷款之间，获取利息收益差额、投资收益差额，形成其经营利润的主要来源之一。

通过信用中介职能把暂时从再生产过程中游离出来的闲置资金和居民储蓄资金，转化为生产中的货币资本，扩大了再生产规模。另外，信用中介职能还能对金融市场的资金流向进行利益指导，引导社会资金流向市场需求最为迫切、产出效益最好的经济部门，这种资金资源的优化配置，使社会产业结构在市场导向下得以优化，促进了经济的健康、协调发展。

（二）支付中介职能

支付中介职能是指为工商企业和其他存款户办理与商品货币运动有关的技术性金融服务，如通过存款在账户上的转移、代理客户支付各种费用，以及在存款的基础上为客户兑付现款等业务。银行作为支付中介，为收付双方提供资金转账服务，大大减少了现金的使用，节约了社会流通费用，加速了结算过程和货币资金的周转，促进了经济的发展。

支付中介职能和信用中介职能是相互依存的，因为只有客户在保存一定的存款金额基础上，才能办理支付。如果存款不足，客户会要求金融机构给予贷款，从而形成银行的信用业务。支付中介和信用中介相互促进，构成了金融机构借贷资金的整体运动。

（三）创造信用货币

在信用中介和支付中介的基础上产生了银行信用的创造功能。从整个银行体系来看，这一功能表现为两个方面：一是创造现金货币，主要是由中央银行发行的纸币和铸币；二是商业银行创造出来的派生存款。关于商业银行派生存款的创造将在本书第五章详细阐述。

商业银行创造出来的派生存款，不需要花费铸造、印刷、运输、保管等一系列费用，只需要在银行账面上记载一笔金额数字即可，因此其灵活性很强，也是货币政策中信用扩张或紧缩的主要调控对象。

（四）提供金融服务

随着经济的高度发展和社会生活的现代化，金融机构通过开展广泛的金融服务来扩展自己的业务种类，如代发工资、代收水费、信息服务、理财服务、保管业务等多。特别是在外资银行经营人民币业务后，银行业乃至整个金融业的竞争进入白热化阶段。金融机构提供金融服务的种类和质量已经成为金融机构整体竞争力的重要因素之一了。

以上所述的功能主要是指商业银行的功能，其他金融机构，如中央银行、政策性银行、非银行金融机构等，它们还有着自己特殊的其他功能，要注意区别对待。

第二节　金融机构体系的构成

金融机构体系是指由若干相互作用和相互依赖的金融机构组成的，具有特定功能的有机整体，它包括各类金融机构的构成、职责分工和相互关系。一个国家建立什么样的金融机构体系，是由这个国家的经济发展水平、经济体制、货币信用发达程度等因素决定的，因此各国金融机构体系各具特点，但是各国之间又具有相似之处。

我国的金融机构，按地位和功能可分为四大类：

第一类，中央银行，即中国人民银行。

第二类，银行，包括政策性银行、商业银行。

第三类，非银行金融机构，主要包括国有及股份制的保险公司、城市信用合作社、证券公司、财务公司等。

第四类，在境内开办的外资、侨资、中外合资金融机构。

以上各种金融机构相互补充，构成了一个完整的金融机构体系。

一、中央银行

中央银行是在西方银行发展的过程中，从商业银行独立出来的一种银行。中央银行处于各国金融体系的中心和主导环节，代表国家对金融机构、金融市场实行监管和服务，维护金融体系的安全运行，制定与执行货币政策，并进行宏观金融调控。

中国人民银行是 1948 年 12 月 1 日在华北银行、北海银行、西北农民银行的基础上合并组成的。1984 年以前，中国人民银行身兼中央银行及商业银行的职能。1983 年 9 月，国务院决定中国人民银行专门行使中央银行职能，同时成立中国工商银行来办理其原来商业银行的业务。1995 年 3 月 18 日通过的《中华人民共和国中国人民银行法》确立了其作为中央银行的法律依据。

1998 年，我国金融体制进行重大改革，建立跨省区的 9 家中国人民银行大区分行。1998 年 6 月，中国人民银行将对证券机构的监管职能移交证监会，后又于 11 月将对保险业务、保险机构和保险市场的监管职能分离出去，同年成立中国保险监督管理委员会。从此，银行、证券、保险实现了分业监管。2003 年，成立中国银行业监督管理委员会。从此，我国建立了中国银监会、中国证监会和中国保监会分工明确、互相协调的金融分工监管体制。

中国人民银行主要职责与业务：

- 制定和实施货币政策，保证货币币值稳定。
- 依法对金融机构进行监督管理，维护金融业的合法、稳健运行。
- 维护支护、清算系统的正常运行。
- 持有、管理，经营国家外汇储备、黄金储备。
- 代理国库和其他金融业务。
- 代表我国政府从事有关的国际金融活动。

二、政策性银行

政策性银行，一般是指由政府设立，以贯彻国家产业政策、区域发展政策为目的，不以盈利为目标的金融机构。1994 年，我国组建了三家政策性银行——国家开发银行、中国进出口银行和中国农业发展银行。

（一）国家开发银行

国家开发银行成立于 1994 年 3 月 17 日，是直属国务院领导的政策性金融机构，总行设在北京，目前在全国共设有 29 家分行、6 个代表处(内地 5 处，香港 1 处)和一个营业部。银行注册资本金 500 亿元人民币，全额由财政部核拨，是除中国人民银行外唯一的正部级金融机构。

国家开发银行的主要职能：支持基础设施、基础产业和支柱产业项目建设；支持国家区域发展政策；承担国际金融组织转贷款业务。资金来源除资本金以外主要包括发行人民币债券，这是最主要的资金来源渠道；外汇债务，是筹集外汇资金的主要渠道。资金运用：制约经济发展的“瓶颈”项目；直接增强综合国力的支柱产业的重大项目；高新技术在经济领域应用的重大项目跨地区的重大政策性项目等。

（二）中国进出口银行

中国进出口银行成立于1994年4月26日，直属国务院领导，注册资本33.8亿元人民币，总行设在北京，国内设分支机构，在境外设有4个代表处，与135家外资银行建立代理行关系。

中国进出口银行的主要职能：贯彻执行国家产业政策、外经贸政策和金融政策，为扩大机电产品和高新技术产品出口提供政策性金融支持。资金来源主要是以发行政策金融债券为主，还包括在国际金融市场筹措资金。资金运用：为机电产品和成套设备等资本性货物出口提供出口信贷；办理与机电产品出口有关的各种贷款以及出口信息保险和担保业务。

（三）中国农业发展银行

中国农业发展银行成立于1994年11月18日，直属国务院领导，总行设在北京，在各省、自治区、直辖市设立分行，并在重点农业地(市)设立办事处，在重点农业县设立支行。

中国农业发展资金来源主要是以中国人民银行的再贷款为主，同时发行少量的政策性金融债券。资金运用：办理粮食、棉花、油料等主要农副产品的国家专项储备和收购贷款；为理扶贫贷款和农业综合开发贷款以及小型农、林、牧、水基本建设和技术改造贷款。

三、商业银行

商业银行是以经营存、放款，办理转账结算为主要业务，以盈利为主要经营目标的金融企业。在现代银行体系中，商业银行以其机构数量多、业务渗透面广和资产总额比重大等优势，始终居于其他金融机构不能替代的主体地位。能够吸收活期存款，创造货币是其最显著的特征。

商业银行通过资产负债比例管理，对其银行资产、负债进行综合、全面管理，通过谋求合理的资产与负债结构，使银行资产达到保值、增值目的。

（一）国有控股商业银行

1995年9月，我国颁布了《商业银行法》，原来的中国银行、中国人民建设银行、中国农业银行和中国工商银行等四大专业银行逐步过渡成为国有商业银行，实行企业化经营，同时打破了原来业务分工的界限，可以经营多种金融业务。我国现有的四大商业银行经过多年的改革和业务发展，银行的运营机制有了很大的改善，内部管理得到加强，较好地满足了市场经济建设的要求。除农行外，银行业务向大中城市集中，已经成为了我国银行业的支柱，并具备了一定的与国际大银行进行业务竞争的能力。

【知识拓展】

2016年国内上市银行最新市值排名情况

据中商产业研究院大数据库数据显示，截至2016年11月4日，已上市的银行中，市值第一的依旧是工商银行，市值高达15411亿元(2281美元)。分列二至十位的是建设银行、农业银行、中国银行、招商银行、交通银行、浦发银行、民生银行、兴业银行和邮储银行。2016年国内上市银行最新市值排名情况如图4-1所示 。

排名	银行	人民币/亿	美元/亿
1	工商银行	15411	2281
2	建设银行	12301	1821
3	农业银行	10158	1504
4	中国银行	9633	1426
5	招商银行	4425	655
6	交通银行	4000	592
7	浦发银行	3502	518
8	民生银行	3242	480
9	兴业银行	3124	462
10	邮储银行	3038	450
11	中信银行	2659	394
12	光大银行	1729	256
13	平安银行	1557	230
14	北京银行	1417	210
15	江苏银行	1177	174
16	华夏银行	1113	165

图4-1　2016年国内上市银行最新市值排名情况

（二）股份制商业银行

1987年4月，交通银行得以重组，成为一家股份制商业银行。随后，又成立了招商银行、华夏银行、兴业银行、中国民生银行、深圳发展银行、中信实业银行、中国光大银行、上海浦东发展银行等。股份制商业银行股本以企业法人和财政入股为主，它们以商业银行机制运作，业务比较灵活，业务发展很快。

（三）城市合作银行

在国有专业银行向商业银行转变的同时，我国中央银行还出台了在整顿现有非银行金融机构和规范信用社的基础上组建城市合作银行的方案。1995年春，在对城市信用社清产核资基础上，通过吸收地方财政、企业入股组建成地方性、附分支的银行，如北京银行、上海银行都属于这一类的银行，其依照商业银行经营原则为地方经济发展服务，为中小企业发展服务。

（四）国内外资银行

2008年1月末，已有178家外资银行获准经营人民币业务。外资银行在中国一些经济发达地区和一些重要业务领域已占据相对重要地位，市场影响日益扩大。另外，外资银行在银团贷款、贸易融资、零售业务、资金管理和衍生产品等业务方面的服务优势逐渐显现。按加入世贸组织的承诺开放有关业务外，中国银监会还主动向外资银行开放了 QFII 托管业务、保险代理业务、保险外汇资金境外运用托管业务以及保险公司股票资产托管业务。

四、非银行金融机构

（一）保险公司

保险是集合具有同类风险的众多经济单位或个人，以合理计算分担金的形式，实现对少数成员因该风险事故所致经济损失补偿的行为。

目前，我国保险公司的业务险种达 400 余种，大致可分为财产保险、责任保险、保证保险、人身保险四大类及保险机构之间的再保险。1995 年 10 月 1 日，新中国成立以来第一部保险法——《中华人民共和国保险法》开始施行。

我国全国性的保险公司包括中国人民保险(集团)公司、中保财产保险有限公司、中保人寿保险有限公司、中保再保险有限公司、中国太平洋保险公司、中国平安保险公司、华泰财产保险公司、泰康人寿保险公司和新华人寿保险公司等；地方性的保险公司有新疆兵团保险公司、天安保险公司、大众保险公司、永安财产保险公司和华安财产保险公司等；外资、合资保险公司有香港民安保险深圳公司、美国友邦保险公司上海分公司、美国美亚保险公司广州分公司、东京海上保险公司上海分公司、中宏人寿保险股份有限公司和瑞士丰泰保险公司上海分公司等。

（二）信托投资公司

信托投资公司是一种以受托人的身份代人理财的金融机构。

1．信托投资公司的业务

从委托人的角度出发，信托投资公司的业务划分为个人信托业务、法人信托业务和通用信托业务。

(1) 个人信托投资业务，是指以个人作为委托人，以信托投资机构为受托人而办理的各种业务。个人信托投资业务可因信托生效时期分为生前信托和身后信托：① 生前信托，是指委托人与信托机构签订信托契约，委托信托机构在委托人在世时就开始办理有关的事项。个人生前信托的主要原因是因为个人能力、体力原因不能及，通过信托机构可以达到谋求收益和处理财产等目的。随着个人财富的不断增加，个人生前信托在我国有较广阔的发展前景。② 身后信托，是指信托机构受托办理委托人去世后的各项事务，主要包括执行遗嘱信托、管理遗产信托、未成年人监护信托。

(2) 法人信托业务，是指以具有法人资格的企业、公司、社团等作为委托人而设立的信托。在商品经济发达的国家，这类业务是信托公司的支柱业务，往往与法人自身的经营活动有着密切关系。从当前主要市场经济国家信托业务发展的情况看，信托品种主要有：① 公司债信托，又称抵押公司债信托，即信托公司为协助企业发行债券，提供发行便利和担保事务而设立的一种信托形式。企业要向社会募集资金时，必须以等额价值的物品为抵押，信托机构为了保障债权人即债券购买者的利益，将债务人即发行公司的特定财产，作为债务偿还的抵押。但作为担保的财产不能分割由各持券人分别保管，这种对债券担保品的保管未定就会产生发行债券的困难，因此，委托信托机构作为公司债担保品的保管，即形成公司债信托，如果举债企业将来无力还本付息，信托机构可处理担保品以作抵偿。② 动产信托，又称作设备信托，是指以动产的管理、处理为目的的信托。动产的含义极为广泛，在财产中除了土地及固定物以外的都叫动产。动产信托中的信托标的物，一般是价格昂贵的产品，如飞机、轮船、海上运输用的集装箱等，单个企业很难筹措到整笔资金购买此类动产，信托机构可通过发行"信托证券"或信托"受益权证书"，向社会发行取得资金。

(3) 通用信托业务，是指那些既可以由个人作委托人，也可以由法人作委托人的信托业务。

2. 我国的信托投资公司

中国最早的信托投资公司是 1921 年在上海成立的上海通商信托公司。1951 年，天津公私合营的信托投资公司成立。1955 年 3 月，广东省华侨信托投资公司在广州设立。此外，北京、武汉、昆明等地也先后成立过信托投资机构。50 年代中期以后，各地信托投资机构业务停办。1979 年中国国际信托投资公司成立。此后，又陆续建立了一批全国性信托投资公司。1998 年，中国人民银行对信托投资公司进行了全面清理整顿，以彻底解决信托业的功能定位，重新规范信托业的业务，明确发展方向。根据信托的基本属性以及我国资本市场发展的需要，把信托投资公司规范为真正从事受托理财业务的金融机构，实现信托业与银行业、证券业的分业经营、分业监管。

我国信托投资公司的主要业务：经营资金和财产委托、代理资产保管、金融租赁、经济咨询、证券发行以及投资等。根据国务院关于进一步清理整顿金融性公司的要求，我国信托投资公司的业务范围主要限于信托、投资、和其他代理业务，少数确属需要的经中国人民银行批准可以兼营租赁、证券业务和发行一年以内的专项信托受益债券，用于进行有特定对象的贷款和投资，但不准办理银行存款业务。信托业务一律采取委托人和受托人签订信托契约的方式进行，信托投资公司受托管理和运用信托资金、财产，只能收取手续费，费率由中国人民银行会同有关部门制定。

（三）证券机构

证券，指政府部门批准发行和流通的股票、债券、基金、存托凭证和有价凭证。证券机构主要包括证券公司和登记结算公司。

(1) 证券公司，主要业务有证券承销业务、证券自营业务、证券经纪业务和证券咨询业务。

证券承销是指证券公司依照协议或合同为发行人包销或代销证券的行为。证券承销业务是证券公司的本源业务，证券公司从事股票承销业务，必须具有经营股票承销业务的资格。

证券自营业务，是指证券公司用资本金进行证券买卖，以获取证券买卖差价为目的的经营业务。

证券经纪业务指通过收取一定的佣金，促成买卖双方的交易行为而进行的证券中介业务。经纪业务是证券业务的基础业务，是证券公司争夺市场份额的主要渠道之一。

证券咨询业务是指证券公司由于长期从事证券经营业务，较一般投资者能够掌握更多的证券市场信息，证券公司拥有专门的研究人员，可以利用其信息及专业优势为投资者提供服务，帮助客户建立更为有效的投资策略。

证券公司还从事资产证券化业务、基金管理、收购与兼并、衍生工具创造与交易等业务。由于传统业务的利润率逐渐降低，以及证券公司同业之间竞争加剧，发达国家证券公司普遍开展业务创新、资产证券化以及兼并与收购等业务，这已经成为一些证券公司的主要业务和利润来源之一，如上海证券交易所和深圳证券交易所。

(2) 登记结算公司，确保证券交易的过程准确和资金及时、足额到账。

（四）财务公司

财务公司也称金融公司，指以经营消费信贷及工商企业信贷为主的非银行金融机构。财务公司起源于 18 世纪的法国，随后英美等国也相继出现。目前，包括我国在内的世界许多国家均设有此类机构。我国的财务公司，是由企业集团内部各成员单位入股，向社会集中长期资金，为企业技术进步服务的金融股份有限公司，如中国东风汽车工业公司财务公司、中国有色金属工业总公司财务公司、中国化工进出口财务公司等，其主要业务包括吸收集团成员的存款；发行财务公司债券；对集团成员发放贷款；办理同业拆借业务；对集团成员单位产品的购买者提供买方信贷等。

财务公司的定位，应以筹集中长期资金，用于支持企业技术改造，而企业集团成员所需短期资金转由商业银行贷款支持。其在业务内容和服务范围等方面都较其他非银行金融机构逊色，但在投资决策、促进企业集团产业机构调整和科技进步等方面又令其他非银行金融机构乃至商业银行望尘莫及。在企业集团内部，财务公司可以发挥商业银行、投资银行、租赁公司、信托投资公司等金融机构多种功能，提供多种形式的综合性金融服务。财务公司隶属于对其投资的企业集团，但作为实际的金融机构，其业务活动则必须接受金融监管部门管理，公司可以同银行及其他金融机构建立同业往来关系。

（五）信用合作组织

合作制，是分散的小商品生产者为了解决经济活动中的困难，获得某种服务，按照自愿、平等、互利的原则组织起来的一种经济组织形式。信用合作社是由社员自愿集资结合而成的互助合作性金融机构。

我国目前主要是农村信用合作社。农村信用合作社是根据经济发展的要求，按照方便群众、便于管理、保证安全的原则，在县以下农村，按区域 (一般主要是按乡) 设立的，经营目标是为社员服务，并使利润最大化。农村信用合作社的主要业务活动是经营农村个人储蓄，以及农户、个体经济户的存款、贷款和结算等。管理方式是“一人一票”、“一股一票”制，分配方式是所获得的盈利主要用于积累，归社员集体所有；股东分红，积累要量化到每一股份。

（六）金融租赁公司

金融租赁公司的经营内容主要根据企业的要求，筹措资金，提供以“融物”代替“融资”的设备租赁，且租期内承租人只有使用权。它涉及出租方、承租方和供货方三方当事人，由购买合同、租赁合同等两个或两个以上合同构成。因此，租赁是一种信用形式，租赁公司是通过融物的形式发挥融资作用的企业。

现代租赁是 20 世纪 50 年代起源于美国的新租赁形式，其最突出特点是融资与融物相结合，因此通常也被称为融资租赁或金融租赁。

（七）其他非银行金融机构

中国邮政储蓄机构：以个人为服务对象，以经办储蓄和个人汇兑等负债、结算业务为主。

典当行：以实物占有权转移的形式为非国有中小企业和个人提供临时性质押贷款。

第三节　国际金融机构

第二次世界大战后初期，西方国家的货币信用制度危机与国际收支危机加深。发展中国家迫切要求发展民族经济，但都缺乏资金。美国战后积极对外扩张，也想利用国际金融机构冲破其他国家的壁垒，以扩大和占领资本、商品市场，称霸世界。基于这些原因，在美国的策划下，联合国先后成立了国际货币基金组织、世界银行及其附属机构。上世纪 50 年代中后期和 60 年代，为适应区域内资金融通和经济发展的需要，又相继建立了洲际性国际金融组织，如非洲开发银行、亚洲开发银行和泛美开发银行。

【知识拓展】

国际金融机构体系的构成及其作用

第二次世界大战后，国际金融中一个重要的新现象是涌现了一系列国际金融组织。目前的国际金融机构可以分为三种类型：(1) 全球性的，如国际货币基金组织和世界银行。(2) 半区域内的，如国际清算银行、亚洲开发银行、泛美开发银行、非洲开发银行等，它们的成员主要在区域内，但也有区域外的成员参加。(3) 区域性的，如欧洲投资银行、阿拉伯货币基金、伊斯兰发展银行、西非发展银行、阿拉伯银行等。这些国际金融组织对国际货币制度与世界经济的发展都有深远的、积极的影响。在促进会员国取消外汇管制、限制会员国进行竞争性货币贬值、支持会员国稳定货币汇率和解决伙计收支困难、缓解债务危机与金融危机、促进发展中国家经济发展等方面，这些国际金融组织都起了重要的作用。

国际金融机构是指从事国际金融管理和国际金融活动的、超国家性质的组织机构，按地区可分为全球性国际金融机构和区域性国际金融机构。

一、全球性国际金融机构

1. 国际货币基金组织

国际货币基金组织(IMF)是根据 1944 年 7 月在美国布雷顿森林召开的联合国货币金融会议上通过的“国际货币基金协定”，于 1945 年 12 月正式成立，总部设在美国首都华盛顿，是联合国的一个专门机构。

(1) 国际货币基金组织成立的宗旨是帮助会员国平衡国际收支，稳定汇率，促进国际贸易的发展。其主要任务是通过向会员国提供短期资金，解决会员国国际收支暂时不平衡和外汇资金需要，以促进汇率的稳定和国际贸易的扩大。

按照“国际货币基金协定”，凡是参加 1944 年布雷顿森林会议，并在协定上签字的国家，称为创始会员国。在此以后参加基金组织的国家称为其他会员国。两种会员国在法律上的权利和义务并无区别。国际货币基金组织成立之初，只有 44 个会员国，至 1997 年底，已发展到 184 个会员国。我国是创始会员国之一。

参加基金组织的每一个会员国都要认缴一定的基金份额。基金份额的确定与会员国利益密切相关，因为会员国投票权的多寡和向基金组织取得贷款权利的多少取决于一国份额的大小。

国际货币基金组织的最高权力机构是理事会，由各会员国委派理事和副理事各 1 人组成。执行董事会是负责处理基金组织日常业务的机构，共由 24 人组成。

(2) 国际货币基金组织的资金来源，除会员国缴纳的份额以外，还有向会员国借入的款项和出售黄金所获得的收益。国际货币基金组织的主要业务是发放各类贷款；商讨国际货币问题；提供技术援助；收集货币金融情报；与其他国际机构的往来。

国际货币基金组织于 1980 年 4 月 17 日正式恢复我国的合法席位。我国向基金组织委派理事、副理事和正、副执行董事。2015 年，中国在国际货币基金组织中的投票权从原有的 3.8%提升至 6.07%。

(3) 基金组织的主要业务——发放贷款。基金组织的主要业务活动是向会员国政府提供贷款，用于解决因经常项目收支逆差而发生的国际收支困难。会员国用本国的货币向基金组织购买自由外汇或特别提款权，由此从基金组织取得贷款。在基金组织中，此种取得贷款的方式被称作为“提取”，因此，基金组织所发放的普通贷款通常被称为普通提款权。会员国还款时，要以外汇买回本国货币。基金组织的贷款种类最初只有普通贷款。自上世纪 60 年代以后，贷款种类增加了出口波动补偿贷款、缓冲库存贷款、中期贷款、信托基金和补充贷款。

普通贷款也称为普通提款权，它是基金组织最基本的一种贷款，主要用于会员国解决国际收支逆差的短期资金周转需要。贷款期限为 3～5 年。普通贷款的最高额度为会员国缴纳份额的 125%。基金组织把全部贷款额度分为储备部分贷款、第一档信贷部分贷款、第二档信贷部分贷款、第三档信贷部分贷款和第四档信贷部分贷款。储备部分贷款占会员国缴纳份额的 25%。这部分贷款不须经过批准，可以自动提用。其余的 100%分为四个信贷部分，每个信贷部分相当于份额的 25%。在使用时，必须经基金组织审核批准。在这部分贷款中，对 50%以内的信贷部分掌握较松，只要做出借款计划便可以获得批准，在规定的有效期内按实际需要随时提取。其余的 50%属于高档贷款部分，其贷款条件比较严格，会员国不但要提供信贷、贸易和国际收支的各项指标以及稳定本国经济的详细计划，在使用贷款时还要接受基金组织的监督。

2．世界银行

世界银行又称“国际复兴开发银行”，是 1944 年与国际货币基金组织同时成立的另一个国际金融机构，也属于联合国的一个专门机构。它于 1946 年 6 月开始营业，总行设在美国首都华盛顿。

(1) 世界银行的宗旨是通过提供和组织长期贷款和投资，解决会员国战后恢复和发展经济的资金需要。根据协定，凡参加世界银行的国家必须是国际货币基金组织的会员国，但国际货币基金组织的会员国不一定都参加世界银行。世界银行建立之初，共有 39 个会员国，到目前为止，已增至 181 个会员国。凡会员国均须认购世界银行的股份，认购额由申请国与世界银行协商，并经理事会批准。一般情况下，一国认购股份的多少是根据其经济和财政实力，并参照该国在基金组织缴纳份额的大小而定。世界银行会员国的投票权与认缴股本的数额成正比例。

世界银行的最高权力机构是理事会，由每一会员国委派理事和副理事各 1 名组成。理事会每年 9 月同国际货币基金组织联合举行年会。执行董事会是世界银行负责组织日常业务的机构，由 21 人组成。

(2) 世界银行的资金来源除会员国缴纳的股份以外，还有向国际金融市场借款、出让债权和利润收入。其主要业务活动是提供贷款、技术援助和领导国际银团贷款。

我国是世界银行创始会员国之一。世界银行 1980 年 5 月 5 日正式恢复了我国的代表权。

我国向世界银行缴纳的股份大约占世界银行股金总额的三分之一。1987 年底，我国政府与世界银行达成协议，共同开展对我国企业改革、财税、住宅、社会保险和农业方面的项目研究。

(3) 世界银行的业务。世界银行的主要业务活动是向发展中国家提供长期生产性贷款，促进其经济发展和劳动生产率的提高。其贷款主要用于支持发展中国家基础设施方面的项目。

世界银行的贷款条件比国际资金市场上的贷款条件优惠。贷款期限较长，最长可达 40 年以上，贷款利率低于市场利率。它的贷款只贷放给会员国中低收入国家和由政府担保的国有企业或私营企业，此贷款一般要与特定的某一工程项目相联系，也称为项目贷款。其贷款一般只提供该贷款项目所需建设资金总额的 30%～40%，借款国要承担货币汇价风险，必须按期归还。

除上述一般贷款外，还有一些活动，如“第三窗口”贷款、投资担保、技术援助、担任国际联合贷款的组织工作，以及协调与其他国际机构的关系等。

【知识拓展】

中国利用世界银行贷款的基本情况

中国与世界银行的合作已有 30 多年的时间，经过中国政府和世界银行的共同努力，目前中国成为世界银行最重要的合作伙伴之一。世界银行在华贷款项目涉及农业、林业、水利、扶贫、能源、交通、教育、卫生、城建和环境保护等国民经济的各个重要领域。

总体来看，中国利用世界银行贷款具有如下的特点：

(1) 起步晚，发展速度快。1981 年，中国只有 2 个世界银行贷款项目，贷款规模 2 亿美元，30 多年来世界银行共向中国提供贷款支持了 230 多个项目，贷款总额 340 多亿美元，在世界银行各借款国中名列第一，正在实施的项目有 110 多个。

(2) 贷款结构趋于硬化。1981 年以来，世界银行在中国贷款支持了几十个教育、卫生和扶贫项目，这些项目对中国的发展做出了重要贡献。然而，随着中国从国际开发协会毕业，世界银行不再为中国提供软贷款，而国际复兴开发银行的硬贷款的利率相对比较高，对中国继续借世界银行贷款做社会项目形成了一定制约，会对农业和社会发展项目产生相当的冲击。

世界银行一直在积极争取利用双边发展机构的赠款来软化国际复兴开发银行的硬贷款利率。

(3) 贷款部门结果中，基础设施项目所占比重不断扩大。农业及社会发展项目所占比重有所下降。到 1995 年 6 月 30 日，农业利用世界银行贷款所占比重为 27.6%，基础设施项目所占比重为 53%。近年来，能源、交通和工业类项目已成为世界银行贷款的主体。

(4) 在世界银行贷款项目和贷款额增加的同时，项目准备和管理的难度也在增加。一则由于项目的内容和建设方案设计日益区域复杂，项目涉及的地区和部门越来越多，各方面利益矛盾冲突突出，增加了协调的难度；二是针对有些项目，世界银行在政策的变化和经济改革上的要求增多，加上其他一些因素影响，也增加了项目准备和管理的难度。

3. 国际开发协会

国际开发协会是世界银行的一个附属机构，成立于 1960 年 9 月，总部设在美国首都华盛顿，凡是世界银行会员国均可参加该机构。到目前为止，国际开发协会共有 160 个会员国。

国际开发协会的宗旨是专门对较贫困的发展中国家提供条件极其优惠的贷款，加速这些国家的经济建设。国际开发协会每年与世界银行一起开年会。

国际开发协会的资金来源除会员国认缴的股本以外，还有各国政府向协会提供的补充资金、世界银行拨款和协会的业务收入。

我国在恢复世界银行合法席位的同时，也自然成为国际开发协会的会员国。

4. 国际金融公司

国际金融公司也是世界银行的一个附属机构，1956 年 7 月成立。1957 年，它同联合国签订协定，成为联合国的一个专门机构。参加国际金融公司的会员国必须是世界银行的会员国，到目前为止，已有 174 个会员国。

国际金融公司的宗旨是鼓励会员国(特别是不发达国家)私人企业的增长，以促进会员国经济的发展，从而补充世界银行的活动。

国际金融公司的资金来源主要是会员国缴纳的股金，其次是向世界银行和国际金融市场借款。其主要业务活动是对会员国的私人企业贷款，不需政府担保。

我国在恢复世界银行合法席位的同时，也成为国际金融公司的会员国。20 世纪 90 年代以来，我国与国际金融公司的业务联系不断密切，其资金已成为我国引进外资的一条重要渠道。

5. 多边投资保证机构

多边投资保证机构是 1988 年新成立的世界银行附属机构，共有 151 个会员国，其宗旨是为发展中国家的外国私人投资提供政治风险和非商业风险的保险，并帮助发展中国家制定吸引外国资本直接投资的战略。

二、区域性国际金融机构

1. 国际清算银行

国际清算银行是根据 1930 年 1 月 20 日在荷兰海牙签订的海牙国际协定，同年 5 月，由英国、法国、意大利、德国、比利时和日本等 6 国的中央银行，以及代表美国银行界利益的摩根银行、纽约花旗银行和芝加哥花旗银行三大银行组成的银团共同联合创立，行址设在瑞士的巴塞尔。

国际清算银行成立之初的宗旨是处理第一次世界大战后德国赔款的支付和解决的问题。1944 年，根据布雷顿森林会议决议，该行应当关闭，但美国仍将它保留下来，作为国际货币基金组织和世界银行的附属机构。此后，该行的宗旨转变为增进各国中央银行间的合作，为国际金融业务提供额外的方便，同时充当国际清算的代理人或受托人。

国际清算银行的最高权力机构是股东大会，由认缴该行股金的各国中央银行代表组成，每年召开一次股东大会。董事会领导该行的日常业务，下设银行部、货币经济部、秘书处和法律处。

国际清算银行的资金来源主要是会员国缴纳的股金，另外，还有向会员国中央银行的借款以及大量吸收客户的存款。其主要业务活动包括办理国际结算业务；办理各种银行业务，如存、贷款和贴现业务；买卖黄金、外汇和债券；办理黄金存款；商讨有关国际货币金融方面的重要问题。国际清算银行作为国际货币基金组织内的十国集团(代表发达国家利益)的活动中心，经常召集该集团成员和瑞士中央银行行长举行会议，会议于每月第一个周末在巴塞尔举行。

2. 欧洲投资银行

欧洲投资银行是在 1957 年 3 月 25 日，根据《欧洲共同体条约》(即罗马条约)的有关条款组成的欧洲金融机构。它的成员都是欧洲共同体的会员国，行址设在卢森堡。欧洲投资银行的宗旨是为了欧洲共同体的利益，利用国际资本市场和共同体本身的资金，促进共同市场平衡而稳定地发展。该行的主要业务活动是在非盈利的基础上，提供贷款和担保，以资助欠发达地区的发展项目，促进企业现代化。其资金来源主要是向欧洲货币市场借款。

3. 亚洲开发银行

亚洲开发银行是 1965 年 3 月根据联合国亚洲及远东经济委员会(即联合国亚洲及太平洋地区经济社会委员会)第 21 届会议签署的“关于成立亚洲开发银行的协议”而创立的。1966 年 11 月，在日本东京正式成立，同年 12 月开始营业，行址设在菲律宾首都马尼拉。亚洲开发银行的宗旨是为亚太地区的发展计划筹集资金，提供技术援助，帮助协调成员国在经济、贸易和发展方面的政策，与联合国及其专门机构进行合作，以促进区域内经济的发展。其资金来源主要是会员国缴纳的股金、亚洲开发基金和在国际金融市场上发行债券。

4. 非洲开发银行

非洲开发银行在联合国非洲经济委员会的赞助下，于 1964 年 9 月正式成立，1966 年 7 月开始营业，行址设在象牙海岸首都阿比让。非洲开发银行的宗旨是为会员国的经济和社会发展提供资金，协调各国发展计划，促进非洲经济一体化。其资金来源主要是会员国认缴的股本以及向国际金融市场借款。

5．泛美开发银行

泛美开发银行于1959年12月30日正式成立，1960年11月1日开始营业，行址设在美国首都华盛顿。泛美开发银行的宗旨是动员美洲内外资金，为拉丁美洲国家的经济和社会发展提供项目贷款和技术援助，以促进拉美经济的发展。其资金来源主要是会员国认缴的股金、向国际金融市场借款和较发达会员国的存款。

本章小结

(1) 金融机构是现代金融体系的主体，从性质上来说，它是经营货币信用业务从事资金融通的企业。金融机构作为特殊企业，具有四个特点：一是经营对象是货币资金；二是其性质为中介机构；三是为全社会提供服务的；四是最具风险性、最需加强风险管理的经济组织。金融机构的功能为信用中介、支付中介、信用创造和提供金融服务。

(2) 金融机构体系构成中主要是由银行和非银行金融机构组成的。其一，银行机构。包括商业银行、政策性银行和中央银行；其二，非银行金融机构。包括保险机构、证券机构、信托投资公司、金融租赁公司等。

(3) 国际金融机构包括全球性金融机构和区域性金融机构。其中全球性金融机构包括世界银行集团和国际货币基金组织；区域性金融机构包括国际清算银行、欧洲开发银行、亚洲开发银行、非洲开发银行、泛美开发银行。

知识网络图

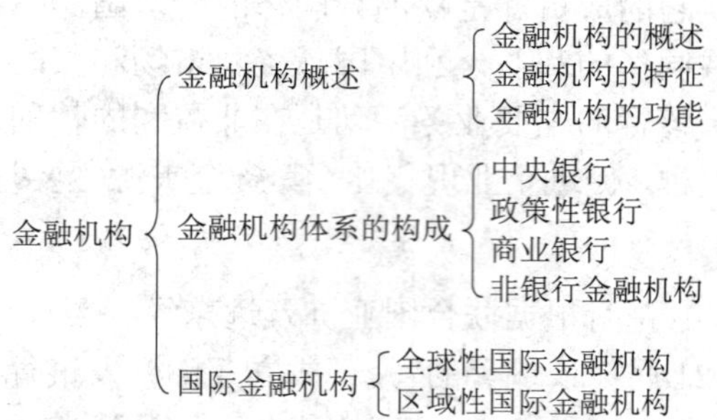

本章练习

一、思考题

(1) 简述金融机构的概念和特征。

(2) 金融机构有哪些功能？

(3) 简述我国金融机构体系的构成？

(4) 简述全球性国际金融机构有哪些？

二、典型案例分析

【案例 1】

麦道夫诈骗案　伯纳德.麦道夫(Bernard Madoff)

简介

出生年月：1938 年 2 月 24 日　　　籍贯：犹太人家庭

伯纳德 · L · 麦道夫证券投资公司　　职位：麦道夫证券投资公司 CEO

经历

* 创立伯纳德 · L · 麦道夫证券投资公司(1960 年)
* 麦道夫成为了 NASDAQ 的主席(1990 年)
* 公司拥有 3 亿美元左右的资产(2000 年)
* 麦道夫的对冲基金到 SEC 注册(2006 年 9 月)

2008 年，美国华尔街传奇人物、纳斯达克股票市场公司前董事会主席伯纳德 · 麦道夫(Bernard Madoff)12 月 11 日因涉嫌证券欺诈遭警方逮捕。检察人员指控他通过操纵一只对冲基金给投资者损失大约 500 亿美元。

自从 9 月中旬金融危机爆发以来，目睹一个个金融巨头倒下，华尔街投资者们的心理承受能力照说是经历了足够的锻炼。但是，当传奇人物、纳斯达克股票市场公司前董事会主席伯纳德 · 麦道夫 11 日被戴上手铐带走，并由此引出一个可能长达 20 年、高达 500 亿美元的投资骗局之后，华尔街还是被震动了。

麦道夫诈骗案始末

他曾是纽约皇后区的犹太穷小子,半个世纪前,他抓住美国证券业发展的机遇,白手起家成为了华尔街传奇人物。然而,2008 年 12 月 11 日,纳斯达克前主席伯纳德 · 麦道夫涉嫌巨额欺诈的消息震动华尔街,也震动了从欧洲到亚洲身陷其“庞氏骗局”的投资机构和个人。

· 2008 年 12 月初，麦道夫向儿子透露，客户要求赎回 70 亿美元投资，令他出现资金周转问题。

· 12 月 9 日，麦道夫突然表示提早发放红利。

· 12 月 10 日，麦道夫向儿子坦白称，其实自己“一无所有”，一切“只是个巨大的谎言”。

· 10 日当晚，麦道夫被儿子告发，引爆史上最大欺诈案。

· 12 月 11 日，麦道夫被捕，涉骗 500 亿美元。

起家　当救生员赚得第一桶金

1938 年，伯纳德 · 麦道夫出生在纽约的一个犹太人家庭。靠着当救生员和安装花园喷水装置赚得的 5000 美元，1960 年，麦道夫创立了自己的伯纳德 · L · 麦道夫证券投资公司。1970 年,他的弟弟彼得也加入了这家公司，他的侄儿、侄女和 2 个儿子后来也都为他工作。

在很长的时间里，这家公司主要在股票买家和卖家之间充当撮合交易的中间人。到上世纪 80 年代初，这家公司已经成为了美国证券业最大的独立交易公司之一，到 2000 年前，该公司拥有 3 亿美元左右的资产。

麦道夫的公司是纳斯达克(NASDAQ)成长的主要推动者之一。麦道夫与全美证券交易商协会(NASD)关系密切，而 NASD 建立了全国证券交易商自动报价系统协会(NASDAQ)。作为 NASD 最活跃的公司之一，麦道夫极力倡导证券交易的电子化。1990 年，麦道夫成为了 NASDAQ 的主席。他还担任过 NASD 副主席、NASD 董事会成员以及 NASD 纽约地区主席。

多年来，麦道夫一直致力于推进纳斯达克内部的透明度和责任感,麦道夫等人的努力促使纳斯达克吸引了诸如苹果、SUN、CISCO 等一流企业。

这段辉煌岁月,为麦道夫赢得了极高声望。

华盛顿乔治敦大学副教授詹姆斯·安格尔表示，麦道夫的公司是最早实现自动化的证券公司之一，麦道夫可以算是现代华尔街的先驱之一。

发展　结交名流热心慈善

上世纪 90 年代,麦道夫开始涉足资产管理业务,并创建了另一家进行资产管理的投资咨询公司。

在纽约和佛罗里达,麦道夫夫妇是富裕犹太人圈子中的熟面孔。他的许多客户都是来自这些富裕阶层。麦道夫一直试图将他的个人关系网变成财富。

那些认识麦道夫的人用“富裕”、“高调而不炫耀”来形容他。他经常出没在纽约和佛罗里达的上流社会俱乐部,并不时在与富裕阶层的闲谈中显示出他熟悉股票市场的内幕交易。然后他再用一些显赫的客户名字吸引更多的客户,并将其影响力不断扩展。

麦道夫和他的妻子鲁斯还以积极从事慈善事业而著称。通过麦道夫家族基金,麦道夫夫妇资助剧院、大学和艺术基金,他们还向许多犹太人慈善机构作出大笔慷慨捐赠。此外,很多民主党的政客都接受过麦道夫的政治捐赠。

就这样,麦道夫逐渐确立了其“华尔街的巫师”的声誉。据说在佛罗里达上流社会的高尔夫球场上,麦道夫的客户们一边对其投资的高回报欢欣鼓舞,一边也曾开玩笑地戏谑麦道夫,这样高的回报,难道你在欺诈？他们没有想到,这玩笑一语成谶。

骗术　一句“内幕消息”掩盖一切

多年来,麦道夫对外宣称的投资记录非常成功。持续的高回报是麦道夫欺诈持续多年的重要因素。

他从来不说明他的投资方法,也不解释他是如何利用投资者的资金获得回报。不论市场好坏,他每年都可以支付 10%以上的投资回报利润。他曾经有一次说:“这是通过恰当的投资策略产生的,我不能详细予以解释。”有时候他就干脆以“内幕消息”作为回答。

一名投资者多年来对麦道夫的投资回报都十分满意,他说:“即使是见识广博的人也不能真正说清他在做什么。我所知道的唯一一件事就是他总是现金充裕。”

据说,麦道夫还告诉他的客户:“如果你在我这里投资,就不能告诉任何人。这儿发生的事情跟任何人都无关。”

外部分析人士多年来也曾对麦道夫的公司提出过担忧。1999 年,金融分析师哈里·马可波罗斯向美国证券交易委员会投诉,认为他们应该对麦道夫进行调查,因为麦道夫所声称的利润不可能通过合法途径获得,但是美国证券交易委员会并没有予以足够的重视。

另一名投资专家查尔斯·格拉丹特也曾经注意到，一家证券投资公司不可能在长达10年或15年的时间里只有3、4个月亏损。

其实，麦道夫使用的是很简单的"庞氏骗局"，就是将新投资者的钱用来支付给老投资者。这一招，使数千投资者包括对冲基金、银行和富有的个人都成为了麦道夫的受害者。而这也可能成为华尔街历史上最大的欺诈案。

解密麦道夫骗局

靠新加入的投资者金钱支付旧有投资者的回报,但一般很快都会因为缺少新鲜血液而入不敷出,最终被揭穿骗局。

"内幕消息"！就是靠这几个字,麦道夫征服了众多美国与欧洲的机构投资者。

麦道夫骗局四大绝招

1. 利用奢华场所建立人脉网

现年70岁的麦道夫浸淫资本管理多年。他1960年成立伯纳德·L·麦道夫投资证券公司。多年来,麦氏通过这家公司下属的秘密资本管理分支机构,利用广泛人脉,骗取投资。麦道夫在美国达拉斯、芝加哥、波士顿和明尼阿波利斯等城市编织关系网,利用高尔夫球会所、鸡尾酒会等奢华场所接触投资者。

2. 树立"投资必赚"口碑

在建立人脉网之后,麦道夫便开始树立投资"口碑"。《华尔街日报》报道,麦氏仅在明尼苏达州霍普金斯市山顶高尔夫球俱乐部和橡树岭俱乐部就"融资"超过1亿美元。"当你在高尔夫球俱乐部打球或吃午饭时,所有人都在讲麦道夫如何帮他们赚钱"，一位不愿透露姓名的投资者告诉《华尔街日报》记者，"所有人都想加入(麦道夫的项目)。"

3. 发展"金字塔型下线"

麦道夫利用朋友、家人和生意伙伴发展"下线",有的人因成功"引资"而获取佣金。一些"下线"又发展新"下线"。证券分析师斯普林向麦氏基金投资1100万美元,占个人净资产的95%。他还为麦氏吸引数十位"下线",其中既有投资5万美元的普通教师,又有一掷百万美元的企业家。

4. 合理回报率骗倒所有人

据悉，麦道夫每月向客户提交的投资报告显示他非常进取，客户也能随时在数日内赎回投资；而且与一般骗案的不合理高回报相比,麦道夫每年向客户保证回报只有约10%，这样便令许多存有疑心的客户也不虞有诈。

影响：多国金融机构损失惨重

除美国本土,麦氏欺诈案还波及英国、法国、瑞士、西班牙、日本等国的金融、投资机构。《华尔街日报》报道,英国布拉姆丁公司将总资产的9%以上投给麦道夫基金。总部在瑞士日内瓦的贝内迪克特·亨奇银行因麦氏基金亏损4750万美元。

西班牙媒体报道,西班牙金融业巨头桑坦德银行因麦道夫欺诈案损失惨重，西班牙投资者亏损可能达到30亿美元。日内瓦《时报》报道，瑞士金融业可能因麦案亏损50亿美元。其中,主要经营对冲基金的联合私人金融公司可能亏损10亿美元。

麦道夫骗局五要素

(1) 不知名会计师事务所做审计。据悉,该事务所只有合伙人、秘书以及会计师三人。

(2) 投资策略晦涩难懂。没人能搞清楚麦道夫宣称的“分裂转换”的策略为何物。

(3) 技术欺骗。表面宣称公司使用“尖端科技”,却拒绝让客户在网上查阅自己的账户。

(4) 家族成员控制核心职位。麦道夫证券是一家家族垄断下的公司,其弟弟、侄儿、侄女和儿子都在公司居要职。

(5) 违反隔离的控制原则。公司的所有交易均为麦道夫一人独断,他管理资产,并同时汇报资产的情况。

麦道夫案祸及全球

麦道夫案被骗公司及损失数额

公司名称	损失数额/亿美元
金门资产管理公司	35
西班牙桑坦德银行	31
Access 国际咨询公司	14
汇丰控股	10
瑞士私人银行联盟	8.5
法国巴黎银行	4.68
菲克斯资产管理公司	4
瑞士 Reichmuth 银行	3.27
日本野村证券	3.02
马克夏姆资产管理公司	2.8
法国兴业银行	0.133

请分析

麦道夫诈骗案对这场金融危机的影响?

【案例 2】

推动金融风险管理 变革法国兴业银行

法国兴业银行金融欺诈丑闻是一个 IT 内控不力的典型案例,我们可以由此发现,单单遵循 IFRS、Basel II 并不足以预防金融违规以及金融风险。

事件经过始终是这样的:被媒体号称“魔鬼交易员”的 Jerome Kervie,自 2000 年进入法国兴业银行,3 年后被调往后勤部门,2006 年被升任交易员,主要负责处理欧洲股指期货的坐盘交易。凭着对银行系统的熟悉和操作程序的了解,Jerome Kervie 多次在上级不知情的情况下从事违规交易,在未经授权情况下大量购买欧洲股指期货,最终给银行造成 49 亿欧元(约合 71.4 亿美元)损失。

用法兰西银行行长的话形容说,Jerome Kervie 可谓“计算机天才”,居然通过了银行“5 道安全关”获得使用巨额资金的权限。2008 年 1 月 24 日,兴业银行向法院提交诉状,指控盖维耶尔伪造银行记录、使用伪造账户以及涉嫌计算机系统欺诈。2008年6月，根据兴业银行股东大会上出具的调查报告显示，这则违规丑闻责任事实上已经扩散到整个法兴的风险文化和监管体制。

报告显示，早在2005年，Jerome Kervie即开始超越权限进行违规交易。在后台(back office)工作多年，Jerome Kervie熟知银行的风险管理流程，并利用这种知识规避银行的内部监控。比如，他非常了解银行记录交易Eliot系统，通过掌握Eliot系统每天夜间复核当日交易的时间，可以潜入系统删除、然后再重新输入自己未经授权的交易，因此从未被抓住。

在欺诈案披露后，尽管分析人士认为，以兴业银行的市值和此前的利润额，短期内尚不置于导致其倒闭，然而兴业银行的声誉在此次事件中受到了严重影响。各界的主流报纸均对兴业银行进行了抨击，包括对Jerome Kervie凭借一己之力，成功避开法国兴业银行的层层监管感到诧异，同时对法国银行监管机构未能有效防范此案发生表示不可思议。

请分析：

这类银行欺诈案对经济有何影响？

第五章 中央银行与政策性银行

【知识目标】

1．了解中央银行的产生与基本特征
2．掌握中央银行的职责与业务
3．了解政策性银行及其主要业务

【能力目标】

1．能够简单分析中央银行机构的作用
2．能够认识和理解政策性银行的业务和作用

案例导入

欧洲中央银行

欧洲中央银行(European Central Bank，ECB)是根据1992年《马斯特里赫特条约》的规定于1998年7月1日正式成立的，其前身是设在法兰克福的欧洲货币局。

欧洲央行的职能是“维护货币的稳定”，管理主导利率、货币的储备和发行以及制定欧洲货币政策；其职责和结构以德国联邦银行为模式，独立于欧盟机构和各国政府之外。

欧洲中央银行是世界上第一个管理超国家货币的中央银行。独立性是它的一个显著特点，它不接受欧盟领导机构的指令，不受各国政府的监督。它是唯一有资格允许在欧盟内部发行欧元的机构，1999年1月1日欧元正式启动后，11个欧元国政府将失去制定货币政策的权力，而必须实行欧洲中央银行制定的货币政策。

欧洲中央银行的组织机构主要包括执行董事会、欧洲央行委员会和扩大委员会。执行董事会由行长、副行长和4名董事组成，负责欧洲央行的日常工作；由执行董事会和12个欧元国的央行行长共同组成的欧洲央行委员会，是负责确定货币政策和保持欧元区内货币稳定的决定性机构；欧洲央行扩大委员会由央行行长、副行长及欧盟所有15国的央行行长组成，其任务是保持欧盟中欧元国家与非欧元国家接触。欧洲央行委员会的决策采取简单多数表决制，每个委员只有一票。货币政策的权力虽然集中了，但是具体执行仍由各欧元

国央行负责。各欧元国央行仍保留自己的外汇储备。欧洲央行只拥有500亿欧元的储备金，由各成员国央行根据本国在欧元区内的人口比例和国内生产总值的比例来提供。

1998年5月3日，在布鲁塞尔举行的欧盟特别首脑会议上，原欧洲货币局局长维姆·德伊森贝赫 (Wim Duisenberg) 被推举为首任欧洲中央银行行长，任期8年。现任欧洲央行行长马里奥·德拉吉(意大利语：Mario Draghi)是意大利著名的经济学家、银行家，1947年9月3日出生于意大利罗马市，在美国麻省理工学院获得经济学博士学位，曾担任意大利中央银行行长、全球央行主席等职位，现担任欧洲中央银行行长，任期为2011年11月1日至2019年10月31日。

第一节　中央银行概述

一、中央银行的产生

（一）中央银行产生的客观经济基础

18世纪后半期至19世纪前半期，伴随资本主义工业的快速发展，资本主义银行业也获得进一步发展，具体表现为银行数量增加和银行资本金扩大；与此同时，银行业的竞争也进一步加剧，并导致众多小银行破产倒闭，银行信用体系遭受冲击，从而危及到金融的稳定与发展。

具体来说，银行业面临的问题主要有以下几个方面：

(1) 银行券发行问题。银行创设初期，各家银行均有权发行银行券。由于银行券发行主体的多元化，以及银行券的发行受制于银行资历、信用、分支机构等状况而使业已发行的银行券流通不畅，而且银行券发行银行自身在经济波动中不能从容兑现、发行银行相互间恶意挤兑，致使已经发行的银行券面临兑现危机。

(2) 票据交换问题。随着银行业务日益发展，各银行债权、债务关系愈加复杂化，票据数量日趋增多，缓解同城结算、异地结算矛盾的要求也愈加迫切。

(3) 最后贷款人问题。随着资本主义大工业的发展，工商企业对贷款数额的需求越来越大，期限也越来越长，此时的商业银行由于受制于所吸收的存款限制，无法满足工商企业的这种贷款需求。为了留住客户，银行便选择了过度发行银行券，这样就减少了支付准备。一旦贷款不能按期偿还，或者出现突发性的大量提现，就会发生周转不灵甚至兑现困难的情况。因此，有必要由一家机构适当集中银行的部分现金准备，在个别银行出现支付困难时，这家机构可充当最后贷款人的角色。

(4) 金融监管问题。银行业与金融市场的有序营运及进一步发展，愈来愈需要一个由政府组织、授权并因此具有权威的专门机构担负起对金融事业、金融活动进行有效监管的重要职责。

应当说，在20世纪以前困扰银行业的上述各种问题的出现，本身就奠定了产生中央银行的客观经济基础：为了稳定货币流通，必须变银行券的分散发行、多元化发行为集中统一发行；为了保证并提高清算质量、效率，必须建立一个统一、公正、权威的清算中心；

为了防止信用危机，必须有一个具有国家权威、资信卓著的最后贷款人；为了规范、有效地调控金融运行，维护金融秩序，必须设立一个最有权威的专门金融机构。

(二) 中央银行产生的途径

中央银行的产生途径有两条：一是从既有的商业银行逐步演变中产生，二是从目的明确的直接创设中产生。

(1) 途径之一：从商业银行演变中产生。典型案例是英国的英格兰银行。经英王特许而成立于 1694 年的英格兰银行，开始时仅是一家拥有 120 万英镑股本的私人股份制银行。英国政府出于财政需要虽然准许英格兰银行在不超过资本总额的条件下有权发行银行券，但当时的英格兰银行还只是分散、多元的银行券发行主体之一，还远未能成为独占银行券发行权的“发行银行”。100 多年以后，英国政府才在 1833 年的立法中确立了英格兰银行所发行的银行券属唯一法偿货币地位。1844 年，英国国会颁布的《银行特许条例》(即《皮尔条例》)进一步对英格兰银行相对独占银行券发行的地位做了明确规定。与此同时，英格兰银行还在自身地位逐渐提升的过程中对众多商业银行提供票据交换、债权债务清偿业务，接受商业银行的票据再贴现，在经济、信用出现危机时及时充当商业银行的“最后贷款人”，以稳定货币供给、维护信用秩序。1857 年的银行法确立了英格兰银行集中管理全国所有其他银行的金属储备，标志着英格兰银行最终完成了向中央银行的转变，成为了名副其实的中央银行。

(2) 途径之二：目的明确的直接创设。一国政府从无到有地创设中央银行，一般都有十分明确的目的：稳定货币供给，维护经济金融秩序。经由这条途径产生的中央银行，当以美国联邦储备体系的产生最具有代表性。早在联邦储备体系产生前，美国的银行制度弊端丛生，经常出现大大小小的金融恐慌。尤其是 1907 年为害甚烈的金融危机，使美国经济受到强烈震荡。鉴于此，美国国会于 1913 年通过了《联邦储备条例》，次年，美国联邦储备体系——美国的中央银行正式建立，它的职能在建立时早有明确规定：发行货币、代理国库、调节货币流通、监管金融及组织票据清算等。

二、中央银行的类型

就世界各国的中央银行制度来看，大致可归纳为以下四种类型：

(1) 单一中央银行制是指一个国家单独建立中央银行机构，作为政府的银行、发行的银行、银行的银行，全面执行中央银行职能并领导整个金融事业的制度。根据中央银行与地方银行权力划分的不同，单一中央银行又划分为一元中央银行制与二元中央银行制两种。

一元中央银行制，就是在一个国家，只建立一家统一的中央银行，同时在全国各地设立众多分支机构接受总行的统一领导，形成由总、分、支行垂直隶属组成的中央银行体制。目前，世界上大多数国家的中央银行都采用这种体制。我国现在的人民银行也属于这种制度形式。

二元中央银行制，就是一国在国内设立中央和地方两级相对独立的中央银行机构，二者分别行使其职权：中央级机构是最高权力与管理机构，地方级机构也有其较为独立的权力。采用或曾经采用这种体制的国家有美国、德国、南斯拉夫等。

(2) 复合中央银行制是指在一个国家内并不单独设立专司中央银行职能的银行，而是把中央银行与商业银行的业务、职能集中于一家国家大银行的银行体制。这种复合制度主要存在于前苏联和东欧各国，我国在1983年以前也一直施行这一银行制度。

(3) 跨国中央银行制是指由参加某一货币联盟的所有成员国共同组成的中央银行制度。西非货币联盟、中非货币联盟、东加勒比海货币管理局等，都属于跨国中央银行制。另外，欧洲中央银行也属于这种体制。

(4) 准中央银行制是指一国只设置类似中央银行的机构，或者授权少数大商业银行或机构，由其行使中央银行的部分职能的体制。新加坡和中国香港就属于这种体制。在新加坡，设有主要负责制定货币政策与金融业务发展政策的金融管理局，主要负责发行及保管发行准备金、维护本币稳定的货币委员会(其常设机构为货币局)。中国香港地区，制定实施货币政策、进行金融监管与支付体系管理诸职能由金融管理局担负，货币发行职能由渣打银行、汇丰银行与中国银行等商业银行担负，票据结算由汇丰银行主持。

三、中央银行的性质

(一) 中央银行的基本特征

处于一国经济金融活动中的中央银行，作为唯一代表国家对一国经济金融进行调控监管的特殊金融机构，其基本特征主要表现在以下几个方面：

(1) 不以盈利为目的。获取利润是商业银行业务经营的目标。但中央银行业务经营的目标却不是获取利润，而是制定实施货币政策以确保货币政策目标的实现。例如，适时适度地调节货币供求量以使货币购买力相对稳定，审时度势地调控金融市场以使融资质与量正常合理。

(2) 以政府和金融机构为业务对象。中央银行的业务对象不是一般的工商企业、家庭或个人，而是一国政府、一国金融机构。中央银行为一国政府提供的业务主要包括充当政府的经济顾问、代理国库、向政府发放贷款等。中央银行对金融机构办理的业务主要包括集中保管金融机构的存款准备金、再贴现与再贷款、资金清算等。

(3) 资产流动性高。中央银行持有具有较高流动性的资产(如现金、短期公债以及部分能随时变现的有价证券等)，旨在灵活调节货币供求，确保经济金融运行相对稳定。

(4) 不在国外设立分支机构。根据国际法的有关规定，一国的中央银行在他国只能设置代理处或分理处而不能设立分支行，不能在他国发行货币、经营商业银行业务，不能与各国商业银行发生任何联系。

(二) 中央银行的独立性

中央银行的独立性，指中央银行作为一国金融体系的核心、首脑，在制定实施货币政策、调控监管一国金融时具有相对自主性。

一般而言，中央银行相对独立性的保持应遵循这样两条基本原则：一是中央银行应以一国客观经济目标为出发点制定货币政策，从事业务操作；二是中央银行应按照金融运行规律，制定实施货币政策，规避政府短期行为的干扰。

中央银行相对独立性具有以下几个内容：

(1) 建立独立的货币发行制度，稳定货币。中央银行的货币发行应由中央银行根据国家宏观经济政策、经济发展的客观需要，自行决定发行数量、时间、地区分布及面额比例等，不搞财政发行。

(2) 独立制定实施货币政策。中央银行独立掌握货币政策制定实施权，一国政府应充分尊重中央银行的意见，确保中央银行货币政策发挥有效作用。

(3) 独立监管、调控整个金融体系和金融市场。中央银行应在国家法律授权的保障下，对一国金融体系和金融市场进行监管调控，确保整个金融活动在货币政策要求的引导下正常进行。

四、中央银行的职责

对于中央银行的基本职能，通常有两种表述，第一种为发行的银行、银行的银行和政府的银行、管理金融的银行四大职能；第二种为政策功能、银行功能、监督功能、开发功能和研究功能。另外，中央银行的职能也被归纳为服务职能、调节职能与管理职能三类，还被分为独占货币发行、为政府服务、保存准备金、最后融通者、管制作用、集中保管黄金和外汇、主持全国银行清算、检查与监督各金融机构的业务活动等八类。这里，我们按第一种表述进行介绍。

（一）发行的银行

中央银行是发行的银行，指中央银行垄断货币发行，具有货币发行的特权、独占权，是一国唯一的货币发行机构。中央银行作为发行的银行，具有以下基本职能：

(1) 中央银行应根据国民经济发展的客观情况，适时适度发行货币，保持货币供给与流通中货币需求的基本一致，为国民经济稳定持续增长提供一个良好的金融环境。

(2) 中央银行应从宏观经济角度控制信用规模，调节货币供给量。中央银行应以稳定货币为前提，适时适度增加货币供给，正确处理好货币稳定与经济增长的关系。

(3) 中央银行应根据货币流通需要，适时印刷、铸造或销毁票币，调拨库款，调剂地区间货币分布、货币面额比例，满足流通中货币支取的不同要求。

（二）政府的银行

政府的银行。中央银行是政府的银行，是指中央银行为政府提供服务，是政府管理一国金融的专门机构。中央银行作为政府的银行，具有以下基本职能：

(1) 代理国库。这包括办理政府预算收入的缴纳、划拨和留用，办理预算支出的拨付，向财政反映预算收支情况；协助财政、税收部门收缴库款；其他有关国库事务等。

(2) 对政府融通资金。作为政府的银行，中央银行具有为政府融通资金，解决政府临时资金需要的义务。中央银行对政府融通资金的主要方式有两种：一是政府财政收支出现暂时失衡或财政长期赤字时，中央银行向财政直接提供贷款以平衡财政收支；二是中央银行进入一级市场直接购买政府债券，由此形成直接流入国库的财政收入。

(3) 代理政府金融事务，如代理国债发行及到期国债的还本付息等。

(4) 代表政府参加国际金融活动，进行金融事务的协调、磋商等。

(5) 充当政府金融政策顾问，为一国经济政策的制定提供各种资料、数据和方案。

(三) 银行的银行

中央银行是银行的银行，指中央银行通过办理存、放、汇等项业务，充作商业银行与其他金融机构的最后贷款人。中央银行作为银行的银行，具有以下基本职能：

(1) 集中保管存款准备金。中央银行根据法律所赋予的特权，要求商业银行及有关金融机构须依法向中央银行缴存存款准备金。意义在于：集中准备金便于商业银行及有关金融机构相互调剂准备金，增强清偿能力，保障存款人的资金安全和商业银行及有关金融机构自身稳定；有助于中央银行调节信用规模、控制全社会货币供给量；为商业银行及有关金融机构非现金结算创造了条件；强化了中央银行的资金实力。

(2) 充当最后贷款人。所谓最后贷款人，指中央银行为稳定经济金融运行，向那些面临资金周转困难的商业银行及其他金融机构及时提供贷款，帮助他们渡过难关。中央银行作为最后贷款人提供贷款，通常采取两种形式：一是票据再贴现，即商业银行及其他金融机构把自己持有的票据卖给中央银行并由此获得一定现金的业务；二是票据再抵押，即商业银行及其他金融机构为应付急迫的资金需求，把自己持有的票据抵押给中央银行并由此获得一定量现金的业务。票据再贴现与再抵押业务的办理，最终使中央银行真正成为一国商业银行及其他金融机构的信贷中心。

【知识拓展】

贴现用于防止金融恐慌：1987 年的黑色星期一股市风潮

被称作“黑色星期一”的 1987 年 10 月 19 日，将作为有史以来股市价格下跌幅度最大的一天而载入史册，在星期二，即 1987 年 10 月 20 日，金融市场几乎停摆了。菲利格斯·罗哈泰思(Felix Rohatyn)，这位华尔街上最著名的人士之一断言：“星期二是 50 年来我们所经历的最危险的一天。” 在黑色星期一之后，用于防止市场崩溃(melt down)的大量信贷资金，必须交到联储及其体系和理事会主席艾伦·格林斯潘手中。在星期一即 10 月 19 日，股票价格剧烈下跌期间，强调保证市场的运转，意味着许多经纪人事务所和专门人员(维持股票交易正常运行的交易商—经纪人)处于迫切需要追加资金以维持其活动的状态。然而很容易理解，包括纽约银行、外国银行和地区性美国银行在内，对证券企业的财务状况越来越担忧，已经开始削减对证券业的贷款，而当时恰是证券业最需要贷款的时候。到处是恐慌的气氛。一家大型交易商—经纪人公司的主席这样评价星期一：“从下午 2 点起，人们整个地陷入绝望之中。所有从事投资业的人都从市场溜走了。只把我们留在这个领域。” 对于联储来说，这正是需要它赶紧去救援的时候。在获悉证券业困境消息之后，格林斯潘和纽约联邦储备银行行长杰拉尔德·科瑞根(E. Gerald Corrigan)以及同华尔街有密切接触的联储官员，很怕证券业的崩溃由此蔓延开来。为防止这种局面的出现，格林斯潘在星期二(即 10 月 20 日)开市之前宣布：联储的“准备(readiness)将作为支持经济和金融体系的流动性来源。” 除了这个不寻常的宣布之外，联储也清楚地表明，它将对任何给予证券企业贷款的银行提供贴现贷款。正如一位纽约银行家所说，联储发出的信息是，“我们在这里。不管你们需要什么，我们都会给你们。” 联储的及时行动，使得一场金融恐慌得以避免了。星期二的市场保持正常运行，而且，市场的恢复还使得一天的道－琼斯工业股价平均指数爬升了 100 点。

(3) 主持全国银行间的清算业务。商业银行按规定向中央银行缴存存款准备金并由此在中央银行开立存款账户，这样，商业银行间因其客户的债权债务关系而产生的债权债务关系，即可通过中央银行采用非现金结算办法予以清算，中央银行于是成为一国银行业的清算中心。

(4) 主持外汇头寸抛补业务。中央银行根据外汇供求状况而适时买进、卖出外汇，即在商业银行外汇头寸过多时买进外汇，在商业银行外汇头寸不足时则卖出外汇。中央银行此举既向商业银行提供了外汇资金融通便利，又可由此监控国际收支状况，谋求外汇收支平衡。

（四）管理金融的银行

中央银行是管理金融的银行，指中央银行作为一国金融体系的核心，致力于货币政策的制定实施，对整个银行业的运行进行调控监管。中央银行作为管理金融的银行，具有以下基本职能：

(1) 根据国情合理制定实施货币政策，在稳定货币的前提下谋求经济增长。

(2) 制定颁行各种金融法规、金融业务规章，监督管理各金融机构的业务活动。

(3) 管理境内金融市场。中央银行作为金融市场的参与者与管理者，地位特殊且重要。在管理境内金融市场方面，中央银行主要致力于审查、监督上市证券的合法性，确保证券交易、资金往来的合法化；借助货币政策工具，影响市场利率，左右融资成本，调节资金供求关系。

第二节　中央银行的业务

一、中央银行的负债业务

中央银行的负债指由社会各集团和个人持有的对中央银行的债权。中央银行的负债业务是中央银行资产业务的基础。中央银行的负债业务主要包括货币发行和存款业务。

（一）货币发行

中央银行依据一定的货币发行制度，遵循一定的货币发行原则，经由不同途径从事货币发行业务。中央银行的货币发行是其调控经济金融运行的重要资金来源。

1. 货币发行的含义

货币发行一般是指现金货币发行，通常有两种含义：一是指货币从中央银行的发行库通过各家商业银行的业务库流向社会；二是指货币从中央银行流出的数量与从流通中回笼的数量。

中央银行发行的货币即通常所说的钞票或现金，是基础货币的主要构成部分，是中央银行的最大负债项目之一。中央银行通过货币发行业务，一方面满足社会商品流通扩大和商品经济发展对货币的客观需要；另一方面是筹措资金，满足履行中央银行各项职能的需要。

2. 货币发行的原则

(1) 垄断发行的原则。垄断货币发行权是现代中央银行享有的基本特权，这样才能统一国内的通货形式，避免多头发行造成的货币流通混乱，也保证了中央银行制定和执行货币政策，灵活有效地调节货币流通量的要求。

(2) 信用保证原则。货币发行要由一定的黄金、外汇储备或商品物资作为保证，通过建立一定的发行准备制度，保证中央银行货币发行的稳定。

(3) 弹性发行原则。货币发行要具有一定的伸缩性和灵活性，适应经济状况的变化，避免因货币流通量过多引发通货膨胀或货币流通量过少引发通货紧缩的现象。

（二）存款业务

存款业务是中央银行的主要负债业务之一，其主要内容包括金融机构的准备金存款业务、非银行金融机构的存款业务、外国存款业务、特种存款业务等。中央银行开展存款业务的目的在于调控信贷规模和货币供应量，维护金融稳定以及提供资金清算业务。中央银行的存款业务有其特定的目的与特点，不同的存款种类在业务操作上是不同的。

1. 准备金存款

准备金存款是中央银行存款业务中最为主要的一项，与存款准备金制度直接相关。

存款准备金是商业银行等存款货币银行按一定比例提取的交存中央银行准备金。它由以下三个部分组成：一是自存准备金，即存款货币银行为应付客户的提取而以库存现金持有的准备金，主要用来保证其日常经营的流动性需要；二是法定存款准备金，即存款货币银行按照法律规定必须按一定比率将吸收的存款转存为中央银行的准备金；三是超额准备金，即存款货币银行在中央银行存款中超过法定准备金的部分。其中法定准备金和超额准备金共同构成中央银行的存款来源，而其中法定存款准备金的决定权在中央银行。

2. 政府存款

政府存款的构成在各国略有不同。有些国家的政府存款就是指中央政府存款，有的国家也将地方政府存款和政府部门存款列入其中。中央政府存款一般包括国库持有的货币、活期存款、定期存款及外币存款等。

3. 非银行金融机构存款

非银行金融机构在中央银行的存款，有的国家中央银行将其纳入准备金存款业务，按法定要求办理；有的国家中央银行则单独作为一项存款业务，在这种情况下，中央银行的这类存款业务就存在较大的被动性，中央银行可以通过存款利率的变动加以调节。

4. 其他存款

在国际上中央银行的存款业务还有外国存款、特定机构及私人部门存款、特种存款等。

二、中央银行的资产业务

中央银行的资产，指中央银行在一定时间点上所拥有的各种债权。中央银行的资产业务对其制定实施货币政策、调控金融运行具有重要作用。中央银行的资产业务主要包括贷款、再贴现、证券买卖、金融外汇储备及其他资产业务。

（一）贷款

中央银行贷款，是指中央银行采用信用放款、抵押放款或者再贴现的方式，对商业银行等金融机构以及其他部门进行贷款的总称。在中央银行的资产负债表中，中央银行通过发放贷款所取得的债权是主要资产之一。

中央银行的贷款对象是商业银行和政府。中央银行为缓解商业银行短期资产不足的困难、补充其流动性而对商业银行发放贷款。中央银行对政府发放弥补资金短期缺口的贷款。

1．中央银行贷款的特点

从贷款对象来看，中央银行贷款业务的对象主要是商业银行等金融机构以及政府，这就意味着中央银行不经营一般性的商业银行贷款，不会成为商业银行和其他金融机构的竞争对手。从资金来源来看，中央银行不像商业银行那样直接面向工商企业和个人吸收存款，其吸收存款的主要部分来自于金融机构缴存的存款准备金(包括法定存款准备金和超额存款准备金)。当中央银行所吸收的存款准备金和国库存款不足而为一般商业银行提供贷款时，就要利用其作为发行银行的特权发行货币。所以存款准备金、国库存款和货币发行构成中央银行贷款的资金来源。从贷款的职能来看，中央银行贷款是为了控制、调节通货和信用活动，是贯彻执行国家货币政策的工具。

2．中央银行贷款的作用

通过贷款为商业银行融通资金是中央银行履行“最后贷款人”职能的基本手段。商业银行等金融机构为了满足经济发展对资金的需求以及在利润最大化动机的驱使下，会尽可能地扩大贷款规模。然而，当一些贷款不能按期偿还或者出现突然性的大量提现时，这些金融机构便会出现资金周转不灵、兑现困难等流动性问题。在这种情况下，虽然也可以通过同业拆借来解决部分问题，但是同业拆借的数量不可能很大，尤其是当出现普遍性的金融危机时，就更不可能通过同业拆借来化解危机。此时中央银行作为最后贷款人的作用便凸显出来。中央银行通过再贴现和再贷款向商业银行等金融机构提供资金融通便利，成为解决金融机构流动性问题的最后手段。

对商业银行等金融机构进行贷款是中央银行向社会提供基础货币的重要渠道。在中央银行垄断货币发行的制度下，社会所需要的货币从源头上来说都是由中央银行提供的。在信用货币创造机制下，中央银行提供的基础货币通过商业银行的信用创造活动形成社会总供给。随着社会生产的扩大，对货币和信用方面的需求也随之增加，而中央银行向商业银行等金融机构的再贴现和再贷款是向社会提供基础货币的重要渠道。此外，中央银行可以通过提高或降低再贴现率和再贷款利率来影响商业银行等金融机构的筹资成本，以达到调控货币供应量的目的。

3．中央银行贷款的分类

(1) 对商业银行等金融机构的放款。

中央银行作为“银行的银行”，为商业银行等金融机构融通资金，保证商业银行等金融机构的支付能力是中央银行最重要的职责之一。贷款是履行这一职责最主要、最直接的手段，也是最能体现中央银行“最后贷款人”职能的业务行为。随着金融市场的发展和金融业务的创新，商业银行的融资渠道不断增多，融资手段逐渐多样化，但中央银行的贷款，包括信用贷款、抵押贷款、回购贷款和再贴现，仍是商业银行等金融机构扩大信用能力的重要渠道，在保证支付方面，仍然是最后的手段。

(2) 对非货币金融机构的放款。

非货币金融机构是指不吸收一般存款的特定金融机构。在我国，主要包括国家开发银行和中国进出口银行(中国农业发展银行由于吸收存款，在统计分类中归为存款货币银行)、金融信托投资公司和租赁公司。

(3) 对政府放款。

在政府收支出现失衡时，各国中央银行一般有提供信贷支持的义务。中央银行对政府的放款一般有三种方式：一是政府正常借款，这种放款一般是短期的，且多是信用放款；二是政府透支，有些国家规定政府可在法律允许的限度内向中央银行透支，但多数国家法律禁止政府向中央银行透支；三是债务投资性放款，中央银行在公开市场购买政府发行的国库券和公债，事实上是间接向财政部发放了贷款。值得注意的是，许多国家为了防止政府滥用借款权利，通过立法对政府的借款行为做了种种限制。

(4) 其他放款。

其他放款主要有两类：一是对非金融部门的贷款，这类贷款一般都有特定的目的和用途，贷款对象的范围比较窄，各国中央银行都有事先确定的特定对象。中国人民银行为支持老少边穷地区的经济开发所发放的“安定团结贷款”，就属此类贷款。二是中央银行对外国政府和国外金融机构的贷款，这部分贷款一般放在“国外资产”项下。

【知识拓展】

我国的再贷款业务

中国人民银行自1984年开始专门行使中央银行职能后，对银行贷款一直是中央银行最主要的资产业务，也是中国人民银行提供基础货币的最主要渠道。在1993年以前，该业务占中国人民银行总资产的比重平均高达70%以上。1994年外汇管理体制改革之后，中国人民银行的外汇资产业务迅速上升，贷款比重相对下降。从贷款对象看，1984年以后的贷款对象基本上是中国工商银行、中国农业银行、中国银行、中国建设银行这4家国有专业银行；从贷款结构看，从1998年开始，由于商业银行“存差”的不断扩大，中国人民银行的再贷款主要是发放给政策性银行(主要是中国农业发展银行)和农村信用社；从贷款种类看，主要有年度性贷款、季节性贷款、日拆性贷款三种。目前，中国人民银行对商业银行等金融机构的贷款全部由总行集中控制，由中国人民银行总行直接对国有商业银行和其他商业银行的总行发放。

我国规定，中国人民银行贷款的对象必须是经中国人民银行批准，持有经营金融业务许可证，在中国人民银行开立独立的往来账户，按规定向中国人民银行缴存存款准备金的商业银行和其他金融机构。有三类金融机构可以获得中国人民银行的贷款：第一类是商业银行，规定商业银行在组织存款、内部资金调度和市场融资以后仍资金不足，方可向中国人民银行申请贷款。第二类是城市信用合作社、农村信用合作社、信托投资公司、金融租赁公司和企业集团财务公司等非银行金融机构。规定非银行金融机构资金来源与资金运用应自求平衡，当资金周转发生困难时，应首先通过货币市场解决，确实不能通过货币市场解决时，才由中国人民银行通过短期贷款给予解决。第三类是政策性银行，主要是指中国农业发展银行。我国央行再贷款管理规定，国家开发银行要按照建设项目的用款进度，提前筹措资金，按期将资金划给代理业务的商业银行，人民银行对国家开发银行不提供资金。中国进出口银行为大型成套设备进出口提供买方信贷和卖方信贷所需资金，除财政拨给的外，经批准可发行债券筹措，人民银行不提供资金。而中国农业发展银行从中国农业银行分设出去时，农副产品收购贷款所占用的中国人民银行贷款银行也被划转到中国农业发展银行，成为中国人民银行贷款。同时中国农业发展银行还承担粮棉油收购、国家重要农副产品储备和农业信贷开发资金的筹措和供应，这些资金往往由于季节性因素而发生先支后收的情况，人民银行可视情况对其总行发放少量短期贷款予以支持。所以与其他两家政策性银行不同，中国农业发展银行在与中国人民银行的联系方面被归入存款货币银行。从这个意义上说，撇开中国农业发展银行的特殊性，政策性银行在我国并不属于中国人民银行的贷款对象。

中国人民银行贷款必须具备三个基本条件：必须是中国人民银行的贷款对象；信贷资金营运基本正常；还款资金来源有保证。贷款期限分四个档次：20 天、3 个月、6 个月和 1 年。贷款实行期限利率，即对不同种类，不同期限的贷款，按不同的利率档次计收利息。利率由人民银行总行统一规定，并根据国家政策以及放松、紧缩银根的需要，随时调整。逾期贷款要计收罚息。计息方法是从贷款到期的次日起，按每天万分之三计收。

除了在贷款对象、资金来源、贷款职能等方面与一般商业银行贷款不同，具有一般中央银行贷款的基本特点外，中国人民银行贷款还具有自己的特点，即它是我国现阶段最重要最有效的货币政策工具之一，在宏观调控中发挥着重要作用。中国人民银行贷款可以根据宏观经济调控的需要，灵活自如地进行调整，既可以调节需求，又可以调节供给；不仅能控制贷款总量，制约社会总需求的增长，还能在贷款总量既定的情况下，改变贷款的结构，增加有效供给；同时，又可以将货币政策的意图传递给金融机构，促使金融机构按照货币政策目标开展经营活动。

（二）再贴现

中央银行着眼于国民经济宏观调控，依照再贴现条件审查商业银行的再贴现申请，买进符合条件的票据，并按再贴现率对商业银行投放货币资金。

我国《商业汇票承兑、贴现与再贴现管理条例》规定，再贴现的对象是在中国人民银行及其分支机构开立存款账户的商业银行、政策性银行及其分支机构。对非银行金融机构再贴现，须经中国人民银行总行批准。再贴现的商业汇票应以真实、合法的商品交易为基础。再贴现的期限最长不超过 4 个月，再贴现率和浮动幅度由中国人民银行总行确定。

中国人民银行规定，各级人民银行对再贴现实行限额管理，任何时点均不得突破，也不得与其他再贷款限额相互串用。

（三）证券买卖

中央银行为调控货币供应量，适时地开展公开市场业务，采用直接买卖、回购协议等方式买卖政府中长期债券、国库券等有价证券。

（四）金融外汇储备

中央银行为稳定币值、稳定汇价、调节国际收支、保管黄金、白银、外汇等储备资产。

(五) 其他资产业务

中央银行在其主要资产业务之外，还根据具体情况办理其他类型的资产业务。

三、中央银行的中间业务

资产清算业务是中央银行的主要中间业务，这类业务可以划分为以下三种：

(1) 集中办理票据交换。票据交换工作一般在票据交换所进行，参与票据交换所交换票据的银行均是“清算银行”或“交换银行”，它们都必须依据票据交换所有关章程的规定承担一定的义务(交纳一定交换保证金、在中央银行开立往来存款账户用以结清交换差额、分摊交换所有关费用)才能拥有入场交换票据的权利。

(2) 结清交换差额。中央银行开立有往来存款账户(独立于法定存款准备金账户)的各清算银行，其票据交换所的最后差额即由该账户上资金的增减来结清。

(3) 办理异地资金转移。中央银行的资金清算工作既通过其分支机构组织同城票据交换与资金清算，也办理全国范围内的异地资金转移。

四、中央银行的资产负债表

中央银行办理资产负债业务的情况可从中央银行资产负债表上的记载反映出来。由于各个国家的金融制度、信用方式等方面存在着差异，各国中央银行的资产负债表中的项目及包括的内容也不一致。这里仅就中央银行最主要的资产负债项目进行概括，如表 5-1，旨在概略表明其业务基本关系。

表 5-1　中央银行资产负债表

资　产	负　债
贴现及放款	流通中通货
政府债券和财政借款	国库及公共机构存款
外汇、黄金储备	商业银行等金融机构存款
其他资产	其他负债和资本项目

中央银行资产负债表所记载的资产、负债的任何变动，均能反映国民经济的变动情况。就货币供给量的调控而言，中央银行可以通过适时适度变动资产负债规模、结构，而使货币供给量做相应的变动，以实现其所定调控目标。所以，分析了解中央银行资产负债表，对于理解中央银行货币政策变化及其可能产生的结果，作用十分重要。

第三节　政策性银行

一、国家开发银行业务

国家开发银行于 1994 年 3 月成立，直属国务院领导，目前在全国设有 34 家分行。近十年来，国家开发银行认真贯彻国家宏观经济政策，发挥宏观调控职能，支持经济发展和经济结构战略性调整，在关系国家经济发展命脉的基础设施、基础产业和支柱产业重大项目及配套工程建设上，在长期融资领域发挥主力银行作用。

（一）资金的来源与筹措

国家开发银行的资金来源与筹措办法主要包括资本金、财政贴息资金、向金融机构发行金融债券、向社会发行一定数量的财政担保建设债券、向境外筹集资金、国务院划转开发银行的专项建设基金和专项资金，以及向中国人民银行申请再贷款。其中在国内通过发行政策性金融债券占资金来源的 90%左右，其他来源仅占 10%。

1．资本金

国家开发银行作为政府出资组建的政策性金融机构，注册资本为 500 亿元人民币，其注册资本金从国家财政逐年划拨的经营性建设基金和经营基金回收资金(含原拨改贷)中安排。

2．发行政策性金融债券

发行政策性金融债券筹集信贷资金，是国外许多政策性银行普遍采用的方法。国家开发银行经国务院、中国人民银行批准，采用市场化发行或计划派购的方式，向国内金融机构发行金融债券。政策性金融债券为无纸登录债券，由中央国债登记有限责任公司开设托管账户，中央国债登记有限责任公司接受政策性银行的委托，办理还本付息业务。政策性金融债券的发行，目前以市场化发行方式为主。

3．财政贴息资金

贴息资金列入国家财政预算，财政部根据贷款项目单位承受商业贷款利率的能力和项目对于国家经济的重要性，从国家开发银行提供的项目中选定给予贴息的硬贷款项目单位。

4．中央银行再贷款

根据国务院的规定，在国家开发银行遇有资金流动性短缺时，中国人民银行可以向国家开发银行提供短期贷款，中国人民银行提供的再贷款是临时性的，只是用于弥补资金头寸的不足，而不作为开发银行资金来源的主渠道。

5．向境外筹集资金

根据国家利用外资计划，国家开发银行可以筹措国际商业贷款，经国务院批准，可在国外发行债券。

（二）资金的投向和运用

1．资金的投向

国家开发银行资金的投向是国家批准立项的基础设施、基础产业和支柱产业中的大中型基本建设、技术改造等政策性项目及其配套工程。基础设施包括农业、水利、铁道、交通和民航等部门；基础产业包括能源和基础原材料等产业；支柱产业包括石化、汽车、机械、电子等产业。目前，国家开发银行的贷款仍然实行信贷规模控制下的计划管理。

2．资金的运用

国家开发银行的资金运用主要是贷款，还有很少量的投资业务。国家开发银行贷款划分为软贷款和硬贷款。

(1) 软贷款。软贷款是指国家开发银行注册资本金和中央财政安排的经营性基建基金等资金，以长期优惠的方式发放的贷款。软贷款的还款期特别长，利率很低甚至无息。软贷款是为了配合政府的某种扶持政策，且有较强的补贴性和一定程度的赠予性。软贷款又可分为股本贷款和特别贷款：① 股本贷款是指国家开发银行在项目总体资金配置的基础上，将注册资金以长期优惠贷款的方式，按项目配股需要贷给国家控股公司和中央企业集团，由他们对项目进行参股、控股的贷款。② 特别贷款是国家开发银行根据国家产业政策和发展规划，对一些不宜通过国家控股公司和中央企业集团参股、控股而又需要扶持的项目直接发放的贷款。

(2) 硬贷款。指国家开发银行通过发行金融债券等方式筹集资金(包括在国内外发行的债券和利用的外资)，用于基础设施、基础产业和支柱产业的贷款。硬贷款又可分为基本建设贷款和技术改造贷款：① 基本建设贷款是指国家开发银行利用借入资金对符合国家开发规划、生产力布局、产业政策和信贷政策的大中型建设项目发放的贷款。② 技术改造贷款是国家开发银行对于符合国家发展规划、生产力布局、产业政策的技术改造项目发放的贷款。

3. 其他业务

(1) 设备储备贷款。设备储备贷款是指对已列入开发银行年度贷款计划，并已签订合同的在建项目，以及与开发银行贷款项目相关的信誉好、效益好，有市场需求和还款能力的建设项目，由于工程储备需求与信贷计划安排中发生的时间差等原因形成的短期性用款需要而发放的贷款。

(2) 外汇贷款。外汇贷款包括外汇固定资产贷款与外汇流动资金贷款，主要用于大型重点项目引进国外先进技术和管理知识。

二、中国进出口银行业务

(一) 资金的来源与筹措

进出口银行资金来源与筹措的主要途径有以下几种：

(1) 国家财政拨付的资本。

(2) 外国政府及其相关机构对中国政府的贷款。

(3) 发行金融债券。中国进出口银行目前还不能吸收存款，所需信贷资金主要通过向商业性金融机构发行金融债券来筹集。

(4) 国家财政拨付的专项基金。

(5) 在国内外货币市场上借入短期资金。

(6) 中央银行的再贷款和再贴现，为弥补进出口银行临时性短期资金的不足。

(7) 经中国人民银行批准的其他筹资途径。

(二) 资金的投向和运用

目前，中国进出口银行贷款实行信贷规模控制下的计划管理。资金运用主要有以下几个方面：

(1) 为机电产品和成套设备等资本性货物的进、出口提供进、出口信贷(卖方信贷、买方信贷)。

(2) 与机电产品出口信贷有关的外国政府贷款、混合贷款、出口信贷的转贷以及中国政府对外国政府贷款、混合贷款的转贷。

(3) 办理国际银行间的贷款，组织或参加国际、国内银团贷款。

(4) 出口信用保险、出口信贷担保、进、出口保险和代理业务。

(5) 在境内发行金融债券和在境外发行有价证券(不含股票)。

(6) 经批准的外汇经营业务。

(7) 进出口业务咨询和项目评审，为对外经济技术合作和贸易提供服务。

(8) 经办国家批准委托办理的其他业务。

(三) 出口信贷业务

1．出口信贷的涵义

出口信贷专指由政府支持的，为扩大出口而提供的中长期贷款。它是一种国际信贷方式，是国家为了支持和扩大本国大型设备的出口，对本国出口商或外国进口商(或其银行)提供的利率较低的贷款，以解决本国出口商资金周转的困难，或满足国外进口商对本国出口商支付货款需要的一种融资方式，是国家干预经济、争夺国外销售市场的一种手段。

2．出口信贷的特点

(1) 出口信贷支持的一般为大型设备出口，贷款额度有最低起点限额，而无最高限额；贷款期限一般在 2 年以上，通常为 5～7 年。

(2) 出口信贷以出口信贷保险为基础，是集信贷和保险于一体的贸易金融服务手段。

(3) 出口信贷是政府干预经济的一个重要手段。政府可以对进、出口商分别不同情况提供贷款，干预信贷成本，是出口风险的最终承保人。通过保证贷款人的利益，促进本国出口贸易的扩大。

3．出口信贷业务的种类

中国进出口银行的出口信贷业务主要有卖方信贷、买方信贷、混合贷款等。

(1) 卖方信贷是指在大中型机器设备与成套设备贸易中，为支持出口商对外国进口商以延期付款方式出口技术、设备，出口商所在地的银行对出口商提供的中长期贷款。

(2) 买方信贷是指一个国家为了扩大本国大型机器设备或成套设备出口，增强国际竞争力，指定商业银行或进出口银行向外国进口商或进口商所在地的银行提供贷款，包括由出口商的银行直接贷款给进口商或出口商银行贷款给进口商银行，再由进口商银行转贷给进口商两种形式。

(3) 混合贷款是指为满足同一设备项目的融资需要，由政府贷款与出口信贷混合组成的贷款。政府贷款是一国政府对另一国政府提供的具有经济援助性质的双边贷款，利率低或无息，期限长，但一般金额不大，限定贷款用途。混合贷款通过政府贷款来改变整个贷款的利率结构，延长还款期限，以此提高本国产品的竞争力，扩大本国产品出口。

(四) 出口信用担保业务

出口信用担保业务是进、出口银行支持我国机电产品、成套设备和高新技术产品出口的主要信用工具之一。目前，中国进、出口银行仅办理外汇担保业务，即向境外债权人或境内的外资银行提供的，当债务人未按合同规定偿付债务时，由该银行履行偿付义务的保证承诺。凡经政府批准有外贸经营权且有合法可靠外汇来源的国内企业、科研院所、中外合资企业均可提出担保申请。

三、中国农业发展银行业务

（一）资金的来源与筹措

中国农业发展银行资金来源渠道主要包括资本金、业务范围内开户企事业单位的存款，发行金融债券、财政支农资金、中央银行的再贷款、境外筹资等，中国农业发展银行的资金筹集具有多元性。

(1) 资本金。作为政府出资组建的政策性金融机构，在其组建成立时，其注册资本为200亿元人民币，属国家资本金。

(2) 企业存款，主要是指在其开户的经营粮棉油等企业的存款。目前这种存款占农业发展银行的资金来源比重很低。

(3) 财政支农资金，主要办理政府的财政支农资金的代理拨付，为各级政府设立的粮食风险基金开立专户并代理拨付。

(4) 中央银行再贷款。中央银行再贷款具有获得量大、手续简便、调拨快捷的特点，具有其他资金来源不可替代的作用。到目前为止，中央银行的再贷款占农发行全部资金来源的80%以上，由于农发行的业务性质，使这种状况短期内难以改变。

(5) 发行金融债券。向金融机构发行金融债券是农业发展银行筹资的渠道之一，也是切断政策性金融与基础货币之间的直接联系的重要途径。但通过这一方式筹集的资金占比也很少，远低于其他两家政策性银行的占比。

(6) 境外筹资，已被国务院明确列入农发行的业务范围，但由于各种因素的限制，农发行还未起步开办这一业务。

（二）资金的投向和运用

中国农业发展银行资金的投向和运用为以下几方面：

(1) 办理由国务院确定、中国人民银行安排资金并由财政予以贴息的粮、棉、油、肉、糖等主要农副产品的国家专项储备贷款。

(2) 办理承担国家粮、油等产品政策性加工任务企业的贷款，办理棉、麻系统初加工企业贷款。

(3) 办理国务院确定的扶贫贴息贷款；老少边穷地区发展经济贷款；贫困县县办工业贷款；农业综合开发贷款以及其他财政贴息的农业方面的贷款。

(4) 办理国家确定的小型农、林、牧、水利基本建设和技术改造贷款。

(5) 办理粮、棉、油、肉、糖等农副产品收购贷款及粮、油调销、批发贷款。农副产品收购贷款是农业发展银行贷款的最重要组成部分，它可以分成以下几类：① 收购贷款。收购贷款是为了满足收购企业收购资金不足的需要而发放的贷款，用于农副产品收购，包括合同定购和市场收购两部分。农发行根据资金的实际需求合理确定贷款额度，收购贷款的期限一般根据收购的农副产品的库存期决定，收购的农副产品调销后立即收回贷款。

② 专项贷款。专项贷款分为国家专项储备和地方专项储备贷款，是为了满足国家和地方农副产品专项储备合理资金需要而发放的贷款。专项储备贷款的额度必须与储备数量挂钩，期限应与农副产品的储备期相适应，一般不超过一年。③ 销售结算贷款。销售结算贷款是为了支持因调销在途粮、棉、油的合理资金的需要而发放的贷款。根据因运销而在途的粮、棉、油的数量和时间，确定贷款的额度和期限，商品销售后及时结算，归还贷款。

本章小结

(1) 中央银行在一国的金融机构中占据主导地位，其产生原因主要在于解决银行券统一发行、票据交换、最终贷款人以及实施金融监管方面问题；从中央银行的演变历史来看，一般包括两种途径：① 从商业银行演变中产生和目的明确地直接创设；② 目前绝大多数国家都建立的中央银行和发挥央行职能的机构，其类型包括单一中央银行制、复合中央银行制度、跨国中央银行制度以及准中央银行制度。不论何种类型，归纳起来，央行的性质集中表现在不以盈利为目的、以政府和金融机构为业务对象、资产流动性高、不在国外设立分支机构以及与政府关系具有相应独立性等几个方面。作为中央银行，主要履行“三个银行”职能，即发行的银行、政府的银行和银行的银行。

(2) 中央银行的三大业务为：① 负债业务，具体包括货币发行业务(也是央行最主要的负债业务)、存款业务；② 资产业务，如贷款业务、再贴现、证券买卖、金融外汇储备以及其他资产业务；③ 中间业务，如集中办理票据交换业务、结清交换差额和办理异地资金转移等。

(3) 我国的政策性银行包括国家开发银行、进出口银行和中国农业发展银行三家。其中国家开发银行在关系国家经济发展命脉的基础设施、基础产业和支柱产业重大项目及配套工程建设中，发挥长期融资领域主力作用；中国进、出口银行主要在我国机电产品、成套设备和高新技术产品进出口和对外承包工程及各类境外投资领域发挥政策性融资作用；中国农业发展银行主要以国家信用为基础，承担国家规定的农业政策性和经批准开办的涉农商业性金融业务，代理为农业和农村经济发展提供融资服务。

知识网络图

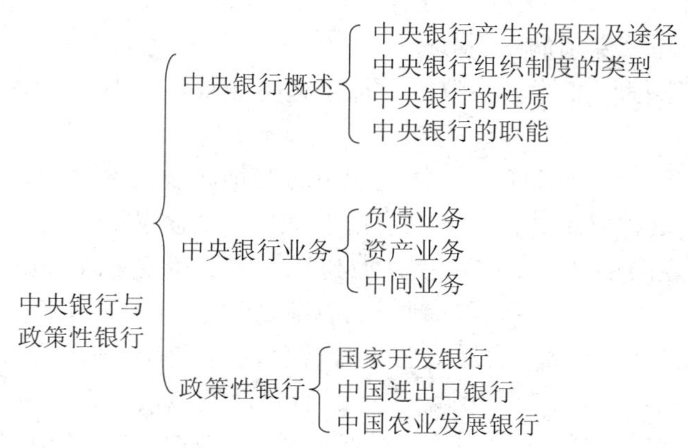

本章练习

一、思考题

(1) 中央银行产生的客观经济基础是什么?

(2) 中央银行为什么需要独立性?

(3) 中央银行的三大业务包括哪些内容?

(4) 我国的政策性银行及其特征有哪些?

二、典型案例分析

【案例 1】

英国、加拿大、德国、瑞士及日本的货币政策运用

要理解中央银行是怎样成功地控制货币供应，考察美国之外的其他国家如何运用货币政策是很有价值的。这里我们考察近几十年来其他五国货币政策的运用：英国、加拿大、德国、瑞士及日本。

英国，像美国一样，在 1973 年晚期，为了应付不断增长的对通货膨胀的关注，英国引入货币政策目标：M3，但并未严格实施，结果使英国货币总量比美国更加变化无常。在 70 年代晚期，通货膨胀加速后，玛格丽特·撒切尔首相于 1980 年提出了中期金融战略，计划逐渐减慢 M3 的增长速度。不幸的是，M3 目标产生了与美国 M1 目标相类似的问题：它们并非是可靠的货币政策紧缩的指标。1983 年后，对金融创新是否破坏了 M3 与收入间的关系产生了争议，英格兰银行开始降低 M3 的重要性，并倾向于使用较窄的货币总量 M0(货币基础)。M3 目标于 1985 年 10 月暂停使用，在 1987 年被彻底取消，只留下 M0 作为唯一的货币总量目标。自 1984 年以来，M0 增长目标区间多次降低，并且 M0 的实际增长率也降到或接近了目标区间。

加拿大的货币政策经历与美国极为相似。这并不奇怪，两国经济间有很强的联系，事实上，加拿大元的价值曾与美元紧密相连。

作为对 70 年代最期通货膨胀的反应，加拿大银行提出“货币渐进主义”计划，其中 M1 的增长将在一个逐渐降低的目标区间内加以控制。加拿大的货币渐进主义计划与美国及英国起初对货币目标的尝试一样并不成功。到 1978 年，货币目标启动仅三年，加拿大银行出于对汇率的考虑，开始脱离这一战略。由于与汇率目标相矛盾，以及 M1 作为货币政策指标的所产生的不确定性，M1 目标于 1982 年 11 月被取消。在随后货币战略的戏剧性转折中，加拿大银行总裁(行长)约翰·格罗(John Grow)，于 1988 年 1 月宣布加拿大银行以后要实施物价稳定目标。加拿大银行与财政部联合发布了一系列减轻通货膨胀的目标，其中 M2 用作政策指导，同时有建立在利率及汇率基础之上的货币状况指数。

德国的中央银行，即联邦银行，于 1975 年同样采用货币目标的方式对 70 年代早期上升的通货膨胀做出反应。它选择了一个范围较窄的货币总量，称为“中央银行货币”，即银行存款总额乘以 1974 年法定准备金率再加上流通中货币的总额。联邦银行允许“中央银行

货币"的增长在2～3年内超出其目标区间，但超过部分要随后纠正过来。允许偏离目标敌意的基本原因是汇率因素，这对于诸如欧洲汇率机制(The European Exchange Rate Mechanism)、广场协定、罗浮宫协议很重要。1988年，联邦银行将目标由中央银行货币转换为M3。德国运用订立货币目标的货币政策，在保持较低且稳定的通货膨胀率方面非常成功。

瑞士的中央银行——瑞士国家银行，于1974年末开始宣布货币目标，并以M1为目标总量。瑞士的方法在两方面与众不同：① 目标表示为确定的数值，而不是区间；② 以货币基础为操作目标。(这里所讨论的其他国家都以利率为操作目标，美国在1979～1982年的短期时期除外。)实现目标的方法与德国所采用的相似，允许偏离目标，为的是处理后来会翻转过来的汇率因素。从1980年开始，瑞士国家银行转向M0(货币基础)，作为它的目标总量，从而汪但把它作为操作目标，而且作为中间目标。近年来，瑞士的货币总量与通货膨胀之间的关系变得很不稳定，导致瑞士国家银行减弱货币目标的重要性。

日本1973年晚期石油价格上涨是对日本的重大冲击，1974年经历了通货膨胀的巨大跳跃，高于20%(1973年货币增长超过20%)，导致了这一次的大波动。日本银行，像这里所讨论的其他中央银行一样，开始将注意力放在货币增长率上。1978年，日本银行开始在每季度之初公布M2+CDS的"预报"。尽管日本银行并未正式承诺货币目标，1978年的货币政策显然更加侧重货币因素，例如，在1979年第二次石油价格冲击之后，日本银行迅速降低M2+CDS的增长率，而不是允许它像第一次石油冲击后发生的那样上升。日本银行实施货币政策所采取的操作程序在很多方面与联储在美国所应用的方式相似。日本银行以日本的银行同业市场利率(与美国联邦基金市场具有相似的功能)作为它的每日操作目标，这正如联储所做的一样。

日本银行1978～1987年期间的货币政策运用结果比联储好得多。日本的货币增长从70年代中期开始逐渐变慢，且与美国相比稳定得多，结果，日本的通货膨胀被迅速地抑制且平均水平较低。在日本，抑制通货膨胀达到显著效果，真实产出比美国稳定。日本的货币政策在1978～1987年间以利率为操作目标，取得了成功；与之相比，美国于1970～1979年间联储采用了相似的操作程序，却没有成功。这说明，以利率作为操作目标并非一定是货币政策成功的障碍。决定实现一个较低的通货膨胀率可能更为重要，对于这一时期的日本银行来说，就是如此。

与美国的状况相似，在日本，金融创新及放松管制开始降低M2+CDS货币总量作为货币政策指标的有效性。考虑对日元升值的预期，日本银行从1987年到1989年显著提高了货币增长率。许多评论者指责货币增长率上升所带来的日本房地产及股票价格上的投机(所谓的泡沫经济)，为减少投机，日本银行转向较紧的货币政策，以期放慢货币增长，后果是房地产及股票价格大幅度下降和泡沫经济的结束。

请分析：

上述这些国家货币政策运用的特点。

【案例2】

从全球视野来看中央银行的分拆

研究结果表明，中央银行的独立性大小与经济增长之间的关联度不大，与通货膨胀率之间呈负相关关系。如果中央银行保持高度的独立性，能够实现适度的经济增长，反之亦然。近一二十年来，中央银行的独立性趋势在世界范围内越来越凸显，主要表现在以下两方面：

首先，人们对于确立并维护中央银行的独立性的认识更清晰、更深刻，已在更广泛的基础上达成共识。1990 年美国哈佛大学的学者对中央银行的独立性程度与经济增长、通货膨胀的关系进行了实证研究。研究结果表明，中央银行的独立性大小与经济增长之间的关联度不大，与通货膨胀率之间呈负相关关系。如果中央银行保持高度的独立性，就能实现适度的经济增长、低的通货膨胀率和低的失业率，反之亦然。例如，在中央银行独立性很大的德国和瑞士，其经济增长率为 3.1%，通货膨胀率为 3.1%；而在中央银行独立性很小的澳大利亚、新西兰、爱尔兰等国，其经济增长率为 3.8%，通货膨胀率则为 7.5%。

其次，中央银行的独立性增添了金融监管的独立性这一新的内容。过去，确立并维护中央银行独立性的唯一目的是为了保持币值稳定，使得中央银行的独立性仅限于货币政策的独立性。但是，近年来爆发的金融危机特别是亚洲金融危机的沉痛教训告诉人们，中央银行或其他金融监管机构受政府或利益集团的不当干预，不能独立行使监管职能。造成的结果是，削弱了对国有金融机构的监管，降低了金融监管的有效性，扰乱了金融市场的公平竞争环境，加剧了金融体系的脆弱性，这是导致金融危机的重要原因。于是，中央银行(或其他金融监管当局)在金融监管上的独立性问题开始受到关注。因此，现在中央银行独立性的内涵比过去有所增加，不仅是指货币政策的独立性，而且还包括金融监管的独立性。新《日本银行法》首次以法律的形式确立了日本银行的独立地位，而日本银行在实践中真正独立行使权力、切实体现其独立性，是起始于零利率政策的制定上。1999 年 2 月 12 日，日本银行调低银行间隔夜拆借利率，开始实行所谓的“零利率”政策。然而，在 2000 年 8 月 11 日，日本银行政策委员会拟讨论停止实行零利率政策之前，日本大藏省和其他政府部门以及自民党高层要员纷纷对其施以高压，要求其推迟决策。最终，日本银行在与政府的较量中，顶住了巨大的压力，完全按照自己的意志来行事，首次真正独立行使货币政策权力，毅然决定结束实行了 18 个月之久的“零利率”政策。这可以被视为日本银行维护其独立性的有力印证，堪称日本银行史上的一个里程碑。

中央银行的独立性(Central Bank Independence，简称 CBI)包括三个方面，即目标独立性、经济独立性和政治独立性。提高中央银行的独立性程度有助于实现货币政策目标(如稳定物价、充分就业、经济增长和国际收支平衡)，对于发展中国家来说尤为如此，这一点已经为众多经济学家所论证。货币政策目标不明确或者币值不稳定的国家，或者事实上不能坚持以稳定币值为中心目标的国家，大多是由于中央银行缺乏独立性所致。

此外，货币政策也需要独立于政府之外，不受政府短期目标的影响。保持货币政策的独立性通常被认为是市场经济条件下一国政府行为成熟的重要标志之一。加强央行的独立性和货币政策的独立性是中央银行制度发展的客观趋势，已成为世界各国的共识。从中央银行独立性的内涵来看，中国还有较大的差距。但是，此次央行分拆、成立银监会等一系列金融改革方案，预示着中国在增强货币政策的独立性方面迈出了实质性的步伐。甚至有专家评论，这次央行机构改革是中国政府为了彻底解决金融弊端而下的最大一次决心。

请分析：

你对设立银监会有什么看法？

第六章 商业银行

【知识目标】

1. 了解商业银行的含义、职能与经营原则
2. 掌握商业银行经营的各类业务
3. 理解商业银行派生存款的创造原理

【能力目标】

1. 能够认识和分析商业银行的各项经营业务
2. 能够进行银行派生存款的简单计算

案例导入

民营银行

2014年3月12日 经过反复论证和筛选，并报国务院同意，确定5个民营银行试点方案。试点采取共同发起人制度，每个试点银行至少有2个发起人，同时遵守单一股东股比规定，分别由参与设计试点方案的阿里巴巴、万向、腾讯、百业源、均瑶、复星、商汇、华北、正泰、华峰等民营资本参与试点工作。

民营银行试点方案筛选标准主要有五条：一是有自担剩余风险的制度安排；二是有办好银行的股东资质条件和抗风险能力；三是有股东接受监管的具体条款；四是有差异化的市场定位和特定战略；五是有合法可行的风险处置和恢复计划，即“生前遗嘱”。根据试点方案要求，民营银行四种经营模式分别是：“小存小贷”(限定存款上限，设定贷款上限)；“大存小贷”(存款限定下限，贷款限定上限)；“公存公贷”(只对法人不对个人)；“特定区域存贷款”(限定业务和区域范围)。

腾讯是“大存小贷”，即做一定限额以上的存款。而阿里提出方案的重点是“小存小贷”，即存款额度有上限、贷款额度有上限。阿里基于自有互联网业务的发展，他们提出主要服务在互联网上经营的小企业客户。阿里的方案将偏重于服务社区民众、小存小贷。知情人

士透露，在阿里巴巴的构想中所设立的银行没有实体的银行网点，是纯粹的网上银行。

第一节　商业银行的概述

商业银行是指吸收公众存款、发放贷款、办理结算等业务的信用机构。

商业银行在银行体系中占有重要地位，在信用活动中起着主导作用。如今商业银行同其他金融机构的业务界限已日趋消失，但在许多方面是其他金融机构所不能代替的，仍是银行体系的基本环节，如美国的商业银行对美国的经济、财政、货币、金融政策起着举足轻重的作用。

一、商业银行的产生

（一）早期银行的产生

早期银行产生的过程从经营货币兑换、保管和汇兑，演变为经营存款、放款和汇兑，实现了货币经营业到银行的转变。在货币产生以后，随着商品交换的发展，出现了兑换、保管和借贷货币等经营货币的业务。在前资本主义社会，由于封建割据，货币铸造分散，铸币的重量，成色不统一，为适应贸易的需要，必须进行货币兑换，因此，就逐渐分离出专门从事货币兑换的商人。他们最初只是单纯办理铸币的兑换业务，从中收取手续费。随后，经常往来于各地的商人，为了避免长途携带货币和保存货币的风险，把货币交给兑换商人保管，并委托他们办理支付、结算和汇款，向他们支付手续费。货币兑换商因而聚集了大量的货币资财，他们就利用这些资财办理贷款业务(这时还不能称之为银行)。当货币经营者，发现被保管的货币有一个稳定的沉淀额，而且保管数量越大，沉淀额也越多，他们开始用这一部分放款(意味着由十足金准备变为部分金准备，是银行业形成过程中一个重要标志)，而且为吸引客户存放货币，开始向托管人支付一定的货币(实际上相当于存款利息)，货币保管业务演变为存款业务。这样，货币兑换业就发展成为既办理兑换，又经营货币存款、贷款和汇款的早期银行了。

在古希腊和古罗马时代，已有委托存款、汇款及兑换货币等活动，但这些还只是货币兑换业性质。中世纪时期，地中海沿岸商业发达，一些专门经营货币业务的机构得到了很大发展，银行业务逐渐兴起。早在 16 世纪，意大利就已出现了银行业，如 1580 年成立的威尼斯银行，1593 年成立的米兰银行等。以后，世界商业中心由意大利移至及欧洲北部，17 世纪初，1690 年荷兰成立阿姆斯特丹银行，1621 年德国成立了纽伦堡银行，1629 年又成立了汉堡银行。

在英国，银行的产生与其他国家不同，它的早期银行则是由金匠业发展而来。

17 世纪中叶，英国的金匠业极为发达，金匠业拥有坚固的保险柜和其他安全措施，他们受顾客委托代为保管金银货币，签发保管凭条；还可按顾客的书面要求，将其保管的金银拨给第三者，省去顾客提现和支付的麻烦。同时，金匠业还利用自有资本发放贷款，以谋取高额利息。

在金匠业演变为银行业的过程中，完成了三个重要演变。

第一，金匠保管凭条演变为银行券。金匠业为保管金银货币给顾客签发的保管凭条，原只作为保管物品的证明，到期可据以提现。以后由于交易日益频繁，提现支付的金额和次数大量增加，为方便支付，节约费用，久而久之，人们就直接用保管凭条——金匠券进行支付。这样，金匠券逐渐演变为银行券。可见，保管凭条是银行券的原始形式。

第二，保管业务的划款凭证演变为银行支票。金匠业为开展保管业务，根据顾客的书面要求，为顾客转移保管的金银货币，顾客所签发的这种书面指令，只是一种划款凭证。第三者可据以支款，以后由于保管业务发展为存款业务，这种划款凭证也就随着演变为银行支票。

第三，全额准备转变为部分准备金。金匠业起初对所收存的金银货币保有百分之百的现金准备，发放贷款完全利用自有资本。后来发现，应付顾客提现，并不需要经常保持全额的现金准备，可以其中一部分用于放款，赚取利息。于是全额的保证准备金制度，演变为部分准备金制度。这一转变，使早期银行具有信用媒介，增减货币量的功能。

（二）现代商业银行的产生

现代商业银行的建立有两条途径：一是高利贷性质的银行逐渐转变为资本主义商业银行；二是按照资本主义经济的要求组织股份商业银行。这在英国表现得最为明显。

早期银行大都利息很高，规模不大，不能满足资本主义工商业的需要，客观上迫切需要建立起既能汇集闲置的货币资本，并能按适度的利息向资本家提供贷款的现代资本主义商业银行。

在英国，从早期银行中独立出一些专门在资本家之间从事信用中介的银行。但是从早期高利贷银行转变为现代银行的过程非常缓慢，直到 18 世纪末才完成。当时的贷款利率依然很高，年利率在 20%～30%之间。这种情况无法满足工商业的需求。17～18 世纪间，新兴的资产阶级开展了反高利贷的斗争，要求以法律形式限制放款的利息水平，但由于信用被高利贷者垄断，降低利率的法令不会产生实际效果，于是，他们建立了一些股份银行。这类股份银行资本雄厚，规模大，利率低，逐渐发展成为资本主义商业银行的主要形式。

世界上第一家股份银行是 1694 年在英国伦敦创办的英格兰银行，贴现率为 4.5%～6%，大大低于早期银行业的贷款利率。英格兰银行的成立，意味着现代银行制度的建立，标志着高利贷在信用领域中的垄断地位已被动摇，这种股份银行逐步取代了旧式的、个别资本经营的银行，推动了资本主义经济的发展。

二、商业银行的性质

现代商业银行是特殊的企业，可以从以下两个方面理解：

(1) 银行与工商企业的经营目标相同，都是为了追逐利润，所以是企业。

(2) 与一般的资本主义工商企业不同，银行经营的对象不是普通商品，而是货币资本这个特殊商品，银行的活动处于货币信用领域，以信用方式与工商企业发生广泛的经济联系。正是由于现代银行是资本主义生产方式的最精巧和最发达的产物，通过信用方式聚集和分配货币资本，具有调节社会经济生活的特殊作用，这就决定了银行在经济中的特殊地位。

三、商业银行的职能

商业银行的职能是由其性质决定的，包括以下几种职能。

（一）充当信用中介

1．信用中介涵义

银行一方面代表货币资本的集中，即贷出者的集中；另一方面代表借入者的集中，这时它就是信用中介，这是银行最基本的职能。

银行通过吸收存款、动员和集中社会上一切闲置的货币资本，然后，又通过放款把这些货币资本贷给职能资本家使用，并从中承担风险，这样，银行实际成了货币资本的集中，贷出者和借入者之间的中介人。

2．信用中介的意义

银行作为信用中介，可以克服资本家之间直接借贷的种种局限，如在资本数量、借贷时间、空间、期限上不易取得一致和了解借者资信等方面的局限性。银行通过信用中介职能对资本进行再分配，使货币资本得到充分有效的运用，加速了资本的周转，促进了生产的扩大。

（二）变居民的货币收入和储蓄为资本

把社会中各阶层的货币收入和储蓄变为资本，也是商业银行的重要职能，个人的货币收入是用来供个人日常消费的，储蓄则是为了供将来的消费，所以它们都不是资本。但是，通过银行把它们汇集起来贷放给企业使用，这些零星的货币就成为生产经营者用来从事生产和经营活动的资本，这样，非资本的货币就转化为资本。马克思曾经指出："小的金额是不能单独作为货币资本发挥作用，但它们结合成为巨额，就形成一个货币力量。这种收集小金额的活动是银行制度的特殊作用。"

（三）充当支付中介

银行办理各种同货币资本运动有关的业务时，便充当支付中介。由于银行具有较高的信誉和较多的分支结构，银行业务又与各个企业和部门有密切联系，因此，无论企业或个人都愿意委托银行保管货币、贵金属、有价证券、办理货币收付和转账结算等，这样，银行就成为社会的"出纳"和"账房"。银行通过账户为顾客办理货币结算，对于节约流通费用，加速资本的周转具有重要意义。

（四）创造信用流通工具

商业银行创造的信用流通工具主要是银行券和支票。银行券是由银行开出的，并可随时兑现的、不定期的债券证券，是银行用来扩大信用业务的工具。支票是由客户签发，要求银行从其活期存款账户支付一定金额的付款凭证，也是银行的一种债务证券。借助于支票流通，银行可以超出自有资本和吸收资本的总额而扩大信用。银行借助银行券和支票的流通，扩大信用业务，并不是无限的，因为它要受银行本身现金准备状况和经济发展对信用的客观需要量的限制。

银行券和支票等信用流通工具进入流通界，代替很大一部分金属货币流通，这样，既节约了流通费用，又方便提供经济发展中需要增加的流通手段和支付手段，因而，银行这一职能的存在和发挥促进了经济的发展。

四、商业银行的组织形式

各国商业银行的组织形式，大体上可以分为以下几种类型。

（一）单一银行制

1．单一银行制的概念

单一银行制是指银行业务完全由一个银行机构(总行)经营，不设立任何分支机构的制度。目前仅美国银行采用这一体制，各州银行法禁止或限制银行开设分支行，主要原因是美国各州独立性很强，各州政府要保护其各自的利益。但是，随着经济的发展，地区经济联系的加强以及金融竞争的加剧，美国金融业一再冲破单一银行制的限制。许多州对银行开设分支结构的限制已有所放宽，例如根据各州不同的法律规定，有的州并不限制银行设立分支结构，有的州限定商业银行的分行只能在某一特定区域开设，有的州则完全禁止。

2．单一银行制的优缺点

单一银行制在一定程度上限制了银行兼并和垄断，缓和了银行间的竞争和集中，也有利于协调地方政府和银行的关系，各家银行在业务上具有较大的灵活性和独立性，但单一银行制在限制竞争的同时，也限制了自身的业务创新和规模扩大。

（二）分支行制

1．分支行制的概念

分支行制是指银行机构除总行外，还可在其他地区设立分支结构，其典型代表为英国。英国只有 10 家商业银行，其中规模较大的有 4 家，即巴克莱银行、米特兰银行、劳合银行、国民西敏寺银行，共有分支机构一万余家，总存款额占银行体系的 70%。

2．分支行制的优缺点

分支行遍布各地，容易吸收存款；便于分支行之间的资金调度，减少现金准备；放款分散于各分支行，可以分散风险。但分支行制会使银行业过分集中，不利于自由竞争。

目前多数国家均采用这种制度，我国的商业银行也主要采取这种组织形式。

（三）银行控股公司制

1．银行控股制的概念

银行控股制也称集团银行制，即由某一集团成立股权公司，再由该公司控制或收购两家以上银行的股票，大银行通过持股公司把许多小银行置于自己的控制之下，这一制度在美国最为流行。

第二次世界大战后，美国商业银行为了冲破各种对设立分支行的限制，为了使银行业务多样化，银行控股公司迅速发展。银行控股公司有两种形式：一是银行控股公司控制一家商业银行的股权，设立各种附属机构，开展多种非银行的金融业务，多以大银行为主；二是银行控股公司控制两家以上商业银行的股权，便于银行扩展和进行隐蔽的合并，多以中小银行为主。

2．银行控股制优缺点

银行控股公司制有利于扩大资本总量，增强银行的实力，弥补单一银行制的不足。但这种制度容易形成银行业的集中和垄断，不利于银行之间开展竞争。

(四) 连锁银行制

连锁银行制是指由个人或集团控制两家以上商业银行的制度。它可以通过股票所有权、共同董事等法律所允许的方式实现。

连锁制的成员银行都保持其独立性，连锁银行是在禁止实行分支行制银行和多家控股公司的美国各州发展起来的，经营活动大都在较小地区，其成员多是小银行。它们一般环绕在一家主要银行的周围，其中的主要银行确立银行业务模式，并以它为中心，形成集团内部的各种联合。

随着国际银行业务的不断发展，又出现了多个国家的大银行合资设立跨国财团银行，从事大规模的国际资本投资活动。

思考：

银行控股公司制、连锁银行制是当时的一种金融创新，对吗？

【知识拓展】

花旗银行

在花旗的历史上，有三个重要的名字：花旗银行(Citibank)、花旗公司(Citicorp)和花旗集团(Citigroup)，它们代表着花旗三个不同的历史时期。

新中国成立前花旗银行位于天津的办事处

花旗银行是1955年由纽约花旗银行与纽约第一国民银行合并而成的，合并后改名为纽约第一花旗银行，1962年改为第一花旗银行，1976年3月1月改为现名。

纽约花旗银行的前身是纽约城市银行(City bank of New York)，1812年由斯提耳曼家族创立，经营与拉丁美洲贸易有关的金融业务。1865年该行取得国民银行执照，改为纽约花旗银行。19 世纪末 20 世纪初，斯提耳曼家族和洛克菲勒家族牢牢地控制了该行，将它作为美孚石油系统的金融调度中心。1929－1933 年的世界经济危机以后，纽约花旗银行脱离了洛克菲勒财团，自成系统。当时，由于业务每况愈下，曾一度依附于摩根公司。到了 40 年代，纽约花旗银行趁第二次世界大战之机，大力恢复和扩充业务。战后，纽约花旗银行业务不断扩展。50 年代，美国爆发了大规模的企业兼并浪潮，纽约花旗银行在竞争中壮大起来，于 1955 年兼并了摩根财团的第二大银行——纽约第一国民银行，随后更名为第一花旗银行，此时该行资产急剧扩大，实力增强，地位迅速上升，成为当时美国第三大银行，资产规模仅次于美洲银行和大通曼哈顿银行。

五、商业银行的业务经营原则

（一）商业银行经营的一般原则

1．盈利性

银行的经营动机是为了获取利润。获取利润是商业银行开展业务的核心或标准，利润水平是商业银行经营管理水平的表现，采取各种措施以获取更多的利润是商业银行的经营管理目标。合理调度头寸，把银行的现金准备压缩到最低限度；大量吸收存款，开辟资金来源，把这些资金用于能够获得较多收益的贷款和证券投资上，并尽可能避免呆账的损失；加强经济核算，采用先进技术设备，提高劳工效率，降低费用开支，不断增加业务效益。这是商业银行经营管理的必要措施。

2．安全性

安全性是指使银行资产避免风险损失，因为银行贷款发放和证券投资存在着信用风险、市场风险和利率风险，有可能发生贷款本金和利息不能按时按量收回和证券损失的情况。如果出现这种情况必然影响存款不能按时、按量兑付，引起客户减少存款，甚至出现挤兑现象，危及银行的经营。银行要加强对客户的资信调查和经营预测；银行资产在种类和客户两方面要做到适当分散，并与负债的规模保持一定比例；遵守国家法令，执行中央银行的金融政策和制度，取得国家的法律保护和中央银行的支持等。

3．流动性

流行性是银行能随时应付客户提取存款的支付能力，保持流动性，即保持银行一定的清偿力，应付日常提现需要。

应付突然大量提现需要，保证银行信贷资金正常周转，以及银行业务顺利经营是极其重要的。商业银行或在资产方面保持流动性，或在负债方面保持较高的流动性，都能达到商业银行流动性的目标。在商业银行的资产构成中，可以随时用于偿付客户提取存款的库存现金和在中央银行存款，其流动性最强，一般称为一线准备；在短期内可以变现的国家债券，其流动性较好，一般称为二线准备；长期贷款，不动产抵押贷款和长期债券需要较长时间收回资金，流动性最差。如果商业银行资产流动性较差，它必须做到能随时主动获得足够的负债(即资金来源)以满足客户提现的需要和随时扩大贷款规模的需要。

我国在《中华人民共和国商业银行法》中规定：“商业银行以效益性、安全性、流动性为经营原则，实行自主经营、自担风险、自负盈亏、自我约束”。

（二）银行业务经营的三原则之间的关系

1．三者联系密切

(1) 安全性是前提，只有保证了资金安全无损，业务才能正常运转。

(2) 流动性是条件，只有保证了资金的正常流动，才能确立信用中介的地位，银行各项业务才能顺利进行。

(3) 盈利性是目的，银行经营强调安全性和流动性，其目的还是为了获得利润。

2．三者的矛盾

(1) 盈利性与安全性呈反方向变化。盈利水平高的资产，风险大，安全系数小，而较安全的资产，盈利水平却较低。

(2) 盈利性与流动性也呈反方向变化。盈利高的资产流动性差，而流动性强的资产盈利水平则较低。

(3) 安全性与流动性之间呈同方向变化，流动性强的资产安全性高，而流动性差的资产安全性也较低。因此，银行要满足盈利性、安全性、流动性三方面的要求，就需要在经营管理中统筹兼顾，协调安排，实现三者之间的最佳组合。

六、我国商业银行的组织形式

我国商业银行的组织形式主要实行分支行制，地方性银行大部分实行单一银行制。目前我国商业银行从所有制形式上来看主要有以下几种。

(1) 国有独资的商业银行。是我国现有国家银行的主体，主要有中国工商银行、中国农业银行、中国建设银行、中国银行。但它们都面临着体制改革问题，国有独资的局面将被打破。

(2) 以公有制为主体的股份制商业银行。这种性质的银行主要有交通银行、中信实业银行、中国光大银行、华夏银行、招商银行、广东发展银行、福建兴业银行、深圳发展银行、上海浦东发展银行、海南发展银行以及烟台、蚌埠住房储蓄银行等。

(3) 民营股份制的商业银行。由私人企业集股组建为主的银行，如中国民生银行。

(4) 城市商业银行。城市商业银行的前身是城市合作银行，虽然冠以“合作”两字，城市合作银行实际上仍属于股份制商业银行性质。改革开放后，我国的合作金融机构——城市信用社有了很大发展。1995 年，国家提出在城市信用社基础上成立城市合作银行，1998 年又改建为城市商业银行。

(5) 中外合资银行。这种性质的银行主要有厦门国际银行和青岛国际银行、中国国际金融有限公司等。

以上所有商业银行都必须接受中国人民银行和银行监督管理委员会的监督管理，国有独资的商业银行，还要设立监事会。

第二节　商业银行业务

商业银行的业务大体上可以分为负债业务、资产业务和中间业务、表外业务、国际业务五大类。

一、商业银行的负债业务

商业银行负债业务是指形成商业银行资金来源的业务，主要分为自有资本、存款业务和其他负债业务。

（一）自有资本

银行自有资本包括财政拨给的信贷基金、银行成立时发行股票所筹集的股份资本、公积金以及未分配的利润。财政拨给的信贷基金是指在商业银行成立时，国家财政根据一定的比例拨给的铺底资金，它是我国商业银行最原始的资金来源。西方商业银行一般为股份制银行，成立时发行股票筹集资本，这种股份资本是西方商业银行最原始的资金来源，以后可以通过扩股和股息资本化来增加自有资本。

银行的自有资本一般只占银行负债的小部分(1986 年美国银行法令要求不少于 6%)，但是这部分自有资本是银行吸收外来资金的基础。因为银行拥有的资本越雄厚，越能得到存款人的信任，就可以吸收更多的存款。《巴塞尔协议》将银行资本分为两个层次：

(1) 核心资本(即一级资本)，包括股本和公开储备两部分。根据《巴塞尔协议》的要求，作为核心资本，其资本价值必须稳定。核心资本至少占全部资本的 50%。

(2) 附属资本(由以下几部分构成)，① 未公开储备；② 资产重估储备；③ 普通准备金或普通呆账准备金；④ 带有债务性质的资本工具；⑤ 长期次级债券、存款业务。

【知识拓展】

“许霆案”

2006 年 4 月 21 日晚 10 时，许霆来到天河区黄埔大道某银行的 ATM 取款机取款。结果取出 1000 元后，他惊讶地发现银行卡账户里只被扣了 1 元，狂喜之下，许霆连续取款 5.4 万元。当晚，许霆回到住处，将此事告诉了同伴郭安山，两人随即再次前往提款，之后反复操作多次。后经警方查实，许霆先后取款 171 笔，合计 17.5 万元；郭安山则取款 1.8 万元。事后，二人各携赃款潜逃。同年 11 月 7 日，郭安山向公安机关投案自首，并全额退还赃款 1.8 万元。经天河区法院审理后，法院认定其构成盗窃罪，但考虑到其自首并主动退赃，故对其判处有期徒刑一年，并处罚金 1000 元。而潜逃一年的许霆，17.5 万元赃款因投资失败而挥霍一空，今年 5 月在陕西宝鸡火车站被警方抓获。

（二）存款业务

存款业务是银行接受客户存入资金，存款人可以随时或按约定时间支取款项的一种信用业务。这是银行的传统业务，在负债业务中占有最主要的地位，约占负债总额的 70%以上。目前我国商业银行存款负债的比重比 70%还要高。

商业银行存款分为活期存款、定期存款和储蓄存款。

1. 活期存款

活期存款不规定存款期限，存户可随时提取，银行有义务随时兑付。银行发给存款人支票簿，存款人可用支票从银行提取现款，但更多的是用支票向第三者支付货款或偿还债务。由于活期存款可用支票随时提存，存取数量大，流通速度快，银行需付出大量的人力和物力，因此，绝大多数的国家的银行对活期存款不付利息。在有些国家，甚至收取活期存款客户的手续费。我国商业银行目前对活期存款仍付给较低的利息。虽然活期存款客户经常不断提取存款，但同时也经常有新存款在补充，所以银行总是有稳定的活期存款余额，用于发放贷款。

2．定期存款

定期存款是有固定期限、到期才能提取的存款。

这种存款凭存单提取，存单不能转让。定期存款具有稳定性，是银行吸收外来资金中相对稳定的部分，可用于长期贷款业务，所以银行均给以较高的利息。存款户如因急需，要求提前提取时，须按规定提前通知银行方能提取，并减少利息。对提前支取的定期存款，我国是按活期存款支付利息。

在多数国家，金融当局或银行工会规定存款利率的最高限额，银行通过提高利率来扩大存款的空间十分有限，银行主要以提供有效服务来吸收存款。各国现代化银行，均设有电子信息处理系统，使客户在存款和提款上尽量少花费时间。银行还装置ATM机，使客户可在24小时之内的任何时间提取一定数量的现金，还提供与存款、提款和付款有关的业务，包括国外兑现支票、本票、旅行支票、国内外汇款、国际存款、信用卡、电话转账等。战后，由于利息率的提高和可转让定期存单的出现，活期存款占银行负债的比重急剧下降，而定期存款比重却迅速上升。

3．储蓄存款

储蓄存款一般是个人为了积存货币和取得利息收入在银行开设账户的存款。储蓄存款不使用支票，而是使用存折、存单和银行卡，手续比较简单。

储蓄存款有活期和定期两种。活期储蓄存款存取无一定期限，只凭存折、银行卡即可提取，存折一般不能流通转让，存户不能透支款项。

思考：

你认为银行的存款负债进行这样分类的原因是什么？

（三）其他负债业务

其他负债业务主要是指商业银行向同业、向中央银行、向社会公众借款和在办理结算中占用的客户资金。

1．同业拆借

同业拆借是指商业银行之间及商业银行与其他金融机构之间的短期资金融通。

拆入资金的银行主要是用来解决临时资金周转的需要，故一般期限较短，多则七日、少则一日；甚至还有半日拆借，上午借，下午还。我国同业拆借的期限一般较长。同业拆借的利率水平一般较低。

同业拆借一般是通过各商业银行在中央银行的存款账户上拆出或拆入，也可以采取同业存款以及回购协议等形式。

2．向中央银行借款

中央银行作为银行的银行，担负着向商业银行贷款的责任。商业银行向中央银行融通资金主要是通过再贴现和再贷款方式进行的。

(1) 再贴现是指商业银行将办理贴现业务所取得的未到期票据，转让给中央银行以获得中央银行贴现的一种行为，也就是向中央银行办理再贴现。

(2) 再贷款是商业银行开出票据或以政府债券做抵押向中央银行取得的贷款。各国中央银行对再贷款限制较严，一般只允许用于商业银行临时调剂资金，而不能用于扩大银行资产规模，我国中央银行则根据不同时期的银行状况以及金融政策实行严控。

3．发行金融债券

发行债券也是商业银行筹资的一种方式，用于弥补流动资本的不足，形成负债业务，这种筹资方式的好处是不需交纳存款准备金。自1985年以来，我国银行经中国人民银行批准也面向社会发行金融债券，为特定用途筹集资金。

4．占用资金

占用资金是指商业银行在办理中间业务及同业往来过程中临时占用资金。

银行在办理汇兑、代收代付、代客买卖、代理投资等中间业务时，可以在收进款项和完成业务之间的这段时间内占用客户的资金；在同业往来过程中，如果出现应付款大于应收款，也会占用他行的资金。虽然从每笔业务看，占用时间很短，金额不大，但从周转总额来看则非常巨大，因而也构成商业银行的一项重要资金来源。

二、商业银行的资产业务

商业银行资产业务指商业银行资金运用的业务，分为放款业务和投资业务。

（一）贷款业务

1．贷款根据偿还期限不同可分为活期贷款、定期贷款和透支

(1) 活期贷款。活期贷款是贷款期限未定，银行可以随时收回或借款人可以随时偿还的贷款。

(2) 定期贷款。定期贷款是指具有确定期限的贷款，又可分为短期贷款、中期贷款和长期贷款。短期贷款规定在1年之内归还，用于满足企业短期流动资金不足或季节性资金需要。中期贷款一般期限为1～5年，通常在贷款期限内分期偿还本息。长期贷款一般指偿还期在5年以上的贷款。

2．根据使用贷款的经济内容不同，贷款可分为经营性贷款、有价证券经纪人贷款和消费性贷款

(1) 经营性贷款。这种贷款是指商业银行对工商企业经营活动过程中的正常资金需要而发放的贷款，包括工商业贷款、农业贷款和不动产抵押贷款等。

工商业贷款是银行对工商企业的贷款，是银行贷款总额中所占比重最大，在我国，也是商业银行最主要的贷款种类。工商业贷款包括短期流动资金贷款、长期流动资本贷款和项目贷款等。

农业贷款是银行对农场或农民个人发放的用于生产的贷款。

不动产抵押贷款是以建筑物和土地为抵押品的贷款，主要包括住宅贷款、工商农不动产贷款等，这种贷款目前在一些西方发达国家中较为普遍，在美国，其比重已达到贷款总额30%左右。但由于这类贷款期限较长、流动性差，因而各国商业银行往往将其控制在一定贷款比例内。

(2) 有价证券经纪人贷款。这种贷款是指银行向专门从事证券交易的经纪人提供的贷款，目的是解决证券交易过程中暂时资金短缺的需要。

(3) 消费性贷款。这种贷款是指银行对消费者个人发放的、用于购买耐用消费品或支付其他费用的贷款，目的是解决个人用于购买汽车、家用电器、房屋等方面的资金需要。

消费性贷款的发放有直接和间接两种。直接发放是消费者和银行可以直接发生借贷关系。间接发放是银行通过某一商业企业与消费者间接发生借贷关系，即银行可以贷款给商店，商店将商品赊销给消费者，消费者根据协议分期付款。消费性贷款按用途可分为汽车贷款、住宅贷款、高档耐用消费品贷款、教育与学费贷款、旅行贷款等，可以分期偿还，也可以一次偿还。另外，消费性贷款也可通过信用卡透支发放。

3. 贷款根据信用担保的性质可分为以票据、商品、股票、债券为担保的有担保贷款和信用贷款

(1) 以商业票据为担保的贷款。

① 票据贴现。它是指客户将未到期的票据提交银行，由银行扣除自贴现日起至到期前一日止的利息而取得现款，票据到期时由贴现银行按票面额向票据的债务人收回款项。

银行办理票据贴现，须按一定的利率计算利息，这种利率称为贴现率。

未到期票据贴现付款额的计算公式为

贴现付款额 = 票据面额 × (1 年贴现率 × 未到期天数 ÷ 360 天)

贴现业务与普通贷款的比较：贴现实际上是一种特殊的贷款。它与普通贷款相比，不同之处在于普通贷款是到期以后收取利息，贴现则是在贴现业务发生时从票据面额中预扣利息；贷款期限较长，且常有转期情况，而贴现的票据期限一般较短，通常都是三个月到期，最长不会超过一年，到期即收回；贷款的申请人即为银行的直接债务人，而贴现的申请人并非银行的直接债务人，票据的出票人、承兑人和背书人均应对票据款项负责；贷款利率要略高于贴现率。这是因为贴现业务发生时，银行要按票据面额预扣利息将余额付给客户，银行的实际付款额要低于票面额，所以，贴现利率要低于贷款利率。

② 票据抵押贷款。它是以各种票据为担保的贷款，贷款期限不得超过票据到期的期限。贷款到期时，借款人应偿还贷款、赎回票据；如不赎回，银行有权处置票据。在票据贴现时，银行付给持票人扣除的只是贴现利息，但在进行票据抵押贷款时，银行为了避免借款人不赎回票据而遭受损失，其贷款额总是低于票据的面额，一般为 60%～80%。票据面额与贷款额的差额通常称为“垫头”。

(2) 商品抵押贷款。

它是以各种商品和商品凭证(如货运提单、仓库栈单)作抵押的贷款。

贷款不能按期归还，银行可以出售抵押的商品以补偿贷款，银行贷款时，垫头较大，商品估价大大低于市场价格，一般为商品市价的 30%～50%，以防止商品跌价或销售发生困难时而遭受损失。

票据业务和商品抵押贷款业务的意义：均与产业资本循环过程密切联系，能加速资本的周转，促进生产的扩大。可使商品资本和票据债权转化为货币资本，如当商品暂时未能销售出去时，可以把商品抵押给银行取得贷款；当商品还处于运送途中时，也可以把商品运送凭证抵押给银行取得贷款。这样使资本从商品形态提前转化为货币形态。当商品以信用形式出售以后，企业可以获得票据，虽然票据可以作为信用货币而流通，但它毕竟有一定的局限性，这时持票人可以把票据提交银行贴现或抵押，这样票据业务也可使资本从票据债权形态转化成货币形态，以保证资本循环的连续进行。

(3) 以股票或债券做担保的贷款。

这种贷款在确定数额时也有垫头。证券投机商以有价证券做质押取得银行贷款，运用这笔贷款再去购买有价证券，然后再质押再购买，为有价证券的投机提供了大量的货币资本。他们用这些货币资本增加了对证券的需求，提高证券的行市，从中获得投机利润。

(4) 信用贷款。

无实物或有价证券做质押，通常仅由借款人出具签字书面凭证作为保证。

这种贷款不需客户用任何有价物作保证，使企业获得了追加资本，所以这种贷款是资本贷款。银行一般只对它所熟悉的借款人，并确信其具有偿还能力时，才提供信用贷款，这种贷款利息率较高，并且附加一定的条件，例如，要求企业提供资产负债表、报告借款的使用情况、不得向其他银行借款等。银行通过这些措施加强对企业的监督和控制。

4．按成本定价方法划分，可分为固定利率贷款和浮动利率贷款

(1) 固定利率贷款。固定利率贷款就是在合同存续期间利率不做调整的贷款。它是客户根据借款时与银行约定的利率还本付息。

(2) 浮动利率贷款。它分为两种：一是对资信状况较好又与银行有长久合作关系的客户一般实行优惠利率，即在银行贷款基准利率基础上向下浮动；二是在市场利率不稳定的条件下为了使双方单方面承担利率风险，在贷款合同有效期内约定利率调整期限，到期贷款利率以基准利率为基础上浮或下浮。

（二）投资业务

1．投资业务的概念

商业银行的投资业务是指银行购买有价证券的业务活动。

商业银行的投资业务与通常所说的投资不同。普通投资是指以资本从事工商业的经营活动，而银行购买的有价证券包括债券(国库券、公债券、公司债券)和股票。但对于购买股票，一般国家多加以限制或禁止，目前各国商业银行的证券投资主要用于购买政府债券，如美国近年来全国商业银行的投资总额中，联邦政府债券约占60%以上，这主要是由于联邦政府债券比较安全可靠、期限较短、变现能力强。

商业银行购买有价证券，目的是从中谋取投机利润。商业银行在证券交易所中广泛进行投机活动，并对证券交易的经纪人进行贷款资助。据统计，纽约证券交易所内取得商业银行贷款的有价证券周转额超过50%。证券投资的盈利有可能高于贷款的收益。

商业银行投资业务有风险，因此银行必须加强对证券投资的管理，并运用各种投资方式注意回避和分散投资的风险，以确保获取利润。

2. 银行购买有价证券与贷款的比较

二者极为相似，但也有不同，主要表现在以下三个方面：(1) 贷款是银行应借款人的请求而发放；而投资则由银行以购买证券方式贷、放。(2) 贷款一般在到期以后才能收回；而投资则可以随时将证券在公开市场出售收回。(3) 贷款一般用于生产经营活动，与产业资本循环发生联系；而投资一般用于证券投资活动，不和真实资本发生直接联系。

我国《中华人民共和国商业银行法》规定：商业银行在中华人民共和国境内不得从事信托投资和股票业务，不得投资于非自用不动产。

三、商业银行的中间业务

【知识拓展】

中间业务的发展

从古巴比伦的寺庙开始，在长达四千年漫长而曲折的演进历程中，银行业一刻也没有停止过变革与发展的主旋律。每一天，你的身边都可能有新诞生的银行，也可能有没落甚至退出历史舞台的银行，优胜劣汰，适者生存，银行业的发展同样遵循着自然界的更替规律。纵观国际银行业的发展趋势，随着金融市场的发展和银行职能的不断转化，商业银行信用媒介的角色日益淡化，投资、信托、基金、保险、代理、咨询等广阔的中间业务领域已经成为商业银行不愿放弃的“淘金阵地”。以美国银行业为例，近二十年来，其非利差收入占总收入的比重始终呈快速上升趋势，到2003年该项占比已达43.7%。相形之下，国内中资银行近年虽然推出了二百多种中间业务，涵盖了企业经营、金融同业、社会管理、居民生活等诸多领域，但由于缺乏准确的市场定位和金融资源的合理调配，真正具有代表性且产生明显效益的拳头产品并不多见，由此带来的利润增长与传统业务相比仍是微乎其微。严峻的竞争形势之下，谁能在中间业务这块广阔的天地里更快更准地找到适合自身发展定位、服务于不同类型需求群体的个性化的金融产品，也许就掌握了制胜的先机。

中间业务是银行不需运用自己的资本，代替客户承办支付和其他委托事项而收取手续费的业务，主要包括汇兑业务、代收业务、同业往来、代客买卖业务、信托业务、租赁业务、及其他中间业务。

（一）汇兑业务

1. 概念

汇兑业务是银行代理客户把现款汇给异地收款人的业务。

这种业务要使用特殊的汇兑凭证——银行汇票或支付委托书。这些凭证是承汇银行向另一银行或分支行发出的命令，命令后者向第三者支付一定数额的货币，银行汇票由银行交给客户，客户再将它寄给收款人，由收款人向汇票指定的银行取款。支付委托书是由承兑银行用邮信或电报直接通知另一银行，再由后者通知第三者取款。

2. 汇兑业务对银行的意义

银行经营汇兑业务可以占用客户一部分资金，因为客户把款交给银行，银行再把款汇给异地的收款人，这中间总会有一段时间间隔。在这段时间内银行就可以占用客户的资金。虽然每一笔款项可占用的数额不大，时间也短，但由于银行每天办理大量的汇兑业务，这笔占用的资金为数就颇为可观。

（二）代收业务

1. 概念

代收业务是银行接受客户的委托，根据各种凭证代替客户收取款项的业务。

2. 代收的种类

代收业务的对象包括支票、票据、有价证券和商品凭证等。

代收支票款项是客户收到其他银行的支票，委托自己的开户银行代为收款。票据代收业务是银行接受客户的委托，负责收取票据款项。有价证券代收业务是客户把有价证券交给银行，委托银行代收利息与股息。

商品凭证代收业务是卖方把货物向买方运送出去以后，把有关发货的商品凭证交给银行，委托银行代收款项，在异地和国际贸易中广泛采用商品凭证代收业务，而且这种业务往往与贷款业务有密切联系。当客户把凭证提交银行请求代收时，一般就能及时从银行取得贷款；当银行收回货款后，再用货款偿还贷款。如果客户请求代收时并没有申请贷款，银行就可以占用代收过程中的资金。

（三）同业往来

同业往来是银行之间在进行各项业务时建立的往来关系。

银行在办理汇兑，信用证、代收等业务时，需要在不同地区的两家银行进行，而这两家银行如果没有隶属关系，就需要事先订立契约并建立往来账户，通过这种账户办理相互委托的收付事项。在这种业务中，银行之间就要发生债权、债务关系。由于这种业务具有相互性质，所以债券、债务可以相互抵消，但抵消后总会有一定的差额，如果某银行这种差额表现为负债，就占用对方银行的资金。

（四）代客买卖业务

代客买、卖业务是银行接受客户的委托，代为买、卖有价证券、贵金属和外汇的业务。

银行在代理国家发行公债或代企业发行股票和债券时，可以从发行总额中获得一定比率的手续费。这种收入往往是非常可观的。银行办理这种业务时，常常与资产业务相结合，即银行先按一定的折扣把有价证券买进，然后再陆续卖出。

在现代经济中，代理买、卖证券业务已超出中间业务的范围，成为投资银行资本运营的一种主要形式。

（五）信托业务

1. 概念

信托业务是银行受客户的委托，代为管理、营运、处理有关钱财的业务。

2．种类

按信托的对象可划分为个人信托和对企业信托两部分。

(1) 对个人的信托业务包括代管财产、办理遗产转让、保管有价证券和贵重物品、代办人寿保险等。目前因旅游业发达，银行的信托业务还为委托人设计旅游路线，另外还代拟家庭预算、代办个人纳税等。

(2) 对社团企业的信托业务包括代办投资，代办公司企业的筹资事宜，如股票、公司债券等的注册、发行及股息红利分发、还本等事宜，代办合并或接管其他企业，代管雇员福利账户和退休养老金的发放、业务咨询，代理政府办理国库券、公债券的发行、推销以及还本、付息等。

3．业务特点

银行经营信托业务一般只收取有关的手续费，至于在营运中获得的收入则归委托人所有。银行开展这项业务时，可把占用的一部分信托资金用于投资业务。

信托业务一般由专门的信托公司办理，但大的商业银行也没有信托部经营这种业务。

第二次世界大战后，信托业务发展极为迅速，其原因在于银行资产负债业务的联系面广，熟悉行情，信息渠道畅通，而且也和银行营运信贷资金密切相关。同时由银行承办信托业务，较之个人之间的委托有许多优点，即银行要承担信誉和债务上的责任、集团评估决策、不单方面偏袒、应变能力强等。

银行承办信托业务，不仅可以把一部分信托资金留归自己使用，而且可以掌握大量企业股票，从而取得对一些企业的控制权。

我国《中华人民共和国商业银行法》规定：商业银行不得办理信托投资业务，但可以代理保险业务。

(六) 租赁业务

租赁业务是银行通过所属专业机构将大型设备出租给企业使用的业务。

租赁业务一般是由银行所控制的分公司经营。租赁的范围包括飞机、船只、车辆、钻井平台、电子计算机和各种机电设备，目前甚至扩大到成套工厂。租赁的一般程序是先由租户直接与设备制造厂商就设备的型号、规格、数量以及价格和交货日期等进行谈判，谈判结束后，租赁公司向设备制造厂商购买设备，所需资金由租赁公司负责；然后租户与租赁公司签订租赁合同，与设备制造厂商签订维修、培训人员、更新部件等技术合同。厂商按合同向租户所在地发货，货到验收合格后，租期开始。租户按合同规定，向租赁公司交纳的租金总额包括设备费、手续费和利息等。租期一般为3～5年，也有达10年的，租期中一般不得中途解约，租期结束后，承租人可续租、议购或终结租赁退回设备。

(七) 其他中间业务

第二次世界大战后，商业银行开展了许多新的业务，如代理融通业务、咨询和信息服务业务、电子计算机服务、银行卡等。

1．代理融通业务

代理融通是由商业银行代客收取应收账款，并向顾客提供资金融通的一种业务方式。

这种业务产生于工商企业扩大销售与收回货款的需要，既有利于应收账款按时收回，又可解决赊销企业资金周转不灵的困难，因此极受客户的欢迎。

商业银行在办理此项业务时可以收取一定的手续费和融资的利息，因此是一项很有发展潜力的业务。

2. 咨询和信息服务业务

由于银行同各方面均有联系，对市场情况了解较多，所以企业经常咨询有关业务。因此，一些国家的大商业银行设立专门机构从事此项业务，包括企业资信评估，提供商品市场供需结构变化趋势，协助专业研究会计手续、结账办法、估算流动资金情况、分析成本、选择客户等。

3. 电子计算机服务业务

一些大的商业银行为了业务上的需要，广泛采用计算机。银行拥有的计算机除处理银行自身业务外，还向客户提供服务，包括向企业提供关于市场及投资的分析报告、电子银行、网上银行服务等。

4. 银行卡

银行卡是由银行发行、供客户办理存、取款和转账支付的新型服务工具，包括信用卡、支票卡、记账卡、智能卡等。它是银行业务与高科技相结合的产物，使银行业务取得了突飞猛进的发展。实际上，除上述新业务外，银行为了拓展业务和获取利润，还向客户提供多方面的服务，如住宅及不动产管理业务、协助中小企业发展业务、协助开展国际贸易和国际投资业务等。

近年来，美国的商业银行还对住房、交通、公共设施、都市计划等方面提供金融方面的合作，并对教育及职业训练的发展给予多方面的支持。过去银行只搞存、放、汇、投资等业务的传统已被打破，现代商业银行可在各方面提供服务，金融服务项目日益增多，成为所谓“充分服务的银行”，使之具有了“金融百货公司”的性质。

四、商业银行表外业务

20 世纪 80 年代以来，西方国家商业银行不断扩大表外业务，许多大银行的表外业务量已经大大超过表内业务量。银行表外业务一方面能够帮助银行适应多变的市场环境，为客户提供各种服务，增加手续费收入；另一方面，表外业务又隐含一定的风险，对银行经营的安全性有所影响，甚至威胁到银行的安全。因此，必须重视对表外业务的研究，控制表外业务的风险，加强对表外业务的管理。

表外业务是指资产负债表以外的业务，即由商业银行从事的不列入资产负债表内而且不影响银行资产与负债总额的经营活动。在银行表外业务中，银行对客户做出某种承诺，或者使客户获得对银行的或有债权，而当约定的或其他事件发生时，银行承担提供贷款或支付款项的法律责任，银行为此收取手续费。

（一）表外业务与中间业务的关系

表外业务与中间业务都是独立于资产负债业务之外的业务，两者既有联系又有区别。

1. 表外业务与中间业务的联系

(1) 表外业务与中间业务都是收取手续费的业务。手续费是银行向客户提供各种服务所得的报酬，与银行通过信用活动获取的存贷利差收入不同。(贷款承诺)

(2) 传统的中间业务都是表外业务，但表外业务不一定是中间业务，而且表外业务与中间业务之间有一些重合，如信用证业务属于中间业务，但就其内涵来说，信用证业务又具有担保业务的性质，因此信用证业务既是中间业务又是表外业务。

(3) 表外业务与中间业务都是以接受委托的方式开展业务活动。商业银行在从事各类表外业务和中间业务时的主要特点是不直接作为信用活动的一方出现。一般情况下，不动用或较少动用自己可使用的资金，不以债权人或债务人的身份进行资金的融通，只是以中间人的身份提供各类金融服务或替客户办理收付和其他委托事项，也就是说表外业务是一种受托业务，(主要是应客户的要求)。因此，银行是否需要开展某种金融服务要看客户的需要。

2. 表外业务与中间业务的区别

(1) 中间人的身份不同。

在中间业务中，如支付结算、信托、代理等业务，银行都是以交易双方当事人之外的第三者身份接受委托，扮演中间人的角色。表外业务却在业务发展中可能发生银行中间人角色的移位，成为了交易双方的一方，即成为交易的直接当事人，如贷款承诺，就是由银行和客户签订的信贷承诺协议，并在协议签订时无信贷行为发生，也就不在资产负债表上做出反映，因而是典型的表外业务，但是一旦具备了协议所列的某项具体贷款条件，银行就必须履行协议规定的向客户提供贷款的责任；再如目前国际商业银行所从事的各种金融工具交易，除接受客户委托以中间人身份进行的代客交易外，还常常出于防范、转移风险的需要，及实现增加收入的目的，作为直接交易的一方出现。目前国际商业银行正大力发展表外业务，并带来了与表内业务平分秋色的收益。

(2) 业务风险不同。

如前所说，商业银行的中间业务，是不直接作为信用活动的一方出现的，不动用或较少动用自己可使用的资金，虽然业务经营中也要承担一定的风险，但其风险程度要明显低于信用业务。

随着金融创新的发展及业务领域的不断拓宽，大量与信用业务密切相关的高风险业务也随之发展，如银行在提供服务的同时，还以某种形式垫付资金，从而形成了银行和客户之间的另一种债权、债务关系，其风险度可想而知。① 如早期的信用卡以转账结算和支付汇兑为主要功能，称为支付卡，我国目前的信用卡要求是先存款后消费，只有在特殊情况下允许在极短期限内的少量善意透支，这是较典型的中间业务，而目前国际较流行的标准信用卡主要是贷记卡，以银行为客户提供短期消费信用为特征，已变化成为一种消费信贷行为了；② 对商业票据的担保，商业票据的发行人无力偿还债务时，银行要承担连带责任，因此对商业票据的承兑担保成为银行的一种或有负债；③ 新兴的表外业务，商业银行为获取收益而从事的新兴的表外业务，如外汇及股价指数等期权、期货交易，其风险度更是超过了一般的信用业务。

(3) 发展的时间长短不同。

表外业务是近二十年才发展起来的，与国际业务的发展、国际金融市场及现代通讯技术的发展紧密联系的；而在我国通常被称为银行中间业务的金融服务类业务，大部分与银行的资产负债业务相伴而生，长期存在。

(二) 商业银行表外业务的分类

银行表外业务是正在发展中的业务，新的业务不断产生，原有的业务也在不断地演变。一般把表外业务分为贸易融通业务、金融保证业务和衍生产品业务三类。

1. 贸易融通业务

(1) 商业信用证。进出口业务中最常用的结算方式为跟单信用证，它是银行(开证行)根据客户(进口商)的请求，对受益人(出口商)发出的、授权出口商签发以银行或进口商为付款人的汇票，并保证交来符合条款规定的汇票和单据必定承兑(对于远期信用证)或付款(即期信用证)的保证文件。

(2) 银行承兑汇票(简称 BA)，它是可转让的远期汇票，在国内及国际贸易中经常被使用，在买、卖双方进行商品交易时，如果卖方对买方的偿付能力存有疑虑，卖方可以要求买方的开户银行对买方(或卖方)所出的汇票进行承兑，这种经过银行承兑的汇票即为银行承兑汇票。承兑以后，银行负有不可撤销的第一手到期付款的责任。

2. 金融保证业务

备用信用证(简称 SLC)，这是银行为其客户开出的保证书。银行通过开立备用信用证向受益人做出承诺，如果客户未能按照协议偿付或履行其他义务，开证行有责任按照信用证中的条款代替其客户向受益人进行偿付，银行支付的款项变为银行对客户的贷款。

备用信用证包括两类：① 履行合约保证，即一家银行保证建筑项目或其他项目及时完工；② 不履约保证，即一家银行保证在借方不能付款的情况下，支付违约的票据或政府与地方债券。

备用信用证实际上是提高客户信誉的一种方法，在这种业务中，银行不是把自己的资金借给客户，而是把自己的信誉贷给客户，银行为此收取手续费。一般使用信用证的目的是进行金融保证和履约保证，如支持商业票据的发行、保证工程建设的质量和进度，最近它被用于合并或收购业务中。

3. 衍生产品业务

(1) 互换交易。

互换交易主要有两种：货币互换与利率互换。

货币互换又分为外汇市场互换和资本市场互换。

在外汇市场互换中，双方按照既定的汇率交换两种不同的货币，并约定在将来某一时期按照该汇率换回各自的货币，弱币的一方付一些手续费给强币的一方。这种交易相当于在开始时，每一方分别从对方买入一种货币，在将来某一时间相互回购，实际上是把即期与远期外汇交易合并成一笔交易，这种货币互换不涉及利息的支付。

在资本市场互换中，双方同意按一定的汇率交换一定数量的两种货币，在协议到期时(通常为 5～10 年)，双方按同样的汇率换回各自的货币。在这期间，双方根据交换的金额相互支付利息。

银行通过与客户的互换交易，可以帮助客户减少外汇风险，降低筹资成本。同时，虽然货币互换交易看上去类似于借贷交易，但是这种交易不列入银行的资产负债表。

(2) 期货与远期交易。

期货是未来某个日期的某种货物。这里专指期货交易所依法制订的可以在期货交易所内上市买卖的某种商品的期货合约。目前，我国允许的期货交易所有上海、大连和郑州三家。远期交易是指买卖双方签订远期合同，规定在未来某一时间进行实物商品交收的一种交易方式。

(3) 期权交易。

期权是一种能在未来特定时间以特定价格买进或卖出一定数量的特定资产的权利。

期权交易是一种权利的交易。在期货期权交易中，期权买方在支付了一笔费用(权利金)之后，获得了期权合约赋予的、在合约规定时间，按事先确定的价格(执行价格)向期权卖方买进或卖出一定数量期货合约的权利。期权卖方在收取期权买方所支付的权利金之后，在合约规定时间，只要期权买方要求行使其权利，期权卖方必须无条件地履行期权合约规定的义务。在期货交易中，买卖双方拥有对等的权利和义务。与此不同，期权交易中的买卖双方权利和义务不对等。买方支付权利金后，有执行和不执行的权利而非义务；卖方收到权利金，无论市场情况如何不利，一旦买方提出执行，则负有履行期权合约规定之义务而无权利。

(三) 表外业务的特点

与银行资产负债表内业务相比，表外业务具有以下四个特点。

1. 灵活性强

灵活性强，是指表外业务的形式多样，受限制较少。银行从事表外业务，既可以期货、期权等方式在交易所内进行场内交易，亦可以采用互换、远期交易等方式进行场外交易；交易的场所既可以是有形市场，也可以是无形市场；既可以在期权期货、贷款承诺等业务中直接作为交易者进行交易，也可以在互换业务中或票据发行便利中充当中介人或安排人。总之，表外业务由商业银行自主安排。

2. 透明度低

透明度低，是指表外业务大多不反映在资产负债表上，许多业务的规模和质量不能在财务报表上真实反映出来。财务报表的外部使用者如股东、债权人、金融管理当局、税收当局难以了解银行的全部业务范围和评价其经营成果，经营透明度下降。同时银行内部管理人员对表外业务经营的风险也难以做出正确的认识和分析，从而会弱化表外业务活动有效地监督和管理。

3. 高杠杆作用

高杠杆作用是表外业务所具有的重要特征。所谓高杠杆作用，也就是“小本博大利”，例如衍生金融工具中的金融期货交易，一名债券投资者，只要拿出 10 万美元，便可以在金融界期货市场上买入一份 3 个月期的、价值 100 万美元的债券期货合约，持有 3 个月后，如果债券价格如预期的升或降，则投资者将赚取数倍原始投资额的利润；当然，如果债券价格没有如预期的那样升或降，则投资者将蒙受数倍原始投资额的亏损。

4．交易高度集中

由于表外业务的高杠杆作用，使得每笔交易数额很大，因此从事业务的机构也只要是大银行和公司，出现交易集中化的趋势。据不完全统计，1993 年底，美国六家银行(信孚、JP 摩根、高盛、索罗门兄弟、美林和摩根斯丹利)的衍生金融工具合约价值达到 7.2 万亿美元，占当年全球未清偿合约价值的 40%左右。

从本质上看，表外业务可避免风险，但就整个银行体系来看，风险只是被分散或被转移，原先由一方承担的风险现在已被分散给愿意承担风险的人，或者干脆全部转移给另一个愿意承担风险者，所以，风险并没有最终消除。这样，在交易高度集中、交易金额极为庞大的情况下，往往会令许多大银行同时牵涉同一笔交易，被衍生工具相互“套牢”，一旦遭遇风险，若其中任何一家银行突然倒闭或无法履行合约义务，势必引起连锁反应而导致许多银行破产，从而对整个金融体系的稳定性构成威胁。

(四) 表外业务的风险

由于表外业务杠杆率高、自由度大、而透明度差，所以表外业务隐含着很多风险，表外业务的主要风险涉及以下几个方面。

1．信用风险

通常信用风险是指借款人还款的能力发生问题而使债权人遭受损失的风险。表外业务不直接涉及债权、债务关系，但由于表外业务多是或有债权和或有债务，所以当潜在的债务人由于各种原因而不能偿付给债权人时，银行就有可能变成债务人。例如在信用证业务和票据发行便利业务中，一旦开证人或票据发行人不能按期偿付时，银行就要承担偿付责任；此外，在场外期权交易中，常会发生期权卖方因破产或故意违约而使买方避险目的落空，另外，在场外期权交易规模远远超过场内交易规模的情况下，银行面临的信用问题也更加突出。

2．市场风险

市场风险是指由于市场利率波动而使债权人蒙受损失的风险。在银行的表外业务中，由于利率和汇率多变，经常会因利率和汇率变化而使银行预测失误，遭受资产损失。特别是金融衍生产品在互换、期货、期权等交易中，往往由于利率和汇率的突然变化，而违反了银行参与互换等交易的初衷，会使银行不但没能达到避险、控制成本的目的，反而使银行蒙受巨大损失。

3．流动性风险

流动性风险是指在表外业务活动中，特别是在进行金融衍生工具的交易时，交易一方要想进行对冲，轧平其交易标的头寸款项时，却找不到合适的对手，无法以合适的价格在短时间内完成抛补而出现资金短缺所带来的风险。这种风险经常发生在银行提供过多的贷款承诺和备用信用证时，一旦出现大量资金需求时，往往急于平仓，收回资金。其结果是在最需要流动性资金时，银行面临的流动性风险最大。

4．经营风险

经营风险是指由于银行经营决策失误，或由于银行内部控制不力使操作人员的越权经营，导致表外业务品种搭配不当，使银行在交易中处于不利地位。由于表外业务透明度差，其运作中存在的问题不易被及时发现，而且一旦发生运作风险，银行就已将损失惨重。例如，利森的违规操作致使有300年历史的老牌商业银行——把林银行倒闭，就是一个生动的例子。此外，内部工作人员利用电脑犯罪作案等也会给银行带来损失。

5．定价风险

定价风险是指由于表外业务内在风险尚未被人们完全掌握，无法对其做出正确的定价而缺乏弥补风险损失的能力所带来的损失。表外业务能否正确定价，关系到银行能否从各种交易的收入中积累足以保护银行交易利益的储备金，从而有能力在风险刚一萌发时及时抑制可能对银行产生的不利影响，或使银行能够在事发后弥补部分损失；但是表外业务自由度大，交易灵活，使人们至今还不能准确识别此类业务的内在风险，因而还难以对其做出十分正确的定价。

五、商业银行的国际业务

（一）国际结算业务

国际间进行贸易和非贸易往来而发生的债权、债务，要用货币收付，在一定的形式和条件下结清，这样就产生了国际结算业务。国际结算方式是从简单的现金结算方式发展到比较完善的银行信用证方式，货币的收付形成资金流动，而资金的流动又须通过各种结算工具的传送来实现。

1．汇款结算业务

汇款是付款人把应付款项交给自己的往来银行，请求银行代替自己通过邮寄的方法，把款项支付给收款人的一种结算方式。银行接到付款人的请求后，收下款项，然后以某种方式通知收款人所在地的代理行，请它向收款人支付相同金额的款项。最后，两个银行通过事先的办法，结清两者之间的债权、债务。

汇款结算方式一般涉及四个当事人，即汇款人、收款人、汇出行和汇入行。

国际汇款结算业务基本上分为三大类，即电汇、信汇和票汇。

2．托收结算业务

托收是债权人为向国外债务人收取款项而向其开发汇票，委托银行代收的一种结算方式。一笔托收结算业务通常有四个当事人，即委托人、托收银行、代收银行和付款人。西方商业银行办理的国际托收结算业务为两大类，一类为光票托收，另一类为跟单托收。

3．信用证结算业务

信用证结算方式是指进、出口双方签订买卖合同后，进口商主动请示进口地银行向出口商开立信用证，对自己的付款责任做出保证。当出口商按照信用证的条款履行了自己的责任后，进口商将货款通过银行交付给出口商。

一笔信用证结算业务所涉及的基本当事人有三个，即开证申请人、受益人和开证银行。

4．担保业务

在国际结算过程中，银行还经常以本身的信誉为进出口商提供担保，以促进结算过程的顺利进行。目前为进出口结算提供的担保主要有两种形式，即银行保证书和备用信用证。

(1) 银行保证书。

银行保证书又称保函，是银行应委托人的请求，向受益人开出的担保被保证人履行职责的一种文件。

(2) 备用信用证。

备用信用证是一种银行保证书性质的凭证。它是开证行对受益人开出的担保文件，保证开证申请人履行自己的职责，否则银行负责清偿所欠受益的款项。

(3) 国际信贷与投资。

国际信贷与投资是商业银行国际业务中的资产业务。国际信贷与投资与国内资产业务有所不同；这种业务的对象绝大部分是国外借款者。

（二）进出口融资

商业银行国际信贷活动的一个重要方面，是为国际贸易提供资金融通。这种资金融通的对象，包括本国和外国的进、出口商人。

商业银行为进出口贸易提供资金融通的形式很多，主要有以下几种：

(1) 进口押汇，是指进、出口双方签订买卖合同后，进口方请求进口地的某个银行(一般为自己的往来银行)，向出口方开立保证付款文件，大多为信用证。然后，开证行将此文件寄送给出口商，出口商见证后，将货物发运给进口商。银行为进口商开立信用保证文件的这一过程。

(2) 出口押汇，出口商根据买卖合同的规定向进口商发出货物后，取得了各种单据，同时，根据有关条款，向进口商开发汇票。

另外，提供资金融通的方式还有打包贷款、票据承兑、出口贷款等。

（三）国际贷款

国际贷款由于超越了国界，在贷款的对象、风险、方式等方面，都与国内贷款具有不同之处。

商业银行国际贷款的类型，可以从以下不同的角度进行划分：

(1) 根据贷款对象的不同，可以划分为个人贷款、企业贷款、银行间贷款以及对外国政府和中央银行的贷款。

(2) 根据贷款期限的不同，可以划分为短期贷款、中期贷款和长期贷款，这种期限的划分与国内贷款形式大致相同。

(3) 根据贷款银行的不同，可以划分为单一银行贷款和多银行贷款。单一银行贷款是指贷款资金仅由一个银行提供。一般来说，单一银行贷款一般数额较小，期限较短。多银行贷款是指一笔贷款由几家银行共同提供，这种贷款主要有参与制贷款和辛迪加贷款两种类型。

（四）国际投资

根据证券投资对象的不同。商业银行国际投资可以分为外国债券投资和欧洲债券投资两种。

1. 外国债券投资

外国债券(Foreign-Bond)是指由外国债务人在投资人所在国发行的，以投资国货币标价的借款凭证。外国债券的发行人包括外国公司、外国政府和国际组织。外国债券的购买人为债权国的工商企业、金融机构以及个人等，其中，商业银行是重要的投资者。

2. 欧洲债券投资

欧洲债券(Europe-Bond)是指债务人在欧洲金融市场上发行的，以销售国以外的货币标价的借款凭证。

欧洲债券是目前国际债券的最主要形式，包括普通债券、复合货币债券、浮动利率债券、可转换为股票的债权四种类型。

(1) 普通债券。这是欧洲债券的基本形式，其特点是：债券的利息固定，有明确的到期日，由于所支付的利息不随金融市场上利率的变化而升降，因此，当市场利率波动剧烈时，才会影响其发行量。

(2) 复合货币债券。债务人发行债券时，以几种货币表示债券的面值。投资人购买债券时，以其中的一种货币付款。

(3) 浮动利率债券。浮动利率债券是指债券的票面利率随金融市场利率水平的变化而调整的债券。

(4) 可转换为股股票的债券。这种债券的特点是债务人在发行债券实行授权，投资者可以根据自己的愿望，将此种债券转换为发行公司的股票，成为该公司的股东。

第三节　商业银行派生存款的创造

一、基本概念

原始存款是客户以现金存入银行形成的存款。银行在经营活动中，可以将大部分现金用于贷款，只需保留一部分现金作为付现准备。客户在取得银行贷款后，一般并不立即提取现金，而是转入其所在银行的活期存款账户，这时银行一方面增加了贷款，一方面增加了活期存款。银行用转账方式发放贷款、贴现和投资时创造的存款，即为派生存款。在信用制度发达的国家，银行的大部分存款都是通过这种营业活动创造出来的。可见，原始存款是派生存款创造的基础，而派生存款是信用扩张的条件。

商业银行的存款准备金由它的现金库存和它在中央银行的存款两部分构成。现代各国的银行制度，一般均采用部分准备金制，因为如果是全额准备金制，则银行根本不可能利用所吸收的存款去发放存款。但是也不能无限制地运用存款，否则存款货币创造过多，会导致通货膨胀。因此，目前各国一般都以法律形式规定商业银行必须保留的最低数额的准备金即法定存款准备金。准备金超过法定存款准备金的部分为超额准备金。

法定存款准备金 R_d 是银行按照法定存款准备率(r_d)，对活期存款总额(D)应保留的准备金，用公式表示：$R_d = D \cdot r_d$

超额准备金(E)，则是银行实有准备金(R)与法定存款准备金之差。其正值表示 R 的有余部分，负值则表示不足部分，用公式表示：$E = R - D \cdot r_d$

法定存款准备率的高低，直接影响银行创造存款货币的能力，法定存款准备率愈高，银行吸收的存款中可用于贷款的资金愈少，创造存款货币的数量则愈小；反之，法定存款准备率越低。创造存款货币的数额越大。可见，法定存款准备率决定银行创造存款的能力，与信贷规模的变化有密切关系，因此，许多国家的中央银行都把调高或降低法定存款准备率作为紧缩或扩张信用的一个重要手段。

二、存款的创造过程与原理

为了搞清存款创造的原理，先分析一种简单的情况——商业银行最大的信用创造。

（一）假定

(1) 每家银行只保留法定存款准备金，其余部分全部贷出，超额准备金等于零。
(2) 客户收入的一切款项均存入银行，而不提取现金。
(3) 法定准备率为 20%。

（二）派生存款的创造过程

现假设 A 企业将 10 000 美元存入第一家银行，该行增加原始存款 10 000 美元，按 20% 提留 2000 美元法定存款准备金后，将超额准备金 8000 美元全部贷给 B 企业，B 企业用来支付 C 企业货款，C 企业将款项存入第二家银行，使其准备金和存款均同额增加 8000 美元，该行提留 1600 美元法定存款准备金后，又将超额准备金 6400 美元贷给 D 企业，D 企业又用来向 E 企业支付货款，E 企业将款项存入第三家银行，该行又继续贷款，如此循环下去。此过程如表 6-1 所示。

表 6-1　派生存款的创造过程

银行名称	存款增加数	按 20%应留法定准备金数	贷款增加数
第一家银行	10 000.00	2000.00	8000.00
第二家银行	8000.00	1600.00	6400.00
第三家银行	6400.00	1280.00	5120.00
第四家银行	5120.0	1024.00	4096.00
第五家银行	4096.00	819.20	3276.80
第六家银行	3276.00	655.36	2621.44
第七家银行	2621.44	524.20	2097.15
第八家银行	2097.15	419.43	1677.72
第九家银行	1677.72	335.54	1342.18
第十家银行	1342.18	268.44	1073.74
十家银行合计	5368.71	1073.74	4294.97
总计	50 000.00	10 000.00	40 000.00

由表 6-1 可知，在部分准备金制度下，10 000 美元的原始存款，可使银行共发放贷款 40 000 美元，并可使活期存款总额增至 50 000 美元，活期存款总额超过原始存款的数额，

便是该笔原始存款所派生的存款总额，银行的这种扩张信用的能力决定于两大因素，即原始存款数额的大小和法定存款准备率的高低，用公式表示为

$$\Delta D = \Delta P \cdot 1/r_{\mathrm{d}} \quad ①$$

ΔD：表示经过派生的活期存款总额的变动；

ΔP：表示原始存款的变动。

$\Delta D-\Delta P$ 为派生存款总额。

同时，从分析上式可知，活期存款的变动与原始存款的变动显然存在着一种倍数关系(K)，用公式表示为

$$\Delta D = P \cdot K \quad ②$$

由①式 $\Delta P = \Delta D \cdot r_{\mathrm{d}}$

$$K = \Delta D/\Delta P = 1/r_{\mathrm{d}} \quad ③$$

(三) 存款货币的最大派生倍数为 r_{d} 的倒数

假定公式中 ΔP 为已知，则银行的贷款机制所决定的存款货币的最大扩张倍数为 K，称为派生倍数。该倍数即是 r_{d} 的倒数。

派生倍数的含义：法定存款准备率越高，存款扩张的倍数值越小；法定存款准备率越低，扩张的倍数值则越大。

商业银行如果出现超额准备金，可用于发放贷款，同时创造出派生存款。但是如果法定存款准备金不足，商业银行或者紧缩贷款和紧缩投资，使其在中央银行的存款达到 r_{d} 的水平；或者向中央银行借款，向同业拆借、扩大原始存款等以增加 R 的数额，导致货币供应量减少。

能力拓展：用数学方法推导商业银行信用创造的最大派生倍数。

三、派生倍数的修正

前面分析的商业银行创造存款货币的能力，是在三个假定基础上进行的，信用创造决定于原始存款和派生倍数。但是在实际经济活动中，那三个假定是不存在的，派生倍数还会受种种因素的影响而大为缩减，因此必须做进一步的修正。

第一个修正为现金漏损。

前面为了叙述方便，我们对银行创造存款货币的过程曾做过简单的假定，即客户将收入的一切款项均存入银行系统，而不提现金。事实上，多数客户总会有提现的行为。如果在存款派生过程中某一客户提取现金，则现金就会流出银行系统，出现现金漏损(ΔC)，而使银行系统的存款准备金减少，派生倍数也必然缩小。银行创造货币的能力的下降。由于 ΔC 常于 ΔD 有一定比例关系，其现金漏损率为 C' ，这样存款额变动(ΔD)对原始存款变动(ΔP)的比率可以修正为

$$K = \Delta D/\Delta P = \frac{1}{r_{\mathrm{d}} + C'} \quad ④$$

第二个修正为超额准备金。

前面曾假定银行将超额准备金全部贷出，但实际上，银行的实有准备金总会多于法定

准备金。有一定数额的超额准备金(E)尚未贷出。

前面提出，法定存款准备金等于存款总额乘以法定准备率，即 $\Delta R_d = \Delta D \cdot r_d$，超额准备金($\Delta E$)也常和 ΔD 有一定比例关系，其系数为 e，则

$$\Delta E = \Delta D \cdot e$$

这样存款额的变动由于 e 的存在，必使银行创造存款的能力削弱，从而引起派生倍数的变动为

$$K = \Delta D/\Delta P = \frac{1}{r_d + C' + e} \quad ⑤$$

第三个修正为活期存款转为定期存款。

企业持有的活期存款中，也会有一部分转化为定期存款，因为有的国家对活期存款和定期存款规定了不同的法定存款准备率。一般地说，定期存款法定存款准备率低，活期存款法定存款准备率高。因此，银行要按定期存款(D_t)的法定存款准备率(r_t)提留准备金，从而影响存款的派生倍数(K)。定期存款准备金($r_t \cdot D_t$)同活期存款总额(D)之间也保有一定的比例关系。设 t 为定期存款占活期存款的比例，则：

$t=D_t/D$

$R_t \cdot D_t/D = r_t \cdot t$

$R_t \cdot t$ 的存在可视同法定存款准备率(r_d)的调整，银行创造存款的能力相应变化，因此派生倍数(K)即可修正为

$$K = \frac{1}{r_d + C' + e + r_t \cdot t} \quad ⑥$$

由上可知，银行吸收一笔原始存款能够创造多少存款货币，要受到法定存款准备金多少、现金流出银行多少、超额准备金多少、定期存款多少等许多因素的影响。分母数值越大，则派生倍数的数值越小。

第四节 网 络 银 行

一、网络银行的涵义

网络银行又称网上银行、在线银行，是指银行利用 Internet 技术，通过 Internet 向客户提供开户、销户、查询、对帐、行内转帐、跨行转帐、信贷、网上证券、投资理财等传统服务项目，使客户可以足不出户就能够安全便捷地管理活期和定期存款、支票、信用卡及个人投资等。可以说，网上银行是在 Internet 上的虚拟银行柜台。

网上银行又被称为“3A 银行”，因为它不受时间、空间限制，能够在任何时间(Anytime)、任何地点(Anywhere)、以任何方式(Anyway)为客户提供金融服务。

二、网上银行的业务

网上银行业务是银行借助个人电脑或其他智能设备，通过互联网技术或其他公用信息网，为客户提供的多种金融服务。网上银行业务不仅涵盖传统银行业务，而且突破了银行

经营的行业界限，深入到证券、保险甚至是商业流通等领域。网上银行代表了未来银行业的方向，网上银行业务的迅速发展必将推动着银行业新的革命。

与传统银行业务相比，网上银行业务有许多优势：一是大大降低银行经营成本，有效提高银行盈利能力。开办网上银行业务，主要利用公共网络资源，不需设置物理的分支机构或营业网点，减少了人员费用，提高了银行后台系统的效率。二是无时空限制，有利于扩大客户群体。网上银行业务打破了传统银行业务的地域、时间限制，具有 3A 特点，即能在任何时候(Anytime)、任何地方(Anywhere)、以任何方式(Anyway)为客户提供金融服务，这既有利于吸引和保留优质客户，又能主动扩大客户群，开辟新的利润来源。三是有利于服务创新，向客户提供多种类、个性化服务。通过银行营业网点销售保险、证券和基金等金融产品，往往受到很大限制，主要是由于一般的营业网点难以为客户提供详细的、低成本的信息咨询服务。利用互联网和银行支付系统，容易满足客户咨询、购买和交易多种金融产品的需求，客户除办理银行业务外，还可以很方便地进行网上买、卖股票债券等，网上银行能够为客户提供更加合适的个性化金融服务。

目前，西方商业银行的网上银行业务一般为三类。

第一类是信息服务，主要是宣传银行能够给客户提供的产品和服务，包括存贷款利率、外汇牌价查询、投资理财咨询等。这是银行通过互联网提供的最基本的服务，一般由银行一个独立的服务器提供。这类业务的服务器与银行内部网络无链接路径，风险较低。

第二类是客户交流服务，包括电子邮件、账户查询、贷款申请、档案资料(如住址、姓名等)定期更新。该类服务使银行内部网络系统与客户之间保持一定的链接，银行必须采取合适的控制手段，监测和防止黑客入侵银行内部网络系统。

第三类是交易服务，包括个人业务和公司业务两类，这是网上银行业务的主体。个人业务包括转账、汇款、代缴费用、按揭贷款、证券买卖和外汇买卖等。公司业务包括结算业务、信贷业务、国际业务和投资银行业务等。银行交易服务系统服务器与银行内部网络直接相连，无论从业务本身或是网络系统安全角度，均存在较大风险。

我国目前还没有专门的网上银行，各银行开办网上银行的业务正处于起步阶段，但发展很快。1996 年 6 月，中国银行在国内率先设立网站，向社会提供网上银行服务。1997 年 4 月，招商银行开办网上银行业务。1999 年，建设银行、工商银行开始向客户提供网上银行服务。部分在华外资银行如渣打银行、汇丰银行和花旗银行也开办了网上银行业务。目前，我国中资银行开办的网上银行业务以转账、支付和资金划拨等收费业务为主，还未开办那些经营风险较大、直接形成银行资产或负债的业务，如网上吸收存款、发放贷款等。

三、网上银行的特点

利用计算机和通讯技术实现资金划拨开始的电子银行业务已经有几十年的历史了，传统的电子银行业务主要包括资金清算业务和用 POS 网络及 ATM 网络提供服务的银行卡业务。网上银行是随着 Internet 的普及和电子商务的发展在近几年逐步成熟起来的新一代电子银行，它依托于传统银行业务，并为其带来了根本性的变革，同时也拓展了传统的电子银行业务功能。与传统银行和传统电子银行相比，网上银行在运行机制和服务功能方面都具有不同的特点。

（一）全球化、无分支机构

传统银行是通过开设分支机构来发展金融业务和开拓国际市场的，客户往往只限于固定的地域，而网上银行是利用 Internet 来开展银行业务，因此，可以将金融业务和市场延伸到全球每个角落。打破了传统业务地域范围局限的网上银行，不仅可吸纳本地区和本国的客户，也可直接吸纳国外客户，为其提供服务。正如 SFNB 总裁 James Mahan 所言："任何人，只要有一台电脑，都是我的潜在客户。"

（二）开放性与虚拟化

传统电子银行所提供的业务服务都是在银行的封闭系统中运作的，而网上银行的 Web 服务器代替了传统银行的建筑物、网址取代了地址，其分行是终端机和 Internet 这个虚拟化的电子空间，因此有人称网上银行为"虚拟银行"，但它又是实实在在的银行，利用网络技术把自己与客户连接起来，在有关安全设施的保护下，随时通过不同的计算机终端为客户办理所需的一切金融业务。

（三）智能化

传统银行主要借助于物质资本，通过众多员工辛勤劳动为客户提供服务。而网上银行主要借助智能资本，靠少数脑力劳动者的劳动(如 SFNB 只有 15 名员工)提供比传统银行更多、更快、更好、更方便的业务，如提供多元且交互的信息、客户除可转账、查询账户余额外，还可享受网上支付、贷款申请、国内外金融信息查询、投资理财咨询等服务，其功能和优势远远超出电话银行和传统的自助银行。网上银行是一种能在任何时间(Anytime)、任何地方(Anywhere)、任何方式(Anyway)为客户提供超越时空、智能化服务的银行，因此可称之为"三 A 银行"。

（四）创新化

网上银行是创新化银行。在个性化消费需求日趋凸现及技术日新月异的信息时代，网上银行提供的金融产品和拥有技术的生命周期越来越短，淘汰率越来越高。在这种情况下，只有不断采用新技术、推出新产品、实现持续创新才不至于被淘汰。以 SFNB 为例，它对基本支票账户不收取手续费，没有最低余额限制，这在美国银行界是首开先河，而且客户每个月可免费使用 20 次电子付款服务，免费使用自动柜员机或借记卡。与此同时，SFNB 还不断开拓新业务，1998 年，它与 AOL("美国在线")达成协议，允许客户通过 AOL 访问 SFNB，此举使 SFNB 的客户数迅速增长，其存款额很快突破 1 亿美元。

（五）运营成本低

与其他银行服务手段相比，网上银行的运营成本最低。据介绍，在美国开办一个传统的分行需要 150～200 万美元，每年的运营成本为 35～50 万美元。相比之下建立一个网上银行所需的成本为 100 万美元。1998 年美国 USWeb 网络服务与咨询公司的一次调查发现，普通的全业务支行平均每笔交易成本约 1.07 美元，而网上银行仅为 0.01～0.04 美元。

(六) 亲和性增强

增加与客户的沟通与交流是企业获取必要信息、改进企业形象、贴近客户、寻找潜在客户的主要途径。在这方面，网上银行具有传统银行无法比拟的优势。网上银行可通过统计客户对不同网上金融产品的浏览次数和点击率以及各种在线调查方式了解客户的喜好与不同需求，设计出有针对性的金融产品以满足其需求，这不仅方便了客户，银行也因此增强了与客户的亲和性，提高了竞争力。

第五节　影 子 银 行

一、影子银行的概念

影子银行，又称为影子金融体系或者影子银行系统(Shadow Banking system)，是指房地产贷款被加工成有价证券，交易到资本市场，房地产业传统上由银行系统承担的融资功能逐渐被投资所替代，属于银行的证券化活动。具体是指不受监管或仅受较少监管的，提供融资、股权资本融资、金融组合产品、金融交易服务的非银行金融机构或金融行为，是美国次贷危机爆发之后所出现的一个重要金融学概念。2011 年 4 月金融稳定理事会(FSB)对“影子银行”做了严格的界定，即银行监管体系之外，可能引发系统性风险和监管套利等问题的信用中介体系。

随着人们对于信贷的需求与日俱增，影子银行也相应地迅猛发展，并与商业银行一起成为金融体系中重要的参与主体。影子银行的发展壮大，使得美国和全球金融体系的结构发生了根本性变化，传统银行体系的作用不断下降。影子银行比传统银行增长更加快速，并游离于现有的监管体系之外，同时也在最后贷款人的保护伞之外，累积了相当大的金融风险。

二、影子银行特点

(1) 交易模式采用批发形式，有别于商业银行的零售模式。

(2) 进行不透明的场外交易。影子银行的产品结构设计非常复杂，而且鲜有公开的、可以披露的信息。这些金融衍生品交易大都在柜台交易市场进行，信息披露制度很不完善。

(3) 杠杆率非常高。由于没有商业银行那样丰厚的资本金，影子银行大量利用财务杠杆举债经营。

三、影子银行的业务

影子银行包括投资银行、对冲基金、货币市场基金、债券保险公司、结构性投资工具(SIV)等非银行金融机构通常从事放款，也接受抵押，是通过杠杆操作持有大量证券、债券和复杂金融工具的金融机构。

在带来金融市场繁荣的同时，影子银行的快速发展和高杠杆操作给整个金融体系带来了巨大的脆弱性，并成为此次全球金融危机的主要推手。影子银行系统正在去杠杆化的过程中持续萎缩，然而作为金融市场上的重要一环，影子银行系统并不会就此消亡，而是逐步走出监管的真空地带，在新的、更加严格的监管环境下发展。

未来对影子银行系统的信息披露和适度的资本要求将是金融监管改进的重要内容。美国已提出要求所有达到一定规模的对冲基金、私募机构和风险资本基金实行注册，并对投资者和交易对手披露部分信息。

四、影子的存在的问题及影响

（一）存在的问题

(1) 影子银行创造的衍生品在全球的范围内流通，使得全球信贷平民化，廉价的信贷更容易被大众得到而不再是少数人的专利。影子银行平缓了因生产力进步和分工细化产生的经济波动，促进经济增长，使收入与利润增加。

(2) 影子银行虽然是非银行机构，但是又确实在发挥着事实上的银行功能。它们为次级贷款者和市场富余资金搭建了桥梁，成为次级贷款者融资的主要中间媒介。影子银行通过在金融市场发行各种复杂的金融衍生产品，大规模地扩张其负债和资产业务。所有影子银行相互作用，便形成了彼此之间具有信用和派生关系的影子银行系统。

(3) 担保公司、典当行、民间借贷、网络借贷、银信合作，资产规模日益庞大的影子银行，正在给中国金融稳定带来扰动。近两年来中国社会资金整体偏紧，资金供需矛盾催生了各类借道理财的影子银行活动，影子银行系统的资产规模也迅速攀升。

(4) 中国影子银行主要有两部分：一是银行理财产品和非银行金融机构的类信贷类产品；二是以高利贷为代表的民间金融体系。流入影子银行、民间借贷的资金，更多是居民、企业的存款，由于存在长期负利率，容易发生存款搬家的现象。光大银行首席宏观分析师盛宏清则表示，存款搬家后很可能流向理财、信托以及民间借贷市场。

(5) 事实上这种现象已经在国有大行的同业交换数据上有所体现，存款加速流出银行体系。2011 年 9 月中上旬，工、农、中、建四大国有商业银行存款较 8 月末减少 4200 亿元左右，出现罕见天量负增长。由于大笔存款流出银行体系，而银行本身的存款也变得更加短期化和波动化，这将造成银行的存贷期限错配问题更加严重。这已经是一种系统性风险的萌芽状态。

（二）影子银行的影响

(1) 银行资产负债期限结构错配，即以短期负债支撑长期资产的所谓短存长贷现象日益突出，从个别银行公布的流动性缺口指标来看，商业银行及时偿付负缺口巨大。 除了对银行体系的影响，影子银行体系的流动性风险也会给实体经济造成严重打击。影子银行体系最根本的问题却在于其抗波动和抗风险的能力较弱，一旦出现大面积的资金链断裂，那么结果将变得更具有蔓延性和恐慌性，并很容易打击实体经济的表现。

(2) 事实上监管层已经意识到影子银行系统的危险，银监会高度重视各类借道理财和所谓“创新”的影子银行活动，以及种种监管套利的行为，将继续坚持“成本对称”原则，规范银行业金融机构的合作与创新，从机制和源头上打消“影子银行”业务监管套利动机并防范风险传递。

(3) 但令人担忧的是，影子银行的监管还存在多头监管和监管空白的现象，目前小贷公司属于地方金融办监管；融资担保机构属于银监会监管；担保公司典当行等由工商局负责注册；而民间借贷、网络借贷则无法可依，这种情况不利于对于影子银行监管的协调。影子银行可以清晰看出其高风险的杠杆操作和过度创新的商业模式，从次贷危机的演变逻辑看，由于通货膨胀压力抬升，美国房地产价格开始下跌，住房抵押贷款违约开始出现。美国次级抵押贷款市场、金融衍生产品市场和影子银行系统繁荣的基础开始出现动摇。

(4) 随着货币市场流动性的逐步萎缩和房地产价格的下挫，影子银行对资产价格和流动性的敏感性开始显现。美国第五大投资银行——贝尔斯登宣布旗下对冲基金停止赎回，导致投资者纷纷撤资，从而引发了针对影子银行的第一波资金溃逃。此时银行间市场拆借利率急剧上升，金融市场流动性由过剩变为紧缩，更多的影子银行卷入流动性危机。

(5) 美林、瑞银、高盛等大型金融机构因为次贷问题出现了巨额亏损，开始大规模进行资产减计，市场流动性需求剧增而资金供给严重萎缩，整个市场进一步陷入严重的流动性紧缩。贝尔斯登申请破产倒闭，在美联储的斡旋下被摩根大通收购。美国五大投资银行的集体倒塌使得影子银行系统的运营基础遭受严重的损失，并对传统银行体系造成巨大的冲击。

五、影子银行的监管措施

(1) 影子银行进行大规模的次级贷款发放和融资，扮演了类似传统商业银行的角色。由于影子银行并没有像商业银行一样受到充分的监管来保证金融安全，其中隐藏着巨大的风险。影子银行的产品结构设计非常复杂，这些金融衍生品交易大都在柜台交易市场进行，信息披露很不充分，使得包括对手风险在内的一系列风险都未被监管机关以及金融市场的参与者所认识和警觉。

(2) 影子银行没有像商业银行那样受到资本充足率的限制和存款准备金制度的约束。由于没有资本充足率要求，影子银行的自有资金一般非常小，但业务规模却非常大，其潜在的信用扩张倍数达到几十倍。

(3) 影子银行不受存款保险制度的保护。当传统商业银行出现倒闭风险时，美国的存款保险制度可以有效地减缓存款人的恐慌，防止商业银行发生挤兑。而影子银行却没有存款保险制度的保护。在房价上升时期，面对次级债券较高的回报率，投资者趋之若鹜，影子银行也极力扩张业务。当房价下滑时，次级贷款违约率由于主动或被动的原因大幅上升，投资者大量抛售次级债券及其衍生品，影子银行遭到挤兑，进而引发市场恐慌。

(4) 金融危机爆发后，欧美各国开始考虑将影子银行系统纳入监管，超过一定规模的对冲基金及其他私募基金都必须在证券交易委员会注册登记，并向监管机构披露更多有关其资产和杠杆使用的信息，建立针对诸如 CDS 等场外衍生品市场的全面监管、保护和披露框架。同时为了减少交易对手风险，所有标准化场外交易合同必须经由一个中心机构处理，并鼓励市场参与者更多地使用交易所交易工具。

(5) 设计信息披露机制将成为未来对影子银行监管的重点。探索新的金融市场信息披露制度，提高金融产品和金融市场的透明度，完善场外交易市场的信息披露，以简洁易懂的形式让投资者充分了解相关信息，是防范衍生品市场风险的重要举措，也是确保影子银行在经历此次危机洗礼后稳健发展的必由之路。

本章小结

(1) 从各国金融业的情况看，商业银行是金融业务范围最为广泛、实力最为雄厚的金融机构，是各国金融体系的骨干，在金融系统中居于主导地位。

(2) 商业银行的负债业务是指商业银行承担的能够以货币计量、需要以资产或劳务偿付的债务。负债所代表的是商业银行对其债务人所承担的全部经济责任。

(3) 资产类业务是我国商业银行现阶段的主要收入来源。按业务品种分类，商业银行资产类业务主要包括贷款类业务、票据类业务、债券投资类业务、金融同业、其他资产业务等。

(4) 商业银行表外业务是相对于表内业务而言的，是指商业银行所从事的未列入银行资产负债表以及不影响资产和负债总额的经营活动，简称为表外业务。通常为收费性质的业务，不受金融监管机构对财务报表要求约束。

(5) 商业银行发挥信用创造功能的作用主要在于通过创造存款货币等流通工具和支付手段，既可节省现金使用，减少社会流通费用，又能够满足社会经济发展对流通手段和支付手段所需要，是商业银行体系通过贷款或购入各种证券而使货币供应量增大的一种金融现象。

知识网络图

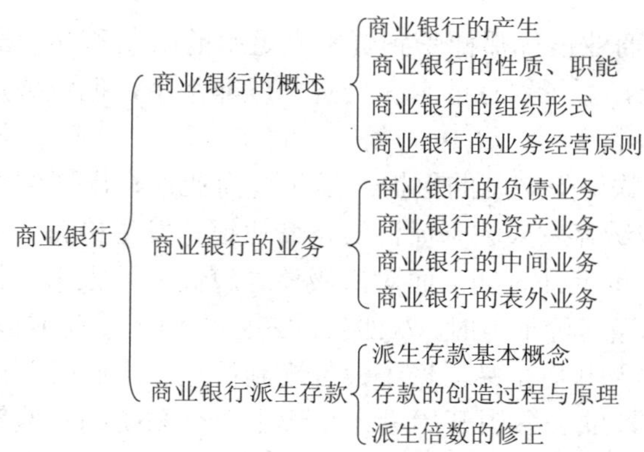

本章练习

一、思考题

(1) 商业银行有哪些资产负债、中间、表外业务？

(2) 商业银行的组织形式有哪些？

(3) 表外业务与中间业务的联系与区别。

(4) 商业银行业务经营的原则。

(5) 什么是银行资本？《巴塞尔协议》的内容有哪些？

(6) 网络银行的特点是什么？

二、典型案例分析

【案例 1】

巴林银行倒闭案

英国巴林银行成立于1762年，最初它是经营棉纱、木材、钻石和矿产的贸易矿，其后逐渐拓展证券业务，至1800年成为英国政府债券的主要包销商，从此它在伦敦金融业占据了领导地位。倒闭前是英国广大投资银行之一，被视为英国银行界的泰斗。

巴林银行主要从事投资银行业务和证券交易业务，投资银行业务集中在欧洲，证券业务则集中于亚洲及南美，在下属的17个证券公司中，以日本、中国香港、新加坡及菲律宾的业务为主。几年来，巴林银行在亚洲的业务取得了长足进展，生机勃勃的亚洲新兴市场给它带来了巨大的机会和财源。其中，在新加坡的分支机构工作尤为出色，负责期货交易的经理尼克·里森当时年仅28岁，因其工作成绩突出，不仅被委任为新加坡巴林期货有限公司的总经理，而且权力极大，几乎不受什么监督。

里森的业务是“套利”，他从日本大阪和新加坡的股票交易所买卖在两地市场上市的日经225种股票指数的期货，利用两地不时出现的差价从中牟利。如果买进和卖出是等量的，就没有多少风险。但是期货属于“衍生证券”，它的价值来源于股票、债券等有价证券。投资者在购买期货合同时只需按合同金额较小的比例付一笔保证金，到合同期满时再按合同所定的金额进行分割，由于签合同时与交割时的价格是不一样的，于是就有合同增值和贬值的情况出现，于是也就有了获利和赔本的情况出现。所以这类衍生交易有着巨大的利润诱惑，也有着巨大的风险压力。开始，里森是按照规定工作的，1993年为公司赚了1400万美元，他自己获得100万美元的奖金。从1994年秋天开始，里森在上司和同行的称赞声中有些忘乎所以，一反常态地做起了投机交易，而且胃口越来越大，一发不可收拾。而里森的上司及远在伦敦的总部却没有加强监督，反而予里森更大的权力。结果在1995年2月里森做的日本股票和利率期货交易大亏，初步估算已有4亿英镑之巨。关键时刻里森一逃了之，巴林银行得知为时已晚，经过两天多的昼夜努力，仍回天无术，只得宣布破产。一家具有233年悠久历史的英国老字号银行，就这样毁于一旦。

巴林银行的倒闭，在世界金融界引起了极大的震动。人们议论分析，探究导致事件发生的原因及应汲取的教训。其中总结出来的一个重要教训是，巴林银行在内部管理上有问题，银行赋予了里森过大的权力，里森在新加坡独立操作，集操作权、会计权与监督权于一身，银行很难对其进行有效的监督。而里森既直接从事前台交易，又担任交易负责人——新加坡巴林期货有公司的总经理，这为他逃避监督创造了条件。里森未经授权从事高达270亿美元的交易，而巴林银行竟未及时发觉，这是银行控制系统的失败。然而监督巴林银行的英国中央银行未发现巴林银行这个致命的弱点，应当说也是导致巴林事件的一个重要原因。

巴林银行的倒闭，还在于利森下注的不是一般的金融产品，而是金融衍生产品，金融衍生产品的特点在于可以用少量的保证金做大笔交易，若运用得当，可以获取高收益。运用不当，将损失惨重。金融衍生产品本身没有错，但参与其中必须有严格的授权和制度约束。里森参与金融衍生产品炒作，就是在未经授权和缺乏监督的情况下进行的。据说，里森曾被英国银行界誉为“金融界”的娇子，是年轻有为的代表，但正是这些头脑灵活、锐气十足的年轻人为了取得超额的利润和奖金，变得贪婪无比，投身到金融衍生产品中去。事实证明，在银行经营中，人是重要的，但制度更重要。

美国联邦储备委员会主席格林斯潘说：“巴林银行事件表明国际金融界在过去 25 年中风险率大大提高。”

请分析：

(1) 里森是如何搞跨巴林银行的？

(2) 巴林银行案对中国银行业的发展有什么启示？

【案例 2】

“存款”一个月缩水 30 万——汇丰银行遭 600 万索赔

声称为客户进行存款业务，随后账户资金却被银行用于高风险投资，致使方先生的存款在一个月时间里“缩水”了 30 多万元人民币。方先生将汇丰银行(中国)有限公司北京燕莎中心支行告上法庭，要求确认该投资存款合同无效，并要求汇丰银行向自己支付部分存款、损失费、误工费等共计 600 余万元。

案例回放：高息诱饵储户签下“新业务”

方先生是一名加籍华人，长期在加拿大和美国经商。为了理财方便，他在汇丰银行(中国)有限公司北京燕莎中心支行开设了账户，并成为了 VIP 客户。银行指派业务员张天威为方先生进行一对一的贵宾服务。

2008 年 7 月 18 日，方先生接到张天威的电话，称有一个新的存款业务，问方先生愿不愿购买。方先生赶到汇丰燕莎支行后，张天威拿出早已准备好的格式条款，在电脑里为方先生开通了双利存款业务。张天威告诉方先生，方先生 17 万余美元和 11 万余加元存一个月就可以得到 2035 美元和 1361 加元的利息。

方先生认为存款付息是全世界的惯例，应该不会错，就同意了。随后，张天威又拿出早已准备好的银行格式条款文件让方先生签字，并说：“这些银行文件是例行公事，就不给您了。”张天威当时承认“存美元还美元，存加元还加元，这里写得很清楚。”听到张天威这样说，方先生就放心地在文件上签了字。

“她当时和我说她是我的客户主任，让我放心她的安排。让我每月去签一次字就行了。她说我们很熟就没给我说明书”，方先生说。业务办完后，方先生只从张天威那里领到了两张业务单。

美元变澳元存款缩水 30 万

2008 年 8 月 18 日，方先生突然发现自己的账户里出现了 30 余万澳元，他感到非常奇怪，于是马上赶到燕莎支行。面对方先生的质问，张天威说：“给你的澳元是挂钩的货币，你不赔我们银行就赔了，你现在赔了，以后我再帮你赚回来”。随后，方先生多次找到银行，要求恢复 7 月 18 日的美元及加元存款，但汇丰银行却称，该行关于双利存款投资产品的产品说明书详细地说明和披露了双利存款投资产品的特征和风险，方先生签署了该行的双利存款投资产品说明书，表示方先生确认了对产品风险的了解和接受，因此拒绝了方先生的要求。

2008 年 9 月 16 日，方先生吃惊地发现，他在汇丰的账面存款从 287 万余元人民币减少到了 255 万余元，直接损失了 31 万余元，而在此期间方先生只做了双利存款。方先生认为，双利存款应是一种存款交易，其存入的是美元和加元，存款到期后，银行应向其返还美元和加元，依照存款确认单上也是如此，但银行支付的却是澳元。银行没有履行相应的告知义务，是导致纠纷发生的诱因。银行的行为实质上是高息揽储，侵吞存款，于是将汇丰银行告上法院，要求确认存款合同无效，并要求汇丰银行向其支付部分存款、利息、经济损失费、误工费等共计 600 余万元。

请分析：

(1) 银行是否应该赔偿方先生 600 万元？

(2) 本案方先生是否应该承担责任？

第七章 金融市场与金融中介

【知识目标】

1. 了解金融市场特征、分类和机构
2. 掌握货币市场与资本市场的金融工具
3. 理解直接融资与间接融资的效能
4. 了解国际金融市场的构成

【能力目标】

1. 能够根据金融市场运作原理分析金融现象
2. 能够分析金融工具的特性及其相互关系

案例导入

纽约金融市场

纽约是世界最重要的国际金融中心之一。第二次世界大战以后，纽约金融市场在国际金融领域中的地位进一步加强。美国凭借其在战争时期膨胀起来的强大经济和金融实力，建立了以美元为中心的资本主义货币体系，使美元成为世界最主要的储备货币和国际清算货币。西方资本主义国家和发展中国家的外汇储备中大部分是美元资产，存放在美国，由纽约联邦储备银行代为保管。一些外国官方机构持有的部分黄金也存放在纽约联邦储备银行。纽约联邦储备银行作为贯彻执行美国货币政策及外汇政策的主要机构，在金融市场的活动直接影响到市场利率和汇率的变化，对国际市场利率和汇率的变化有着重要影响。世界各地的美元买卖，包括欧洲美元、亚洲美元市场的交易，都必须在美国，特别是在纽约的商业银行账户上办理收付、清算和划拨，因此纽约成为世界美元交易的清算中心。此外，美国外汇管制较松，资金调动比较自由。在纽约，不仅有许多大银行，而且商业银行、储蓄银行、投资银行、证券交易所及保险公司等金融机构云集，许多外国银行也在纽约设有分支机构，1983 年世界最大的 100 家银行在纽约设有分支机构的就有 95 家。这些都为纽约金融市场的进一步发展创造了条件，加强了它在国际金融领域中的地位。

纽约金融市场按交易对象划分，主要包括外汇市场、货币市场和资本市场。

纽约外汇市场是美国、也是世界上最主要的外汇市场之一。纽约外汇市场并无固定的交易场所，所有的外汇交易都是通过电话、电报和电传等通讯设备，在纽约的商业银行与外汇市场经纪人之间进行。这种联络就组成了纽约银行间的外汇市场。此外，各大商业银行都有自己的通讯系统，与该行在世界各地的分行外汇部门保持联系，又构成了世界性的外汇市场。由于世界各地时差关系，各外汇市场开市时间不同，纽约大银行与世界各地外汇市场可以昼夜24小时保持联系，因此它在国际间的套汇活动几乎可以立即完成。

纽约货币市场即纽约短期资金的借贷市场，是资本主义世界主要货币市场中交易量最大的一个。除纽约市金融机构、工商业和私人在这里进行交易外，每天还有大量短期资金从美国和世界各地涌入流出。和外汇市场一样，纽约货币市场也没有一个固定的场所，交易都是供求双方直接或通过经纪人进行的。在纽约货币市场的交易，按交易对象可分为：联邦基金市场、政府库券市场、银行可转让定期存单市场、银行承兑汇票市场和商业票据市场等。

纽约资本市场是世界最大的经营中、长期借贷资金的资本市场。可分为债券市场和股票市场。纽约债券市场交易的主要对象是政府债券、公司债券、外国债券。纽约股票市场是纽约资本市场的一个组成部分。在美国，有10多家证券交易所按证券交易法注册，被列为全国性的交易所。其中，纽约证券交易所、NASDAQ和美国证券交易所最大，它们都设在纽约。

第一节　金融市场概述

一、金融市场的概念与特性

（一）金融市场的概念

金融市场是指以金融资产为交易对象而形成的资金供应者和资金需求者进行资金融通的场所。其含义有广义和狭义之分，广义是指金融机构与客户之间、各金融机构之间、客户与客户之间所有以资金商品为交易对象的金融交易,包括存款、贷款、信托、租赁、保险、票据抵押与贴现、外汇债券买卖等全部金融活动；狭义则一般限定在以票据和有价金融为交易对象的融资活动范围之内。金融市场可以是有固定场所进行的各种融资活动，也可以是没有固定场所，由参加交易者利用电讯手段进行联系洽谈而完成融资交易。只要在一定区域进行票据和各种金融的买、卖行为或过程都应视为金融市场的业务活动。

金融市场的参加者是资金供求双方，具体来说有个人、企业、金融机构、经纪人、金融公司以及政府机构等。他们之间的交易都采用书面契约形式的金融工具进行。

金融市场的交易对象是单一货币形态的资金商品，其价格表现为利息。这里的利息不是商品价值的货币表现，而是资金商品“创造”利润能力的分割形式或资金使用权转移的代价，其高低通过利息率来表现。由于信用期长短不同，安全性不同，形成不同利息率。在同等条件下，利息率的高低，取决于资金供求的变化。

广义金融市场的发展历史可以追溯到公元前2000年巴比伦寺庙经营的货币保管和收取利息的贷款业务。中国金融市场的起点则可上溯到公元前11世纪的周朝，当时，以“泉府”为中心的赊贷业务开始发展。

较正规的金融市场在中世纪已经奠定基础。货币兑换业和金匠业从11世纪开始向现代银行业过渡；卖方向买方提供延期付款信用已在国际贸易中广泛使用，与此有关的保险业务也发展起来；支票、汇票等信用工具在14世纪初开始出现；存在于14～15世纪热那亚的“扎佩尔”和“毛恩”股份集团已经以股份有限公司形式组织起来，它们向认股人提供的认股文书，可以作为个人财产凭证转让；16世纪初在伦敦和安特卫普等主要商业金融中心出现了外币交易所。

狭义金融市场的起点被认为是1680年开市的阿姆斯特丹金融交易所，由于股份有限公司逐渐成为主要的企业组织形式，商业信用的广泛采用，和以银行为主体的金融机构的活动日益渗透到社会经济生活的各个方面，金融市场迅速发展起来。第二次世界大战前，金融市场的发展主要以扩大金融与其他经济活动的联系面为特征，战后特别是60年代以来，金融市场的发展则主要以深化金融对其他经济活动的渗透程度为特征。这种特征通过一系列金融创新表现出来。

（二）金融市场的特性

金融市场是货币资金或金融商品交易的场所，也是资金融通的场所。它主要是进行货币借贷以及各种票据、有价证券、黄金和外汇买卖的场所。通过金融市场的交易活动，沟通资金供求双方的关系，实现资金融通。金融市场同其他各种商品市场既有联系又有区别。

(1) 金融市场同其他市场之间的联系具体表现在：一是金融市场为商品市场提供交易的媒介，使商品交换能得以顺利进行；二是金融市场可以有力地推动商品市场的发展，在外延的广度上促进商品市场的发展；三是通过金融市场的带动和调节，使商品市场进行流动和组合，从而引起对资源的重新配置。

(2) 金融市场同其他市场的区别表现在：一是交易场所的区别。一般商品交易有其固定的场所，以有形市场为主；而金融市场既有有形市场，在更大的范围内也有通过电话、电报、电传、电脑等通讯工具进行交易的无形市场，这种公开广泛的市场体系，可以将供求双方最大限度地结合起来。二是交易对象的特殊性。一般商品的交易是普通商品或劳务，其本身含有一定的价值和使用价值，一经交易就进入消费；金融市场的交易对象是金融商品，其价值和使用价值有着不同的决定方式：使用价值将为其所有者带来收益的功能，价值则具有多重的决定方式。三是交易方式的特殊性。一般商品的交易，遵循等价交换的原则，通过议价、成交付款、交货而使交易结束，双方不再发生任何关系；金融市场的交易是信用、投资关系的建立和转移过程，交易完成之后，信用双方、投融资双方的关系并未结束，还存在本息的偿付和收益分配等行为。可见，金融市场上的交易，作为金融商品的买卖关系虽然已经结束，但作为信用或者投资关系却没有结束。四是交易动机的不同。一般商品交易的卖者为实现价值取得货币，买者则为取得使用价值满足消费的需求；金融市场上交易的目的，卖者为取得筹资运用的权利，买者则取得投融资利息、控股等权利，此外，还派生出保值、投机等种种动机。

二、金融市场分类

（一）按交易对象分类

按交易对象的不同，金融市场可以分为货币市场、资本市场、外汇市场、黄金市场。

（二）按级次分类

按级次的不同，金融市场可以分为一级市场和二级市场。

一级市场指的是证券、票据、存款凭证的发行市场。通过银行、企业等发行主体，将这些金融工具投向社会，同时使资金出现第一次再分配，金融工具向其购买者转移，资金向金融工具的发行者转移。

二级市场则是金融工具流通转让的市场。金融工具一旦发行出来之后，便不会退出市场，而会像货币一样不息地运动，只不过它的流通速度不像货币流通得那样迅速，不同的金融工具周转速度也不尽相同。

（三）按交易方式分类

按交易方式的不同，金融市场可以分为现货市场和期货市场。

现货市场是最一般的、基本的金融工具交易市场。它是当交易双方成交后，或在很短的时间内进行钱货交割的交易形式。这是金融市场上最基本的一种交易形式，它的风险及投机性都比较小。

期货市场是某些金融衍生工具的交易市场。它是建立在现代信息基础之上的高级形态的市场，在期货市场的范围内，有期权、期指等交易形式。这些交易形式只有在较成熟和开放的金融市场才有存在和发展的可能。期货市场起着保值、投机、价格发现的功能，但由于它所具有的高风险的特征，需要在严格的金融监管之下进行，才不致造成消极的影响。期货市场是以标准化远期交易合约为交易对象的交易。这种合约代表了外汇、证券(票据、库券、债券、存单)、股价指数、利率的远期交易。这种合约体现了交易对象、交易单位、交易时间的标准化运作。交易者交纳一定的保证金后，通过杠杆作用，可以推动数倍的交易额。多头(买空)者或空头(卖空)者可在交易期内对合约进行对冲，也可以进行多空套汇以规避风险，谋取收益。在期货的基础上，又产生了期权交易，也称选择权交易，它是在特定期限内有权选择对所购期货合约的执行或放弃的交易形式。买者买入看涨期权或者看跌期权，付期权费给卖者，在期内可选择执行或放弃，其收益是不确定的，而付出的只是期权费；卖者收入期权费，收入是一定的，付出是不确定的，其付出即是买者的收入，卖者须随买者的意向而执行或放弃。目前，期权市场主要有外汇期权、黄金期权、利率期权、证券期权和股指期权。

（四）按功能分类

按功能的不同，金融市场可分为综合市场和单一市场。

综合市场是比较齐全完备的市场，既有货币市场，也有资本市场、外汇市场和黄金市场；既有现货市场，也有期货市场；既是国内市场，又是国际市场。这样的市场一般是几个较为发达的国际金融市场。在欠发达的国家地区，其金融市场往往是单一的金融市场，即仅有某些交易功能和交易对象市场。

（五）按区域分类

按区域的不同，金融市场可分为国内市场和国外市场。

相对于一国或一国的货币而言，可以有国内市场和国外市场的划分。在金融市场发育的早期，或者对于大多数欠发达的国家来说，多表现为国内金融市场，其交易以本国货币为主，参与者以本国居民为主。随着国际交往的扩大，一个国家为了筹资和投资的需要，常常参与国外金融市场的交易；另外，一些国家的货币大量流向国外，在当地进行融资活动，形成了国外货币的金融市场，如欧洲货币市场、亚洲美元市场等离岸金融市场。

三、金融市场的构成要素

同任何市场一样，金融市场也具备市场四要素，即交易主体、交易对象、交易工具和交易价格。

（一）交易主体

金融市场的交易主体，就是金融市场的参与者，它可以分为资金的供应者、需求者、中介者和管理者。具体讲，他们又可以分为企业、金融机构、政府、个人及海外投资者。

1．各交易主体的运行机制

推动各交易主体在金融市场上积极参与并发挥作用的力量，从根本上说是利益的驱动。资金的供给者是为了获得利息、股息等投资回报；资金的需求者是为了筹集资金并加以运用，从而取得更大的收益；交易的中介者是为了获得中介费用；至于管理者，除收取一定的管理费之外，还体现国家或行业的监管职能。交易主体之间的双向竞争，推动着资金在交易主体间的流动，也促进着各主体运行效益的提高，他们的活动引导着资金的流向、流速和流量。

2．各交易主体的作用

(1) 金融机构是金融市场的主导力量。它既是资金的供应者，也是资金的需求者。在资金供应方面，它通过发放贷款、拆借、贴现、抵押、买进债券等方式，向市场输出资金；作为资金的需求者，它通过吸收存款、再贴现、拆借等手法，将资金最大限度地集中到自己手里；金融机构还提供信用工具，如支票、汇票、存单、保单等，向金融市场提供资金交易的工具。在提供这些金融工具的同时，也就为自身筹集了资金。金融机构还充当资金交易的媒介，办理金融批发业务，既有对信贷资金的批发，也有对股票和债券的承销。

(2) 企业单位是金融市场运行的基础。金融市场为其提供了筹集和运用资金的场所，使其可以保持适度的资金量，因而，它和银行之间总保持着存、贷款关系，也与其他企业或金融机构保持着筹资或投资关系。

(3) 家庭和个人是金融市场上资金的供应者，以储蓄存款的方式参与金融市场的活动。此外，个人通过购买证券也向金融市场输送资金。家庭和个人也是资金的需求者，除以消费信贷的形式借用贷款之外，当抛出证券时，也会从金融市场抽回资金。

(4) 政府部门作为金融市场上资金的需求者，通过在国内外市场上发行国家债券，筹集资金以弥补赤字或者扩大建设规模；作为资金的供给者，它以自己所拥有的财政性存款和外汇储备汇集到金融市场上，成为金融机构的重要资金来源。

(5) 海外投资者随着金融市场的对外开放越来越多地来国内投资和筹资，进行存贷款活动、投资活动；当在岸和离岸金融市场和资本市场进一步开放之后，会有更多的海外投资者投入到国内的金融市场上来。

(6) 中央银行除了作为金融市场的管理者外，还以资金的供给者、需求者、中介者三位一体的身份活动在金融市场上。作为资金的供给者，它以向商业银行等金融机构通过再贴现、再贷款、购回证券与票据、收购黄金外汇的方式投放基础货币。还要看到，中央银行在提供资金过程中，以货币发行者的身份向社会发行货币，向金融市场提供流通手段和支付手段。作为资金的需求者，主要是吸纳商业银行的存款准备金，通过公开市场业务抛售证券、票据，回收金融市场上过多的资金。作为中介者，中央银行为商业银行之间的资金往来提供清算服务。

(二) 交易对象

金融市场的交易对象或交易载体是货币资金，但在不同的场合，这种交易对象的表现是不同的。在信贷市场，货币资金作为交易对象是明显的，它表现了借贷资金的交易和转让。而在证券市场，似乎直接交易是股票或债券，交易对象转换了。但从根本上讲，所交易的仍然是货币资金，因为有价证券是虚拟资本，本身不具有价值和使用价值，人们取得这些金融工具不具备实质性意义；而只有货币才具有价值和一般的使用价值，人们通过交易取得货币才能投入再生产。所以，通过有价证券的交易，从另一方面反映了货币资金的交易。货币资金的运动除了在发行市场会投向再生产外，在流通市场，体现它本身在金融市场的周转流动。

(三) 交易工具

货币资金具有一定的价值，不能无偿转让，也不能空口无凭地出借。需要有一种契据、凭证，以其为载体，才能推动资金安全运转。所以，以书面形式发行和流通的、借以保证债权债务双方权利和责任的信用凭证，称为信用工具或金融工具。它是证明金融交易金额、期限、价格的书面文件，它对债权、债务双方的权利和义务具有法律约束意义。

金融工具也就是金融资产，它在本质上是一种虚拟资本，但在现代社会中，拥有金融资产的多寡，就意味着一个人或一个单位拥有财富的多少。当然，货币也是金融资产，但这里所指的是作为金融工具的金融资产。它不但标志着一定的收益权，而且在某种条件下，标志着一定的控制权。一般有以下特征：

(1) 偿还性。一般信用工具多为债权、债务的凭证，它是依法开立的契约凭证，在一定的条件下，债务人具有不可辩驳的偿还责任，如债券票据存款证等工具，其偿还性是十分明确的。唯独股票在公司存续期间是不承担偿还责任的，但当公司清算时，也要将可分配的清算收入按持股比例分配给股东。

(2) 流动性，即信用工具可适时交易变现的能力。其可销性强，且交易成本低，同时不致因变现招致损失。由此可见，信誉愈高的信用工具，其流动性也愈强，另外，偿还期愈长，流动性也愈差。短期信用工具则具有较强的流动性。

(3) 风险性，即信用工具的持有人具有的收益和损失的不确定性。持有它，既可以带来收益，又可能招致损失。一般地说，发行者的信誉愈高，发行期限愈短，风险性就愈小；相反，风险就愈大。与收益相对应的是，金融工具的风险愈大，收益也愈大。一般而言，收益同持有期成正相关关系，同时，它也取决于发行者的净收益和收益分配状况。

（四）交易价格

在金融市场上，交易对象的价格就是货币资金的价格。在借贷市场上，借贷资金的价格就是借贷利率。而在证券市场上，资金的价格较为隐蔽，直接表现出的是有价证券的价格，从这种价格反映出货币资金的价格。至于外汇市场，汇率反映了货币的价格。直接标价法反映了外币的价格，而间接标价法反映了本币的价格。在黄金市场上，一般所表现的是黄金的货币价格，如果反过来，就显示出单位货币的黄金价格。

四、金融市场的功能

（一）资本积累功能

在社会总储蓄向总投资的转化当中，必须借助于中介才能顺利进行。金融市场就充当了这种转化的中介，因为在社会资金的供给者与需求者之间、资金供求的时间之间、资金数量之间和供求方式之间，往往难以取得一致。通过金融市场的介入，通过直接融资和间接融资方式，使社会资金流动成为可能。对于资金积累者，可以通过发行信用工具的办法集中大量的资本；对于资金供给者，提供了有利的资金使用场所。因而，金融市场既是投资的场所，又是融资的场所。之所以这样，是因为金融市场创造了多样的金融工具并赋予金融资产以流动性，法规齐全、功能完善的金融市场可以为资金的需求者方便经济地获得资金，可以使资金的供应者获得满意的投融资渠道，因而，借助于金融市场，可达到社会储蓄向社会投资转化的目的。

（二）资源配置功能

在金融市场上，随着金融工具的流动，带动了社会物质资源的流动和再分配，将社会资源由低效部门向高效部门转移。市场信息的变化，金融工具价格的起落，都给人以启示，引导人们放弃一些金融资产而追求另一些金融资产，使资源通过金融市场不断进行新的配置。随着资源的配置，金融市场上的风险也在发生新的配置，风险和收益并存，有的人在转让风险追求安全的同时，也就转让了收益；而另一些人在承受风险的同时，也就获得了收益。

（三）调节经济功能

在经济结构方面，人们对金融工具的选择，实际是对投融资方向的选择，由此会对运用资金的部门加以划分。这种选择的结果，必然发生优胜劣汰的效应，从而达到调节经济结构的目的。

在宏观调控方面，政府实施货币政策和财政政策也离不开金融市场。存款准备金、利率的调节要通过金融市场来进行；公开市场业务更是离不开金融市场。以增减国债方式实施的财政政策，同样要通过金融市场来实现。

（四）反映经济功能

金融市场是国民经济的信号系统。首先，在证券市场，各股价格的升降变化，反映了该公司经营管理和经济效益的状况；一个企业的贷款运行变化，反映了该企业资金周转状况及其质量。可见，金融市场反映了微观经济运行状况。其次，金融市场也反映着宏观经济运行状况。国家的经济政策，尤其是货币政策的实施情况、银根的松紧、通胀的程度以及货币供应量的变化，均会反映在金融市场之中。最后，由于金融机构有着广泛而及时的信息收集、传播网络，国内金融市场同国际金融市场连接为一体，通过它可以及时了解世界经济发展的动向。

【知识拓展】

国际金融市场的证券化趋势

在第二次世界大战后，国际银行贷款一直是国际融资的主要渠道，并于1980年达到顶峰，占国际信贷总额的比重高达85%。但从1981年开始，国际银行贷款地位逐渐下降，到80年代中期，国际证券已取代了国际银行贷款的国际融资主渠道地位。1985年，国际银行贷款占国际信贷总额为41%，国际债券发行额则占59%。1986年前者仅为29%，后者高达71%。进入90年代以后，这种趋势也未发生逆转。金融市场的结构性变化，除了从银行贷款逐渐转向证券之外，还包括在以前不进行交易的资产(如公司应收款项)也可成为交易的资产。形成金融市场证券化(Securitization)趋势的主要原因是：① 在债务危机的影响下，国际银行贷款收缩了，促使筹资者纷纷转向证券市场；② 发达国家从70年代末以来实行金融自由化政策，开放证券市场并鼓励其发展；③ 金融市场广泛采用电子计算机和通讯技术，使市场能处理更大量的交易，更迅速、广泛地传送信息，对新情况迅速作出反应，设计新的交易程序，并把不同时区的市场连续起来，这为证券市场的繁荣提供了技术基础；④ 一系列新金融工具的出现，也促进了证券市场的繁荣。所谓资产证券化，是指把流动性较差的资产，如金融机构的一些长期固定利率贷款或企业的应收账款等，通过商业银行或投资银行予以集中及重新组合，以这些资产作抵押来发行证券，实现了相关债权的流动化。资产证券化最早起源于美国，最初是储蓄银行、储蓄贷款协会等机构的住宅抵押贷款的证券化，接着商业银行也纷纷仿效，对其债权实行证券化，以增强资产流动性和市场性。从20世纪80年代后期开始，证券化已成为国际金融市场的一个显著特点，传统的以银行为中心的融资借贷活动开始发生了新的变化。

第二节　货 币 市 场

【知识拓展】

美国货币市场的形成

美国1960年以前，“货币市场”一词通常狭义的指贷款给证券交易商和经纪商的市场。在30年代大危机后的金融改革中，建立了严格监管的金融体系：对商业银行的业务范围做出了严格详尽的规定，将商业银行、投资银行和保险公司的业务进行了严格划分；Q条例禁止商业银行对活期存款付息，并规定了定期存款和储蓄存款的利率上限；建立了联邦存款保险公司等。尽管受到了种种的法规束缚，但商业银行也仍然得到了较大的发展，尤其是二战以后，银行的分支机构增加、规模扩大。与受到严格管理的商业银行相比，美国的非银行金融机构的发展速度更快。50 年代，商业银行资产的平均年增长率只有 4.3%，而非银行存款金融机构的平均年增长率高达 10%，主要有储蓄贷款社、互助储蓄银行、信用社等。在这种金融背景下，美国形成了以商业银行、中央银行、大公司、大机构为主体的货币市场。

货币市场是指融资期限在一年以下的金融交易市场，是金融市场的重要组成部分。货币市场的活动主要是为了保持资金的流动性，以便随时可以获得现实的货币。 一个有效率的货币市场应该是一个具有广度、深度和弹性的市场。货币市场就其结构而言，可分为短期借贷市场、同业拆借市场、商业票据市场、短期债券市场、大额可转让定期存单市场、回购市场等若干个子市场。

一、短期借贷市场

短期借贷市场指的是一年之内的资金借贷市场，主要是通过银行进行的借贷，也有银行之外的借贷市场，它们是货币市场的主体。

1．短期借贷的种类

就银行而言，短期信贷主要是流动资金贷款，它占了银行贷款的大部分，这是同银行资金来源相适应的。我国将流动资金贷款分为三类：① 3 月以内为临时贷款；② 3 月以上至 1 年之内，为季节性贷款；③ 1 年以上到 3 年以内，为周转贷款。这样就扩大了流动资金期限范围，而将货币市场交易对象限定为前两类流动资金贷款。此外，我国《贷款通则》规定，票据贴现期限最长为 6 个月，当属货币市场的范围；1999 年以来大力倡导的消费信贷，其中有一部分也属 1 年期之内的贷款或短期透支。

2．短期借款的期限

如果由于种种原因突破了短期流动性的特点，作为货币市场交易对象就会发生质变，因而确定短期借款期限十分重要，一般为 1 年以内。

3．短期借贷的风险

短期借贷的风险虽然低于长期借贷，但其风险也不可忽视。由于贷款管理不善，逾期不能归还，演变为不良贷款，对于贷款者来说，要承受资金周转不灵甚至资金毁损的风险。当短期贷款变为逾期、呆滞、呆账贷款时，就需要加强清理，加速回收。从 1998 年起，我国银行贷款按照国际惯例，进行贷款五级分类，将全部贷款按照风险程度分为正常、关注、次级、怀疑、损失五类，以利于区别对待，分类管理，并以此为据，提取相应比例的风险保证金。

二、同业拆借市场

同业拆借市场是指由各类金融机构之间短期互相借用资金所形成的短期借贷市场。银行等金融机构由于进行存贷款和票据清算业务活动，总会有一些机构发生头寸不足，而另一部分机构则可能出现头寸多余的情况。为了相互支持对方业务的正常开展，并使多余资金产生短期收益，需要进行短期资金融通。这种融通在金融术语上称为拆借，意为拆取别人的资金以补不足，对于银行业来说，正像是“拆东墙补西墙”。

同业拆借期限一般都很短，大多在 1 天到 5 天之间，最短也有半天的，这种极短的拆借称为日拆。有的期限也较长，有 1 个月、2 个月、1 季、半年、9 个月，最多不超过 1 年。拆借利率由交易双方协定，通常低于中央银行再贴现利率而高于存款成本。

同业拆借期限的管理。我国银行同业拆借，80 年代比较混乱，有的在一个专业银行内部进行，有的在各专业银行之间或其他金融机构之间进行，形成若干拆借网络。由于当时资金比较紧张，拆借期限一般较长，变成解决长期资金缺口的手段，处理方法是一再延期。由于拆借性质的改变，利率较高，且拆借变成异地资金转移赚取高利润的手段，许多拆借资金被用于投资房地产和股票，进行长期投资，改变了拆借资金的固有性质，扰乱了金融市场和金融秩序。为了改变这种不规范拆借，1994 年以来，国家对拆借市场进行了整顿，经过这次整顿和清理，规范了拆借市场。

三、商业票据市场

票据是由出票人无条件地承诺由自己或者委托他人支付一定金额的有价证券，它是一种商业证券。商业票据有本票(期票)和汇票两种。它们产生于商业信用活动，是建立在赊销基础上的债权、债务凭证. 以后随着票据市场的发展，票据成为筹集资金的一种证券。本票是由债务人开出，承诺在一定时间内将一定金额支付给债权人的债务凭证，因此，本票也称允诺付款的票据。本票是当商品卖方向买方提供商业信用之后，买方向卖方出具的按约定时间和金额支付的证书。汇票是由债权人向债务人发出的，命令债务人按照指定的日期、金额向债权人或其他受款人无条件支付的凭证。汇票在国内外贸易中均可使用。票据市场可分为票据承兑市场、票据贴现市场和本票市场。

1. 票据承兑市场

汇票分即期汇票和远期汇票。只有远期汇票才有承兑问题。票据承兑市场是指汇票到期前，汇票付款人或指定银行确认票据证明事项，在票据上做出承诺付款的文字记载、签章的一种手续。承兑后的汇票才是市场上合法的金融票据。在国外，票据承兑一般由商业银行办理，也有专门办理承兑的金融机构，如英国的票据承兑所。承兑方式有全部承兑、部分承兑、延期承兑和拒绝承兑四种。拒绝承兑者要签署拒绝承兑证书，说明拒绝理由，持票人据此向出票人追索票款。

2. 票据贴现市场

贴现是商业票据持票人在票据到期前，为获取现款向金融机构贴付一定的利息所作的票据转让。贴现利息与票据到期时应得款项之金额比通称贴现率。票据贴现机构有两类：一是商业银行；二是专营贴现业务的金融机构，如英国的 12 家票据贴现所、日本的融资公司、美国的票据经纪商等。持票人提出贴现要求后，贴现机构根据市场资金供求状况和市场利率以及票据的信誉程度议定一个贴现率扣去自贴现日至到期日的贴现利息，将票面余额用现款支付给持票人。

3. 本票市场

如前所述，商业本票虽然发源于商品交易，是买方由于资金一时短缺而开给卖方的付款凭证。但是，现代商业本票大多已和商品交易脱离关系，而成为出票人(债务人)融资、筹资的手段，故本票一般不是同时列明出票人和债权人的双名票据，而是只列明出票人姓名的单名票据。不管是谁，只要持有这种本票，均可要求出票人付款。由于本票发行目的的改变，故本票金额较大，如美国一般为 10 万美元以上，最低为 25 000 美元，最高可达 200 万美元。

本票市场的参与者主要为工商企业和金融机构。发行人主要是信誉高、规模巨大的国内金融机构和非金融公司、外国公司。发行的目的是要筹集资金，如解决生产资金、扩大信贷业务、扩大消费信用等；美国福特汽车信贷公司，为了扩大汽车销售量而发行本票，提供大量消费信贷。本票投资者主要有投资公司、银行、保险公司、养老基金等，由于本票发行者声誉较高，风险较低，上述机构很乐于购买。银行购得本票后可以在需要资金时向中央银行申请再贴现。

由于期限较短，本票几乎没有二级市场。持票人需要现金时，一般采取贴现办法，或向原发行人提前偿付，在扣除利息后予以支付，形同贴现。发行本票一般也需经过债券评级机构评级。级别不同，本票利率也不同。

4．我国票据市场

直到 1982 年 2 月，中国人民银行才试办同城商业承兑汇票贴现业务。1986 年专业银行正式开办票据承兑、贴现和再贴现业务，但直到目前，票据业务仍不发达，我国至今还没有汇票交易市场，企业持有的汇票只能向银行贴现，商业银行只能向中央银行再贴现。我国企业还不能发行单纯以筹资为目的的商业本票，这就大大限制了票据业务的规模；中央银行也不能利用高质量的货币市场金融工具，开展公开市场业务。

四、短期债券市场

1．国库券市场

(1) 国库券市场的概念和特点。国库券市场是指发行和交易由国家财政部发行、政府提供信用担保、期限在 1 年以内的短期债券的市场。世界上最早的国库券市场在 1877 年诞生于英国；美国国库券市场诞生于 1929 年；而我国真正意义上的国库券市场直到 1995 年才开始开放。国库券市场是国债市场中一个不可或缺的组成部分，在美国，国库券的发行量要占整个国债发行量的 35%。国库券市场之所以能赢得众人的青睐，是因为：第一，与其他货币市场工具比较，国库券具有以下特点：一是安全性高，国库券是由财政部发行的，一般不存在违约风险，因而，国库券利率往往被称为无风险利率，成为其他利率确定的依据；二是流动性强，极高的安全性以及组织完善、运行高效的市场赋予国库券极强的流动性，使持有者可随时在市场上转让变现；三是税收优惠，政府为增强国库券的吸引力，通常在税收方面给予购买者优惠，如豁免州和地方所得税、交易税等。第二，国库券市场具有其他货币市场不可替代的作用，一是它有助于协调商业银行经营“三性”的矛盾；二是它有助于弥补财政临时性、季节性收支短缺；三是它有助于中央银行宏观调控基础的建立。

(2) 国库券的发行市场。第一，发行动机。财政部发售国库券主要是为政府筹措短期资金以弥补季节性、临时性财政赤字，或应付其他短期资金需求，如偿还到期国库券。第二，发行方式。国库券的发行一般采用招投标方式进行。国库券的投标分为竞争性和非竞争性两种。竞争性投标者应在标书中列明购买的价格和数量，投标人可能因出价太低失去购买机会，或者因投标价格太高造成损失，因而风险较高；非竞争投标者应在投标书中标明参加非竞争性投标，他们不提出投标价格，而以竞争性投标者的平均价格作为买入价格，但购买数量受到限制。

(3) 国库券的流通市场。在流通市场购买国库券有两种途径：一是通过银行购买国库券。这是最方便的方法。某些大银行往往既是国库券的投资者，也是国库券的承销商。二是通过证券交易商购买国库券。但不同交易商的收费有所不同。大交易商收费较少，小交易商因需要向银行或大交易商购买国库券，收费较高。银行和交易商主要是从买进和卖出的微小价差中获利，因而较为关注大宗买卖，对于零散交易常常提高其手续费标准。此外，投资者还可向财政部直接购买国库券，可以免交差价和手续费，但手续麻烦。

2. 企业短期融资券市场

(1) 企业短期融资券的概念和特点。企业短期融资券发源于商品交易，是买方由于资金一时短缺而开给卖方的付款凭证。但是，现代企业短期融资券大多已和商品交易脱离关系，而成为出票人(债务人)融资、筹资的手段。其特点有以下几个方面：一是获取资金的成本较低，即利用企业短期融资券融资成本通常低于银行的短期借款成本。一些信誉卓著的大企业发行企业短期融资券的利率，有时甚至可以低至同等银行同业拆借利率。二是筹集资金的灵活性较强，用企业短期融资券筹资，发行者可在约定的某段时期内，不限次数及不定期的发行企业短期融资券。三是对利率变动反应灵敏，在西方金融市场上，企业短期融资券利率可随资金供需情况变化而随时变动。四是有利于提高发行公司的信誉，企业短期融资券在货币市场上是一种标志信誉的工具，公司发行短期融资券实际上达到了免费宣传和提高公司信用和形象的效果。五是一级市场发行量大而二级市场交易量很小，这主要是由于大多数短期融资券的偿还期都很短，一旦买入一般不会再卖出。

(2) 企业短期融资券市场的主体。名义上，各类金融公司、非金融公司(如大企业、公用事业单位等)及银行控股公司等，都是企业短期融资券的发行者，但实际上，只有资力雄厚、信誉卓著，经过评级被称作主要公司的一些企业才能享有经常大量发行短期融资券筹集资金的条件。近十几年的发展中，商业银行已成为企业短期融资券发行市场上的重要角色。他们通过提供信贷额度支持、代理发行短期融资券等形式，促进了企业短期融资券市场的发展。企业短期融资券的主要投资者是大商业银行、非金融公司、保险公司、养老金、互助基金会、地方政府和投资公司等。通常个人投资者很少，这主要是由于企业短期融资券面值较大或购买单位较大，个人一般无力购买。不过近年来企业短期融资券的最小面值已经降低，个人投资已开始活跃。

五、回购协议市场

(一) 回购协议的概念

回购协议是指在出售证券的同时，与证券的购买商达成协议，约定在一定期限后按原定价格购回所卖证券，从而获取即时可用资金的一种交易行为。回购协议有两种：一是正回购协议，是指在出售证券的同时，与证券的购买商签订协议，协议在一定期限后按照约定价格回购所出售的证券，从而及时获取资金的行为；二是逆回购协议，是指买入证券一方同意按照约定期限和价格再卖出证券的协议。在这买、卖期间有一定的时间间隔，协议对未来买入(卖出)的资产期限、价格均有明确规定。回购协议的期限很短，一般是隔夜或7天。期限超过30天的，回购协议又称定期回购协议。回购协议的资产一般都是流通量较大、质量最好的金融工具，如国库券等。

（二）回购协议的参与者

一般来说，回购协议的参与者主要是银行、非银行金融机构、企业和政府。银行参与回购协议主要是为了扩大资金来源。回购市场的发展，使企业、公司更易寻求短期资金。地方政府参与回购市场后，使政府债券业务更加活跃，资金回流又有保证。总的来说，回购市场对借贷双方有利：一方面对资金借入方(卖方)来说，约定回购价格可以免受回购时因市场价格上升造成的损失，降低了市场风险；另一方面对于资金借出方(买方)来说，回购业务使其掌握了抵押品，可减少债务人无法按期还款的风险，同时也可免除卖出时由于市场价格下降所导致的损失。可见，回购协议是一种合理的融资工具，它的市场流动性使之可随时变现，也为其发行提供了更大的可能性。

六、大额可转让定期存单市场(CDs 市场)

大额可转让定期存单市场，即 CDs 市场，是商业银行改善负债结构的融资工具，其流动性为它的发行和流通提供了有力的保证。但它与普通定期存款不同，有其显著的特点：一是不记名，可转让流通；二是金额固定，起点较高(如10万美元、100万美元等)；三是必须到期方可提取本息；四是期限短，一般在1年之内；五是利率有固定，也有浮动。

大额可转让定期存单的出现，为商业银行资产负债管理注入新的内容。从传统的资产管理向负债管理转变，银行可通过负债结构的重新组合增强其流动性，提高资金周转速度。同时，银行在资金来源中可变被动为主动，不是坐等客户上门存款，而是主动发行存单，让客户购买。由于这样一些优点，70年代末，美国的 CDs 的发行量超过各类存单总量的90%。中国人民银行1989年发布的大额可转让定期存单的管理办法，对我国 CDs 市场的有关事项做了明确规定，如发行单位只限于各类银行；发行对象为城乡个人和企业、事业单位，用个人资金或单位自有资金购买；票面格式由各银行总行统一设计，交人民银行总行审核，分为记名和不记名两种。

大额可转让定期存单的发行和转让，为我国金融市场增添了新的内容。但是，自发行以来，由于证券市场上股票占了支配地位，很少看到有存款单的转让，二级市场交易极其清淡。另外，1990年后银行存款额迅速上升，1999年由借差转为存差，信贷资金短缺状态得到根本扭转，甚至出现资金过剩，这样，CDs 发行也受影响。因而通过 CDs 的发展改变银行负债结构的目标也未能实现。但可以预料，随着证券市场逐步发展和完善，交易对象和品种会更多，吸纳和调剂资金的能力更为增强，再加上银行企业化和独立性的进一步提高，以及资产负债结构的日趋完善，CDs 市场的发展前景还是十分广阔的。

第三节　资 本 市 场

【知识拓展】

国际金融资本的势力–货币战争

自1694年英格兰银行成立以来的300年间，几乎每一场世界重大变故背后，都能看到国际金融资本势力的身影。他们通过左右一国的经济命脉掌握国家的政治命运，通过煽动政治事件、诱发经济危机，控制着世界财富的流向与分配。可以说，一部世界金融史，就是一部谋求主宰人类财富的阴谋史。随着中国金融全面开放，国际银行家将大举深入中国的金融腹地。昨天发生在西方的故事，今天会在中国重演吗?

资本市场主要是指长期资金交易的场所，它包括证券市场和长期借贷市场。证券市场包括发行市场和流通市场两部分，其各自的交易方式均不相同。在证券市场上，交易对象主要是股票、债券、投资基金，它们的交易及运行机制各不相同，故需分别论述。

一、股票市场

(一) 股票的发行市场

股票的发行市场也称为一级市场或初级市场，它是指股份公司向社会增发新股的交易场所，包括公司初创期发行的股票及公司增资扩股所发行的股票。在这个市场上，既是股票从无到有的增创过程，也是股份公司借以筹集资金的过程。一级市场的整个运作过程通常由咨询与准备、认购与销售两个阶段构成。

1. 咨询与准备

这是股票发行的前期准备阶段，发行人(公司)须听取投资银行的咨询意见并对一些主要问题做出决策，这个过程包括以下几个方面。

(1) 发行方式的选择。股票发行的方式一般可分为公募发行和私募发行两类。

公募发行指面向市场上大量的非特定的投资者公开发行股票。其优点是：可以扩大股票的发行量，筹资潜力大；无须提供特殊优厚的条件，发行者具有较大的经营管理独立性；股票可在二级市场上流通，从而提高发行者的知名度和股票的流动性。其缺点则表现为工作量大，难度也大，通常需要承销者的协助，发行者必须向证券管理机关办理注册手续，必须在招股说明书中如实公布有关情况以供投资者做出正确决策。

私募是指只向少数特定的投资者发行股票，其对象主要有个人投资者和机构投资者两类，前者如使用发行公司产品的用户或本公司的职工，后者如大的金融机构或与发行者有密切业务往来关系的公司。私募具有节省发行费用、通常不必向证券管理机关办理注册手续、有确定的投资者从而不必担心发行失败等优点。但也有需向投资者提供高于市场平均条件的特殊优厚条件、发行者的经营管理易受干预、股票难以转让等缺点。

(2) 选定作为承销商的投资银行。公开发行股票一般都通过投资银行来进行，投资银行的这一角色称为承销商。许多公司都与某一特定承销商建立起牢固的关系，承销商为这些公司发行股票而且提供其他必要的金融服务。在具有多家承销商竞争的情况下，公司通过竞争性招标的方式来选择承销商，这种方式有利于降低发行费用，但不利于与承销商建立持久牢固的关系。承销商的作用除了销售股票外，事实上还为股票的信誉作担保，这是公司试图与承销商建立良好关系的基本原因。当股票发行数量很大时，常由多家投资银行组成承销团来处理整个发行，其中一家投资银行作为牵头承销商。我国当前尚未组建专门的投资银行，其职能只能由证券公司或信托投资公司来承担。

在私募的情况下，发行条件通常由发行公司和投资者直接商定，从而绕过了承销环节。在这种情况下，投资银行的中介职能减弱了。

(3) 准备招股说明书。招股说明书是公司公开发行股票的书面说明，是投资者了解和准备购买的依据。招股说明书必须包括财务信息和公司经营历史的陈述、高级管理人员的状况、筹资目的和使用计划，以及公司内部悬而未决的问题，如诉讼等。

(4) 发行定价。发行定价是一级市场的关键环节，如果定价过高，会使股票的发行数量减少，进而使发行公司不能筹到所需资金，股票承销商也会遭受损失；如果定价过低，则股票承销商的工作容易，但发行公司却会蒙受损失。对于再发行的股票，价格过低还会使老股东受损。发行价格主要有平价、溢价和折价三种。平价发行是以股票票面所标明的价格发行；溢价就是按超过票面金额的价格发行；折价发行就是按低于票面金额的价格发行。其中溢价发行又可分为时价发行和中间价发行，前者即按发行时的市场供求状况决定发行价格，后者则介于时价和平价之间。

2．认购与销售

发行公司着手完成准备工作之后，即可按照预定的方案发售股票。对于承销商来说，就是执行承销合同批发认购股票，然后售给投资者。具体方式通常有包销和代销两种。

(1) 包销。它是指承销商以低于发行定价的价格把公司发行的股票全部买进，再转卖给投资者，这样，承销商就承担了在销售过程中股票价格下跌的全部风险。承销商所得到的买卖差价是对承销商所提供的咨询服务以及承担包销风险的报偿，也称为承销折扣。在包销发行时，发行公司与承销商正式签订合同，规定承销的期限和到期承销商应支付的款项，如到截止期股票销售任务尚未完成，承销商必须按合同规定如数付清合同确定的价款，若财力不足又不能商请延期，就须向银行借款支付。为了尽量扩大投资者的队伍，以便在较短的时间内把股票销售出去，牵头承销商往往会组织销售集团，这个集团包括承销银团成员和不属银团的金融机构，其中后者的作用相当于零售商。

在销售过程中，如果股票的市场价格跌到发行报价之下时，主承销商可能会根据承销协议在市场上按市价购买股票以支持发行价格。但如果市场价已显著低于发行价从而预定的发行额难以完成，则承销银团只好解散，各个成员尽力去处理自己承诺完成的部分，最终损失也各自承担。

(2) 代销。代销，即“尽力销售”，指承销商许诺尽可能多地销售股票，但不保证能够完成预定销售额，没有出售的股票可退给发行公司。这样，承销商不承担风险，但所收取手续费也较低。

(二) 股票的流通市场

流通市场也称交易市场、二级市场，是投资者之间买、卖已发行股票的场所。这一市场为股票创造流动性，使其能够迅速脱手以换取现款。在“流动”的过程中，投资者将自己获得的有关信息反映在交易价格中。一旦形成公认的价格，投资者凭此价格就能了解公司的经营概况，公司则知道投资者对其股票价值即经营业绩的判断，通过这样一个“价格发现”过程降低了交易成本。同时，流动也意味着控制权的重新配置，当公司经营状况不佳时，大股东通过卖出股票放弃其控制权，这实质上是一个“用脚投票”的机制，它使股票价格下跌以“发现”公司的有关信息并改变控制权分布状况，进而导致股东大会的直接干预或外部接管，而这两者都是“用手投票”行使控制权。由此可见，二级市场另一个重要作用是优化控制权的配置，从而保证权益合同的有效性。二级市场通常可分为有组织的证券交易所和场外交易市场，但也出现了具有混合特性的第三市场和第四市场。

1. 证券交易所

证券交易所是由证券管理部门批准的、为证券的集中交易提供固定场所和有关设施并制定各项规则以形成公正合理的价格和有条不紊的秩序的正式组织。

(1) 提供买、卖证券的交易席位和有关交易设施。交易所的交易大厅设有电脑终端和其他通讯工具，供出市代表使用，在高度电脑化的情况下，可以在无形席位下进行交易。此外，还提供交易显示系统、清算、保管、信息分析、监管等项设施。交易所本身不进行交易，它只为客户提供交易的手段。

(2) 制定有关场内买卖证券的上市、交易、清算、交割、过户等各项规则。上市是赋予某个证券在证券交易所内进行交易的资格，上市股票的发行公司必须向交易所提交申请，经审查符合交易所对股票上市的基本要求，方能在交易所挂牌上市交易。但获得上市资格并不等于一劳永逸，为了保证上市股票的质量，证券交易所会对其进行定期和不定期的复核，不符规则者可暂停上市或予以摘牌。

(3) 管理交易所的成员，执行场内交易的各项规则，对违纪现象做出相应处理等。

(4) 编制和公布有关证券交易的资料。

2. 场外交易市场

场外交易是相对于证券交易所交易而言的，凡是在证券交易所之外的股票交易活动都可称作场外交易。由于这种交易起先主要是在各证券商的柜台上进行的，因而也称为柜台交易。

场外交易市场与证交所相比，没有固定的、集中的场所，而是分散于各地，规模有大有小，由自营商来组织交易。他们自己投入资金买入证券后，可随时随地将自己的存货卖给客户，以维持市场流动性和连续性，也被称作“市场组织者”，买卖差价可以看作自营商提供以上服务的代价。但自营商又不像交易所的特种会员一样有维持价格稳定的义务，在价格大幅波动的情况下，他们将停止交易以避免更大的损失。

场外交易市场无法实行公开竞价，其价格是通过商议达成的，一般是由自营商挂出各种证券的买人和卖出两种价格，如果某种证券交易不活跃，只需一两个自营商作为市场的组织者；当交易活跃时，更多的市场组织者会加人竞争，从而降低买卖差价。

场外交易比交易所管制少，灵活方便，因而为中小型及具有潜质的公司提供交易的场所，如 Microsoft、Intel 等公司均在此交易。美国于 1939 年建立了全国证券交易商协会这一自我规范组织，1971 年该组织启动全国证券商协会自动报价系统(NASDAQ)，取代了以往的电话、电报报价的方式。该系统发展很快，其成交量已超过纽约证交所，成为第一大市场。

【知识拓展】

美国 NASDAQ 市场

人们通常所指的纳斯达克，即 NASDAQ(National Association of Securities Dealers Automated Quotation)，狭义的理解就是全美证券交易商协会自动挂牌系统，其广义上是指纳斯达克股票市场，1971 年 2 月 8 日起正式开始运作。

NASDAQ 利用其最先进的通讯技术，通过与全国范围内的做市商终端系统相连接，实现了自动撮合下的 OTC 证券交易，目前为 2772 家证券提供中间报价。NASDAQ 发展十分迅速，1985 年市值创造了 2500 亿美元的纪录，1990 年初达到 3863 亿美元，1995 年市值突破 1 万亿美元,1999 年达到 5.8 万亿美元,发展速度十分迅猛。在行业结构方面,NASDAQ 中上市公司大部分为高成长行业，如信息技术、通讯、医药生物技术、金融、保险等。美国软件行业上市公司中的 93.6%、半导体行业上市公司中的 84.8%、计算机及外围设备上市公司中的 84.5%、通讯服务行业上市公司中的 82.6%、通信没备行业中上市公司中的 81.7% 都在 NASDAQ 上市。

NASDAQ 市场特点如下。

1. 双层的市场结构

为了适应不同企业的发展需要。NASDAQ 市场分成了两个部分：NASDAQ 全国市场(The NASDAQ National Marked)和 NASDAQ 小型资本市场(The NASDAQ Small-CAP Market)，在上市方面实行的是双轨制。小型资本市场的对象是高成长的中小企业或新兴公司，其中高科技企业占有很大比重。NASDAQ 全国市场的对象是高资本企业或经过小型资本市场发展起来的企业。小型资本市场的上市标准要比全国市场的上市标准宽松得多。

2. 独特的做市商制度

NASDAQ 是一个由报价导向的股票市场，它采用先进的做市商制度。这种制度极大地推动交易的活跃和资金的流动性。—般每家公司至少应有两家做市商为其股票报价。为确保每只股票在任何时候都有活跃交投，每个做市商都承担资金，以随时应付任何买卖。

3. 高效率的计算机交易系统

NASDAQ 是—个完全电子化的交易市场，其在世界各地一共装置 20 多万台计算机终端，运用最先进的通讯技术向世界各个角落的交易商、基金经理和经纪人传达 5000 多种证券的全面报价和最新交易信息。有 99.9%的股票交易场所可以利用 NASDAQ 的交易系统进行交易，其管理与运作的效率很高。

4. 通畅的信息渠道

NASDAQ 的交易信息，依据根据需求提供不同，分为三个层次：一是查询。一般是金融从业人员、投资者和其他有兴趣的人、会利用市场信息终端查询实时交易资料，包括各种证券即时的最低卖价和最高买价报价、OTCBB市场上做市商的报价、NASDAQ市场指数、NASDAQ市场各种证券以及OTCBB市场中本国证券的收盘价和成交量、ADR及OTCBB市场中的外国证券的收盘价和成交量，NASDAQ的报价通过20多万台计算机终端输送到全世界，但不能输入交易指令和取得成交回报。二是经纪公司、金融机构通过NASDAQⅡ型工作站、市场信息机、终端、NQDS服务或电子通讯网络(ECN)查询做市商报价，并且可以输入交易指令和得到成交回报。查询内容包括除第一层次的内容之外，还可以看到做市商的报价、查询每天的各项统计数据、每天的成交员和成交金额最大的证券、各种指数的最高、最低、收盘情况，还可以通过NASDAQ自动委托系统报单。三是做市商通过NASDAQ工作站的交互应用程序查询、输入指令、报价，这是NASDAQ市场的核心，仅限于做市商。除了第一、二层次的功能外，还可以购入任何数量的证券，通过自动委托系统输入和执行指令，进行成交回报和结算，随市场变化输入指令、撤销、更新和调整报价，在90秒内报出各市场内的成交情况。在这里，做市商得到的信息量最详细。

3．第三市场

第三市场是指原来在证交所上市的股票移到场外进行交易而形成的市场。第三市场交易的是既在证交所上市又在场外市场交易的股票，以区别于一般含义的柜台交易。第三市场最早出现于20世纪60年代的美国。长期以来，美国的证交所都实行固定佣金制，而且未对大宗交易折扣佣金，导致买、卖大宗证券的机构投资者(养老基金、保险基金、投资基金)和一些大宗交易的个人投资者通过场外交易上市股票以降低交易费用，后来随着机构投资者的增多而迅速成为一种专门的市场。但1975年以后，美国取消了固定佣金制，由交易所会员自行决定佣金，并改善了服务质量，从而大大削弱了第三市场的吸引力。

4．第四市场

第四市场指大机构或大的个人投资者绕开经纪人和自营商，彼此之间利用电脑网络进行的大宗证券交易。这种交易可以最大限度地降低交易费用，它的发展对证券交易所和场外交易形成了巨大的压力，促使市场降低佣金，改进服务。

二、长期债券市场

债券是一种有价证券，是社会各类经济主体为筹措资金而向债券投资者出具的，并且承诺按一定利率定期支付利息和到期偿还本金的债权、债务凭证。由于债券的利息通常是事先确定的，所以，债券又被称为固定利息证券。

债券的种类有国债、金融债券和企业债券，价格表现主要有发行价格和交易价格。从企业债券看，它的发行与股票类似，不同之处主要有发行合同书和债券评级两个方面。同时，由于债券是有期限的，因而其一级市场多了一个偿还环节。

(一) 债券发行的准备阶段

债券发行的基本条件：在我国，发行债券必须控制在国家制定的年度发行指标范围之内，发债企业必须经中央或省级人民银行、计委的批准方可发行。发债企业要符合如下的基本条件：一是企业规模和财务制度符合国家要求；二是具有偿债能力；三是经济效益良好，发债前三年连续赢利；四是所筹资金的用途符合国家的产业政策。

发行基准和发行条件：发行债券还应制定具体的发行基准和发行条件，一般在发行章程或发行合同书中加以确定。发行基准是指企业的经营状况和财务状况，包括资产负债率、盈利水平及累积利润额、资本比率等项指标；发行条件是指发债的一些具体安排，它要使发行者和投资者均能接受。这些条件包括发行对象、时间、期限、方式，以及债券种类、期限、利率、面额、总发行额、还本付息方式等。

（二）债券的评级审批

债券违约风险的大小与投资者的利益密切相关，也直接影响着发行者的筹资能力和成本。为了较客观地估计不同债券的违约风险，通常需要由中介机构进行评级。但评级是否具有权威性则取决于评级机构。目前，国际上最著名的两大评估机构是标准普尔公司和穆迪投资者服务公司，前者的评级标准按信用水平分为AAA、AA、A、BBB、BB、B、CCC、CC、C九级；另外，还设置了CI级(无利息收人的债券)和D级(处于违约状态的债券)。在我国，发行债券须经认可的债券评级机构加以评级。

发行债券企业将发债申请书、发行章程、经审计的财务报告、营业执照、评级报告等项材料上报债券管理机构，进行审批，经批准后方可发行。

（三）债券的发行交易

经批准发行的债券，实物债券即可按照国家对票面样式的要求，印制债券加以发行，记账式债券则无凭证而由电脑记载。债券的发行一般由证券经营机构承销。

债券交易同样是在二级市场进行，即在证交所或国家批准的证券交易机构进行。在国外，交易所、场外店头市场、第三市场、第四市场等交易场所，都可承担债券的交易。国债不经申请即可上市流通，而企业债券场外交易要大于场内交易。

（四）债券的偿还

债券的偿还一般可分为定期偿还和任意偿还两种方式。

1．定期偿还

定期偿还是在经过一定限期后，每过半年或1年偿还一定金额的本金，到期时还清余额。这一般适用于发行数量巨大，偿还期限长的债券，但国债和金融债券一般不使用该方法。定期偿还具体有两种方法：一是以抽签方式确定并按票面价格偿还；二是从二级市场上以市场价格购回债券。为增加债券信用和吸引力，有的公司还专门建立偿还基金用于债券的定期偿还。

2．任意偿还

任意偿还是债券发行一段时间(称为保护期)以后，发行人可以任意偿还债券的一部分或全部，具体操作可根据早赎或以新偿旧条款，也可在二级市场上购回予以注销(买入注销)。

投资银行往往是具体偿还方式的设计者和操作者，在债券偿还的过程中，投资银行有时也为发行者代理本金的偿还。

第四节　其他金融市场

【知识拓展】

伦敦黄金市场

伦敦黄金市场历史悠久，其发展历史可追溯到300多年前。1804年，伦敦取代荷兰阿姆斯特丹成为世界黄金交易的中心，1919年伦敦金市正式成立，每天进行上午和下午的两次黄金定价。由五大金行定出当日的黄金市场价格，该价格一直影响纽约和香港的交易。市场黄金的供应者主要是南非。1982年以前，伦敦黄金市场主要经营黄金现货交易，1982年4月，伦敦期货黄金市场开业。目前，伦敦仍是世界上最大的黄金市场。伦敦黄金市场的特点之一是交易制度比较特别，因为伦敦没有实际的交易场所，其交易通过无形方式——各大金商的销售联络网完成。交易会员由最具权威的五大金商及一些公认为有资格向五大金商购买黄金的公司或商店所组成，然后再由各加工制造商、中小商店和公司等连锁组成。交易时由金商根据各自的买盘和卖盘，报出买价和卖价。伦敦黄金市场交易的另一特点是灵活性很强，黄金的纯度、重量等都可以选择。

一、黄金市场

（一）黄金市场的交易主体

1. 金融机构

参与黄金市场的重要金融机构有两类：一是中央银行。世界黄金存量的一半掌握在各国中央银行及各种官方机构，其目的是通过持有黄金储备并通过买卖黄金来安排国际储备资产和调节国际收支，持有量一般较为稳定。二是商业银行。商业银行虽然不生产和消费黄金，但其市场重要程度甚至超过了黄金生产商和黄金首饰加工商。因为商业银行是一个居市场中枢地位的多重功能的角色。作为服务商，它为黄金买、卖者提供黄金交易服务和黄金交易的融资服务；作为风险承担者，商业银行在国际黄金市场中还充当做市商，积极参与交易活动；作为产品的设计者，商业银行从交易市场的需求出发，不断推出新的品种，用于黄金投资和规避价格风险。

2. 金商和经纪人

专门经营黄金买卖的各国金商和经纪人是黄金期货市场上的大主顾。金条商的黄金流动成本包括利息、储存与保险费用。如果其固定成本高于其流动成本，则他们就会买进黄金现货，而卖出期货合同。这样，他们既能有效地储备黄金，同时又贷款给市场；反过来，如果其固定成本低于其流动成本，他们就会卖出黄金现货，买进期货，在有效地出让黄金的同时向市场借款。

3．其他主体

除金融机构、金商和经纪人以外，黄金生产商、黄金首饰加工商、牙科医院、居民个人等也是黄金市场的重要参与者。

（二）黄金市场的分类

1．黄金现货市场

黄金现货市场又称实物黄金市场，是指黄金买卖成交后即期交割的市场。所买卖的实物黄金有各种形式，主要是各种成色的金条和金块。大金条量重价高，主要为专业金商和中央银行买卖的对象；小金条重量轻，适合于一般私人和企业买卖收藏。除金条和金块外，在黄金现货市场交易的黄金还有各种金币、金丝、金叶和各种黄金首饰等。

2．黄金期货市场

黄金期货市场是指成交后在未来规定日期交割的市场。目前在世界主要的黄金期货交易所里，黄金期货交易的单位都是100盎司的精炼黄金，其成色不得低于99.5%。黄金期货合约的月份从1个月到12个月不等。其报价方式一般以每盎司精炼黄金多少美元来表示。黄金期货的价格与现货的价格相差不多，差价主要由利率和供求关系所决定。国际黄金市场的交易活动无论是现货交易还是期货交易，一般都通过经纪人成交。

3．黄金期权市场

黄金期权交易是在20世纪70年代初发展起来的，包括买权和卖权。所谓买权就是买方支付一定的权利金，获得在一定时间内以一定的价格买入某种商品的权利，买方无义务行使这种买权。所谓卖权就是买方支付一定权利金，获得在一定时间内以一定的价格卖出某种商品的权利。同样，买方也无义务行使这种卖权。

（三）我国的黄金市场

1．我国黄金市场的开放历程

自中华人民共和国成立到20世纪80年代末期，我国实行的是“统购统配”的黄金管理体制，不存在真正意义上的黄金市场。从20世纪90年代初开始，我国围绕黄金的定价机制、供应制度、金饰品零售审批制度等方面进行了一系列改革。1993年，将黄金固定定价制度改为浮动定价制度。2001年11月，将黄金制品零售管理审批制改为核准制。2001年10月，国务院批准成立上海黄金交易所，同年11月28日上海黄金交易所开始模拟运行。2002年10月30日，上海黄金交易所正式开业运行。上海黄金交易所的开业，既标志着50多年“统购统配”黄金管理体制的终结，也标志着我国真正意义上的黄金市场的形成。

2．我国的黄金交易所概况

第一，我国黄金交易所实行的是会员制。截至2005年年底有会员108家，其中商业银行13家(包括工、农、中、建四大国有商业银行以及招商银行、上海银行、北京银行、中信实业银行、上海浦东发展银行、深圳发展银行等)、产金单位24家、用金单位61家、冶炼单位8家、造币单位2家，会员分布于26个省市自治区。会员产金占75%，用金占80%，冶炼占90%。中国人民银行指定四大国有商业银行作为黄金交易所的结算银行和实物托管银行，可以开办8项黄金业务：黄金现货买卖、黄金交易清算、黄金项目融资、黄金交割、黄金拆借、黄金租赁、黄金收购和居民个人黄金投资零售。

第二，我国黄金交易所实行现货交易。即使是这样也很少以实物交割，而是采用账面拨付的办法，这样既节省了搬运费，也避免了运送风险。

第三，我国黄金交易所目前交易的品种主要有黄金、白银和铂。交易主体仅限于黄金生产企业和加工厂商、机构投资者，还不允许个人直接介入黄金交易。

从总体上看，我国黄金交易所目前虽然规模较小、主体不多、方式比较单一，但这并不妨碍我国黄金交易所有一个美好的未来，因为我国黄金市场的潜力十分巨大。据悉，香港目前人均黄金收藏达8克，而内地仅0.28克。并且，中国内地的黄金消费96%用于珠宝首饰，投资和储蓄不足4%。因此，随着个人参与炒金政策的逐渐放宽和黄金用途的增加，将会使内地长期压抑的黄金投资和黄金消费潜力得以释放。

二、外汇市场

（一）外汇市场的概念

外汇市场是指经营外币和以外币计价的票据等有价证券买卖的市场，有狭义和广义之分。狭义是指进行外汇交易的有形市场，即外汇交易所，一般采取交易中心方式，由参加交易各方于每个营业日的规定时间，汇集在交易所内进行交易。广义是指有形和无形外汇买卖市场的总和，它不仅包括封闭式外汇交易中心，而且还包括没有特定交易场所，通过电话、电报、电传等方式进行的外汇交易。目前，随着先进通信技术手段的广泛运用，世界各国的外汇交易大多是通过现代化通信工具来进行的，形成了以各外汇市场为中心、以全球为整体的世界性外汇市场，外汇交易也由局部或地区交易扩展为全国性及全球性交易。

（二）外汇市场的类型

1．柜台市场与交易所市场

柜台市场也称无形市场，是一种无固定场所及无固定开盘和收盘时间的外汇市场。它是通过从事外汇交易的银行与经纪人，运用一个庞大的电话、电报、电传和计算机及其他现代通信载体组成的信息报价及交易系统来进行交易的。由于场外外汇交易可以随时、随地进行，消除了外汇交易的时间及地理位置限制，且交易成本相对较低，交易及交割速度也比较快，因而更能够为大多数外汇交易者或参与者所接受，使其成为外汇市场的主要组织形式及市场类型。交易所市场也称有形市场，是一种有固定的交易场所和交易时间限制的市场。外汇交易所处在国际金融中心的所在地，有固定的营业日和开盘、收盘时间，从事外汇交易的外汇经纪商在每个营业日的规定时间内集中在交易所进行交易。

2．零售市场与批发市场

零售市场由外汇银行与个人及公司客户之间的交易构成。在零售市场上，每笔交易数额虽不一定很大，但交易笔数较多，交易频繁，构成银行外汇交易的重要组成部分。批发市场由外汇银行同业间的买卖外汇活动构成。从总的外汇市场交易份额或结构来看，绝大部分的外汇交易是银行间的外汇交易即批发交易，约占交易总量的95%，产生于国际贸易和投资的外汇买卖仅占外汇交易的3%，用于保值及外汇管理的交易仅占2%。银行间的外汇交易多是为了调整自身的外汇头寸，以减少和防止由汇率变动所产生的风险。

3. 官方市场与自由市场

官方市场是指受所在国政府控制，按照中央银行或外汇管理机构规定的官方汇率进行交易的外汇市场，这种市场对参与者的资格、交易的对象、所使用的汇率、外汇的用途、每笔外汇交易的金额等都有一定的限制。在1973年固定汇率制崩溃之前，官方外汇市场一直处于主导地位。自1973年以后，由于西方国家普遍实行了浮动汇率制，官方外汇市场便逐步让位于自由外汇市场。但在大部分发展中国家，目前官方外汇市场仍占主导地位。自由市场是指不受所在国政府控制，汇率由外汇市场供求自由决定的外汇市场，该市场对参加者、交易对象、交易额度、交易价格(汇率)及交易目的等都没有限制，可以完全或最大限度地由市场供求双方决定，只有在有害于国内、国际经济时，各国中央银行或货币当局才会单方或联合进行干预。目前，伦敦是世界上最大的自由外汇市场。此外，纽约、苏黎世、法兰克福、香港、新加坡、东京等，也都形成了比较发达的自由外汇市场。

4. 现货市场与期货市场

现货市场一般是指外汇交易协议达成后，必须在数日内交割清算的市场。由于交易与交割之间时差非常短，汇率的波动性不会很大，因此，现货市场上进行外汇交易，其汇率风险相对较小。期货市场则是指外汇交易在现在完成而在未来某一规定日期进行交割的市场。其特点是外汇期货交易双方购买或销售的是一种标准化外汇买卖契约；交割清算所使用的汇率是交易时的汇率而不是交割时的汇率。

(三) 我国的外汇市场

1. 我国外汇市场的构成

我国目前的外汇市场由两部分组成：一是银行与客户之间的零售市场或称银行与客户之间的结售汇市场。外汇指定银行每天根据中央银行公布的人民币兑换美元等货币的中间价，在一定浮动范围内制定对客户的挂牌价。二是银行间外汇交易市场，其交易载体是中国外汇交易中心的计算机联网交易系统；其市场主体既有外汇指定银行、外资银行，也包括中央银行。

2. 我国外汇市场的发展

近年来，我国外汇市场主要在三个方面取得了令人瞩目的成就：一是减少了对外汇市场的某些不必要的管制，如逐步放松了对资本流出、强制结售汇的要求，逐步释放人民币升值压力等。二是迅速扩大了市场交易主体。已由原来4家国有商业银行和3家股份制商业银行扩大到所有具有即期结售汇业务和衍生产品交易业务资格的银行，并且实行备案制的市场准入方式。截至2005年9月底，在外汇管理局备案进入银行间远期外汇市场的成员数量已经增至43家，其中，外资银行占70%。另外，有10家银行被指定为新增加的8个外汇交易品种的做市商。允许境内设立向金融机构提供外汇、货币市场产品及衍生金融产品等交易的货币经纪公司。三是逐渐丰富了交易品种。1994年银行间外汇市场成立初期，只有美元和港币两个币种的交易，1995年增加了日元兑人民币的交易；2002年增加欧元兑人民币的交易。2005年5月18日，推出了8种“货币对”即期交易，包括欧元对美元、澳大利亚元对美元、英镑对美元、美元对瑞士法郎、美元对港币、美元对加拿大元、美元对日元和欧元对日元。2005 年 8 月 10 日前，中国外汇衍生产品品种主要是人民币与外汇远期结售汇交易。2005 年 8 月 10 日，允许开展银行间远期外汇交易、银行间即期与远期、远期与远期相结合的人民币对外币掉期交易，银行对客户办理不涉及利率互换的人民币与外币掉期业务等。允许银行间远期交易采取到期日本金全额交割和轧差交割的方式。由于采取了一系列促进外汇市场发展的新举措，使银行间外汇市场成交量呈显著增加的态势，如 2005 年上半年，人民币对外币交易各币种累计成交折合美元 1461 亿美元，同比增长 84.2%；其中，美元品种成交 1429 亿美元，同比增长 84.9%。

3．我国外汇市场的缺陷

与发达国家的外汇市场相比，我国外汇市场的不足之处在于：一是市场主体结构不合理。我国目前外汇市场的组织体系实际上只有两部分，即中央银行和外汇银行，客户被排除在市场体系之外，真正意义上的经纪人也远未形成。同时，中央银行是交易的绝对主力，甚至常常担当托盘的重任。二是地区间不平衡。据统计数据显示，北京、上海和广东三地的外汇交易额要占我国外汇市场交易额的 90%以上。三是市场币种仍然有限。目前，我国贸易伙伴已发展到 220 多个国家和地区，而外汇交易市场可以用人民币进行交易的外币币种仍主要集中在美元、日元、港元和欧元等。四是市场化程度不高，如银行进入市场的交易受中央银行核定的结算周转余额的控制，超额或不足才可以进入市场抛补；国有商业银行的分支机构不能直接人市；开市时间每天只有上午两个小时，尚没有形成一个从周一到周五连续 24 小时不间断交易的全球性市场；人民币汇率的形成机制还没有完全市场化等。

4．我国外汇市场改革方向

鉴于我国外汇市场目前所存在的问题，预计我国外汇市场的完善将会围绕以下几个方面来展开：一是逐步实现人民币经常项目的意愿结汇制度。强制结汇制度既加大了企业经营风险，又增加了外汇管理难度。为解决这个问题，有必要用意愿结汇取代强制结汇。二是实行真正的有管理的浮动汇率制。为了不妨碍汇率机制对经济的调节作用，使中央银行有更大的汇率干预空间和保持货币政策的独立性，我国中央银行应逐步放宽对人民币汇率每日波动幅度的限制，从而为中央银行退出汇率定价机制和人民币汇率最终完全市场化创造条件。三是尽快建立外汇平准基金。运用平准基金平抑外汇市场是发达国家通行的做法，在我国也应借鉴国外的经验，用外汇储备和商业银行的外汇资产建立外汇平准基金。四是努力完善我国外汇市场，包括采取增加外汇市场的主体、建立多层次的外汇市场、丰富外汇市场的交易品种等措施。

三、证券投资基金市场

【知识拓展】

量子基金

量子基金是全球著名的大规模对冲基金，美国金融家乔治·索罗斯旗下经营的五个对冲基金之一。量子基金是高风险基金，主要借款在世界范围内投资于股票、债券、外汇和商品。量子美元基金在美国证券交易委员会登记注册，它主要采取私募方式筹集资金。据说，索罗斯为之取名“量子”，是源于索罗斯所赞赏的一位德国物理学家、量子力学的创始人海森堡提出“测不准定理”。索罗斯认为，就像微粒子的物理量子不可能具有确定数值一样，证券市场也经常处在一种不确定状态，很难去精确度量和估计。量子基金和配额基金都属于对冲基金，其中前者的杠杆操作倍数为 8 倍，后者可达 20 倍，意味着后者的报酬率会比前者高，但投资风险也比前者来得大。根据 Micropal 的资料，量子基金的风险波动值为 6.54，而配额基金则高达 14.08。

乔治·索罗斯号称“金融天才”，从 1969 年建立“量子基金”至今，他创下了令人难以置信的业绩，以平均每年 35%的综合成长率令华尔街同行望尘莫及。他好像具有一种超能的力量左右着世界金融市场。他的一句话就可以使某种商品或货币的交易行情突变，市场的价格随着他的言论上升或下跌。

（一）证券投资基金市场的参与者

1．证券投资基金发起人

依据我国现行的《证券投资基金法》规定，证券投资基金的主要发起人为按照国家规定成立的证券公司、信托投资公司、基金管理公司。基金发起人必须具备的条件是：① 除基金管理公司以外，每个基金发起人的实收资本不少于 3 亿元，主要发起人有 3 年以上从事证券投资的经验、连续赢利的记录；② 每个基金发起人有健全的组织机构和管理制度，财务状况良好，经营行为规范；③ 有符合要求的营业场所、安全防范设施和与业务有关的其他设施；④ 有明确可行的基金发行计划。如果设立申请开放式基金，除应遵守上述规定以外，还应有明确、合法、合理的投资方向；有明确的基金组织形式和运作方式；基金托管人、管理人近 1 年内无重大违法、违规行为。

2．证券投资基金管理人

基金管理人是指负责基金的具体投资操作和日常管理的基金管理机构。《证券投资基金法》规定，证券投资基金管理人由依法设立的基金管理公司担任。担任基金管理人，应当经国务院证券监督管理机构核准。设立基金管理公司，应当具备下列条件，并经国务院证券监督管理机构批准：(1) 有符合本法和《中华人民共和国公司法》规定的章程；(2) 注册资本不低于 1 亿元人民币，且必须为实缴货币资本；(3) 主要股东具有从事证券经营、证券投资咨询、信托资产管理或者其他金融资产管理的较好的经营业绩和良好的社会信誉，最近 3 年没有违法记录，注册资本不低于 3 亿元人民币；(4) 取得基金从业资格的人员达到法定人数；(5) 有符合要求的营业场所、安全防范设施和与基金管理业务有关的其他设施；(6) 有完善的内部稽核监控制度和风险控制制度；(7) 法律、行政法规规定的和经国务院批准的国务院证券监督管理机构规定的其他条件。

3．证券投资基金托管人

证券投资基金托管人，又称证券投资基金保管人，是证券投资基金的名义持有人与保管人。根据我国现行的《证券投资基金法》规定，证券投资基金托管人由依法设立并取得基金托管资格的商业银行担任。申请取得基金托管资格，应当具备下列条件：净资产和资本充足率符合有关规定；设有专门的基金托管部门；取得基金从业资格的专职人员达到法定人数；有安全保管基金财产的条件；有安全高效的清算、交割系统；有符合要求的营业场所、安全防范设施和与基金托管业务有关的其他设施；有完善的内部稽核监控制度和风险控制制度。基金托管人与基金管理人不得为同一人，不得相互出资或者持有股份。

4．证券投资基金投资人

证券投资基金投资人也就是证券投资基金的实际持有人，它是指投资购买并实际持有基金证券的自然人和法人。在权益关系上，基金持有人是基金资产的所有者，对基金资产享有资产所有权、收益分配权和剩余资产分配权等法定权益。证券投资基金的一切投资活动都是为了提高投资人的投资收益率，并降低投资风险，所以，保护投资人的利益并使其获得理想的投资报酬是基金管理人所要追求的目标。

5．证券投资基金市场的服务机构

证券投资基金市场的服务机构主要分为三类：第一，代销业务机构。根据现行规定，从事开放式基金代销业务的机构必须具备下列条件：有专门管理开放式基金认购、申购和赎回业务的部门；有足够熟悉开放式基金业务的专业人员；有便利、有效的商业网络；有安全有效的技术设施等。第二，代办注册登记业务机构。根据现行规定，代办开放式基金注册登记业务的机构可以接受以下委托业务：建立并管理投资人基金单位账户；负责基金单位注册登记；基金交易确认；代理发放红利；建立并保管基金投资人名册等。第三，其他服务机构。证券投资基金市场除有代销和注册等服务机构以外，还有为基金投资提供咨询服务的基金投资咨询公司；为基金出具会计、审计和验资报告的会计师事务所、审计师事务所和基金验资机构；为基金出具律师意见的律师事务所；为封闭式基金提供交易场所和登记服务的证券交易所、登记公司等。

（二）封闭式基金市场的运作

1．封闭式基金的发行

第一，发行方式。其方式可按两种标准分类：一是按发行对象和发行范围，可以分为公募与私募两种发行方式。前者是指向广大社会公众发行的方式，具体包括包销、代销和自销三种形式。在我国，目前不允许封闭式基金采用自销的方式，而必须委托证券承销机构代销。后者是指基金发起人面向少数特定的投资者发行基金的方式，由于发行对象特定，故发行费用相对较低。二是按照发行环节，可分为自行发行与代理发行两种方式。自行发行不需要通过承销商，私募基金多采用这种方式。代理发行则需要通过投资银行、证券公司、信托投资公司等承销商来进行。

第二，发行价格。它是指投资者购买封闭式基金的单价。在我国，封闭式基金的发行主要采用网上定价发行的方式，其发行价格由两部分组成：一是基金面值，一般为人民币 1 元；二是发行费用，一般为人民币 0.01 元。发行时每份基金单位的发行价格一般为 1.01 元。

第三，发行费用。它是指发行基金份额而向投资者收取的费用。我国目前规定，上网定价发行封闭式基金的手续费由沪深证券交易所按实际认购基金成交金额的 3.5‰提取。其中，中签认购部分的发行费在扣除基金发行中会计事务所审计费、律师见证费、发行公告费、材料制作费、上网发行费等费用后的余额归基金所有，计入基金资产。上网定价发行，对投资者只按正常交易收取申购委托费，而不收取佣金、过户费和印花税等费用。

第四，发行期限。在我国，封闭式基金的募集期限为 3 个月，其计算起始日为基金批准成立日。在规定募集期内只有当实际募集规模超过规定募集规模 80%时，基金方可成立；当实际募集规模不足规定募集规模 80%时，基金不得成立。一旦在规定募集期内实际募集规模达不到规定募集规模，则被视作基金募集失败，基金发起人必须承担基金募集费用，已募集资金和按活期存款利率计算的活期存款利息一并在 30 天内退还给基金认购人。

2．封闭式基金的流通

第一，上市交易的条件与程序。封闭式基金申请上市交易需提交上市申请书、验资报告书和上市公告书等必要的文件。交易所对基金管理人提交的上市申请文件进行审查，认为满足上市要求的，将申请文件、审查意见及拟定上市时间等一并报中国证监会批准，批准后由交易所出具上市通知书。上市前要与交易所签订上市协议书，并在中国证监会指定的报刊上公布上市公告书。

第二，交易账户的设立。根据现行规定，每个身份证只允许开设一个基金账户，已开设股票账户的投资者不得再开设基金账户；开设基金账户需本人亲自在本地办理，既不得由他人代办，也不得在异地开办；一个资金账户只能对应一个基金账户或股票账户(证券账户)；基金账户不得用于买、卖股票，而股票(证券)账户既可以买、卖基金，也可以买、卖股票；基金账户的开设费用为每户 5 元人民币。

第三，交易的委托与交收。在我国，封闭式基金的委托与交易与股票相类似，也是通过证券营业部委托申报或通过无形报盘、电话委托等方式申报买卖基金单位的。所不同的是，价格变化单位不是 0.01 元，而是 0.001 元。

第四，交易的费用。封闭式基金上市交易的费用通常包括委托手续费、佣金、过户费等，根据现行法规规定，在沪深证券交易所上市的封闭式基金，其佣金统一为成交金额的 0.25%，起点为 5 元，不收过户费，免征印花税。

(三) 开放式基金市场的运作

1．营销

第一，销售途径。开放式基金销售的途径大致有两种：一是代理销售，大多数开放式基金都至少有一家销售代理商。销售代理商利用销售权建立广泛的销售渠道和销售网络，负责向全国销售基金。目前世界上开放式基金的销售代理机构主要是由商业银行来充当的，如我国香港有四成的开放式基金是通过商业银行来销售的；德国开放式基金全部是通过商业银行来销售和赎回的。二是直接销售，即投资者通过邮寄、电话、银行电汇、到基金组织开设的办事处购买等途径直接从基金管理人那里购买基金单位。

第二，营销模式。国外开放式基金通常采用的服务模式有四种：一是专人服务模式。对于投资金额庞大的客户，基金管理公司会指派专人对客户提供一对一的售前与售后服务，除定期提供书面投资报告以外，还要提供上门咨询服务。二是电话中心服务模式。对于许多小额客户，基金管理公司会设置数人至数十人不等的电话中心来提供不定时的服务。三是语音传真自动服务模式。对于关心基金净值变动的投资者，基金公司可设立自动语音与自动回传的服务系统，只要其随时按键就可以知道最新的行情信息。四是互联网服务模式。基金公司为方便客户的交易与咨询可建立容量庞大的网站，通过它既可以了解基金的基本常识和浏览行情信息，也可以进行网上交易。

2. 申购

第一，开立账户。开立账户时，投资人需要提供姓名、身份证复印件以及印章(或签名)等信息，如果是每月自动扣款或是网络交易，投资人还需要与银行签订自动扣款委托协议或网上交易协议。

第二，确认申购金额。由于开放式基金申购价格是以当日原基金净值作为参考，因此，申购基金时只能填写购买多少金额的基金，至于能购买多少单位的基金只有到第二天公布了前一天的基金净值以后才能知晓。

第三，支付款项。在国外，银行汇款和支票是投资人支付开放式基金款项的主要方式，投资人在支付款项时要加上申购的手续费，世界各国开放式基金的手续费标准不一，从 1.5%～5%不等。近年来，出于促销的目的，开放基金申购手续费呈现出下降的趋势，在美国，甚至兴起了许多无申购手续费的开放式基金。

第四，申购确认。基金公司在确认投资人的申购款项确已划出后，按照申购日的基金净值将相应的基金单位数记人投资人的账户，并向投资人提交成交确认书；投资人也可以通过语音电话查询最终申购的基金单位数。

3. 赎回

开放式基金赎回是投资者卖出基金份额收回投资的过程。其中，较为关键的事项有以下几个方面：

第一，赎回指令。基金持有人可以通过直销和代销机构向基金公司发出赎回指令，赎回指令既可采用传真、电话、互联网等现代通信方式发出，也可亲自到基金公司柜台及代销机构发出。

第二，赎回价格基准。在国际市场上，基金的赎回价格是赎回当日的基金净值。有些基金公司会加上赎回手续费，从而有买进和赎回两种报价。

第三，领取赎回款项。投资人一般要在 3～5 日后才能收回赎回基金的款项，因为基金管理公司在接到客户赎回指令后，要经过一系列步骤才能将赎回款项送达投资人。一是要确认赎回指令是否有效，即基金公司要将赎回申请与客户预留资料进行对比，以确认客户身份的真实性和保障客户资金的安全。二是要准备赎回款项。基金公司根据每天汇总当日基金的申购与赎回情况和变动规律，预留一部分现金以备支付投资人的赎回款项。三是要将赎回款项直接汇人投资人在银行的户头，或寄发支票给投资人。不过，当市场急跌、赎回压力增加到一定程度时，基金公司可启用公开说明书中所规定的暂停赎回条款。

4. 费用

第一，销售手续费。投资者在买开放式基金的时候，需要向基金的销售机构支付一定的手续费，目前国内开放式基金的销售手续费一般在基金金额的 1%～1.5%之间。在基金发行期的销售手续费叫认购费，发行期结束后的日常销售费称为申购费。一般来讲，基金公司为了吸引投贤者在基金发行时买基金，认购费比申购费要便宜一些。为了使投资者长期持有基金，有些基金公司还推出了后端收费模式，即在投资者购买基金的时候不收手续费，而将此项费用延迟至投资者赎回的时候再收取。但如果投资者持有基金的时间超过一定期限，赎回的时候便不用付费了。

第二，赎回费。目前国内基金在赎回的时候还要收取赎回费，主要是支付在赎回时的操作费用。同样是鼓励投资者长期持有基金，一些基金公司推出了赎回费随着持有时间增加而递减的收费方式，即持有基金的时间越长，赎回时付的赎回费越少，持有时间长到一定程度，赎回时就可不收赎回费。

第三，管理费。基金是委托专家理财，应该付给专家也就是基金公司一定的管理费。目前国内的年管理费中一般在 0.3%～1.5%之间，视投资目标和管理的难易程度不同而有所区别。一般而言，收益和风险较高的品种，管理难度也较大，如股票型基金，管理费较高；而收益和风险较低的品种，如货币市场基金，管理费较低。管理费的支付方式和销售费、赎回费不同。后两种费用是在买、卖基金的时候支付或从赎回款中扣除，而管理费则是从其他资产中扣除，在实践中，一般是每天计算，从当日的净值中扣除，投资人不需要额外拿钱出来。

第四，托管费。基金的管理原则是“投资与托管分离”，托管机构负责基金资产的保管、交割等工作，同时还有监督基金公司的职能，所以需要付给托管机构托管费。一般在国内，年托管费占基金资产净值的 0.25%左右。

四、衍生金融工具市场

【知识拓展】

巴林银行的破产与金融衍生产品

巴林银行集团是英国伦敦城内历史最久、名声显赫的商人银行集团，素以发展稳健，信誉良好而驰名，其客户也多为显贵阶层，包括英国女王伊丽莎白二世。该行成立于 1762 年，当初仅是一个小小的家族银行，逐步发展成为一个业务全面的银行集团。巴林银行集团的业务专长是企业融资和投资管理，业务网络点主要在亚洲及拉美新兴国家和地区，在中国上海也设有办事处。到 1993 年底，巴林银行全部资产总额为 59 亿英镑，1994 年税前利润高达 1.5 亿美元。1995 年 2 月 26 日巴林银行因遭受巨额损失，无力继续经营而宣布破产。从此，这个有着 233 年经营史和良好业绩老牌商业银行在伦敦城乃至全球金融界消失。目前该行已由荷兰国际银行保险集团接管。

巴林银行破产的直接原因是新加坡巴林公司期货经理尼克 · 里森错误地判断了日本股市的走向。1995 年 1 月份，里森看好日本股市，分别在东京和大阪等地买了大量期货合同，指望在日经指数上升时赚取大额利润。谁知天有不测风云，日本大阪、神户地震打击了日本股市的回升势头，股价持续下跌。巴林银行最后损失金额高达 14 亿美元之巨，而其自有资产只有几亿美元，亏损巨额难以抵补，这座曾经辉煌的金融大厦就这样倒塌了。那么，由尼克 ·里森操纵的这笔金融衍生产品交易为何在短期内便摧毁了整个巴林银行呢?我们首先需要对金融衍产品有一个正确的了解。金融衍生产品包括一系列的金融工具和手段，买卖期权、期货交易等都可以归为此类。具体操作起来，又可分为远期合约、远期固定合约、远期合约选择权等。这类衍生产品可对有形产品进行交易，如石油、金属、原料等；也可对金融产品进行交易，如货币、利率以及股票指数等。从理论上讲，金融衍生产品并不会增加市场风险，若能恰当地运用，比如利用它套期保值，可为投资者提供一个有效的降低风险的对冲方法。但在其具有积极作用的同时，也有其致命的危险，即在特定的交易过程中，投资者纯粹以买卖图利为目的，垫付少量的保证金炒买、炒卖大额合约来获得丰厚的利润，而往往无视交易潜在的风险，如果控制不当，那么这种投机行为就会招致不可估量的损失。 新加坡巴林公司的里森，正是对衍生产品操作无度才毁灭了巴林集团。里森在整个交易过程中一味盼望赚钱，在已遭受重大亏损时仍孤注一掷，增加购买量，对于交易中潜在的风险熟视无睹，结果使巴林银行成为衍生金融产品的牺牲品。巴林事件提醒人们加强内部管理的重要性和必要性。合理运用衍生工具，建立风险防范措施。

思考题：透过巴林银行倒闭事件，我们应怎样看待衍生金融工具

（一）金融期货市场

1. 金融期货市场的特征与功能

金融期货指是交易双方在金融市场上，以约定的时间和价格，买卖某种金融工具的具有约束力的标准化合约。金融期货市场主要由外汇期货市场、利率期货市场和股票期货市场组成。金融期货市场的特征有以下几点：交易场所限于交易所；交易很少以实物交割；交易合约系标准化合约；交易每天进行结算。金融期货市场主要有两大功能：一是转移价格风险的功能。在日常金融市场活动中，市场主体常面临着利率、汇率和证券价格波动等风险。有了期货交易后，他们就可以利用期货多头或空头把价格风险转移出去，从而实现避险目的。应该注意的是，对单个主体而言，利用期货 交易可以达到消除价格风险的目的，但对整个社会而言，期货交易通常并不能消除价格风险，期货交易发挥的只是价格风险的再分配，即价格风险的转移作用。并且，在有些条件下，期货交易还具有增大或减少整个社会价格风险总量的作用。二是价格发现功能。期货价格是所有参与期货交易的人对未来某一特定时间的现货价格的期望或预期。不论期货合约的多头还是空头，都会依其个人所持立场或所掌握的市场资讯，并对过去的价格表现加以研究后，做出买、卖委托。而交易所通过电脑撮合公开竞价出来的价格，即为此瞬间市场对未来某一特定时间现货价格的平均看法。这就是期货市场的价格发现功能。

2. 金融期货交易的流程

金融期货交易是由投资人通过期货经纪商以各种委托单指示场内经纪人代为买、卖期货合约的行为。

3. 金融期货保证金

金融期货保证金可分为结算保证金和客户保证金两个层次。结算保证金是结算所向结算会员收取的，以确保履约的能力与诚意。客户保证金是结算会员或期货经纪商收取的，以充当履约的保证。结算保证金又分为原始保证金和变动保证金两种。原始保证金通常是以期货合约价格的一定比例缴纳，变动保证金是指因期货契约结算价格的变动而每天需相应调整的保证金。保证金的数额主要根据以下因素确定：第一，每份合约的价格，它是确定保证金的基础。第二，不同金融证券期货合约价格变动幅度。价格变动幅度较大的，往往也是收费相对较多的。第三，期货合约的类型。当客户在同一商品不同月份有买卖仓时，其保证金收费比单买或单卖的客户低。第四，是套期保值还是投机。套期保值者的保证金

往往要低于投机者，因为套期保值者大多拥有实物。第五，客户对象。对信誉好、稳定的、长期的客户收取的保证金一般比较低。

（二）金融期权市场

1．金融期权合约的定义与种类

金融期权是指赋予其购买者在规定期限内按双方约定的价格购买或出售一定数量某种金融资产权利的合约。对于期权的买者来说，期权合约所赋予给他的只有权利，而没有任何义务。他可以在规定期限内的任何时间(美式期权)或期满日(欧式期权)行使其购买或出售标的资产的权利，也可以不行使这个权利。对期权的出售者来说，他只有履行合约的义务，而没有任何权利。按期权买者的权利，期权可分为看涨期权和看跌期权。凡是赋予期权买者购买标的资产权利的合约，就是看涨期权；而赋予期权买者出售标的资产权利的合约就是看跌期权。按期权买者执行期权的时限，期权可分为欧式期权和美式期权。欧式期权的买者只能在期权到期日才能执行期权。而美式期权允许买者在期权到期前的任何时间执行期权。按照期权合约的标的资产，金融期权合约可分为利率期权、货币期权(或称外汇期权)、股价指数期权、股票期权以及金融期货期权等，而期货期权又可分为利率期货期权、外汇期货期权和股价指数期货期权三种。

2．金融期权的交易

与期货交易不同的是，期权交易场所不仅有正规的交易所，还有一个规模庞大的场外交易市场。交易所交易是标准化的期权合约，场外交易的则是非标准化的期权合约。对于场内交易期权来说，其合约有效期一般不超过 9 个月，以 3 个月和 6 个月最为常见。跟期货交易一样，由于有效期(交割月份)不同，同一种标的资产可以有好几个期权品种。此外，同一标的资产还可以规定不同的协议价格而使期权有更多的品种，同一标的资产、相同期限、相同协议价格的期权还分为看涨期权和看跌期权两大类，因此，期权品种远比期货品种多。为了保证期权交易的高效、有序，交易所对期权合约的规模、期权价格的最小变动单位、期权价格的每日最高波动幅度、最后交易日、交割方式、标的资产的品质等做出明确规定。

（三）金融互换市场

1．互换交易的概念与种类

互换，也称掉期，具有双重含义。在外汇市场上它是指掉期交易，即双方同时进行两笔金额相等、期限不同、方向相反的外汇交易。在资金市场上它是指互换，即双方按事先预定的条件进行一定时期的债务交换。互换交易涉及利息支付，这是与掉期的基本区别。

2．互换交易的种类

从交换利息支付的角度分类，它包括同种货币浮动利率对固定利率的互换、同种货币浮动利率对浮动利率的互换、不同货币固定利率对固定利率的互换、不同货币固定利率对浮动利率的互换、不同货币浮动利率对浮动利率的互换五种形式。从是否发生货币交换的角度分类，它包括货币互换和利率互换两种形式。

3. 金融互换市场结构

第一，利率互换市场。利率互换是指双方同意在未来的一定期限内根据同种货币的同样的名义本金交换现金流，其中一方的现金流根据浮动利率来计算，而另一方的现金流根据固定利率计算。互换的期限通常在 2 年以上，有时甚至在 15 年以上。双方进行利率互换的主要原因是双方在固定利率和浮动利率市场上分别具有比较优势。最基本的利率互换形式也是最常用的利率互换形式是固定利率对浮动利率互换。由于利率互换只交换利息差额，因此信用风险很小。

第二，货币互换市场。货币互换是交一种货币的本金和固定利息与另一货币的等价本金和固定利息进行交换。货币互换的主要原因是双方在各自国家中的金融市场上具有比较优势。由于货币互换涉及本金互换，因此当汇率变动很大时，双方就将面临一定的信用风险。当然这种风险仍比单纯的贷款风险小得多。

第五节　国际金融市场

一、国际金融市场的概念及特点

从机能上讲，广义的国家金融市场是指从事各种国际金融业务活动的场所，包括国际间货币的借贷、外汇的买卖、黄金的买卖、国际债券的发行与销售等内容；而狭义的国际金融市场仅指长短期国际资本借贷、实现资本流动的场所。从范围上讲，广义的国际金融市场是指全球范围内所有经营国际金融业务场所得总称。狭义上的国际金融市场是指某一从事国际金融业务的集中地，这种市场通常是以所在地的名称命名，如伦敦国际金融市场、纽约国际金融市场等。习惯上把这些集体的集中场所称为国际金融市场。

国际金融市场绝大多数是没有固定地点的市场，而是由众多经营国际金融业务的机构组成，这些国际金融机构主要通过现代化通讯工具进行各种金融商品的交易，即无行市场。当然，国际金融市场也存在有形市场，如证券交易所。

国际金融市场与国内金融市场相比较具有以下特点：第一，参与者不限于一国居民，非居民也广泛参与；第二，交易的金融资产不限于本国货币，还包括国际广泛承认的外汇、黄金等金融资产；第三，交易的范围扩大到世界各国；第四，较少或不受所在国政府法规的管辖和约束，而是依靠交易双方的信用、国际惯例、国际金融机构来制约。

二、国际金融市场的分类

(一) 根据性质不同，国际金融市场可分为传统金融市场和离岸金融市场

(1) 传统国际金融市场是从事市场所在国货币的国际信贷和国际债券业务，交易主要发生在市场所在国的居民与非居民之间，并受市场所在国政府的金融法律法规管辖。

(2) 离岸金融市场，其交易涉及所有可自由兑换的货币，大部分交易是在市场所在国的非居民之间进行的，业务活动也不受任何国家金融体系规章制度的管辖。

(二) 根据功能不同，可分为外汇市场、货币市场、资本市场和黄金市场

(1) 外汇市场，进行外汇买卖的交易场所，是在西方国家放松外汇管制的情况下，随商品经济、货币信用和国际贸易的展开而同步形成的，在实现购买力的国际转移，防止外汇风险及提供国际性的资金融通和国际结算等方面发挥着重要作用。

(2) 国际货币市场，指资金的借贷期限在一年以下的国际间资金融通的市场，最重要的作用是为个人、工商企业、金融机构及政府调剂短期资金的短缺。国际货币市场由四部分构成：

① 银行同业拆借市场，是银行的金融机构之间短期资金融通的场所。银行每个营业日后，有头寸有余，有头寸不足，为此经常进行拆借，以保证经营的顺畅进行。

② 短期信贷市场，是银行对工商企业提供一年以内贷款的市场，主要用于弥补企业临时性资金的不足。以同业拆借利率为基础再根据企业信誉而定。

③ 短期证券市场，包括国库券市场，商业票据市场和银行定期存单市场，在国库券市场和商业票据市场上，国库券和商业票据的发行一般采取折扣方式；即发行价格低于国库券或票据面额，到期债务人按面额偿还，依据即为投资者的利息收入，银行定期存单是商业银行发行的大面额、无记名可转让的定期存款凭证，期限大多为 1 个月到 1 年。

④ 贴现市场，把未到期的票据打个折扣向银行或有关金融机构提取现金，即银行或金融机构按照一定的贴现率，扣除自贴现日至到期日的贴现利息，然后将票面余额支付给持票人，票据到期时，银行或金融机构凭票向发票人或承兑人兑取现款。

(3) 国际资本市场，期限在一年以上的中长期信贷或证券发行和交易的国际间资金融通市场。

(1) 中长期国际信贷市场。

① 银行中长期信贷市场。指一国借款人在国际金融市场上按照商业性条件向外国商业银行借取该银行所在国货币的中长期贷款。

② 外国政府借款：指各国政府或官方金融机构利用国家财政资金相互提供的优惠贷款。特点：期限一般为 10～20 年，最长可达 30 年，利率低(有低息和无息，低息为 1%～3%年利率，无息则要收一定手续费)但有一定附加条件。

(2) 国际证券市场。

国际证券市场是指世界各国之间发行和交易国际证券的市场，可分为国际股票市场和外国债券市场，亦可分为证券发行市场和证券流通市场。

国际资本市场的主要功能：一是提供使资本从剩余部门转移到不足部门的机制，使资本在国际间进行优化配置；二是为已发行的证券提供充分流动性的二级市场，以保证发行市场的活力。

三、欧洲货币市场

欧洲货币是在货币发行国国境以外的银行存储和贷放的货币。欧洲货币非指“欧洲”(国家)的货币，不是一个地理概念，而是指“境外”，实际应该称为境外货币，只是由于这种

境外存放，借贷业务开始于欧洲，故习惯于称欧洲货币。此种货币最先只有美元，随着国际市场的发展，现已成为欧洲英镑、欧元、日元、荷兰盾等的总称。

欧洲货币市场是集存于伦敦或其他金融中心的境外美元或其他境外货币用于国际借贷的国际资金市场。其中心最早在伦敦，现已经扩展到西欧、美国、加拿大、加拿大、香港等。因此欧洲货币市场确切地说不限于欧洲，而是境外市场，因此，从这个意义上讲还应包括新出现的亚洲货币市场。

目前欧洲货币市场具有如下特点：

(1) 自由的经营环境。

(2) 方便的调拨选择。机构的融资类型多样，电讯发达，银行网遍布全球，资金调拨方便，容易调成所需货币，可在最短时间内调拨到全世界。

(3) 独特的利率体系。欧洲货币市场利率与各发行国利率密切联系，但又不受法定准备金和存款利率最高上限限制，以伦敦银行同业拆放利率为基础，存款利率略高于货币发行国，贷款利率略低于货币发行国。

(4) 较少的经费负担，市场税赋较轻，服务费平均较低。

(5) 可选的货币多样。

(6) 广泛的资金来源，市场资金规模庞大，因为来源于世界各地，非市场国家的资金拥有者也可在市场上进行资金贷放，借款人不受国籍限制。

(7) 方便的地理位置，可以所在国经济流动和资金积累为基础，只要政治稳定、地理方便，通讯发达，服务周到，有较优惠政策，就可能发展成为这种新型国际金融市场。

(8) 银行同业间的交易占主导。

本章小结

(1) 金融市场是指资金供应者和资金需者双方通过作用工具进行交易而融通资金的市场。广而言之，是实现货币借贷和资金融通、办理各种票据和有价证券交易活动的市场。

(2) 货币市场又称短期资金市场，它是指经营一年以下短期资金借贷业务活动和场所的总称。货币市场交易的对象是一年以下的比较短期的证券，如商业票据、可转让的存款单据、国库券及同业拆借等。

(3) 资本市场又叫长期资金市场，是相对于货币市场(短期资金市场)而言的一种金融市场，通常是指一年以上的金融工具交易的场所，包括股票市场、债券市场和长期信贷市场等。

(4) 外汇市场是指由外汇需求者与外汇供给者以及买、卖中介机构所构成的买卖外汇的场所或交易网络。在外汇市场上，既可以进行本币与外币之间的买卖，也可以进行不同币种的外币间的买卖。

(5) 国际金融市场是指从事各种国际金融业务活动的场所，广义的国际金融市场包括国际间货币的借贷、外汇的买卖、黄金的买卖、国际债券的发行与销售等内容；而狭义的国际金融市场仅指长短期国际资本借贷、实现资本流动的场所。

知识网络图

- 金融市场
  - 金融市场概述
    - 金融市场的概念与特性
    - 金融市场分类、构成要素
    - 金融市场的功能、发展
  - 货币市场
    - 短期借贷市场、同业拆借市场
    - 商业票据、短期债券市场
    - 回购协议市场、CDs市场
  - 资本市场
    - 股票市场
    - 长期债券市场
  - 其他金融市场
    - 黄金市场
    - 外汇市场
    - 证券投资基金市场
    - 衍生金融工具市场
  - 国际金融市场
    - 国际金融市场的概念及特点
    - 国际金融市场的分类
    - 欧洲货币市场

本 章 练 习

一、思考题

(1) 什么是货币市场？它包括哪些子市场？其主要功能有哪些？

(2) 在证券二级市场上，第一、第二、第三、第四市场分别是指什么？

(3) 什么是银行间同业拆借市场？其特点是什么？

(4) 大额可转让定期存单与普通定期存单有哪些区别？

(5) 简述货币市场上的投资工具主要有哪些？各有何特点？

(6) 试述金融工具的特性及其相互关系。

(7) 试分析期货交易与期权交易的联系与区别。

(8) 简述欧洲货币市场的特点有哪些？

二、典型案例分析

【案例 1】

次 贷 危 机

一、次贷危机对金融市场的影响

2006 年美国爆发了次贷危机，2007 年 6 月，美国投资银行之一的贝尔斯登公司(Bear Steams)由于旗下的两支套期保值基金严重陷入了有抵押的债务凭证(Collateralized Debt Obligations，CDO’s)——一种以住房抵押贷款作担保的证券(ResidendslMortgage-backed Security，RMBS)为主要成分的债务的跌落之中，不得不向这两支基金注资 15 亿美元以防其丧失流动性。RMBS 最先出现在美国的次贷市场，其主要担保来自于房屋抵押贷款。2007

年春季美国次贷危机发生以后，与住房抵押贷款相关的证券的价格就一路下滑。开始时，是些级别较低的证券的价格迅速下滑，但紧接着，3A级别的证券的价值也向下滑落，整体大约损失了50%。与此同时，低级别信贷的爽约率也步步升级，反映了投资者对风险的估计一直不断地上升。危机的加重使得贝尔斯登公司的挽救措施不仅于事无补，连它自己也在10个月之后面临破产深渊，只是在有着美国联邦储备银行(US Federal Reserve Bank，FRB)为靠山的J.P.摩根银行决定将其实施了接管，才得到了庇护。

更出人意料的挽救行动在这之后接踵而至。为避免房利美(Federal National Mortgage Association，Fannie Mae)和房地美(Federal Home Loan Mortgage Corporation，Freddie Mac)这两家美国最大的住房抵押贷款公司走向坍塌，它们双双被美国政府国有化。这似乎已经是最大程度地平息金融市场的行动了。但却仅仅过了两天，美国的第四大投资银行——雷曼兄弟公司(Lehman Brothers)又出现了严重问题，不得不寻求美国银行破产法的第11章实施贷款者保护；美国第三大投资银行美林证券(Merrill Lynch)与美国银行(Bank of America)合并之后才幸免于难。因担心世界上最大的信贷保险商之一的美国国际集团(American international Group，AIG)进入无序倒闭，美国联邦储备委员会(US Federal Reserve Board，FRB)决定以850亿美元的信贷额度来支持这家疾病缠身的机构。这还绝对不是最后的救市行动，自从次贷危机发生以后，金融市场上的坏消息就一直没有间断过。据美国的报刊报道，美国政府正顾虑重重地考虑建立一个联邦机构去接管丧失了流动性的住房抵押贷款，以防止金融市场上更多机构走向破产。同时，美国联邦储备银行(FRB)、欧洲中央银行(European Central Bank，ECB)、英格兰银行(Bank of England，BE)和其他一些国家的中央银行都一再向市场增加流动性供给，以确保货币市场不丧失其正常功能。

许多欧洲的银行大量投资于与次级贷款相关的证券，它们也在次贷危机爆发后深深地陷入了困境。这就是说，欧洲的主要中央银行从金融混乱一开始就被卷入了危机处理。它们有时也被指责是牺牲了其主要目标——稳定价格，却费尽心力去保护某些实体经济免受金融危机蔓延所造成的损害，因为它们的有些政策措施本来是用来对付世界性绵绵不断的通货膨胀的。但是，以保护市场功能得以平稳而实施的流动性操作，和以价格稳定为中期目标的利率政策之间，至少对欧洲中央银行来说是严格分开的。美联储目前决定不下调联邦基金利率也是出于同一原因。

二、危机的起源：美国次贷市场

次贷市场本是向那些收入低下，就业状况朝不保夕、几乎没有什么抵押担保资产而无法进入金融信贷主体市场的人士提供信贷的市场。它在美国的住房抵押贷款市场中相当长的时间里仅是一个摆设而已。这可以从次级贷款的数量一直很低得到印证。2003年，次级贷款的总量只占美国住房抵押贷款市场的5.5%，但接下来的年份里，此比率以令人意外的速度增长，到2007年年中，它已增长到14%。2008年春季稍有回落，为12.5%。

次级信贷之所以疯狂增长，只能有一种解释，那就是未被严格管理的住房抵押信贷机构几乎把所有的审慎信贷规则都抛掷脑后。这些金融机构往往被大型投资银行所拥有，或至少与它们关系密切。正是出于这个原因，对上述机构经营行为的批评，大多剑指被扭曲了的经管人员的薪酬制度。这些非银行金融机构的经管人员从每一份房产信贷合同的签订中得取奖金而获利不菲，却对所签合同未来是否可以存续毫不关心。这样一种薪酬激励制度暗中误导了这些机构的经管人员最大化地追求奖金而置谨慎信贷于不顾。

除扭曲了的薪酬激励制度，一般情况以资产担保债券 Asset-backed-securities，ABS)形式和在特殊情况下以住房抵押贷款作担保的证券(RMBS)形式的信贷资产证券化以及被广泛运用，也在危机中扮演了重要角色。利用 RMBS，银行可以把房屋抵押贷款转化成为可交易的证券从而将资产移出资产负债表。一些多层架构组合的证券形式也被创造了出来，为的是更大规模地吸引投资者。这些多层架构组合的证券把各种各样的 RMBS 混合起来，再适配一些以资产为基础的证券、信贷衍生产品以及其他信贷，搅和成一个资金池，以此为主体创造出一个所谓的“有抵押担保的债务凭证(Collatemlized debt obligations，简称 CDO)”。CDO 被划小成若干份额，并采用所谓的“瀑布原理”——即按照各份额具有的不同回报所排定的回报率，将所有份额分划成等级来发售。经过对各份额的精心设计，证券化后的次级信贷 90%以上都被评定为优等，并授之以 3A 级别。

于是，一些投资策略本来应严格受制于风险监控的大型投资机构，如养老基金和保险公司也轻易地进入了次级市场开展投资活动。一些风险较大的份额，如夹层融资、第一风险权益份额等，更对许多风险套利基金充满了吸引力。甚至远在德国的一些本为中小企业融资而建立的大众银行(Public Banks)，也令人吃惊地大举投资于这些高收益证券。这些新型投资工具得以疯狂增长，还有一个原因是证券评级机构的推波助澜。这些机构一反传统做法，积极参与把这些新创造出来的 CDO 份额中的主体证券适当安排到理想级别。正是由于投资者信任这些证券评级机构的评估结果，被赋予 3A 级别的 CDO 份额即使以相对较低的利率出售，也一样有利可图。

金融市场的混乱不能归咎于方兴未艾的资产证券化趋势，相反，它显然是在信贷质量的评估上出了纰漏以及与之相应的证券价格的紊乱所引起的。为了弄明白这次泛滥成灾的市场行为为什么能够持续如此之久，有必要探讨这次危机过程中危及自身所具有的自我强化的自然属性。房价的上涨，使得贷款相对于其真实价值的比率长期处于临界水平以下，因而刺激了借贷人的再借贷和个人消费，变大了重新索回取消抵押品赎回权的比率。再者，房屋需求的背后是人口增长(美国的人口大约每年以 1%的速度增长)与低收入家庭越来越容易获得房屋抵押贷款。房价的上涨似乎又增加了借贷的可承受性，即使是社会上最贫穷的人群也是如此，因而造成房价在一个相当长的时期内，每年的增长率都超过了 10%。终于，松弛的货币政策和懈怠的监管标准混在一起把典型的房价泡沫吹鼓了起来。至于房价膨胀如果出现消退将会发生什么后果这一问题，明显的被长期压抑而无人提出。

可当房价泡沫破灭之后，许多借贷人的真实金融状况就显露了出来。流动性丧失率的增加、取消抵押品赎回权人数的回升、堆积起来的未出手房屋的数量，加之银行开始转向稍为审慎的信贷政策，把美国的住房抵押贷款市场拖入了衰退。美国住房市场各个领域的价格骤跌所聚集而成的震撼，使往日所有对证券风险报酬的计算成为了明日黄花。大多数 CDO 的价格起先还伴随着一种侥幸假定，认为其主体成分与住房抵押贷款之间仅仅是弱相关。倘若真是这样，所发生的事实应当是，取消抵押品赎回权的数量应该适当、流动性的丧失率应该较低才对。但伴随房价剧烈震荡的，是违约数量的急剧上升；是 CDO 证券中最安全的份额也陷入了亏损的险境；是超级优先交易份额的价格也相应地不停下跌；是投资者的惨重损失。

目前也出现了一些预示形势即将好转的微弱亮点。不只是美国的投资银行，连欧洲的银行也建立了一些金融机构投资于次贷市场。这些被称为“特殊目的媒体(Special propose vehicles，SPV)”的金融机构被设计为法理上独立自主，以避免它们与其父辈银行沆瀣一气。银行通过将资产向这些机构移动，降低了它们的资本金要求，其额外产生的流动性可用来购买附息金融资产。

SPV 的再融资是通过发行资产抵押商业票据(Asset—backed commercial papers，ABCP)来完成的。ABCP 之所以能够发行，是由于其父辈银行所提供的流动性担保。由于该流动性担保的期限绝大多数情况下都少于一年，也就难有可靠的资金被它们持有。当然，长期证券投资能够以短期的 ABCP 出售，也意味着这类机构做出了值得重视的投资期限转换。若把它们的此项功能与银行系统所进行的投资期限转换功能相比较，差别明显在于中央银行的缺位。而中央银行至少在理论上讲，可以为国内货币提供无限的流动性。

三、住房抵押贷款危机向金融市场的蔓延

对次贷市场做出的严重错误估计与高风险的金融投资策略，是引起整个金融市场大混乱的祸首。起初，它只影响了住房抵押贷款市场的一些方面，但房价上涨的逆转，致使美国住房市场的所有方面都深蒙其害。接着，3A 级别的 RMBS 的价格随其评级的下调开始回落，而 RMBS 和 CDO's 的级别被下调迫使投资者退出了该衍生品市场。

CDO's 价格的跌落最初影响的是高杠杆套期保值基金。2007 年 6 月，贝尔斯登公司(Bear Steams)的两支套期保值基金正是被其主要承销商——投资银行要求追加抵押担保品而变得喘不过气来。这些资本不足的套期保值基金为了苟延残喘，只好被迫廉价出售手中的 CDO's 份额，而这进一步加剧了价格的恶化。不言而喻，已陷入如此状况的套期保值基金是不可能再获得新进资金了。相反，随着私人投资者赎回其投资，许多小型基金，甚至包括一些大型的套期保值基金也只能是关门了事。

紧随其后，被多层架构组合证券的价格恶化所折磨不堪的是投资银行。正如美国的银行实施“按市估价(Market-to-market)”的会计方法，不得不立即在交易项目中调整全部资产价值一样，金融市场此次的不确定性和衰退，让这些投资银行蒙受了大量的账面价值减让及其相应损失，此类损失的相关消息又触发了新一轮的资产甩卖，引起了人们怀疑整个银行系统的稳健，而对银行系统资金偿付能力所存在的疑虑很快又转化成流动性挤压。这一现象是所有从事期限转换业务的金融机构中都能看到的典型现象。

降低 RMBS 和 CDO’s 的级别也增加了 SPV 再融资的难度。后来，ABCP 的价格也被卷入了下滑的潮流，使得该证券的展期变得越来越困难。尽管投资银行所保证的流动性权限应该保证 SPV 为解决短期 ABCP 形成的困境有足够的偿付能力，但很快就变得一清二楚的是，处于压力之下的银行显然被这项艰巨的任务弄得不堪重负，说明它们并非被赋予足够的流动性，也很难在货币市场上获得新进资金。因为市场的不确定和账面资产价值的减少的确切情况缺乏透明度，引得银行们越来越不愿意放贷于银行间市场。资金危机有时甚至影响到了那些并未卷入美国次贷市场的金融机构，英国的北石银行(Northern Rock Bank)就是一个例子。与这种影响背景相对抗，留给银行的唯一解决手段就是清算它们的 SPV 并收回它们的贷款。随着这些资产流回资产负债表，各银行就不得不维持足额的资本金以满足中央银行的监管要求。相应于外流信贷资金的不断回流，已被“遮掩掉”的银行系统又渐渐地浮出了水面。

四、中央银行对货币市场混乱的反应

如前所释，次贷市场上流动性丧失率的上升，越来越加深了市场对银行稳健性的怀疑。

又由于与金融媒介的亏损相关的信息有限，要估计出其他银行存在多大风险变得相当困难，银行间信贷市场上的信心不断衰减；其后果是扩大了货币市场上所有期限的非抵押担保贷款之间的利率差额，银行开始留持一些以备意外之需的缓冲性流动资产，致使干涸的银行间市场日益枯萎了。

为了确保货币市场的正常功能，各中央银行采取了一系列措施。由于各自具有不同的运行框架，它们所采取的措施也就不尽相同。但一般来讲，在解决流动性挤压这一难题时，却都采用了相似的方法。它们都通过更为积极的储备金管理力图保持短期货币利率与自己的政策利率基本一致暗示了以下几点：(1) 针对紧张的货币市场，大量提供保持其运行所需的流动性。当然，在欧洲货币市场上，假如流动性过多造成其隔夜利率直线滑落至最低再融资利率之下，欧洲中央银行又会择机从市场上回抽基础货币；(2) 流动性的可得性向更大范围的金融机构开放；(3) 中央银行接受更宽泛的抵押担保品范围以帮助银行再融资；(4) 加长提供给银行运作的流动性的平均期限。

但是，当欧洲中央银行(ECB)非常明确的实行上述各项措施时，它必须把价格稳定这一中期目标所需的货币政策态势和为市场提供流动性这两者之间清晰地区分开来。这项所谓的“隔离原则(Separation Principle)”确保中央银行所做的再融资运作不至于被误解成为货币政策态势将发生变化的一种信号。隔离原则很关键，因为事实证明：在货币政策的主要目标——维持价格稳定与金融稳定之间不存在左右权衡的余地。

至于说到为银行提供流动性的运作，对美联储来说，实施之前必须做出一些制度性变革，相反，欧洲的中央银行却早已握有大量可用于对付欧洲货币市场出现畸变的工具。例如：美联储是首次允许使用具有投资评级的RMBS为再融资作抵押担保，而在欧元区内，在欧洲货币联盟成立之初就已经被允许这么做了。英格兰银行原先拒绝提供紧急流动性，但最终在北石银行发生存款挤兑事件之后，不得不将其政策与欧洲中央银行的政策保持了一致。可是，英格兰银行的这一艰难努力，在一定程度上被许多银行在暗中挖了墙角，这些银行从欧洲中央银行借入资金又在外汇市场上将其换成了英镑。

尽管这次金融危机还远远没有过去，且还在不断迈上新的更加严重的台阶，但却可以说，欧元系统成功地避免了市场衰退，没有一家具有清偿能力的银行失去流动性。此外，欧洲各中央银行在稳定市场的同时，并没有忘记它们的主要目标——稳定价格。这可以从所有的流动性供给都得到加强和在整个金融危机期间都能够专心致力于全部的业务运作这一点上看出来。而在美国，美联储通过新创立的期限拍卖工具(Term Auction Facihty，简称TAF)向存款银行发放的追加资金被反向的超前购买抵消了，相应形成了借入储备的上升被非借入储备的下降所匹配的现象。欧洲中央银行也遇到过这种情况。当多余于满足最低存款准备金要求和现金需求的资金把基础货币的总供给弄得无法增加的时候，为了便利银行的流动性计划，欧洲中央银行将其资金供给从主要是两周期限的再融资改变成为3个月甚或更长期限的再融资。无疑，此时的美联储和欧洲中央银行的货币政策都没有为冒超额风险的银行提供任何事前或事后的保险，因而没有银行和非银行金融机构因货币政策的扶持而去冒道德风险。

请分析：

(1) 美国次贷市场的危机是如何产生的？

(2) 如何有效控制金融市场的风险？

【案例 2】

索罗斯与英格兰银行的英镑战役

1992 年英镑受到攻击,缘于当时欧洲汇率机制陷入困境。从 1979 年开始启动的欧洲汇率机制，是计划中建立欧洲单一货币(欧元)的第一阶段，这种机制要求参与的欧洲各国货币汇率一个规定范围内浮动。由于德国在欧洲经济中的火车头地位，核心汇率以德国马克为基准。一旦汇率浮动超出这一范围,各成员国中央银行有义务进行干预。1992 年 2 月马斯特里赫特条约签订，欧洲联盟 12 个成员国就建立欧元提出了具体的时间表，将在 2000 年前建立欧洲中央银行和单一的货币。

然而，事与愿违，德国由于承担两德统一的巨大开支而面临通货膨胀的压力，不得不维持高利率以吸引投资，给欧洲其他货币带来巨大的贬值压力。相形之下，英镑、里拉等则处于弱势，要想维持汇率，就必须提高利率，但高利率又会打击本已疲弱的本国经济。

1992 年 7 月就有 6 位英国货币专家联名写信给伦敦《泰晤士报》，要求英国政府降低利率以克服经济的不景气，甚至考虑从欧洲汇率机制中退出。对于英国政府来说，可以降低利率，但前提是德国也降低利率，否则将意味着英镑与马克之间汇率联系的破裂。

索罗斯看准了这个机会,他认为实力强大的德国央行的态度将起到决定性的作用，德国央行将会保护法郎，而抛弃英镑。事实证实了索罗斯的判断——德国联邦银行拒绝了来自英国政府方面的多次请求,坚决反对降低自己的利率。

索罗斯等人早就洞察出欧洲汇率机制中的问题，他们进行了周密的布局，开始大量沽空意大利里拉和英镑。1992 年 9 月 8 日，芬兰马克首先宣布与德国马克脱钩。9 月 12 日，在德国宣布维持利率不变的第二天，里拉跌破了对马克的波幅底线。

在英国，首相梅杰和英格兰银行行长莱蒙一再发言宣称英镑决不退出欧洲汇率稳定机制。为了不让英镑汇率下跌，政府要求英格兰银行买进英镑，维持英镑汇率在 1：2.778 马克的水平上。但索罗斯打击英镑的意图非常坚决，他放空 70 亿美元的英镑，买进 60 亿美元的德国马克，同时也买进 5 亿美元的英国股票。他还贷款 50 亿英镑，按 2.97 的汇率换成坚挺的马克。英格兰银行则从其 788 亿美元的外汇存底中动用 269 亿美元买进英镑，但仍然止不住英镑下跌的势头。

9 月 16 日，英国政府当天连续两次提高利率，使利率达到 15%，却依然无济于事。当日下午，带着巨大的屈辱感，英国首相梅杰和英格兰银行行长莱蒙被迫宣布退出欧洲货币汇率体系，最终英镑贬值 15%。9 月 17 日，意大利也宣布退出欧洲货币汇率体系，里拉自由浮动。

在英镑狙击战中，索罗斯赢了 10 亿美元，加上里拉和其他地方的投机，这一战一共赚了 20 亿美元。1992 年，索罗斯的个人收入是 6.5 亿美元，成为了当年华尔街赚钱最多的人，同时他还赢得了“令英格兰银行破产的人”、“全球最成功的投资家”的尊称。

在英国公众眼里，索罗斯倒成了英雄。他们以传统的英国方式说：“保佑他，如果他从我们愚蠢的政府手中获得 10 亿美元，他就是一个亿万富翁了。”

请分析：

(1) 索罗斯取代英镑狙击战胜利的原因是什么？

(2) 简要分析汇率对于一国经济发展的作用。

第八章　证　　券

【知识目标】

1．了解证券、证券投资的含义
2．掌握证券投资工具的概念、特征、种类及功能
3．理解证券市场的特征、发展、类型与功能
4．了解我国证券市场

【能力目标】

1．能够初步认知证券投资工具及其作用
2．能够理解和分析我国证券市场的现状

案例导入

法国密西西比泡沫的破灭

1796年初，法国国王路易十四驾崩，由路易十五——菲利普二世摄政。路易十四留给路易十五的是一个国库枯竭与巨额外债的国家，这主要是由于路易十四连年对外发动战争，对内又极度奢侈浪费，使得法国经济陷入极度苦难之中。于是，1716年，法国政府特许约翰•劳在巴黎建立了一家资本约600万利弗尔(Livre)的私人银行，这便是后来的“皇家银行”。政府授予皇家银行有发行钞票的权力，以便它用所发行的钞票来支付政府当时的开支，并帮助政府偿还债务。这种钞票在原则上可以随意兑换成硬通货，人们乐于接受。因此，银行建立后，其资产总额迅速增加。1717年8月，约翰·劳取得了在路易斯安那的贸易特许权和在加拿大的皮货贸易垄断权。其后，约翰·劳建立了西方公司，该公司在1718午取得了烟草专卖权。1718午11月，约翰·劳成立了塞内加尔公司，负责对非洲的贸易，1719年，约翰·劳兼并了东印度公司和中国公司，更名为印度公司，垄断了法国所有的对欧洲以外的贸易。约翰·劳所主持的垄断性海外贸易为他的公司源源不断地带来了巨额利润。1719年7月25日，约翰·劳向法国政府支付了5000万利弗尔，取得了皇家造币厂的承包权。为了弥补这部分费用，印度公司发行了5万股股票，每股1000利弗尔，股票价格很快

上升到1800利弗尔。1719年8月，约翰·劳取得了农田间接税的征收权。1719年10月，约翰·劳又接管了法国的直接税征收事务，其股票价格突破了3000利弗尔。1719年，约翰·劳决定通过印度公司发行股票来偿还15亿利弗尔的国债。为此，印度公司连续三次大规模增发股票：1719年9月12日增发10万股，每股5000利弗尔。股票一上市就被抢购一空，股票价格直线上升。1719年9月28日和10月2日，印度公司再增发10万股，每股5000利弗尔。股票价格一涨再涨，达到了每股10000利弗尔，在半年之内涨了9倍。

印度公司的股票猛涨不落，不仅吸引了本国大量的资余到股票市场，而且吸引了欧洲各国的资金的大量流入于是，每当印度公司发行股票时，皇家银行就跟着发行货币，每次发行股票都伴随着货币的增发。因为约翰·劳始终坚信增发银行纸币，换成股票，最终可以抵消国债。1719年7月，皇家银行发行了2.4亿利弗尔钞票，用于支付印度公司以前发行的1.59亿利弗尔的股票。1719年9月10日，皇家银行又发行了2.4亿利弗尔。货币大量增发后，必然会引发通货膨胀。1719年，法国的通货膨胀率为4%，到1720年1月上升到23%。通货膨胀率的上升直接动摇了民众的信心，人们纷纷涌向银行，想方设法把自己的纸币兑换成黄金，而不要印度公司的股票。1720年9月，印度公司的股票价格开始暴跌。1721年11月，股价跌到2000利弗尔；到12月2日，跌到了1000利弗尔；1721年9月，跌到500利弗尔，重新回到了1719年5月的水平。密西西比泡沫破灭后，法国经济也由此陷入萧条，经济和金融处于混乱状态，多年之后还难以复苏。路易斯安那位于密西西比河流域，这便成了密西西比泡沫名称的由来。

第一节　证券概述

一、证券概念

证券是对各类经济权益凭证的统称，是用来证明证券持有人有权取得相应权益的凭证。凡是根据一国政府有关法律发行的证券都具有法律效力，股票、债券、基金证券、商业票据，甚至保单、存款单等都属于证券范畴。

广义的证券，涉及的范围比较广，包括无价证券和有价证券。无价证券包括证据证券和凭证证券两种，其中证据证券是指能够证明某项事实的文件，例如信用证、书面证明等。此外，提单作为“免责证券”也是证据证券中较特殊的一种；凭证证券指的是能够认定证券持有人是某种私权的合法权利者，并证明其履行义务的有效文件，例如定期存折、存单、借据等。与有价证券相比，凭证证券不能作为所有权证书行使权利，这类证券一般不具有市场流通性。但随着金融创新的层出不穷，这个界限变得越来越模糊，如大额可转让定期存单就不同于传统意义上的存单，可以将其纳入有价证券的范围。而有价证券主要是指对某种有价物具有一定权利的证明书或凭证。

狭义上的证券，主要是指有价证券。有价证券就是一种有一定的票面金额，能够证明其持有人有权按期获取一定收入，并能在市场上自由转让和买卖的所有权或债权证书。一般来说，有价证券需要具备两个基本特点：一是券面必须载明财产的内容和数量，并且财产内容和数量需以一定的金额来表示。这是因为它直接代表财产权，并且有利于在市场上进行流通；二是证券所表示的财产权和证券自身不可分离，证券持有者的变更代表权利的转移。有价证券自身并不具有价值，它是虚拟资本的一种形式，是资金需求者筹措资本的重要手段。虽然有价证券券面往往会注明一定的金额，但并不代表其自身就具有这样的价值。其价格变动受多方面因素影响，其中最主要的影响因素是预期利息收入和市场利率。

二、证券的分类

按照不同的标准，可以对证券进行不同的分类。按其性质的不同，可以将证券分为证据证券、凭证证券和有价证券。因为有价证券是证券投资的主要对象，这里将主要介绍有价证券的分类。由于有价证券种类多种多样，依据不同的标准，可以对其进行不同的分类。

（一）按照发行主体的不同，可分为政府证券、金融证券、公司证券

1. 政府证券

政府证券是指政府为筹集财政资金或建设资金，利用其信誉按照一定程序向投资者出具的一种债权、债务凭证。一般而言，政府证券基本上是债务性质的证券，包括中央政府债券和地方政府债券两种。

2. 金融证券

金融证券是指商业银行或其他非银行类金融机构为筹措信贷资金向投资者发行的承诺支付一定利息并到期偿还本金的一种有价证券，主要包括金融债券、大额可转让定期存单等。

3. 公司证券

公司证券是指公司为了筹措资金而发行的有价证券。公司证券的内容比较多，本身设计也比较复杂，主要有股票和公司债券等。股票是股份有限公司按照公司法，为筹集公司资本公开发行的用以证明股东身份和权益的凭证。股票是股份公司发给股东的一种所有权凭证，股票的持有者即为公司的股东。股东一旦认购了公司的股票就不能再退回，只能通过转让和出售变现。公司债券是股份有限公司或者他类所有制企业为筹集资金发行的，并承诺在一定期限内还本付息的债权凭证。与股票相比，公司债券具有返还性，债券持有人在债券到期日可以获得债券的本息。但债券持有人作为公司的债权人无权参与公司的经营管理。

（二）按照证券是否在证券交易所挂牌交易，可分为上市证券和非上市证券

1. 上市证券

上市证券是指向某一证券交易所注册，有资格在该证券交易所进行公开交易的有价证券。上市公司需要经过证券主管机关审批，必须满足一定的条件，做到遵守交易所各项规章制度才能获得上市资格，其发行的证券才可以在交易所进行公正自由地买卖。

2. 非上市证券

非上市证券是指未向证券交易所登记，没有挂牌进行交易的有价证券。非上市证券也

称为非挂牌证券或者场外证券。非上市证券主要是公司或企业自行发行和推销的证券。一般而言，非上市证券不能在证券交易所内进行买卖，因此我们将这种交易方式称之为“场外交易”，把这类交易场所称为“场外交易市场”。非上市证券没有在证券交易所进行买卖，并不意味着该证券没有达到上市条件，有些公司会因为某些原因而不愿意在证券交易所上市，如为了保守商业机密等。

总的来看，我国非上市证券占绝大多数，因此非上市证券的交易要远远多于上市证券。当前，先进的网络通信技术为非上市证券的交易提供了更为便捷的方式，为场外交易市场的提供了更大的发展空间。

(三) 按照证券的用途和持有者的权益不同，可分为货币证券、资本证券和商品证券

1. 货币证券

货币证券表示对货币享有索取权的证券。货币证券在一定程度上可以替代货币使用，例如汇票、支票、本票等。单位之间进行商品交易或者劳务报酬都可以用货币证券进行结清。汇票是指由出票人签发的，委托付款人在见票时或者在指定日期无条件支付确定的金额给收款人或者持票人的票据。支票是指由出票人签发的，委托办理支票存款业务的银行或者其他金融机构在见票时无条件支付确定的金额给收款人或者持票人的票据。本票是由出票人签发的，承诺自己在见票时无条件支付确定的金额给收款人或者持票人的票据。

2. 资本证券

资本证券表明了投资事实，它是资本投入或者借贷的凭证，主要包括股权证券和债权证券。股权证券具体表现为股票和认股权证；债券证券则表现为各种债券。通常我们所说的证券基本上就是指资本证券。资本证券是虚拟资本，并非实际资本，它虽然也有价格，但自身却没有价值，形成的价格只是资本化的收入。

3. 商品证券

商品证券也被称为货物证券，是对货物有提取权的证明。货物证券主要包括提单、货运单、购物券等。

有价证券的分类方式多种多样，除了上面提到的以外我们还可按照收益是否固定将其分为固定收益证券与变动收益证券；按照发行方式和发行范围，我们可以将其分为公募证券和私募证券；按照流动性大小分为适销证券和不适销证券；按照发行地点不同可以分为国内证券和国外证券等。总之，我们可以根据研究目的的不同对有价证券进行不同方式的分类，这里不再赘述。

三、证券投资

证券投资是指投资者(包括个人和法人)购买股票、债券、基金等有价证券以及这些有价证券的衍生品，以获取红利、利息及资本利得的投资行为和投资过程，是直接投资的重要形式。它实际上就是投资者在金融市场中进行各种金融工具交易的活动。更准确地说，证券投资是投资者充分考虑了各种金融工具的风险与收益之后，运用资金进行的一种以赢利或者避险为目的的金融活动。这里并不包含所有的金融产品，例如银行储蓄存款、金币

买卖都不在这一范围内。当然，我们也不能把证券投资单纯地理解为股票投资，实际上证券投资的范围非常广泛，除了投资股票之外，还包括债券、基金等一些能够带来收益，同时又具有一定风险的金融产品。因此，有些学者也把证券投资定义为投资者根据每种金融工具的风险确定它的合理价格，然后在金融市场上购买那些定价低于合理价格的工具，卖出或者卖空那些定价高于合理价格的工具。

一般的证券投资过程通常包括以下五个基本步骤：

(1) 确定证券投资政策。证券投资政策是投资者为实行投资目标所遵循的基本方针和基本准则，它包括确定投资收益目标、投资资金的规模和投资对象三方面的内容以及应采取得的投资策略和措施等。

(2) 进行证券投资分析。证券投资分析是通过各种专业性的分析方法和分析手段对来自于各个渠道的、能够对证券价格产生影响的各种信息进行综合分析，并判断其对证券价格发生作用的方向和力度。证券投资分析作为证券投资过程不可或缺的一个组成部分，是进行投资决策的依据，在投资过程中占相当重要的地位。

(3) 组建证券投资组合。组建证券投资组合就是在投资政策所允许的范围内，根据自己的投资目的和投资分析所获取的结果，在证券市场进行证券的买卖，形成一个证券的组合。

(4) 对证券投资组合进行修正。根据市场行情的变动，以及政策、法律等外部因素的改变对证券组合进行合理的调整，以达到在同等风险水平下追求更高收益的投资目的。

(5) 评估证券投资组合的业绩。对证券投资组合业绩的评估是指投资者持有投资组合一段时间后，对投资所能获取的收益以及这一期间证券价格波动的一个综合分析为投资者以后的投资提供更多的投资信息，也是投资者对投资组合进行调整的一个依据。

四、证券投资的特性

与证券投资相对应的是实物资产投资，实物资产投资的投入会直接增加全社会的资本存量，而证券投资是以有价证券的存在和流通为条件的金融投资，因此证券投资除了具有收益性、风险性、流动性和时间性之外，还有其自身的特性。

（一）派生性

从经济学的角度来看，无论是何种制度的社会，只有形成用于生产的社会物质资本，才会真正有利于经济的增长和发展。而证券投资行为只是实物资产在社会中各生产部门和消费部门中进行资源优化配置的手段和补充。投资者进行证券投资可以实现对实物资产所有权和收益权的转移，因此证券投资行为是基于实物资产派生而来的经济行为。

（二）虚拟性

证券投资的虚拟性是指如果把投资活动中各行为主体的资产与负债进行加总，那么这些证券资产将消失，而仅剩下物质资产作为全社会的净财富。因此，我们可以看出，证券作为一方资产的同时也将成为另一方的负债，它的存在并不增加社会总财富。虽然证券不能增加社会财富，但是证券所具有的流动性所引致的证券投资选择机制，有利于提高物质资产投资的经营效益。

五、证券投资的要素

一般而言，证券投资需要具备时间、收益和风险三个基本要素。

（一）时间

这里所说的时间是指投资者进行投资的期限。投资者进行投资的期限分为长期、中期和短期。一般来说，投资期限越长所可能获得的预期收益就越高，同时所伴随的风险也就越高。因此，投资者在进行投资抉择的时候就需要根据自己的偏好来进行投资期限的选择。

（二）收益

收益是投资者进行证券投资的最终目的。股票的收益主要包括股利、资本利得以及分红送股等，债券主要是利息，或者通过市场价格波动获得资本利得。

（三）风险

风险是相对于收益而言的另外一个概念。投资者进行证券投资过程中，获得收益具有不稳定性，甚至可能招致损失。这种不稳定性就是风险。一般而言，预期收益越高，风险也就越大。实际投资过程中，投资者除了需要衡量收益与风险外，还需考虑投资成本等其他因素。

第二节　证券投资工具

一、股票

（一）股份、股份制与股份公司

股份有狭义和广义之分。狭义的股份，仅指股份制公司企业均分其资本的基本计量单位。广义的股份，包括三层含义：一是股份制公司企业一定量的资本额的代表；二是股东的出资份额及其股东权的体现；三是计算股份制企业资本的最小单位。股份的表现形式是股份证书。

股份制是利用股份公司的形式，通过发行股票筹集资本，调节社会资源配置的一种企业组织和经营管理制度。股份制就是以股份公司为核心，以股份发行为基础，以股票交易为依托。股份公司、股票和股票市场是现代股份制的三个基本要素，也是股份制这种企业组织和经营制度区别于其他企业组织制度的一个标志。

股份公司是按照相关章程和法律程序集合一定的资本合营的一种企业组织形式，股东享受共同营利、共担风险、并按照所持有股份多少行使权利和分配利润的权力。其成立的方式一般是由企业发起人把预定的企业总资本分成若干股份，通过发行股票的形式，把分散的资本集中起来构成企业的总资本。股份公司是股份制的核心，是现代经济生产经营所采用的一种最为普遍的企业组织形式，其需要一整套严格的外部条件才能正常运行。

（二）股票的概念

股票是一种有价证券，是股份有限公司公开发行的用以证明投资者的股东身份和权益，并据以获得股息和红利的凭证。

股票既能给投资者提供收入，又能充当商品进行买卖。股票本身并没有价值，仅是一种凭证，它之所以有价格，是因为它能给投资者带来股息收入。股票一经发行，持有者即为发行股票公司的股东，有权参与公司的决策，分享公司的利益，同时也要分担公司的责任和经营风险。股票一经认购，持有者不能以任何理由要求退还股本，只能通过证券市场将股票转让和出售。

股票是经过国家主管机关核准发行的，具有法定性。股票的制作程序、记载的内容和记载方式都必须符合法律规定和公司章程的规定。许多国家和地区的法律都对股票必须记载的内容做了具体规定。如果股票记载的内容欠缺或不真实，则股票无效。

（三）股票的特征与分类

1. 股票的特征

【知识拓展】

这笔股票收益归谁

天上真的掉了个大馅饼，文某都懵了。1999 年 5 月 25 日这一天差点改变了浙江股民文某的命运。文某虽入市多年，小打小闹，起初投入的五六万元本金，到了这年也亏去了三分之一。是日，文某通过电话自助委托买入 1000 股深中冠后，习惯地查询了其账户的资金余额，“您账户当前可用资金余额为 1 127 365.48 元”当话筒里传出电脑提示音后，文某以为听错了，反复核实后，他惊呆了：他账户在这一日竟平白无故地突兀多了整整 110 万元。文某脑子一片空白。

当文某踉踉跄跄地跑到证券部时，他竟然发现自己平日熟得不能再熟的交易密码忽然间竟忘得一干二净。十分钟后，通过触摸屏查询结果再次肯定了账户确多出了 110 万元，而刚才的狂喜却在消退，一种做贼的感觉令文某忐忑不安整整一上午，甚至没有勇气再去看看他账户的情况，以至于他此日买入的深中冠一路上扬也激不起他期待已久的快感。这 110 万元将文某的脑子占得满登登的。

临近当天收市时，文某又鼓起了勇气再去查询他的账户，这 110 万元并没有不翼而飞，仍安安静静地待在他的账户内。一个念头突然紧紧地抓住了文某的整个身心，他飞快地用 110 万元全仓买入了深中冠。这一天对于文某来说好似走了十年那么长。

然而，文某这种慌恐与幸福交织的心情并未持续太久。当日清算时，文某所在券商就很快发现他们划错了账，在次日冻结了文某以 110 万元购入的深中冠股票，并通知文某立即归还 110 万元。未曾想，深中冠在次日的持续上涨却将这件并不复杂的事情演变成一场纠纷。文某对其账户多出的 110 万元系券商错划所致的事实并无异议，但坚持因他操作实为券商带来 9 万余元的盈利，故要求券商给予必要的补偿，否则不平仓还款。而券商则寸步不让，他们认为这110万元本系其资金所产生的盈利应归券商所有，并表示若文某不予平仓，一旦股价下跌造成损失将由文某承担。双方就这样僵持了数日，最终由券商强行卖出了110万元购入的深中冠，并将卖出价款包括卖出盈利所得9.7万元从文某账户划走。

文某眼看到手的盈利转瞬即逝，自不甘心，将券商告上法庭，要求券商返还卖出盈利。券商表示文某非法占有其资金，且拒不返还，依法构成对券商财产所有权的侵害，故其提出返还盈利的要求无理。受理法院支持了券商的抗辩主张。

(1) 收益性。收益性是指股票持有者凭其所持有的股票，有权按公司章程从公司领取股息和红利，获取投资收益。投资者之所以购买并持有股票的最终目的就是获取收益。当然除了以上收益外，利用股票市场价格的波动获取价差也是投资者获得收益的另外一种形式。在我国，市场上绝大多数中小投资者都属于这种类型。严格地说，这一类投资者属于市场投机者。而决定股票市场价格的因素是多方面的，例如公司的经营业绩、市场利率的高低、对未来公司业绩和市场利率的预期、市场行情等，这些都将对股票的市场价格产生很大的影响。需要注意的是市场价格不一定就是股票实际价值的体现。有时市场中一些投机者的恶意炒作都会引起股票价格的剧烈波动，因此，投资者获得收益的多少受多方面因素影响。

(2) 风险性。风险性是指股票市场价格和收益率的不确定性，给投资者带来的收益或损失也是不确定的。股票的风险性与收益性是相对的。认购了股票，投资者既有可能获取较高的投资收益，同时也要承担较大的投资风险。一方面，股票自身收益率存在着不确定性，当公司经营状况良好，业绩突出，投资者才能获得较高的股息和红利。另一方面，股票市场价格又受多方面因素影响，市场投机者的炒作、行情的变动、政策法规的出台、企业经营状况都会对股票市场价格产生影响。这些因素都决定了投资者获得收益具有不确定性，甚至有可能招致损失。这些都是投资者为了获取一定收益而必须承担的风险。

(3) 流通性。股票可以在股票市场上随时转让，进行买卖，也可以继承、赠与、抵押，但不能退股。所以，股票是一种具有流通性颇强的金融资产。无记名股票的转让只要把股票交付会给受让人，即可达到转让的法律效果；记名股票转让则需要卖出人签章背书。正是由于股票具有颇强的流通性，才使股票成为一种重要的融资工具而不断发展。流通性是股票的一个基本特征。股票的流通性是商品交换的特殊形式，持有股票类似于持有货币，随时可以在股票市场上兑现。股票的流通性促进了社会资金的有效利用和资金的合理配置。

(4) 稳定性。股票投资是一种没有期限的长期投资。股票一经买入，只要股票发行公司存在，任何股票持有者都不能退股，即不能向股票发行公司要求抽回本金。同样，股票持有者的股东身份和股东权益就不能改变，但他可以通过股票交易市场将股票卖出，使股份转让给其他投资者，以收回自己原来的投资。这就保证了发行公司通过股票筹集到的资金在公司存续期内成为了一笔稳定的自有资本，保证了公司资本规模的稳定性。

(5) 责权性。股票持有者具有参与股份公司盈利分配和承担有限责任的权利和义务。根据公司法的规定，股票的持有者就是股份有限公司的股东，他有权或通过其代理人出席股东大会、选举董事会并参与公司的经营决策。股东权力的大小，取决于占有股票的多少。总体来看，股东一般具有投票权，在某种意义上亦可看作是参与经营权；股东亦有参与公司的盈利分配的权力，可称之为利益分配权。股东可凭其持有的股份向股份公司领取股息、要求责任权和索偿权。在公司解散或破产时，股东需向公司承担有限责任，股东要按其所持有的股份比例对债权人承担清偿债务的有限责任。在债权人的债务清偿后，优先股和普通股的股东对剩余资产亦可按其所持有股份的比例向公司请求清偿(即索偿)，但优先股股东要优先于普通股，普通股只有在优先股索偿后如仍有剩余资产时，才具有追索清偿的权利。

(6) 拆分和合并。股份的拆分是指将一份股份分为若干分，股份合并是将若干股合并为一股或者较少的几股。不管是股份的拆分还是合并，并不影响股份总量和股权总数。当股票市场价格过高时，股票在市场上交易就比较困难，进行拆股有利于增加市场的流通性。当股票市场价格降低，也可以适量将股份进行合并以提高单股的价格。当然影响股份分拆和合并的原因不仅就是这些原因。这里我们不多说明。

(7) 价格波动性。股票是一种特殊的商品。同其他商品一样，它有自己的市场行情和市场价格。股票的市场价格即交易价格的高低，不仅与该股份有限公司的经营状况与盈利水平紧密相关，而且也和股票收益与市场利率的对比关系相关联，同时，还会受到国内外经济、政治、社会以及投资者心理等诸多因素的影响。所以，股票的市场价格的变动，与其他一般商品价格的变动有所不同，大起大落是它的基本特征。

2. 股票的分类

在股票市场上，发行股票的股份有限公司，根据自身经营活动的需要和满足投资者不同的投资心理，发行各种不同的股票。这些种类的股票，各自所代表股东地位和股东权利也不尽相同。下面介绍几种最常见的分类方式。

(1) 按照股票赋予股东权利分类。按照赋予股东权利的不同，可以将股票分为普通股和特别股，其中在特别股股票中，优先股是基本形式。

① 普通股。普通股是指每一股份对公司财产都拥有平等权益，即对股东享有的平等权利不加以特别限制，并能随股份有限公司利润的大小而分取相应股息的股票。从经济运行实际来看，普通股股票具有以下特征：

第一，普通股股票是股份有限公司发行的最普通、最重要也是发行量最大的股票种类。股份有限公司最初发行的大都是普通股股票，通过这类股票所筹集的资金通常是股份有限公司股本的基础。普通股股票的发行状况与公司的设立和发展密切相关。

第二，这类股票是公司发行的标准股票，其有效性与有限公司的存续期间相一致。正因为如此，股票持有者就是公司的基本股东，平等地享有股东权利。股东参与公司经营决策的权利不会被有关方面加以特别限制。当然，也不会赋予这些股东以特别权利。

第三，普通股股票是风险最大的股票。持有普通股的股东有权获得股利，但必须是在公司支付了债息和优先股的股息之后才能分得。普通股的股利是不固定的，一般视公司净利润的多少而定。当公司经营有方，利润不断递增时普通股能够比优先股多分得股利；但如果公司经营不善，甚至可能赔本。另一方面，因为普通股收益具有不确定性，因此其在证券市场的价格也具有波动性，对于那些以获得价差为投资目的的投资者而言，这也是具有很高风险的。此外当公司因破产或结业而进行清算时，普通股东有权分得公司剩余资产，但普通股东必须在公司的债权人、优先股股东之后才能分得财产，财产多时多分，少时少分，没有则不分。由此可见，普通股东与公司的命运更加息息相关，荣辱与共。当公司获得暴利时，普通股东是主要的受益者；而当公司亏损时，他们又是主要的受损者。

② 优先股。优先股是指由股份有限公司发行的在分配公司收益和剩余资产方面比普通

股股票具有优先权的股票。

优先股的优先权主要是相对于普通股而言的。优先股是特别股股票中的一种。特别股股票是股份有限公司为特定目的而发行的股票，它包含的股东权利与普通股有一定差别。我们将这一类股票统称为特别股股票。作为特别股中最具代表性的一种，优先股价格的波动主要受市场利率影响比较大。其收益相对比较固定，因此公司利润对其影响相对较小。虽然公司利润对其影响不大，但其享有利润分配优先权的优势还是非常吸引市场中的投资者。对于发行公司而言，设立和发行优先股股票可以为公司筹集资金，同时也可以将优先股转换成普通股以减少公司股息负担。相对于普通股股东而言，优先股一般不具有表决权，因此可以避免经营决策权的分散。优先股特征主要体现在以下几个方面：

第一，约定股息率。优先股具有固定的股息收入，不受公司运营效益的影响，且优先股可以先于普通股股东领取股息，因此优先股股东收益相对稳定，风险相对于普通股更小。可是当公司经营状况良好，利润较高的时候，优先股同时也不能分享利润增长的收益，所以优先股价格增长潜力要低于普通股。

第二，优先分派股息和清偿剩余资产。当公司经营效益不良时，公司利润不能够支付全部股东股息和红利时，优先股有相对于普通股优先获得股息收入的优先权。当公司因解散、破产需要清算时，优先股股东有优先于普通股股东分配公司剩余资产的权利。

第三，表决权受到一定限制。优先股股东一般不具有参加公司经营决策的权利，即优先股股票不包含表决权，股东无权参加股东大会、过问公司经营状况。这可以保证普通股股东在公司的权利不被分散。但涉及到优先股股东权利的时候，优先股股东享有一定的表决权，比如公司长期不支付优先股股东股息，或者公司要将一般优先股股票改为可转换优先股股票。

第四，股票可由公司赎回。大多数优先股股票都附有赎回条款，在一定条件下公司可以赎回优先股，但优先股股东不能要求退股。股份有限公司在赎回优先股时，一般会在发行价的基础上加价，以保证优先股股东的权利。

(2) 按照股票是否记名分类。按照是否记名，可以将股票分为记名股票和无记名股票。

① 记名股票指票面上载有股东姓名，并将股东姓名记载于公司的股东名册上的股票。记名的股票只有记名的股东可以行使股权，其他人不得享受股东权力，因此记名股票的买卖必须办理过户手续，这在很大程度上保护了股东的权利。证券交易所流通的大都是记名股票。

② 无记名股票持有人可直接享受股东资格，行使股东权利。由于股票不记名，因此可以自由流通，不需要过户。相对而言，无记名股票更具有市场流动性。但当持有者遗失股票时也就等于遗失股东地位和获利的权利。

(3) 按照有无标明票面金额分类。按照有无标明票面金额，可以将股票分为面额股票和无面额股票。面额股票指有票面金额的股票，而无面额股票是股票票面上不记载金额的股票。在股票市场中，我们发现由于受各种因素的影响，股票的面额与股票的市场价格关系不太密切，股东权利与义务的计算主要是依据于其所占有股份的比例，面额变得越来越没有意义。因此，慢慢地就出现了无面额的股票。无面额股票虽然没有票面金额，但通常在票面上都记有股份数量，以表明股东持有股份的多少。

(4) 按照股票是否具有表决权分类。按照是否具有表决权，可以将股票分为表决权股、限制表决权股和无表决权股。表决权股指在股东大会上享受表决权的股票，持有者对发行公司的经营管理享有表决权。普通股一般都具有表决权。限制表决权股指有的公司为了防止少数大股东过多的表决权，形成对公司的绝对控制或操纵，对持有一定比例以上的普通股，在公司章程中明确限制其表决权。无表决权股指在股东大会上不享有表决权的股票，优先股一般都是无表决权的。

除了以上提到的分类方法外，根据投资主体的不同，我们还可以将股票分为国家股、法人股、个人股以及外资股。根据发行地点的不同以及币种的不同，我们还可以将股票分为A股、B股、H股、N股以及S股，我们将在第四节中结合我国实际做进一步分析。

（四）我国股票的现状

1．我国股票的分类

(1) 国家股。国家股是指以国有资产向股份有限公司投资形成的股权。国家股一般是指国家投资或国有资产经过评估并经国有资产管理部分确定的国有资产折算的股份。国家股的股权所有者是国家，国家的股权由国有资产管理机构或其授权单位、主管部门行使国有资产的所有权职能。国家股股权，也包含国有企业向股份有限公司行使转换时，现有国有资产折成的国有股份。

国家股的形式在不同的企业中也不尽相同。在由国家控制的企业中，国家股应该是普通股，从而有利于国家控制和管理该企业；在不需要国家控制的中小企业，国家股应该是优先股或参与优先股，从而有利于国家收益权的强化和直接经营管理权的弱化。国家股的规模大小和在不同企业所占比例问题是一个需要不断探索的问题。

(2) 法人股。法人股是指企业法人以其依法可支配的资产向股份公司投资形成的股份，或者具有法人资格的事业单位或社会团体以国家允许用于经营的资产向股份公司投资所形成的股权。

法人股是法人相互持股所形成的一种所有制关系，法人相互持股则是法人经营自身财产的一种方式。法人股股票应记载法人名称，不得以代表人姓名记名。法人不得将其所持有的公有股份、认股权证和优先认股权转让给本法人单位的职工。

(3) 公众股。公众股是指社会个人或股份公司内部职工以个人财产投入公司形成的股份。它有两种基本形式，即公司职工股和社会公众股。

公司职工股，指股份公司的职工认购的本公司的股份。公司职工认购的股份数额不得超过向社会公众发行的股份总额的10%。一般来讲，公司职工股上市的时间要晚于社会公众股。

社会公众股，指股份公司公开向社会募集发行的股票。向社会所发行的部分不少于公司拟发行的股本总额的25%。这类股票是市场上最活跃的股票，它发行完毕一上市，就成为投资者可选择的投资品种。

(4) 外资股。外资股是指外国和我国香港、澳门、台湾地区投资者以购买人民币特种股票形式向股份公司投资形成的股份，它分为境内上市外资股和境外上市外资股两种形式。

① 境内上市外资股。是指股份有限公司向境外投资者募集并在我国境内上市的股份，投资者限于外国和我国香港、澳门、台湾地区的投资者。这类股票称为B股，B股以人民币标明股票面值，以外币认购、买卖。

境内外资股是指经过批准由外国和我国香港、澳门、台湾地区投资者向我国股份公司投资所形成的股权。境内外资股称为B种股票，是指以人民币标明票面价值，以外币认购，专供外国及我国香港、澳门、台湾地区的投资者买卖的股票，因此又称为人民币特种股票。境内外资股在境内进行交易买卖。上海证券交易所的B股以美元认购，深圳证券交易所的B股以港币认购。

② 境外上市外资股。是指股份有限公司向境外投资者募集并在境外上市的股份。它也采取记名股票形式，以人民币标明面值，以外币认购。

目前，我国境外上市外资股主要有以下三种。

第一，H股。它是境内公司发行的以人民币标明面值，供境外投资者用外币认购，在香港联合交易所上市的股票。H股公司往往资产规模庞大，行业特征显著，大多数是基础产业，是本行业的排头兵，对行业以及上下游企业影响深远，在国民经济发展中发挥着举足轻重的作用。与H股概念相似的是红筹股，所谓红筹股是指香港证券界对具有中资背景的，由中资企业控股35%以上的香港上市公司，在香港联交所发行和上市的股票。H股和红筹股由于是我国股票市场走向国际资本市场的主要股票品种，因此，统称为“中国概念股”。

第二，N股。它是以人民币标明面值，供境外投资者用外币认购，获纽约证券交易所批准上市的股票。目前几乎所有外国公司(即非美国公司，但不包括加拿大公司)都采用存托凭证形式而非普通股的方式进入美国市场。存托凭证是一种以证书形式发行的可转让证券，通常代表一家外国公司的已发行股票。

第三，S股。所谓S股，是相对于那些通过间接途径(如反向收购)到新加坡上市的我国公司股票而言的，它指公司在我国注册，通过国家证监委正式批准，直接到新加坡上市的公司股票。

二、债券

(一) 债券的概念

债券是一种有价证券，是社会各类经济主体为筹措资金而向债券投资者出具的并且承诺按一定利率支付利息和到期偿还本金的债权、债务凭证。由于债权的利息通常是事先确定的，所以债券又被称为固定利息证券。

(二) 债券的基本要素

1. 债券的票面价值

债券的票面价值主要包括以下两方面内容：

(1) 票面价值的币种，即以何种货币作为债券价值的计量单位。币种的选择主要依其发行对象和实际需要确定。一般来说，若发行对象是国内有关经济主体，则选择国内货币作为债券价值的计量单位；若向国外发行，则选择债券发行地国家的货币或国际通用货币作为债券价值的计量单位。

(2) 债券的票面金额。票面金额的不同，对于债券发行成本、发行数额和持有者的分布，具有不同的影响。票面金额较小，由于有利于小额投资者购买从而有利于债券的发行，但可能增加发行费用，加大发行工作量；票面金额较大，则会降低发行费用，减轻工作量，但可能会减少发行量。

2．债券的市场价格

债券的票面价值，是债券市场价格形成的主要依据。一般来说，债券的发行价格与债券票面价值是一致的，即平价发行。在实践中，发行者出于种种考虑或由于市场供求关系的影响，也可能折价或溢价发行，都是债券价格对债券票面价值一定程度的背离。债券进入证券交易所进行交易以后，其价格的波动范围将进一步扩大，影响因素也更复杂。

3．债券的利率

债券的利率即债券持有人每年获得的利息与债券票面价值的比率。债券利率高低主要受银行利率、发行者的资信级别、偿还期限、利率计算方式和证券市场资金供求关系等因素的影响。

4．债券的偿还期限

债券的偿还期限即从债券发行日起到本息偿清之日止的时间。债券偿还期限的确定，主要受发行者未来一定期限内可调配的资金规模、未来市场利率的发展趋势、证券交易市场的发达程度、投资者的投资方向、心理状态和行为偏好等因素的影响。债券的偿还期限，一般分为短期、中期和长期。偿还期限在 1 年以内的为短期，1 年以上、10 年以下为中期，10 年以上为长期。

此外，还包括债券的发行主体名称、发行时间、债券类别以及批准单位及批准文号。

（三）债券的特征

1．偿还性

债券一般都规定有偿还期限，发行人必须按约定条件偿还本金并支付利息。

2．流通性

所谓流通性，是指债券的变现能力，指在偿还期限届满前能在市场上转让变为货币，以满足投资者对货币的需求；或到银行等金融机构进行抵押，以取得相应数额的抵押贷款。债券一般都可以在流通市场上自由转让。

3．安全性

与股票相比，债券通常规定有固定的利率。与企业绩效没有直接联系，收益比较稳定，风险较小。此外，在企业破产时，债券持有者享有优先于股票持有者对企业剩余资产的索取权。

4．收益性

债券的收益性主要表现在两个方面，一是投资债券可以给投资者定期或不定期地带来利息收入；二是投资者可以利用债券价格的变动，买、卖债券赚取差额。

（四）债券的分类

对债券可以从各种不同的角度进行分类，而且随着人们对资金融通需要的多元化，各种新的债券形式层出不穷。因此，对债券进行分类也就变得越来越复杂。

1. 按照发行主体分类

按发行主体可分为政府债券、金融债券、公司债券和国际债券。

(1) 政府债券。政府债券是中央政府和地方政府发行公债时发给债券购买人的一种格式化的债权债务凭证。其发行目的一般是为了弥补财政赤字、建设大型工程、归还旧债本息等。政府债券又可以分为国家债券、地方债券和政府保证债券。国家债券是由中央政府发行的债券，主要有国库券和公债券。国家债券的发行量和交易量在证券市场上占有相当的比重，对货币市场和资本市场的资金融通发挥着重要的作用。特别是短期国库券，作为货币市场的一种金融工具，流动性强，风险小，是最受投资者欢迎的金融工具之一。地方债券是由各级地方政府机构发行的债券。发行地方债券的目的是筹措地方建设资金，因此债券的期限较长。政府保证债券是由一些与政府有直接关系的企业或金融机构发行的债券。这类债券虽由政府提供担保，但不享受中央和地方债券的利息免税待遇。

【知识拓展】

地 方 债 券

地方债券是政府债券中一个重要组成部分，由地方政府发行，又叫市政债券。在西方发达国家，市政债券是一种成熟的融资工具，已有 100 多年的发展历史。战后日本积极利用市政债券为城市基础设施建设提供资金，近年来许多发展中国家也积极发展市政债券市场。经验证明，市政债券作为一种金融工具，可以成为国家实施积极财政政策、扩大内需的有益补充，并为有巨大资金需求的城市基础设施建设开辟新的融资渠道。

在证券市场最发达的美国，地方债券一般由州或当地政府为了建造学校、高速公路或其他公用事业设施项目而发行的。地方债券对于那些寻找低税率收入的高收入投资者具有很大的吸引力。地方债券一般包括两类，即一般责任债券和收入债券。一般责任债券并不与特定项目相联系，其还本付息得到发行政府的信誉和税收支持。收入债券是与特定项目相联系的，其还本付息来自投资项目(如高速公路和机场)的收费，因此其风险要高于一般责任债券。对于市政债券的定价，一般采用收入资本化定价方法。这种定价方法指出，任何资产的内在价值都是在投资者的资产预期可获得的现金收入基础上进行贴现决定的。市政债券有六个方面的基本特性影响其定价，即期限的长短、息票利息率、提前赎回规定、税收待遇、流动性、违约的可能性。

(2) 金融债券。金融债券是由银行或非银行金融机构发行的债券。发行金融债券的金融机构，一般资金实力雄厚，资信度高，债券的利率要高于同期存款的利率水平。其期限一般为 1 年到 5 年，发行目的是为了顺应市场融资结构的变化趋势，拓宽融资渠道，构建长期稳定的市场化融资机制。在我国，目前发行金融债券的主要是政策性银行和一些规模庞大的商业银行。

(3) 公司债券。公司债券是由公司企业发行并承诺在一定期限内还本付息的债权、债务凭证。发行公司债券多是为了筹集长期资金，期限多为 10～30 年。公司债券也称为企业债券，债券持有人同企业之间只存在普通的债权、债务关系，可按期取得事先规定的利息和到期收回本金，但无权参与公司的经营管理。公司债券的信誉要低于政府债券和金融债券，风险较大，因而利率一般也比较高。

(4) 国际债券。国际债券是一国政府、金融机构、工商企业或国际组织为筹措和融通资金，在国外金融市场上发行的，以外国货币为计价单位的债券。国际债券的重要特征，是发行者和投资者属于不同的国家、筹集的资金来源于国外金融市场。国际债券的发行和交易，既可用来平衡发行国的国际收支，也可用来为发行国政府或企业引入资金从事开发和生产。依发行债券所用货币与发行地点的不同，国际债券又可分为外国债券和欧洲债券。

2. 按照偿还期分类

按偿还期限可分为短期债券、中期债券、长期债券和永久债券。

(1) 短期债券。期限在 1 年或 1 年以下的为短期债券。

(2) 期限在 1 年以上、10 年以下的为中期债券。

(3) 期限在 10 年以上的为长期债券。永久债券也叫无期债券，它并不规定到期期限、持有人也不能要求清偿本金，但可以按期取得利息。永久债券一般仅限于政府债券，而且是在不得已的情况下才采用。在历史上，只有英、法等少数西方国家在战争时期为筹集军费而采用过。现在，这种不规定偿还的永久公债，在西方国家已不再发行。我国从未发行过这种债券。

3. 按照计息支付方式分类

按计息支付方式可分为附息债券、贴现债券、单利债券和累进利率债券。

(1) 附息债券指债券券面附有各种息票的债券。息票上标明利息额、支付利息的期限和债券号码等内容。息票一般以 6 个月为一期。债券到期时，持有人从债券上剪下息票并据此领取利息。由于息票到期时可获得利息收入，因此附息债券也被看作是一种可以流通、转让的金融工具，也叫复利债券。附息债券一般限于中长期债券。

(2) 贴现债券，又称贴水债券，指债券券面上不附有息票，发行时按规定的折扣率，以低于债券面值的价格发行，到期按面值支付本息的债券。贴现债券的发行价格与其面值的差额即为债券的利息。

从利息支付方式来看，贴现国债以低于面额的价格发行，可以看作是利息预付，因而又可称为利息预付债券。

(3) 单利债券。指在计息时，不论期限长短，仅按本金计息，所生利息不再加入本金计算下期利息的债券。

(4) 累进利率债券。指年利率以利率逐年累进方法计息的债券。累进利率债券的利率随着时间的推移，后期利率比前期利率更高，呈累进状态。

4. 按照债券的利率浮动与否分类

按债券的利率浮动与否可分为固定利率债券和浮动利率债券。

(1) 固定利率债券，指债券利率在偿还期内不发生变化的债券。由于利率水平不能变动，在偿还期限内，当通货膨胀较高时，会有市场利率上升的风险。

(2) 浮动利率债券，是与固定利率债券相对应的一种债券，它是指发行时规定债券利率随市场利率定期浮动的债券，其利率通常根据市场基准利率加上一定的利差来确定。浮动利率债券往往是中长期债券。由于利率可以随市场利率浮动，采取浮动利率债券形式可以有效地规避利率风险。

5. 按照是否记名分类

按是否记名可分为记名债券和不记名债券。

(1) 记名债券，指在券面上注明债权人姓名，同时在发行公司的名册上进行同样的登记。转让记名债券时，要在债券上背书和在公司名册上更换债权人姓名。债券投资者必须凭印鉴领取本息。它的优点是比较安全，但是转让时手续复杂，流动性差。

(2) 不记名债券，指在券面上不须注明债券姓名，也不在公司名册上登记。不记名债券在转让时无须背书和在发行公司的名册上更换债权人姓名，因此流动性强；但缺点是债券遗失或被毁损时，不能挂失和补发，安全性较差。一般来说，不记名债券的持有者可以要求公司将债券改为记名债券。

6. 按照有无抵押担保分类

按有无抵押担保可分为信用债券和担保债券。

(1) 信用债券，亦称无担保债券，指不提供任何形式的担保，仅凭筹资人信用发行的债券。政府债券属于此类债券。这种债券由于其发行人的绝对信用而具有坚实的可靠性。除此之外，一些公司也可发行这种债券，即信用公司债券。但为了保护投资人的利益，发行这种债券的公司往往受到种种限制，只有那些信誉卓著的大公司才有资格发行。此外，有的国家还规定，发行信用公司债券的公司还须签订信托契约，在该契约中约定一些对筹资人的限制措施，如公司不得随意增加其债务，在信用债券未清偿前，公司股东分红有限制。这些限制措施由作为委托人的信托投资公司监督执行。信用公司债券一般期限较短，利率较高。

(2) 担保债券，是指以抵押、质押或保证等形式作为担保而发行的债券。因担保形式不同，担保债券又可分为抵押债券、质押债券、保证债券等多种形式。

① 抵押债券是指债券发行人在发行一笔债券时，通过法律上的适当手续将债券发行人的部分财产作为抵押，一旦债券发行人出现偿债困难，则出卖这部分财产以清偿债务。抵押债券具体来说又可分为优先抵押债券和一般抵押债券。

② 质押债券亦称抵押信托债券，指以公司的其他有价证券(如子公司股票或其他债券)作为担保所发行的公司债券。发行质押债券的公司通常要将作为担保品的有价证券委托其他机构(多为信托银行)保管，当公司到期不能偿债时，即由信托机构处理质押的证券并代为偿债，这样就能够更有利地保障投资人的利益。以各种动产或公司所持有的各项有价证券为担保品而发行的公司债券统称为“流动抵押公司债券”或“担保信托公司债券”。

③ 保证债券是指由第三者担保偿还本息的债券。保证人一般是政府、银行及资信高的大公司等。保证债券主要包括政府保证债券和背书公司债券。政府保证债券，指由政府所属企业或与政府有关的部门发行，并由政府担保的债券。一旦债券发行人丧失偿还能力，则由政府代替发行人还本付息。这种债券由于有政府保证，因此其信用仅次于政府债券，其利率一般与地方债券大致相同，但不享受地方债券的利息免税待遇。

7. 按照债券的形态分类

按债券的形态可分为实物债券、凭证式债券和记账式债券。

(1) 实物债券，是一种具有标准格式实物券面的债券。在其标准格式的债券券面上，一般印制了债券面额、债券利率、债券期限、债券发行人全称、还本付息方式等各种债券票面要素。

(2) 凭证式债券，主要通过银行承销，各金融机构向企事业和个人推销债券，同时向买方开出收款凭证。这种凭证式债券可以记名，可挂失，但不可以上市流通，持有人可以到原购买网点办理提前兑付手续。

(3) 记账式债券，指没有实物形态的票券，以记账方式记录债权，通过证券交易所的交易系统发行和交易。由于记账式国债发行和交易均无纸化，所以交易效率高，成本低，是未来债券发展的趋势。

8．按照是否可以转移为发债公司普通股分类

按是否可以转换为发债公司普通股可分为可转换公司债券和不可转换债券。

(1) 可转换公司债券，是指发行人依据法定程序和约定条件，在一定时期内可以转换成公司股份的公司债券。作为一种典型的混合金融产品，可转债兼具有债券、股票和期权的某些特征。可转债首先是一种公司债券，具有普通公司债券的一般特性，具有确定的债券期限和定期息率；其次，它又具有股票属性，通常被视为“准股票”，因为可转债的持有人到期有权利按事先约定的条件将它转换成股票，从而成为公司股东；最后，可转债具有期权性质，为投资者或发行人提供了形式多样的选择权，一些条款的设计可以使可转债的发行或投资极具灵活性、弹性和复杂性。

(2) 不可转换债券。就是在任何情况下都不能转换成公司股份的债券。

9．按照发行方式不同分类

按照发行方式不同可分为公募债券和私募债券。

(1) 公募债券，指按法定手续，经证券主管机构批准在市场上公开发行的债券。这种债券的认购者可以是社会上的任何人。发行者一般有较高的信誉。除政府机构、地方公共团体外，一般企业必须符合规定的条件才能发行公募债券，并且要求发行者必须遵守信息公开制度，向证券主管部门提交有价证券申报书，以保护投资者的利益。

(2) 私募债券，指以特定的少数投资者为对象发行的债券。因为投资者大多与发行者关系密切，了解发行者资信，且发行额较小，故不必事先提供企业的财务资料，也不必向主管部门申报批准，发行手续简单，但不能公开上市，利率一般也比公募债券高。

（五）债券与相关概念的联系与区别

1．债券与股票

(1) 债券与股票的共同点。

① 都属于有价证券。债券和股票都是有价证券，是有价证券中的两个大家族。它们本身并无价值，是一种虚拟资本，是经济运行中实际运用的真实资本的证书。投资者持有股票和债券都有权获得一定量的收益，并能进行相应权利的发生、行使和转让等活动。

② 都是融资和投资工具。债券和股票都是证券发行主体为筹集资金而发行的证券，发行者通过发行股票和债券筹集到所需要的资金，同时投资者通过自己的投资行为获取收益。因此，债券和股票都是投融资的工具。

③ 两者的收益率互相影响。股票收益率很大程度上可以体现公司经营能力和盈利状况，直接反映公司经营的风险等级。而风险的高低又直接决定了其发行债券价格的高低。反之，债券利息高低直接向市场传递了公司风险级别信息，这在很大程度上会影响该公司

股票的市场价值。从宏观的角度看，整个股票市场的价格行情反映了整个经济的发展状况，这也会对发行债券定价起到很大的影响。

(2) 债券与股票的区别。

① 两者权利不同。债券是债权凭证，债券持有者与发行债券的公司之间是债权、债务关系；股票是所有权凭证，股票所有者是发行股票公司的股东。

② 两者目的不同。发行债券是公司追加资金的需要，它属于公司的负债而非资本金，通过债券筹集的资金列入公司负债项目中。股票发行则是股份公司为创办企业或扩充资本的需要，筹措的资金列入公司资本。

③ 两者期限不同。债券是一种有期投资，发行人可以根据自身的需要发行不同期限的债券。股票是一种无期限证券，投资者一旦购买了股票就不能从公司抽回资金，只能在流通市场上通过转让来实现变现。

④ 两者收益和风险不同。债券有规定的利率，可获固定的利息，收益相对比较稳定，风险比较小。股票的股息红利不固定，一般视公司经营情况而定。在公司经营状况不佳的时候甚至可能没有红利和股息，市场价格也会下跌，给投资者带来巨大损失。在公司进行清算的时候，债权人有优先于股东获得财产补偿的权利，而股东只能在公司缴纳了各项费用、还清了所有债务，才能分配其剩余财产。

⑤ 发行主体有差异。债券发行主体可以是政府、金融机构或公司(企业)，而股票发行主体只能是股份有限公司。

2．债券与银行存款

(1) 债券与银行存款的联系。

债券与银行存款的联系主要表现在：两者都有一定的利息收入；都有一定的期限，期满后才能收回本金。

(2) 债券与银行存款之间的区别。

① 收益水平和风险程度不同。债券比银行存款和储蓄有更高的收益和更大的风险。债券利率一般要高于同期银行存款的储蓄利率。同时债券因行市等因素的影响，在期满前若要出售，有可能损失部分本金，对公司债券来说，因其受公司经营状况的间接影响，风险性更大一些。而银行存款损失本金的概率几乎为零。

② 期限长短不同。银行存款大多是短期的，而债券一般来说中长期居多。

③ 期满前变现的方式不同。银行存款在期满前若要解约提前变现，存款人可收回本金和存入期间相应活期利息；债券若要在期满前变现，则必须拿到证券市场上买卖，能否收回本金和利息，由市场行市决定，事先并不确定。

④ 转让的条件不同。除了大额可转让的定期存单之外，存款和储蓄不能转让给他人，而债券则可以按市价转让，接受转让的人成为新的债权人。

三、证券投资基金

(一) 证券投资基金的概念

证券投资基金是一种将众多不确定的投资者的资金汇集起来，委托专业的金融投资机构进行管理和操作，所得的收益按出资比例由投资者分享的一种投资工具。投资基金实行集合投资制度，它主要通过向投资者发行股票和受益凭证，将社会上的小额闲散资金集中起来，交由专业的投资机构将其投资于各种金融资产，如股票、债券、外汇、期货、期权等，获得的收益按投资者的出资比例进行分配。投资机构本身只作为资金管理者获得一定比例的佣金。

世界各国和地区对投资基金的称谓有所不同，在美国称为“共同基金”，在英国及我国香港特别行政区称为“单位信托基金”，在日本和我国台湾地区又被称为“证券投资信托基金”。

（二）证券投资基金的发展简史

证券投资基金起源于 19 世纪 60 年代。迄今为止，它大致经过了产生、发展和成熟三个阶段。

1．产生阶段

1868 年至 1920 年是证券投资基金的产生阶段。19 世纪 60 年代，随着第一次产业革命的成功，英国成为全球最富裕的国家，它的工业总产值占世界工业总产值的 1 / 3 以上，国际贸易额占世界贸易总额的 25%，因此，国内资金充足，利率较低(大约为 2%)。与此相异，美国、德国、法国、意大利等国家及英属殖民地国家正开始工业革命，需要大量的资金支持，为此发行了大量的高利率债券。在这种背景下，为了提高国内投资者的资金收益，1868 年英国政府出面组织了由专业人士管理运作的以投资美国、欧洲和殖民地国家证券为主要对象的“外国和殖民地政府信托投资”，它的设立标志着证券投资基金的开始，其操作方式类似于现代的封闭式契约型基金，通过契约约束各当事人的关系，委托代理人运用和管理基金资产。随后，1873 年第一家专业管理基金的组织“苏格兰美洲信托”成立。1879 年《英国股份有限公司法》发布，从此投资基金从契约型进入股份有限公司专业管理时代。

2．发展阶段

1921 年至 20 世纪 70 年代是证券投资基金的发展阶段。如果说第一次产业革命属轻工业革命的话，第二次产业革命则是重工业革命。在这场革命中，钢铁、造船、汽车、电力、化工等工业迅猛兴起。经过 19 世纪 70 年代到 20 世纪初的 30 多年历程，美国经济发展跳跃式地超过了英国，国民生产总值位居世界首位。在第一次世界大战后，美国经济更是空前繁荣。在此背景下，1921 年 4 月，美国设立了第一家证券投资基金组织——美国国际证券信托基金，这标志着证券投资基金的“英国时代”结束而“美国时代”开始。

1924 年 3 月 21 日，在波士顿成立的“马萨诸塞投资信托基金”，意味着美国式证券投资基金的真正起步。与英国模式相比，这种美国模式具有三个基本特点：一是证券投资基金的组织体系由原先英国模式中的契约型改变为公司型；二是证券投资基金的运作制度由原先英国模式中的封闭式改变为开放式；三是证券投资基金的回报方式由原先英国模式中的固定利率方式改变为分享收益一分担风险的分配方式。这种新型的证券投资基金，对投资者有着明显的吸引力，由此，在 1924 年以后，许多投资公司纷纷加入证券投资基金行列，使美国的证券投资基金数量在短短的几年内快速超过了英国。到 1928 年 3 月，美国已建立的公司型基金多达 480 家，1929 年底基金业资产高达 70 亿美元，为 1926 年的 7 倍。

然而好景不长，1929 年 10 月随着股市的崩盘，经济危机爆发，绝大多数基金纷纷倒闭，尚存的少部分基金也处于苟延残喘状态中，投资者或因惨重损失或因对基金运作成效不满不愿再投资于证券投资基金。1940 年美国仅有证券投资基金 68 只，资产总值 4.48 亿美元，到 1979 年证券投资基金数量发展到 524 只，资产总值 945.11 亿美元。

3．成熟阶段

20 世纪 80 年代以后是证券投资基金趋于成熟的阶段。所谓证券投资基金的“成熟”有三层含义：一是证券投资基金在整个金融市场乃至国民经济中占据了重要地位，已不再是一种可有可无的金融产品；二是证券投资基金成为一种国际性现象，在国际金融市场和国际经济中有着重要作用，已不再是一国内的现象；三是证券投资基金成为金融创新的重要组成部分，不仅在金融创新中高速发展，而且有力地促进着其他金融产品和金融运行机制的创新。

在国际经济和国际金融的快速发展背景下，证券投资基金在 80 年代以后也以前所未有的速度向前发展。到了 1990 年，美国共同基金业的资产首次达到 10 000 亿美元，可供投资者选择的基金达 3100 多个。1996 年，共同基金资产更是超过了传统的金融产业——商业银行业的资产，成为第一大金融产业。1999 年底，美国共同基金资产已突破了 6 万亿美元大关，全球则超过 7 万亿美元。截止 2004 年底，全球基金业所管理的资产总量达到 14.46 万亿美元，占 2004 年全球 GDP 55.5 万亿美元的 26%。仅美国注册的投资公司就管理着 8.6 万亿美元资产，比 2003 年增加了 8000 亿美元。其中共同基金管理所有投资公司资产的 95%，即 8.1 万亿美元资产，封闭式基金管理 2540 亿美元资产，交易所基金管理 2260 亿美元资产，单位信托基金管理 370 亿美元资产。

（三）证券投资基金的特点

证券投资基金的特点主要表现在与股票、债券等基本证券的区别上。

第一，它们反映的关系不同。股票反映的是产权关系，债券反映的是债权、债务关系，而投资基金反映的是信托关系。

第二，它们在操作上投向不同。股票、债券筹集的资金主要投向实业，是一种直接投资工具，而投资基金主要投向有价证券，是一种间接投资工具。

第三，它们的风险收益状况不同。股票的收益是不确定的，其收益取决于发行公司的经营效益，投资股票有较大风险。债券的收益一般是事先确定的，其投资风险小。投资基金主要投资于有价证券，而且这种投资可以灵活多样，从而使其收益有可能高于债券，风险又可小于股票。

第三节 我国的证券市场

一、证券市场概念与特征

（一）证券市场的概念

证券市场是有价证券发行与流通以及与此相适应的组织与管理方式的总称。它实际上是把金融资产买卖双方联系到一起的一种机制，也是证券发行和流通的活动场所。确切地说，它包括了证券活动全过程在内的证券供求交易的网络和体系，有着广泛的外部联系和自身的内部结构。证券市场是资本市场的基础和主体，它不仅反映和调节货币资金的运动，而且对一国经济的运行也有重大影响。证券市场主要由发行人、投资者、金融工具、交易场所、中介机构以及监管机构和自律组织等要素构成。

（二）证券市场的特征

与一般商品市场相比，证券市场具有其自身的一些特征。

1．证券市场是价值凭证的交易场所

证券市场交易的对象是股票、债券等金融产品，它们自身不具有价值，只是虚拟资本的一种形式，是资金需求者筹措资本的重要手段。而一般商品市场的交易产品对象是具有一定使用价值的商品。

2．证券市场具有多种职能

证券市场中的各种证券既可以筹措资金，又可以用来投资，为投资者带来收益。同时，各种证券还可以作为保值资产，避免或者减少物价变动带来的货币损失。而一般商品市场中的商品主要是用于满足特定需要。即使在商品市场中交易的产品是用来进行投资的也不例外。

3．证券市场中的商品价格由多种因素决定

证券市场中的各类证券自身并不具有价值，其市场价格主要是依据于未来收益和市场利率决定。对未来收益和未来市场利率预期的变化会直接导致证券市场供求关系的变化，从而导致证券价格的变化。而一般商品的价格主要是由其自身的价值决定的，是其自身价值货币化的表现。当然，一般商品的价格在一定程度上也受市场供求关系的影响。

4．证券市场是风险转嫁的场所

有价证券既是一定收益权利的代表，同时也是一定风险的代表。有价证券的交换在转让收益权的同时，也把持有该有价证券的风险转嫁出去了。但在证券市场中，风险只是被转嫁了而并没有被消灭。再加上证券价格本身具有波动性和不可预测性，而且影响因素复杂。所以，从风险的角度分析，证券市场的风险较大，更是风险的转嫁场所。而一般商品在买卖交易完成以后，其价值就更多地体现为使用价值。

二、证券市场的起源和发展

（一）证券市场的起源

证券作为一种信用凭证和金融工具，是适应社会化大生产的发展而产生的。因此，它是生产社会化发展的产物，是商品经济和市场经济发展到一定阶段的必然结果。商品经济和市场经济发展到一定阶段，必然追求规模化经营和生产。个人或者个别团体很难在短期内筹集巨额资本，这在很大程度上制约了社会经济的发展，也阻碍了利润的进一步增长。这在铁路、矿业等行业中体现的尤为明显。股份制不但为市场经济提供了新的融资方式，可以迅速集中巨额资金，而且具有分散风险的作用。除了原始投资资金外，社会上大量闲散资金也可以进行同一投资。本着共享利润、共担风险的原则，谋求财富的增加。股份制的出现和股份制公司的建立必然促进证券市场的建立和发展。其实，股份制的雏形早在中世纪就已经出现，主要存在于采矿冶金、纺织、海上贸易等行业中。13 世纪末 14 世纪初，由于海上贸易和商业的发展，出现了多种多样的合股公司和合股店铺。这类公司大多属于家族型公司，一般不向公众发售股票。15 世纪在意大利虽然出现邀请公众入股的城市商业组织，但股份不能转让。因此，这样的股份制与我们现在成熟意义上的股份制还存在一定的差别。

最早成立真正意义上的股份制公司的国家主要是英国和荷兰。17 世纪末，荷、英陆续成立了一批海外贸易公司。这批贸易公司已经具备了现代股份公司一些基本特征，例如他们通过募集股本建立公司、公司实行有限责任原则、股票不能退回，但可以转让变现等。随着股份公司和债券信用的发展，股票和债券的流通变得必不可少，因而证券市场也就应运而生了。最初的债券发行和交易活动并没有公开和专门化的市场，只是通过商人间的聚议完成，不存在严密、规范的制度。1611 年，在荷兰曾经由一些商人组成了一个专门进行该国东印度公司股票交易的组织，因其经营的股票单一，而且持续时间不长，还不能算作正式的证券市场。1680 年，荷兰的阿姆斯特丹出现了世界上第一家正式的证券交易所，可看作是证券市场产生的标志。随后，1724 年，法国巴黎也出现了该国第一家证券交易所。1773 年，股票商在伦敦组织了英国第一个证券交易所，即现在的伦敦证券交易所的前身。交易的对象最初是政府债券，随后是公司债券、矿山运河股。同时期在美国，由于独立战争的巨额资金需要，发行了各种中期债券和临时债券，这些债券的发行和交易，形成了最初的证券市场。当时的交易大都是在咖啡馆进行的。随着全国证券的发行和交易规模的扩大，1790 年美国第一个证券交易所——费城证券交易所诞生了。1972 年 5 月 17 日，纽约 24 名经纪人在华尔街的一棵梧桐树下聚会，签订了著名的“梧桐树协定”，规定了委托交易收取手续费的最低标准，经纪人之间进行交易的规则等。1817 年，这些经纪人共同组织了“纽约证券交易会”，1863 年改为现名“纽约证券交易所”。19 世纪中后期，我国清政府在洋务运动中也开始了我国早期的股票发行和交易。

早期的证券市场除了股票外，政府债券也占有相当比例。由于资本主义国家职能和职权的扩大，政府开始利用国家信用举借公债，以弥补财政不足。国家公债、股票以及公司债券共同促进了证券市场的发展，同时不断成熟的证券市场也为证券的发展提供了更广阔的空间。

（二）证券市场的发展进程

产生于 17 世纪晚期的证券市场，到 19 世纪末在一些主要资本主义国家已初具规模。20 世纪初，资本主义由自由竞争阶段开始过渡到垄断阶段。证券市场被大银行所垄断，证券交易大部分集中在少数大银行手中，他们直接在自己的客户中间处理大量的证券交易事务，只有那些在大银行不能完成的业务才让给证券交易所。同时，大银行利用自己的巨额资金大肆进行炒股活动，干预股市，成为证券交易所的垄断者。此外，大银行还将大量货币贷放给证券交易所的经纪人，以收取更多的利息。从全球范围内来看，证券市场的起伏发展大致可以划分为三个阶段。

1. 自由发展阶段

从 17 世纪初到 20 世纪 20 年代，证券发行量迅速增长，但由于缺乏管理带给人类的不仅是财富还有危机。1891 年至 1900 年期间，世界有价证券的发行金额为 1004 亿法郎；20 世纪的前三十年，发行量则分别达到了 1978 亿法郎、3000 亿法郎和 6000 亿法郎。同时，证券结构也出现了变化，股票和公司债券分别取代了公债和国库券占据了主要地位。但是，由于缺乏对证券发行和交易的管理，当时的证券市场处于一个自由放任的状态。各种地方性市场和交易所市场遍地开花，证券欺诈和市场操纵时有发生，市场投机气氛十分严重，到1929年10月29日，资本主义世界发生了严重金融危机，直接表现形式就是各国证券市场的全面暴跌。

2. 法治建设阶段

从20世纪30年代到60年代末，市场危机促使各国政府开始全面制定法律，证券发行和交易活动开始进入法制化管理。 以美国为例，1929 年“股灾”后，陆续制定了《1933年证券法》、《1934年证券交易法》等一系列证券法律，还成立了专门的管理机构——证券交易委员会。

3. 迅速发展阶段

自20世纪70年代以来，随着发达国家经济规模化和集约化程度的提高、发展中国家经济的蓬勃兴起以及现代电脑、通信和网络技术的进步，证券市场进入了迅速发展阶段，其作为资本市场核心及金融市场重要组成部分的地位由此确立。

三、我国股票市场概况

（一）我国股票市场的复兴和起步(1980—1991年)

【知识拓展】

我国第一支股票发行和流通

1984 年 11 月，经中国人民银行上海分行批准，飞乐音响股份有限公司成立，并面向社会公众发行不偿还股票。这次发行的股票规定入股后不得退股，在公司无盈利或亏损时暂停支付单位股金的利息和红利，个人和单位股东负有共同经济责任、享受平等权利等。正是从这一意义上，它被视为改革开放后我国第一张真正意义上的股票，从第一张真正意义上的股票问世，到1990年12月上交所开业之时，上海有了延中实业、爱使电子、真空电子、飞乐股份、豫园商场、申华股份、浙江凤凰八家公司发行了股票，这就是人们常说的上海老八股。1987年5月，深圳发展银行首次向社会公开发行股票，成为深圳第一股。深圳证券交易所1991年7月开业时，有5只股票在深市上市交易，它们分别是深发展、深万科、深金田、深安达、深原野，后来被称为深市老五股。

股票的流通转让始于1984年。1984年11月飞乐音响发行股票后，股票持有人不久就提出了转让要求，并进行了一些自发的实际转让。飞乐音响股票的持有人最初转让股票时，必须自己找到受让人，然后到代理发行的工商银行上海市信托投资公司静安分公司办理转让手续，转让价格为中国人民银行上海市分行统一规定的票面金额加银行的活期储蓄利息。虽然当时的股票转让活动极受限制，代理发行的“静安信托”只是一个过户机构而非交易中介，然而，这却是改革开放以来我国最早的股票转让。

新中国成立以前和成立初期，我国曾经就有过股票的发行、流通以及股票市场的存在，但是，随着计划经济体制的确立与推行，股票市场便一度中断。改革开放以后，随着市场经济体制的不断深化，股票市场又重新进入复兴期。

1986年9月26日，经中国人民银行上海分行批准，工商银行上海信托投资公司静安分公司成立专门的证券业务部，正式进行股票的柜台挂牌买卖。股票持有者可以委托该业务部实现股票的代购、代销，而不必再自己去找受让人。1987年9月，经中国人民银行批准，深圳十二家金融机构出资成立全国第一家证券公司——深圳经济特区证券公司，注册资本550万元。1988年4月，深圳特区证券公司开张，从此深圳也有了股票柜台交易点。1989年，深圳市又批准了3家有证券投资和经营资格的信托公司设立证券部，从事股票的代理发行、转让等事务。

随着股票发行数量的不断增加，投资者队伍的壮大，证券交易由分散的柜台交易向集中统一的证券交易所组织交易的转变成为一种必然的、内在的要求。1990年9月28日，经中国人民银行批准，我国证券交易自动报价系统成立。12月5日，在北京正式投入运行，它是一个依托电脑网络进行有价证券交易的综合性场外交易市场，承担着法人股的转让中介，为会员公司提供有价证券的买卖价格信息以及结算等方面的服务。12月19日，上海证券交易所正式开业，成为改革开放后的我国第一家证券交易所。1991年4月11日，深圳证券交易所获中国人民银行正式批准成立。上海、深圳两个证券交易所的成立是我国证券市场迈向现代化最为关键的一步。

我国股票市场逐步纳入有管理的发展轨道始于上世纪80年代中期。这个时期，股市的监管格局是由中国人民银行金融管理部门主管、体改委等其他政府机关和沪深等地政府参与管理，是一种多头、分散的管理。股票的审核与发行转让及相关法规的制定均由上述部门共同完成。1984年8月，由人行上海分行发布了新中国有关证券方面的第一个地方政府规章——《关于发行股票的暂行管理办法》。随着股票发行、交易的增加和投资者队伍的日趋壮大，对股票市场监管的需要越来越迫切，相继颁布了《北京市企业股票管理、债券管理暂行办法》(1986年10月)、《深圳市特区国营企业股份化试点暂行规定》(1986年10月)、《上海证券柜台交易暂行办法》(1987年1月)、《国务院关于加强股票债券管理的通知》(1987年4月)等一系列政策法规。这些法规虽然大部分属于地方性或部门性法规，但是其内容涉及了股票的发行、上市、交易等各环节的管理，总体来看对股票市场采取的是从严管理的态度，也与改革开放后我国股票市场起步阶段的客观要求是相符的，这些法规构成了我国股票市场法律体系的雏形，为以后我国证券立法体系的完善打下了一定的基础。

(二) 我国股票市场的扩容和成长(1992—1999年)

1992年初，邓小平南巡讲话从思想上打破了我国股票市场发展的障碍。股票市场的功能得到越来越多人的认同，大量国企纷纷改制上市，上市公司数量迅速增加。到1999年底，沪深两市境内上市公司已达到949家。两市上市公司的股票总市值达26471.17亿元，占我国GDP的32.4%，流通市值为8213.97亿元，占GDP的9.97%。这些数据均表明股票市场在国民经济中的地位不断提升，对国民经济的影响力、辐射力、推动力在不断加大。

从投资者的角度来看，投资者数量增长迅速，结构进一步改善。股票市场不断地被人们所认识，加之较早入市的投资者赚钱的示范效应，从而吸引了越来越多的人加入到股票投资者的队伍之中。截至1999年底，沪深两市的投资者开户总数达到4481.97万户。1993

年 9 月，证券二级市场对机构投资者开放，机构投资者的数量开始稳步增长，使股票市场的投资者结构发生重大变革。到 1999 年底，机构投资者开户数达 23.14 万户。机构投资者本身的结构也在不断优化，从最早的非国有企业为主，到境内所有机构均可入市，再到规范的证券投资基金逐渐成为证券市场的一支重要力量。

证券公司等中介机构不断发展壮大。1992 年全国仅有三家全国性证券公司，到 1999 年 11 月底，注册资本超过 5 亿元的证券公司已达 24 家，其中 10 亿元以上的有 8 家。1993 年 2 月 5 日，司法部、证监会联合发出《关于从事证券法律业务及律师事务所资格确认的暂行规定》。之后，首批 45 家会计师事务所获准从事证券业务，35 家律师事务所和 21 家资产评估机构成为我国证券市场第一批证券律师和资产评估机构。中介机构的不断发展与繁荣，适应了股票市场超常规发展的需要，同时也促进了股票市场以外的企业的市场化、规范化发展。

这一时期，随着股票市场的迅速扩容与壮大，我国加快了股票市场的法制化建设。1993 年 5 月，国务院颁布了《股票发行与交易管理暂行条例》，这是新中国第一部正式的全国性股票市场法规。1994 年 7 月和 1999 年 7 月又先后实施了《公司法》、《证券法》等事关股票市场发展大局的基本大法，使我国股票市场的规范化建设有了基本依据，为证券市场的正常运行奠定了基础。证券监管机关还先后颁布、修改并实施了有关上市公司信息披露规则、股票上市规则、交易规则、证券发行操作规则等一系列股票市场运行规则以及保护投资者利益等诸多方面的法律法规，不少法规几经修改，使整个股票市场的管理日益向法制化方向转变，如证券委发布的《证券交易所管理暂行办法》(1993 年 7 月)、《禁止证券欺诈行为暂行办法》(1993 年 8 月)、《证券从业人员资格管理暂行规定》(1995 年 5 月)等。证监会颁布了《关于颁发“股票发行审核程序与工作规则”的通知》(1993 年 5 月)、《公开发行股票公司信息披露实施细则(试行)》(1993 年 6 月)、《上市公司送配股的有关规定》(1993 年 12 月)、《证券市场禁入暂行规定》(1997 年 3 月)、《股票发行审核委员会条例》(1999 年 9 月)等。

国家对股市的监管也得到了进一步加强，监管权也由多部门和地方政府逐渐向证监会转移，全国统一集中的监管框架逐步建立。1992 年 5 月，中国人民银行成立证券管理办公室。7 月，国务院建立国务院证券管理办公会议制度，代表国务院行使对证券业的日常管理职能。1992 年 10 月，国务院决定成立专门的国家证券监管部门，由此产生了 13 个部委组成的国务院证券委，同时成立证券委的监管执行机构——证券监督管理委员会，从此我国结束了证券市场由人民银行、国家体改委、地方政府等多头管理的局面。1998 年 4 月，根据国务院机构改革方案，国务院证券委与证监会合并组成新的证券监督管理委员会。1999 年 7 月 1 日，证监会派出机构正式挂牌，标志着我国集中统一的证券市场监管体制已经形成。

(三) 我国股票市场的规范和发展(2000 年至今)

2000 年之后的我国股市进入了深入发展，制度不断完善、规范的时期。2000 年 2 月，中国人民银行、证监会联合发布《证券公司股票质押贷款管理办法》，允许符合条件的证券公司以自营的股票和证券投资基金券作质押向商业银行借款。当日沪深股市应声跳空高开，大部分股票以涨停板报收。3 月 15 日，时任国务院总理的朱镕基在九届全国人大三次会议上做的《政府工作报告》指出要进一步规范和发展证券市场，增加直接融资比重；完善股票发行上市制度，支持大型国企和高新技术企业上市融资。3 月 13 日，证监会决定，转配股将从 2000 年 4 月开始，用 24 个月左右逐步安排上市流通。实际上这个进程仅用了 12 个月，至 2001 年 4 月，转配股已全部上市流通，从而彻底解决了这一历史遗留问题。2001 年 4 月 30 日，证监会发布《上市公司向社会公开募集股份暂行办法》，办法允许四类上市公司增发募股。7 月，沪深上市公司突破 1000 家，两市股票市价总值突破 4 万亿元相当于 2001 年 GDP 的 41%，接近了大多数发展中国家和地区的证券化率水平。

四、我国债券市场概况

（一）我国债券的发展

近代以来，我国的债券历史可追溯到晚清政府。1894 年清政府为支付甲午战争军费的需要，由户部发行的，当时称作“息借商款”，发行总额为白银 1100 多万两。甲午战争后，清政府为交付赔款，又发行了公债(当时称“昭信股票”)，总额为白银 1 亿两。自清政府开始发行公债以后，旧中国历届政府为维持财政平衡都发行了大量公债。北洋政府、伪满政权、武汉国民政府以及蒋介石政府先后发行了数十种债券。

建国后，中央人民政府曾于 1950 年 1 月发行了人民胜利折实公债，实际发行额折合人民币为 2.6 亿元，该债券于 1956 年 11 月 30 日全部还清本息。1954 年，我国又发行了国家经济建设公债，到 1959 年共发行了 5 次，累计发行 39.35 亿元，至 1968 年全部偿清。此后 20 余年内，我国未再发行任何债券。

我国现代意义上的债券市场是从 1981 年国家恢复发行国债开始起步，历经 20 多年的发展，经历了实物券柜台市场为代表的不成熟的场外债券市场为主导、上海证券交易所为代表的场内债券市场为主导、银行间债券市场为代表的成熟场外债券市场为主导的三个阶段的发展过程。1981 年，我国在恢复发行国债之后，经历了长达 7 年的有债无市的历史过程。1988 年，财政部在全国 61 个城市进行国债流通转让的试点。这是银行柜台现券的场外交易，是我国债券二级市场的正式开端。

1990 年 12 月，上海证券交易所成立，开始接受实物债券的托管，并在交易所开户后进行记账式债券交易，形成了场内和场外交易并存的市场格局。到了 1994 年，市场格局发生了变化，作为场外债券市场的实物券交易柜台遭遇失败。究其原因，关键在于没有记账式债券作为市场的基础，而且没有统一的债券托管。

1994 年交易所开辟国债期货交易，债券现货交易开始明显放大。这种状况一直维系到 1995 年 5 月，之后因“327”国债事件，国债期货市场关闭，国债现货市场交易陡然萎缩。

1995 年 8 月，一切场外债券市场停止，证券交易所成为我国唯一合法的债券市场。同时，随着债券回购交易的展开，初步形成了交易所债券市场体系。我国的债券市场之所以一度出现以交易所市场为主的格局，其原因在于当时的条件下交易所债券市场制度满足了有关市场主体的切实利益。

1997 年，场外债券市场以银行间债券市场的形式出现，突出解决了银行间的资金融通问题，并就此形成了两市分立的状态。

1998 年 10 月，人民银行批准保险公司入市；1999 年初，325 家城乡信用社成为银行间债券市场成员；9 月，部分证券公司和全部的证券投资基金开始在银行间债券市场进行交易；2000 年 9 月，人民银行再度批准财务公司进入银行间债券市场。至此，代表我国场外债券交易市场的银行间债券市场基本覆盖了我国的金融体系。

1999 年，随着银行间债券市场规模的扩大，场外债券市场已逐渐成为我国债券市场的主导力量，为中央银行公开市场业务操作提供了基础，并使之逐渐成为央行实现货币政策的主要手段之一，同时也为央行推动利率市场化进程打下了基础。

(二) 我国债券的现状

近几年，我国债券市场发展十分迅速，已形成了银行间债券市场、交易所债券市场、债券柜台交易市场三大交易市场；交易品种包括国债、金融债、公司债和可转债。债券市场的发展对支持国家基础设施建设投资、推进利率市场化、完善资本市场功能起到了积极的作用。我国债券市场正日益走向成熟和壮大，主要体现在以下几个方面。

1. 一级市场和二级市场市场规模迅速扩大

截至 2004 年 12 月 31 日，2004 年共发行财政部记账式国债 11 期，增发国债 3 期，共计发行面值为 4413.9 亿元，实际筹资额为 4119.214 亿元；财政部凭证式国债 6 期，共计发行面值 2510.4 亿元；国家开发银行发行政策性金融债 25 期，共计发行面值为 3650 亿元，实际筹资额为 3641.67 亿元；国开行境内美元债 2 期，计 5 亿美元；国家进出口银行政策性金融债 3 期，计 340 亿元；中国农业发展银行政策性金融债 4 期，计 408 亿元。其中财政部计划发行 6916.6 亿元，实际发行国债共计 6924.3 亿元，继续超过 2002 年 6061.3 亿元和 2003 年 6283.4 亿元的水平。国开行 2004 年还在境外发行了 6 亿美元的美元债券和 3.25 亿欧元的欧元债券。2005 年第一季度，证券交易所的国债回购交易额达到了 7334.79 亿元，国债现券交易额达到了 709.67 亿元；银行间债券市场的债券回购结算额为 26 700.21 亿元，现券买卖结算额为 10 097.28 亿元。

2. 债券品种与期限结构进一步多样化

相继推出了贴现债券、附息债券、浮息债券、浮动利率债券、远期债券、含权债券等新品种；在期限上，推出了 3 个月期限的短期国债和 7 年、10 年期的长期国债，初步形成了合理的国债期限结构。

3. 债券市场的监管和法制建设逐步完善

先后颁布了《企业债券管理条例》、《中华人民共和国国库券条例》、《禁止证券欺诈行为暂行办法》、《中华人民共和国国债一级自营商管理办法(试行)》、《可转换公司债券管理暂行办法》等法律和法规，初步形成了较合理的债券市场监管制度与法规体系。

本 章 小 结

(1) 证券(Security)是对各类经济权益凭证的统称，是用来证明证券持有人有权取得相应权益的凭证。凡是根据一国政府有关法律发行的证券都具有法律效力。股票、债券、基金证券、商业票据，甚至保单、存款单等都属于证券范畴。

(2) 证券投资工具主要包括股票、债券、证券投资基金。股票是股份有限公司公开发行的用以证明投资者的股东身份和权益，并据以获得股息和红利的凭证；债券是社会各类经济主体为筹措资金而向债券投资者出具的并且承诺按一定利率支付利息和到期偿还本金的债权、债务凭证；证券投资基金是一种将众多不确定的投资者的资金汇集起来，委托专业的金融投资机构进行管理和操作，所得的收益按出资比例由投资者分享的一种投资工具。

(3) 证券市场是有价证券发行与流通以及与此相适应的组织与管理方式的总称。我国证券市场主要介绍了我国股票市场、债券市场的概况和发展历程。

知识网络图

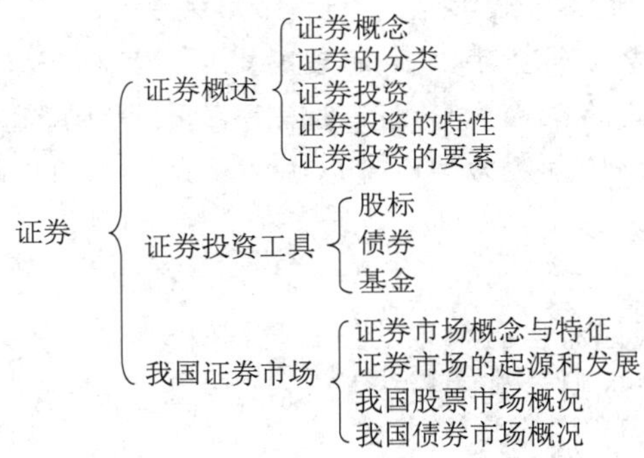

本章练习

一、思考题

(1) 证券与证券投资是不是同一概念？

(2) 股票与债券都是一种证券投资工具，它们是完全相同的吗？说明原因。

(3) 简述债券的主要分类。

二、典型案例分析

【案例 1】

张健的个人理财计划

理财个案：张健，26 岁，单身，长春某私企职员，工作两年，基本稳定，月收入 2500 元，年终奖金 6000 元，单位有三险和住房公积金，每月平均支出 800 元，目前有定期存款储蓄 2 万元。

理财咨询：计划 30 岁结婚，希望到时能够拥有一套属于自己的房子。张健虽然期望获得较高的投资收益，但苦于对投资理财比较陌生，只好一直倚靠银行存款，希望能得到理财方面的建议。

专家指点：银河证券的理财分析师周存宇认为，从张健的基本情况来看，其属于工薪阶层。具体来说，首先，工作稳定，收入来源基本有保证，年净收入大约在 26400 元；其次，其保险保障方面，暂无后顾之忧；另外，张健目前单身，年仅 26 岁，承受风险的能力相对较强。由于张健在投资上相对陌生，所以建议其在投资之前，应做好充分准备。比如，请教理财专业人士，直接获得投资方面的基本知识。另外，在投资理财品种方面，目前主要分为股票、债券、基金、人民币理财产品等几类。其中，基金投资是一个重点品种。当前资本市场的不断发展，使很多金融品种都走向大众化，投资机会也越来越多，完全可以满足不同风险偏好的投资者。货币基金、短期债券基金一般年收益率分别在2%和2.4%左右，收益稳定，本金较安全，适合短期投资；股票型基金收益率比较高，一般在8%左右，适合1年期以上的投资。

投资组合：根据张健的收入支出情况，建议其构买“7+2+1”的投资组合。以现有储蓄2万元为起点，其中1.4万元买入股票型基金，4000元买入中期国债，2000元买入短期债券型基金。该组合是一个中长期(2年以上)的理财规划，目标年收益率预计在8%左右。然后，将每年的收入都作如此的配比，形成长期理财习惯。如承受风险的能力相对较弱，为了保险，可以将比例换一换。当认为自己可以去做更大一点的风险投资，再慢慢过渡改变投资比例。

请分析：

(1) 根据本案例，谈谈你对自己未来的投资理财计划。

(2) 你对自己未来投资理财计划的设想。

【案例2】

你会再买一张门票吗?

情形A：你已经花150美元买了一场音乐会的门票，当你到达音乐厅时，你发现门票不见了，售票处还在以同样的价格售票，你是否会再买一张呢?

情形B：你已经预定了一张150美元的门票，到场取票。到达音乐厅时，你发现丢了150美元。假设你仍有足够的钱买一张门票，你会按原定价格买票吗?

从经济支出的角度看，两种情形没什么区别。两种情形都是：当你到达音乐厅时，发现丢了150美元，你面临的选择是再付150美元听音乐会，还是扭头回家。实证研究(Tversky和Kahnemen，1988)的结果是在第一种情形下，绝大多数不再去听音乐会，而在第二种情形下仍会去买预定的门票。

这种行为的不一致不难理解。决策者有两个心理账户：一是音乐会账户；另一个是“一般现金账户”。听音乐会提供的价值是欣赏艺术带来的欢娱，这会贷记在音乐会账户中，这一价值用以补偿购买门票支付的票价。在第一中情形下，当到达音乐厅门前时，音乐会账户已经借记了票价支出。如果再购买第二张票，将增大账户的借方项目，也就是说，听音乐会的成本突然变成300美元。这对于听一场音乐会来说，支出太高了，所以大部分人在问及购买第二张票时，踯躅不前。相反，第二种情形下丢失的150美元将被借记在现金账户上。这一账面损失，尽管也会造成不愉快，但并不影响想象中的音乐会余额。所以，没有理由在第二种情形下不去听音乐会。这个例子表现的是，当收支情形清楚明朗的情况下，决策人的行为如何受到两个账户分开，相互不串账的情况影响。

请分析：

(1) 你中奖1000元和收入增加1000元，不同的心理账户是如何影响决策人的行为的?

(2) 你在生活中有哪些(投资)行为受到了心理账户的影响?

第九章 保险、信托与租赁

【知识目标】

1. 掌握保险的基本概念
2. 理解保险业务在经济活动中的地位和作用
3. 掌握信托、租赁的含义
4. 理解租赁业务、信托业务在经济活动中的地位和作用

【能力目标】

1. 能够初步认知保险、信托、租赁的内容及其作用
2. 能够理解和分析保险、信托和租赁业务

案例导入

你被保险了

有一则笑话，说的是一个失事海船的船长是如何说服几位不同国籍的乘客抱着救生圈跳入海中的。他对英国人说这是一项体育运动；对法国人说这很浪漫；对德国人说这是命令；而对美国人则保证：你已经被保险了。

保险在美国，不管是国家元首，还是明星巨匠，还是平民百姓，是人们生活中不可缺少的一环，像饮食、居住一样，是生存中必要的一部分。人寿、医药、房屋、汽车、游船、家具等都保了险，它们像一条条木栅，连成一环，环在你周围。现代社会是一个异彩纷呈的多元化社会，每个人在享受到她的繁华富饶的同时，又深深感受到个人前途的不确定性和各种风险的存在，买保险已经成为大多数现代人必不可少的选择。

第一节 保 险

一、保险的概念

保险是集合具有同类风险的众多经济单位或个人，以合理计算分担金的形式，实现对

少数成员因该风险事故所致经济损失补偿的行为。普遍意义上的定义，适用于任何保险形态。对于财产风险、人身风险同样适用。人身风险是一种众多投保人平均分摊少数人经济损失的制度。

根据《中华人民共和国保险法》第 2 条规定：保险是指投保人根据合同约定，向保险人支付保险费，保险人对于合同约定的可能发生的事故因其发生所造成的财产损失承担赔偿保险金责任，或者当被保险人死亡、伤残、疾病、或者达到合同约定的年龄、期限时承担给付保险金责任的商业保险行为。

现代保险学者一般从以下两方面来解释保险的定义：

(1) 从经济的角度讲，是分摊意外事故损失及将来不定期经济支出的一种财务安排。将不定的大额损失变为小额的确定的保费支出。而保险人集中了大量的同类风险，能借助大数法则来测算损失的发生概率及损失程度并据其来制定保险费率，通过向被保险人收取保险费建立保险基金用以补偿少数被保险人遭受的意外损失。

【知识拓展】

应该缴纳多少保费

根据数年的资料统计，某地区每年房屋火灾发生率是 3‰。假设共有 1000 栋房屋，每栋价值 20 万元。为转移发生火灾造成的损失，房主都全额投保了保险，不考虑其他因素的话，每家交保险费 20 万 × 3 = 60 万元，共收保险费 60 万元，来补偿发生火灾的 3 家房主。因此保险是一种有效的财务安排，体现了一定的经济关系。

(2) 从法律的角度讲，保险是一种合同行为，体现的是一种民事法律关系，一方承担支付保险费的义务，换取另一方为其提供的经济补偿和给付的权利，这正体现了民事法律关系的基本内容——主体之间的权利和义务关系。

(3) 从本质上来说，实际上是在参与平均分担损失补偿的单位和个人之间形成的一种分配关系。(解释)这种分配关系是客观存在的一种经济关系，由于自然力和偶然事件造成的破坏，在任何社会制度下都是不可避免的，是不以人的意志为转移的客观规律，具有客观必然性。

二、保险的职能与作用

（一）保险的职能

1．保险从产生开始就具有分散风险、补偿损失的职能

在我国古代，对人们思想影响最大的儒家思想就含有原始社会互助的保险思想。据《礼记 · 礼运篇》中记载，“大道之行也，天下为公；选贤与能，讲信修睦，故人不独亲其亲，不独子其子；使老有所终，壮有所用，幼有所长；鳏、寡、孤、独、废残者皆有所养。”孟子在《滕文公》中也主张“出入相友，守望相互，疾病相扶持……”实际上就包含着利用分散风险这一手段达到补偿损失的目的这一保险思想。因此说，他们是保险的基本职能当之无愧，是一切经济形态下共有的职能。

2. 随着保险分配关系的发展，现代保险在保险的基本职能上又派生出两个职能

(1) 积蓄基金职能。聚集每个投保人的小额保险费，形成巨额保险基金(基金是专门用于某一方面的资金，具有专用性)，用于以后风险发生的损失补偿。同时可进行投资(存款、股票、债券、实业)，获取收益(保险资金运用)。实际上，保险具有筹资、融资的职能。

(2) 防灾防损职能。从投保人角度来说，风险发生的频率、损失幅度降低就意味着保险费负担的降低，也就意味着他们将以更少的费用支出获得相同的保障，所以虽然投保了，他们仍然会积极地防灾防损。从保险人的角度来看，为尽量减少保险赔偿金，保险公司会积极参与保户的防灾防损工作，发现隐患、提出合理化建议、提供咨询和技术服务，在客观上减少了社会财富的损失和社会成员的人身伤害，保险发挥防灾防损职能。

保险的职能在保险实施过程中所产生的客观效果就是保险的作用。

(二) 保险的作用

保险的作用主要有两点：担当社会稳定器(减震器)、助动器，保证社会经济生活的安定；促进经济的快速发展。

1. 在微观经济中的作用

(1) 有利于受灾企业及时恢复生产。

(2) 有利于企业加强经济核算。在社会主义市场经济条件下，作为经济实体的企业自主经营、独立核算。自然灾害和意外事故的发生、损失程度都是不确定的，一旦发生，必然影响企业的经济核算，致使企业生产经营中断。如果企业实现提留部分资金应付灾害损失，一方面受自身财力限制，难以足额提留；另一方面，又会造成资金的闲置和浪费，不利于发挥资金的最大使用效益。而通过保险，企业可以将难以预测的巨灾损失转化为固定的、少量的保险费支出，并列入产品成本和流通费用，这样，可在将风险损失(财产损失以及营业中断带来的利润损失、费用损失)转嫁给保险公司的同时保证了财务核算的稳定。

(3) 有利于企业加强风险管理，体现在保险的防灾防损职能。

(4) 有利于安定人民生活。这主要体现在一些与人们生活密切相关的险种上：人的生、老、病、死、残带来的经济上的损失可以通过不同的人身保险获得保障；因民事损害造成第三者财产损失和人身伤亡依法应付的赔偿责任可通过责任保险转嫁给保险公司，财产损失可通过财产保险获得赔偿。这样人们的正常生活可以不受灾害损失的影响。

(5) 有利于民事赔偿责任的履行。法院判决了，但是执行起来很难。许多民事责任案件也如此。投保相应险种可将赔偿责任转嫁给保险公司，从而使被侵权人的合法权益得到顺利赔偿。

2. 在宏观经济中的作用

(1) 保障社会再生产的顺利进行。受灾企业能及时恢复生产，社会再生产的四个环节——生产、分配、交换、消费——就不会中断(链条中断但能及时修复)，从而保证社会再生产的连续性和稳定。

(2) 保证商品流通和消费的顺畅进行。这主要体现在信用保险和保证保险方面。不相信你，担心你不付货款，不卖给你商品；担心产品质量问题，不敢进你的货。这些毫无疑问都将影响商品的流通和消费。而如果有了信用保险、履约保证保险、产品质量保证保险，买家、卖家就都不担心了，买卖就成了。

(3) 推动科学技术创新。科技是第一生产力。新技术带来高收益的同时伴随新风险，因此，企业往往退缩不前。保险可为新技术风险提供保障，促进新技术的推广应用。

(4) 有利于财政和信贷收支计划的顺利实现。受灾企业及时恢复了生产，社会再生产过程保持了连续性和稳定性，企业保证了收益，贷款及时偿还或重新获得物质保障，保证信贷平衡；各种税及时上缴，保证财政平衡。

(5) 增加外汇收入，增强国际支付能力。按照国际惯例，进出口货物必须办理保险。出口商品价格=成本价+运费+保险费。有离岸价格(进口商办保险)和到岸价格(出口商办理保险)之分。此外，一国保险公司参与世界保险市场的再保险业时，应尽量保持保险外汇顺差，增强国家的国际支付能力。

三、保险分类

为了从不同的角度了解保险。保险分类的标准很多，不同的学者、不同的资料有不同的表述。我们这里主要从以下几个方面进行。

（一）按照保险标的分类

财产保险是指投保人根据合同约定，向保险人交付保险费，保险人按保险合同的约定对所承保的财产及其有关利益因自然灾害或意外事故造成的损失承担赔偿责任的保险。财产保险主要有以下几种业务：

(1) 财产损失保险是以物质财产及有关利益为标的，狭义的包括火灾保险、货物运输、运输工具、工程、农业保险等。

(2) 责任保险是以被保险人依法承担的民事损害赔偿责任为保险标的的一种保险，比如被保险人发生侵权行为、产品责任、碰撞责任、职业责任、场所责任等。

(3) 信用保证保险(credit and guarantee insurance)：担保性质的保险。以信用关系为保险标的，具体来说，保险人对信用关系的一方因对方未履行义务或犯罪行为而蒙受的经济损失提供经济赔偿。据担保对象不同可分为信用保险(债权人投保对方信用)，保证保险(投保人投保自己信用)。毫无疑问，信用保证保险可以降低市场交易成本，提高市场经济的运转效率，我国市场经济建设迫切需要信用保证保险。然而，当前我国信用保证保险发展滞后，面临许多因素的制约。如何加快发展信用保证保险，促进我国市场经济建设，成为我们亟待研究的课题。发展我国信用保证保险，应加快社会信用体系建设，营造有利于信用保证保险发展的环境，促进政策性、商业性保险同步发展，完善风险控制机制。

(4) 人身保险是以人的生命和身体为标的，以其生存、年老、伤残、死亡等人身风险为保险事故，主要有人寿保险、健康保险、人身意外伤害保险。

(5) 人寿保险是以人的死亡或生存为保险事故的一类人身保险业务。人寿保险的基本内容包括投保人向保险人缴纳一定量的保险费，当被保险人在保险期限内死亡或生存到一定年龄时，保险人向被保险人或其受益人给付一定量的保险金。

(6) 意外伤害保险是指投保人向保险人交纳保险费，如果在保险期内因发生意外事故，致使被保险人死亡或伤残，支出医疗费用或暂时丧失劳动能力，保险人按照合同的规定给付保险金的保险。人身意外伤害保险的保障项目主要有死亡给付、残废给付、停工给付、医疗给付四项。

(7) 健康保险员是以被保险人的身体为保险标的，保证被保险人在疾病或意外事故所致伤害时的直接费用或间接损失获得补偿的保险，包括疾病保险、医疗保险、收入保障保险和长期看护保险。

(二) 按照实施方式分类

按照实施方式可分为自愿保险和强制保险。

(1) 自愿保险是保险双方在自愿的基础上通过订立保险合同的方式明确保险关系。投保与否、保额大小、险种公司选择等以及保险人承保与否完全自愿。

(2) 强制保险(法定保险)是由国家颁布法令强制被保险人参加的保险，具有强制性和全面性，只要是法律规定范围内的保险标的必须投保，如我国 20 世纪 50 年代开办的国家机关、国有企业财产保险，汽车第三者责任保险、社会保险等，其中保险费、保险金额、给付标准等都由国家统一规定。

(三) 按承保的形式分类

按承保的形式可分为原保险、再保险、重复保险和共同保险。

(1) 原保险是投保人原始风险的第一次转嫁，直接保险。保险人保障的是直接的风险损失。

(2) 再保险是一个保险人将其承保业务的部分或全部在向其他保险人投保的保险，是风险的第二次转嫁，可扩大原保险人的承保能力。

(3) 重复保险，《保险法》第 40 条规定：重复保险是指投保人对同一保险标的、同一保险利益、同一保险事故分别向两个以上保险人订立保险合同的保险。

(4) 共同保险，称共保，是由几个保险人同时承保一个保险标的，在发生赔偿责任时，其赔款按照各保险人各自承保的金额比例分摊。

四、保险的主要业务险种

(一) 财产损失保险

财产损失保险是指以各种有形财产及其相关利益为保险标的的财产保险。从含义中可以看出，财产损失保险的主要特征是标的有形(实际存在)。财产损失保险的主要险种有以下几种：

1．火灾保险

(1) 火灾保险的概念：以存放在固定地点、处于相对静止状态的财产为保险标的，遭受保险责任范围内的损失时，保险人负责赔偿。

(2) 主要险种包括企业财产家庭财产保险(投保人是家庭或个人)。

2．运输保险

(1) 概念及特征。

承保流动状态下(或经常处于运行状态下)的财产，无非就两类运输货物、运输工具。标的的特殊性决定了运输保险具有如下特征：流动性、风险更大(流动的比固定的)、异地出险增添理赔困难(代理查堪)、第三者责任大。

(2) 主要险种包括运输货物保险、运输工具保险。

运输货物保险，运输货物中的收货人、发货人均可投保。运行过程中的有关风险为保险责任(基本险，比如火灾、爆炸等自然灾害、意外事故导致货物损失、货物装卸过程中的意外损失非正常损耗、共同海损的分摊、合理必要的施救费用；综合险，加上盗窃、雨淋等原因造成的损失)。但是下列原因导致的货物损失保险公司不负赔偿责任：战争或军事行动、被保险货物本身的缺陷或自然损耗(比如货物缩水了)、被保险人的故意或过失行为、承运人自己的过错造成的货物损失、核污染以及其他保险条款中没有列明的责任。

运输工具保险，承保各种机动(机器为动力)运输工具，如船舶、机动车辆、飞机等，遭受自然灾害、意外事故等。

机动车辆保险：各种以机器为动力的陆上运输工具为标的，包括车辆本身的损失以及第三者责任险，还可附加驾驶员意外责任险、乘客意外责任险。

船舶保险：以各种船舶(运输、渔业、工程、工作、特种船舶及其附属设备)、水上装置及其碰撞责任为保险标的。

飞机保险：是指以飞机及其相关责任风险为保险对象(机身险、战争及劫持保险、第三者责任险(迫降落时碰撞)、旅客责任险等，是一种航空保险，价值高，采用共保方式。

3. 工程保险

(1) 概念及其特征。以各种工程项目为主要承保对象，是对建筑工程项目、安装工程项目及工程中的施工机器设备所面临的各种风险提供的经济保障。工程保险承保的保障范围包括因保险责任范围内的自然灾害和意外事故及工人、技术人员的疏忽、过失等造成的保险工程项目物质财产损失及列明的费用，在工地施工期间内对第三者造成的财产损失或人身伤害而依法应由被保险人承担的经济赔偿责任。由于工程项目本身涉及多个利益方，凡是对工程保险标的具有可保利益者，都对工程项目承担不同程度的风险，均可以从工程保险单项下获得保险保障。

(2) 主要险种包括建筑工程保险、安装工程保险和科技工程保险。

① 建筑工程保险是以承包合同价格或概算价格作为保险金额，以重置基础进行赔偿的，以建筑主体工程、工程用材料以及临时建筑等作为保险标的的，对在整个建筑期间由于保险责任范围内的危险造成的物质损失及列明的费用以及第三者责任予以赔偿的保险。

② 安装工程保险是以设备的购货合同和安装合同价格加各种费用或以安装工程的最后建成价格为保险金额的，以重置基础进行赔偿的，对新建、扩建或改造的工矿企业的机器设备或钢结构建设物在整个安装调试期间由于保险责任范围内的风险造成保险财产的物质损失及列明的费用予以赔偿的保险。

③ 科技工程保险。在财产保险市场上，保险人承保的科技工程保险业务主要有海洋石油开发保险、航天工程保险、核能工程保险等，其共同特点就是高额投资、价值昂贵，且分阶段进行，保险人既可按工程的不同阶段承保，又可连续取保，与建筑工程和安装工程保险有许多相似之处。

4．农业保险

农业保险是保险人组织农业生产经营者进行风险损失分摊，建立保险基金，对被保险人在种植业，养殖业生产过程中因灾害事故所致损失，给予保险责任范围内的经济补偿的一种方式。其特点包括保险面广量大、受自然风险和经济风险的双重制约、风险结构具有特殊性、高风险高赔付并存、需要政府的支持。

（二）责任保险

1．概念

责任保险是指以被保险人对第三者依法应负的赔偿责任为保险标的的保险。保险公司承担由被保险人的侵权行为而应依法承担的民事赔偿责任的一种特殊的险种。在被保险人在保险合同有效期间内因侵权责任给他人所造成的损失，应当由保险公司承担的赔付责任。

2．主要业务种类

责任保险主要业务种类包括雇主责任险、承运人责任险、公众责任险、产品责任险、职业责任险，以及机动车投保中的第三者责任险等。

(1) 公众责任保险。

公众责任保险是以被保险人在公众活动场所由于过失等侵权或违约行为，致使他人的人身或财产受到损害，依法由被保险人承担受害人的赔偿责任为保险标的的保险。公众责任保险的主要险种包括综合责任保险(任何地点)、场所责任保险(固定场所，比如电梯责任保、展览会责任保险、车库责任保险等)、承包人责任保险(承包人的损害赔偿责任)承运人责任保险和个人责任保险。

(2) 产品责任保险。

产品责任是产品生产者对其产品造成第三者人身伤害或财产损失所承担的法律责任。在许多国家，产品事故发生后，不仅产品的生产者，就连产品的批发商、零售商也往往在责难逃。为保护消费者的利益，世界上许多国家都制定了“产品责任法”，对产品的生产者、销售者(包括批发商和零售商)、维修者因其生产或销售、维修的产品发生意外事故，造成第三者的人身伤亡或财产损失所应承担的法律赔偿责任做出规定。产品责任的诉讼案件越来越多，法庭判定的产品责任最终赔偿金额也在节节攀升。产品责任索赔案的发生经常给产品的生产者或销售者的生产和财务状况造成极大影响，产品责任险正是为产品的制造者和经销者提供转嫁上述法律赔偿责任的一种保险。

【知识拓展】

产品质量保险和产品质量责任保险各自的作用?

案例：李经理进军热水器市场时，事先买了一份产品质量保险。热水器投放市场后销路不错，但不到一个月，因漏电烧死了一个人。李经理除为受害者的家庭更换热水器外，还要赔偿 5 万元。李经理向保险公司要求代为赔偿 5 万元的死亡赔偿金，另外还要求保险公司赔热水器损失费 1000 元。谁知，保险公司一口回绝。原来李经理犯了个根本性错误。保险公司有两个产品保险业务，一个是产品质量责任保险，一个是产品质量保证保险。李经理保的是产品质量保证保险。责任保险是负责赔偿产品因质量问题导致他人人身伤亡和财产的损失的，在这里就是死亡赔偿金 5 万元，但李经理恰没有保这个险，所以保险公司不赔。李经理保的是产品质量保证保险是负责赔偿产品因质量问题而导致产品本身的损失，在这里就是更换热水器的损失 1000 元。但保证保险只是一种担保行为，保险公司赔偿顾客热水器损失 1000 元有个前提，那就是当李经理的公司无法向顾客赔偿时，保险公司才赔。而此时，李经理已经把热水器换了，所以保险公司就不赔了。

(3) 职业责任保险。

职业责任是指从事各种专业技术工作的法人或自然人因工作上的失误造成他人人身损害或财产损失，依法应承担的经济赔偿责任。例如，医生在治疗过程中出现诊断错误、手术错误或用药错误等，对病人造成人身伤害或费用损失；建筑设计师由于设计错误，使承建方发生重大问题造成损失；保险代理人的失误导致保险人或被保险人的损失等。依照法律规定，职业技术人员在履行自己的责任中，因疏忽行为、遗漏过失行为而造成的损失和伤害，都要负相应的经济赔偿责任。

职业责任保险涵盖面积比较大，在实际工作中，保险人与被保险人或投保人接触到的是具体的职业责任保险种类。依前面所述，职业责任保险可以按照被保险人从事的职业进行划分，包括有医疗责任保险、律师责任保险、会计师责任保险、建筑师责任保险、设计师责任保险等众多业务种类。这种划分是保险人确定承保条件、保险费率的主要依据。在国外，还流行以下职业责任保险种类：① 美容师责任保险；② 药剂师责任保险；③ 教育工作者责任保险；④ 保险代理人及经纪人责任保险；⑤ 退休人员责任保险。

(4) 雇主责任保险。

雇主责任保险是保险公司为被保险人雇用的员工(包括短期工、临时工、季节工和徒工)，在受雇过程中从事与其业务有关的工作时，遭受意外而致受伤、死亡或患与业务有关的职业性疾病所致伤残、死亡所发生的医药费，应支出的诉讼费及经济赔偿责任(这些费用和经济损失必须是雇用合同规定由被保险人承担的)提供赔偿的一种责任保险。

(三) 信用保证保险

随着商业信用和银行信用的普遍化，信用经济成为现代经济的主旋律，但是，不讲信用的人却越来越多，道德风险的频繁发生，卖方赊销商品后得不到相应的货款等出现的信用危机，在客观上要求建立一种经济补偿机制以弥补债权人所遭受的损失，从而能够充分发挥信用制度对商品生产的促进作用，于是产生了信用保证保险，实际上是担保保险，保险标的都是被保证人的信用风险。当被保证人的作为或不作为致使权利人遭受经济损失时，保险人负经济赔偿责任。根据投保人的不同划分为信用保险和保证保险两类业务。当权利人作为投保人投保义务人的信用风险时就是信用保险；当义务人作为投保人投保自己的信用风险时就是保证保险。

信用保险主要包括三类业务，即出口信用保险、投资保险和国内商业信用保险。

(1) 出口信用保险承保出口商因买方不履行贸易合同而造成出口商的经济损失。出口信用保险承保的风险包括商业风险和政治风险。商业风险又称为买方风险，指由于买方的商业原因造成的收汇风险；政治风险又称国家风险，指由于买方不能控制的政治原因造成的收汇风险。我国目前已开办了短期出口信用保险、中长期出口信用保险和特约出口信用保险。

(2) 投资保险,又称政治风险保险，承保外国投资者的投资项目由于投资国发生战争或类似战争行为、政府当局的征用或没收以及政府有关部门的汇兑限制而遭受到的损失。投资保险主要承保外汇风险、征用风险和战争风险。由于外国投资者对我国的投资日益增多，所以我国自开办投资保险以来，业务不断扩大，不仅为外国投资者提供投资风险保障，也为我国在海外的投资提供风险保障。

(3) 国内商业信用保险，包括贷款信用保险、赊销信用保险、预付信用保险、个人贷款信用保险。

保证保险主要有合同保证保险、产品保证保险和诚实保证保险等业务。

(1) 合同保证保险又称“履约保险”，是承保债务人不履行合同规定的义务而给债权人造成经济损失的保险。合同保证保险中最常见的是工程类的合同保证保险，如投标保证保险、履约保证保险、完工保证保险等，我国已开办这类履约保险险种。

(2) 产品保证保险承保产品生产者和销售商因制造或销售的产品质量有缺陷而给用户造成的经济损失，包括产品本身的损失以及引起的间接损失和费用，其责任范围是产品责任保险中的除外责任。

(3) 诚实保证保险承保被保证人的不诚实行为致使被保险人遭受的经济损失。诚实保证保险的保险标的是被保证人的诚实信用，比如因雇员的贪污、挪用和诈骗等不诚实行为，造成雇主经济损失。

(四) 人身保险

1. 人身保险的概念

人身保险是指以人的身体和生命作为保险标的的一类保险。

【知识拓展】

人身保险概念的理解

人的生命：在人身保险中具体保险定位，当被保险人由于生存或死亡的原因产生经济上的需要时，由保险人给付被保险人或其受益人保险金。人的身体，在这有两种情况：(1) 当被保险人因遭受意外突发性事故，致使其身体遭受伤害或因此而残废、死亡时，由保险人给付被保险人或其受益人保险金，即意外伤害保险。(2) 当被保险人因疾病不能工作，以及因疾病而致残时，由保险人给付被保险人保险金，即健康保险。

2. 人身保险的主要业务种类

(1) 人寿保险。

人寿保险是以人的死亡或生存为保险事故的一类人身保险业务。人寿保险的基本内容是：投保人向保险人缴纳一定量的保险费，当被保险人在保险期限内死亡或生存到一定年龄时，保险人向被保险人或其受益人给付一定量的保险金。人寿保险简称寿险，是人身保险中最基本、最主要的种类。无论在我国还是国外，人寿保险的业务量都占人身保险的绝大部分。在人身保险中，最早产生的种类是人寿保险。人们曾认为，死亡是最大的人身风险，因而在早期的人寿保险主要是为死亡提供保障，最初的人寿保险专指死亡保险。然而，人们都希望生存、希望长寿，由于生存和长寿需要生活费用，所以实际上也是一种风险，为此后来又出现了生存保险以及把死亡保险与生存保险相结合的两全保险。由于一个人不能预知自己寿命的长短，期满时一次性给付保险金的生存保险不能为养老的需要提供充分保障，所以后来又出现了年金保险。

① 死亡保险。死亡保险主要分为定期死亡保险和终身人寿保险。定期死亡保险习惯上被称为定期寿险，它只提供一个确定时期的保障，如 5 年、10 年、20 年，或者到被保险人达到某个年龄为止，如 65 岁。如果被保险人在规定时期内死亡，保险人向受益人给付保险金。如果被保险人期满生存，保险人不承担给付保险金的责任，也不退还保险金。终身人寿保险又称终身死亡保险、终身寿险，是一种提供终身保障的保险，被保险人在保险有效期内无论何时死亡，保险人都向其受益人给付保险金。终身寿险分为普通终身寿险和特种终身寿险。

② 生存保险。生存保险是被保险人生存到保险期满时，保险人依照保险合同的规定给付保险金的一种保险。生存保险有以下几个特点：第一，生存保险是以被保险人在一定时期内生存为给付条件的，如果被保险人在保险期内死亡，保险公司不负保险责任，并且不退回投保人所交的保险费。第二，生存保险具有较强的储蓄功能，是为一定时期之后被保险人可以领取一笔保险金，以满足其生活等方面的需要，例如，养老保险就是一种较常见的生存保险。

③ 两全保险。两全保险又称生死合险。被保险人在保险期内死亡，保险人向其受益人给付保险金；如果被保险人生存至保险期满，保险人也向其本人给付保险金。因此，两全保险是死亡保险和生存保险的混合险种。两全保险可分为定期寿险和储蓄投资两个部分。保单中的定期寿险保费逐年递减，至保险期满日为零，而储蓄保费逐年递增，至保险期满日为投保金额。由于被保险人在保险期内不论生存或死亡，被保险人本人或受益人在保险期满后，总是可以获得稳定的保险金。它既可以保障被保险人的晚年生活，又能解决由于本人死亡后给家庭经济造成的困难，因而它在人寿保险中最能够体现保障与投资的两重性，有时人们又称其为储蓄保险。两全保险的储蓄性使它具有现金价值，被保险人能够在保单期满前享受各种储蓄利益。

(2) 意外伤害保险。

意外伤害保险是指投保人向保险人交纳保险费，如果在保险期内因发生意外事故，致使被保险人死亡或伤残，支出医疗费用或暂时丧失劳动能力，保险人按照合同的规定给付保险金的保险。人身意外伤害保险的保障项目主要有四项：

① 死亡给付：被保险人遭受意外伤害造成死亡时，保险人给付死亡保险金。死亡是指机体生命活动和新陈代谢的终止。在法律上发生效力的死亡包括两种情况：一是生理死亡，即已被证实的死亡；二是宣告死亡，即按照法律程序推定的死亡。当意外事故发生致使被保险人死亡的，保险人给付死亡保险金《中华人民共和国民法通则》规定：“公民有下列情况之一的，利害关系人可以向人民法院申请宣告死亡：第一，下落不明满四年的；第二，因意外事故下落不明，从事故发生之日起满二年的。

② 残废给付：被保险人因遭受意外伤害造成残废时，保险人给付残废保险金。这里的残疾也包括两种意思：一是人体组织的永久性残缺(或称缺损)；二是人体器官正常机能的永久丧失，如丧失视觉、听觉、嗅觉、语言机能，运动障碍等。当意外事故发生致使被保险人身体残疾的，保险人给付残疾保险金。

③ 医疗给付：被保险人因遭受意外伤害支出医疗费时，保险人给付医疗保险金。

④ 停工给付：被保险人因遭受意外伤害暂时丧失劳动能力，不能工作时，保险人给付

停工保险金。

(3) 健康保险。以被保险人的身体为保险标的，保证被保险人在疾病或意外事故所致伤害时的直接费用或间接损失获得补偿的保险，包括疾病保险、医疗保险、收入保障保险和长期看护保险。(专家)疾病保险指以疾病的发生为给付条件的保险；医疗保险指以约定医疗的发生为给付条件的保险；收入保障保险指以因意外伤害、疾病导致收入中断或减少为给付保险金条件的保险；长期看护保险指以因意外伤害、疾病失去自理能力导致需要看护为给付保险金条件的保险。健康保险的主要业务有以下几类：

① 医疗保险，是指以保险合同约定的医疗行为的发生为给付保险金条件，为被保险人接受诊疗期间的医疗费用支出提供保障的保险。医疗保险按照保险金的给付性质分为费用补偿型医疗保险和定额给付型医疗保险。费用补偿型医疗保险是指根据被保险人实际发生的医疗费用支出，按照约定的标准确定保险金数额的医疗保险。定额给付型医疗保险是指按照约定的数额给付保险金的医疗保险。费用补偿型医疗保险的给付金额不得超过被保险人实际发生的医疗费用金额。

医疗保险的种类：第一，普通医疗保险是负责补偿被保险人因疾病和意外伤害所导致的直接费用，即我国目前的住院医疗险。普通医疗保险的保险责任有门诊医疗费用；住院医疗费用包括床位费、诊疗费、药费、仪器检查费、治疗费、护理费；手术费用包括手术费、麻醉师费用、手术材料费、器械费、手术室费用。第二，综合医疗保险(高额医疗保险)。第三，补充医疗保险包括住院津贴医疗保险、补充型高额医疗费用保险、特殊疾病医疗保险。第四，特种医疗费用保险，包括母婴安康保险、重大疾病保险、牙科医疗费用保险、艾滋病保险意外伤害医疗。

② 疾病保险：是指以保险合同约定的疾病的发生为给付保险金条件的保险。

③ 失能收入损失险：是指以因保险合同约定的疾病或者意外伤害导致工作能力丧失为给付保险金条件，为被保险人在一定时期内收入减少或者中断提供保障的保险。

④ 护理保险：是指以因保险合同约定的日常生活能力障碍引发护理需要为给付保险金条件，为被保险人的护理支出提供保障的保险。

第二节 信 托

一、信托的起源与发展

(一) 信托的起源和发展

【知识拓展】

为什么会产生信托制度?

早期时候，它的目的就是为了脱产和逃税。为什么脱产才能够逃税呢？因为在英国的封建制度之下，最上面的是国王，下面有诸侯，诸侯下面就是农奴，这些人对土地都有相当于物权的权利。也就是说，农奴可以在土地上耕作，但是需要向诸侯缴税，如果不符合这个要件，诸侯可以把农奴的土地收回。同样，诸侯要向国王缴税，假如诸侯有叛变或者其他的事由，国王还可以收回诸侯土地的所有权。所以，在这个封建制度之下，这些人对土地都有某种权利，而且都是对物的。在这个封建制度之下，我们说它的土地制度是采用物权自由原则，我可以把我的土地移转给某一个人十年，到期以后给我，或者直接给另外一个人，可以用时间来切割。我也可以就这个土地移转的权利给某人一项权利。所以，诸侯和农奴对土地的权利就有质的不同。例如，诸侯可以把这个土地设定给三个农奴共有，但仅是把土地上的权利转移给农奴，对于地下的权利，诸侯可以自己保留着。这是物权自由原则下一个很重要的精神，这就是信托法起源时候的土地制度。

1．原始的信托行为起源于古埃及的遗嘱托孤

公元前2000年左右，古埃及就有人设立遗嘱，让他的妻子继承自己的遗产，并为儿女指定监护人，还设有立遗嘱的见证人。这种以遗嘱方式委托他人处理财产并使继承人受益的做法是现今发现的一种最早的信托行为。信托的概念源于《罗马法》中的“信托遗赠”制度。《罗马法》是在罗马帝国末期，由国王奥格斯德士所创。《罗马法》中规定：在按遗嘱划分财产时，可以把遗嘱直接授予继承人，若继承人无力或无权承受时，可以按信托遗赠制度，把财产委托或转让给第三者处理。《罗马法》创立了一种遗产信托，这种制度是从处理罗马以外的人的继承问题开始的，后逐渐成为一种通行的制度。古罗马的“信托遗赠”已形成了一个比较完整的信托概念，并且首次以法律的形式加以确定。然而此时的信托完全是一种无偿的民事信托，并不具有经济上的意义，还没有形成一种有目的的事业经营，其信托财产主要是实物、土地。

后来大约在公元5世纪，随着商业的发展，欧洲一些国家出现了一种专门从事代客买卖和办理其他事务，并收取一定佣金的专门组织。中国汉代出现了为他人洽谈牲畜交易的“阻会”，唐宋有“柜房”，这些都可以看作是贸易信托的雏形。

2．近代信托制度的确立

英国人创立的“尤斯”(USE)制度，对近代信托的逐渐形成起了重要作用。所谓“尤斯”制度，是指土地“代为使用”制度。

“尤斯”制度是英国宗教团体和封建主之间矛盾斗争的产物。在公元13世纪前后，英国的封建时代，宗教信仰特别浓厚。教徒们受教会的“活着要多捐献，死后可升天”宣传的影响，常把身后留下的土地遗赠给教会，于是教会就占有了越来越多的土地，并且按当时英国法律规定，教会的土地是免税的。因此，英国王室征收土地税就发生了困难。为制止这种触犯君主利益的情况，英王亨利三世于13世纪颁布了《没收条例》。而当时英国的法官多是教徒，为了对付《没收条例》，他们参照《罗马法》的“信托遗赠”制度而新创“尤斯”制度。

“尤斯”制度的具体内容是：凡要以土地贡献给教会者，不作直接的让渡，而是先赠送给第三者，并表明其赠送的目的是为了维护教会的利益，然后让第三者将从土地上所取得的收益转交给教会，就叫做“替教会管理或使用土地”。

由于“尤斯”制大大触犯了封建君主的利益，因此，封建君主总是极力反对“尤斯”制。后来，由于英国封建制度衰落及资产阶级革命的成功，到了17世纪，“尤斯”制终于为法院所承认，而发展为信托；到19世纪逐渐形成了近代较为完善的民事信托制度。

19 世纪中叶英国完成了工业革命后，英国的信托机构纷纷成立。1868 年伦敦出现了第一家办理信托业务的信托机构——伦敦信托安全保险有限公司。

3．现代信托业的形成

从近代信托到现代信托的演化，从民事信托到金融信托的发展完成于资本主义的后起之秀——美国。美国独立战争后，资本主义经济在美国得到了迅速的发展。资本主义的发展极大地推动了信托业的发展。信托业在美国资本主义的发展中显示出巨大的生命力。

18 世纪末至 19 世纪初，美国开始从英国引进民事信托。英国的信托是以个人之间的信托为基础发展起来的，而美国则一开始就把信托作为一种事业经营，用公司组织的形式大范围地经营起来。虽然最初信托业务是为美国第二次独立战争期间及其之后执行遗嘱和管理遗产的需要开办的，但很快随着欧洲的移民在美国殖民活动以及对美国的开发，这种狭隘的民事信托已不能满足经济发展的要求。为了促使资本的集中，源于荷兰的股份公司制度在美国得到充分的发展。股份公司的发展使股票、债券等有价证券大量涌现，社会财富由土地、商品等实物形态向有价形态转化，这就需要有办理集资、经营和代理各种有价证券的专门机构。以营利为目的的金融信托公司便应运而生。

这一时期美国逐渐成立了保险业务、金融信托业务兼营的信托公司和专业信托公司。美国最早(比英国早几十年)完成了个人受托向法人受托的过渡、民事信托向金融信托的转移，为现代金融信托制度奠定了基础。

(二) 中国信托业的发展

1．中国信托业的恢复

1979 年，我国的一些地区和部门为适应社会对融资方式、资金需求多样化的需要，开始设立和筹建信托机构。1979 年 1 月，邓小平同志约见工商界和民主党派著名人士时，希望荣毅仁同志在吸收外资方面做些实际工作。之后荣毅仁即提出创办一个新型的国际信托公司的设想。这一想法得到了邓小平同志和其他领导同志的支持。1979 年 6 月，国务院正式批准成立中国国际信托投资公司。10 月 1 日中信公司正式在京宣告成立，开办费为 50 万元，注册资本为 2 亿元。中信公司的成立，正式标志着中国当代信托事业的起步。与此同时，中国银行总行在京也成立了信托咨询部。

1980 年 7 月 1 日，国务院常务会议通过了《关于推动经济联合的暂行规定》规定明确提出：“随着各种形式的经济联合的形式，会带来一系列的新的问题，需要各有关部门在政策、制度、办法上作相应的改进，以促进联合的巩固和发展。……银行要运用信贷、利率等经济手段，实行区别对待，择优扶植，并根据各种形式的经济联合的特点，组织结算工作，试办各种信托业务。”这是自经济体制改革以来，国务院第一次明确提出要试办信托业。1980 年 9 月 9 日，中国人民银行向全国除西藏自治区以外的所有省、市、自治区下达了《中国人民银行关于积极开办信托业务的通知》，(简称《通知》)《通知》分析了积极开办信托业务的重要性和必要性，提出了开办信托业务的原则，信托机构的设置与管理等方面的内容，并且介绍了中国人民银行上海分行试办的以资金信托为主的几种信托业务。

2．信托业在清理整顿中曲折发展

信托机构和信托业务的恢复建立和发展，对于广筹资金、搞活资金融通，为社会经济发展提供多样化的金融服务，促进经济发展，起到了积极作用。但是，由于信托业自身业务特点的不够明确，对信托机构缺乏科学管理，加之国家宏观经济政策随经济形势变化而不断调整。信托业自恢复以来，大体上经历了三次大规模的清理整顿。

第一次清理整顿：1981 年末到 1982 年初，随着财政分成制度和企业自主权的进一步扩大，许多地区、部门纷纷自筹资金，组成了各种形式的信托投资公司，加上银行办的信托机构，使信托机构在短期内迅速膨胀起来。1982 年底，全国各类信托机构发展到 620 多家，其中人民银行信托部 186 家，建设银行有 266 家，农业银行有 20 多家，中国银行有 96 家，地方办的有 50 多家。1983 年 1 月，全国人民银行工作会议指出："金融信托主要办理委托、代理、租赁、咨询业务。固定资产贷款以后由信贷部门办理"。这是自信托业恢复以来第一次明确其业务范围。此后，信托业一边清理整顿，一边开办各种业务。随着预算外资金的增加，信托业务在清理整顿中仍然得到了较快的发展。

第二次清理整顿：根据国务院 1982 年 61 号文件关于"今后信托投资业务一律由人民银行或人民银行指定的专业银行办理"的规定，1983 年 1 月 3 日，中国人民银行做出了《关于人民银行办理信托业务的若干规定》，首次明确了国内信托业的业务方针、业务范围、资金来源和计划管理、经营管理等问题。这表明中国金融界对信托业作用的认识有了很大提高。但是由于经济过热，固定资产投资和消费基金增长过猛，再度出现货币投放和信贷失控局面。信托作为固定资产投资的方便之门又被打开，盲目地发放了一些收效甚微的信托贷款和信托投资，扩大了基建规模，在经济过热和投资失控中起了推波助澜的作用。1985 年，根据国务院"关于进一步搞活银行贷款检查工作的通知"精神，人民银行总行发出紧急通知，对各地贷款进行检查，对信托业务进行整顿，严格控制信托贷款，并抓紧收回不合理贷款。这次整顿的重点在于清理信托业务，并暂停信托贷款和信托投资业务。但其他业务未受多大影响。信托业整体上仍在继续发展之中。

第三次清理整顿：随着经济体制改革的不断深入和国民经济的发展，各地区、各部门对信托业的作用也越来越重视，设立信托机构的积极性也越来越高。到 1988 年 9 月，经人民银行批准设立的信托投资公司达到 745 家，资产总额 700 亿元，各类贷款总额 500 多亿元，开办了委托、代理、租赁、投资、担保、证券、咨询和房地产等多种信托业务。信托业已成为金融业的一支重要力量。

但是由于国民经济和企业的双重软预算约束，投资饥饿症难以压制，固定资产投资始终居高不下。1988 年比 1985 年第二次整顿经济时又上升 69.64%，经济再一次呈过热势头，通胀加剧，资金需求缺口越来越大。信托业在其中又一次起了"火上加油"的作用。1988 年，信托投资机构的资产规模较第二次整顿后的 1986 年增长了近 2 倍，其中委托贷款中的固定资产贷款增长了 3.24 倍，信托贷款中的固定资产贷款增长近 1 倍。有的机构超范围吸收存款；有的发放假委托贷款；有的超比例发放固定资产贷款；有的滥设、乱设机构，越权审批机构；有些专业银行通过投资、委托、拆借等形式把存款转移给信托公司等，所有这些问题干扰和打乱了正常的金融秩序，分散了有限的社会资金，改变了社会信用结构，扩大了信用规模和固定资产投资规模，加剧了社会总供给和总需求的失衡。为此，国务院在治理经济环境、整顿经济秩序中，将清理整顿金融信托机构作为控制货币、稳定金融的重要措施。1988 年 8 月，国务院责成中国人民银行会同有关部门对各级各类信托投资机构进行清理整顿。为此，人民银行专门成立了信托投资机构清理整顿领导小组。同年 8 月 12

日，人民银行发出《关于暂停审批设立各类非银行金融机构的紧急通知》。

经过三年多的清理整顿后，中国信托业机构过多的问题得到了解决，机构从整顿前的745家并为377家，其中全国性的9家，地方198家，专业银行暂不撤销的170家，机构总数减少近65%，各类贷款规模增长过快的现象得到了控制。清理整顿期间，信托贷款规模平均每年增长10%，比整顿前的25%下降了10多个百分点，为中国信托业的稳步发展创造了条件。

二、信托的含义和分类

（一）信托的含义及构成要素

信托是一种以信任为基础、以财产为中心、以委托为方式的财产管理制度。其构成要素有以下几个方面：

(1) 信托行为是指以设定信托为目的而发生的一种法律行为。

(2) 信托关系人指由于信托行为而发生信托关系的信托当事人。其中委托人是指设立信托时的财产所有者，利用信托方式达到特定目的的人；受托人是接受委托人委托，并按照委托人的指示对信托财产进行管理和处理的人；受益人是指在信托关系中享受信托财产收益的人。

(3) 信托目的是委托人通过信托行为所要达到的目的。委托目的不能违背法律法规和社会公德，受益人能够接受、委托人能够办到。

(4) 信托财产是信托行为的标的物，也称财产权。由委托人通过信托行为转给受托人并由受托人按照一定的信托目的进行管理和处理的财产及通过财产的管理和运用而取得的财产。其须具有财产价值并可以转让。信托财产具有独立性、有限性及物上代位性。

(5) 信托报酬是受托人承办信托业务所取得的报酬。按照实绩原则计算。

（二）信托的分类

1. 以信托关系成立的方式为标准

任意信托：根据当事人之间的自由意思表示而成立的信托。

法定信托：由司法机关确定当事人之间的信托关系而成立的信托。

2. 以信托财产的性质为标准

资金信托又称金钱信托，是指在设立信托时委托人转移给受托人的信托财产是金钱，即货币形态的资金，受托人给付受益人的也是货币资金，信托终了，受托人交还的信托财产仍是货币资金。

动产信托又称设备信托，是指由设备的制造商及出售者作为委托人，将设备信托给信托机构，并同时将设备的所有权转移给受托人，后者再将设备出租或以分期付款的方式出售给资金紧张的设备使用单位的一种信托方式。

不动产信托，以不动产如房屋、土地等作为信托财产的信托业务，以管理、处理不动产为目的。

有价证券信托是指委托人将有价证券作为信托财产转移给受托人，由受托人代为管理运用。

金钱债权信托是指以各种金钱债权作为信托财产的信托业务。

3．以信托目的为标准

担保信托是指以确保信托财产的安全，保护受益人的合法权益为目的而设立的信托。

管理信托是指以保护信托财产的完整、保持信托财产的现状为目的而设立的信托。

处理信托是指改变信托财产的性质、原状以实现财产增值的信托业务。

管理和处理信托，通常是由受托人先管理财产,最后再处理财产。

其他还包括以信托事项的法律立场为标准、以受益人的角度为标准、从委托人的角度为标准、从受托人承办信托业务的目的为标准的划分方法。

【知识拓展】

员工持股信托

员工持股信托是由企业员工共同出资，委托信托公司认购本企业股权或直接将已认购的本企业股权委托给信托公司管理和运用，信托公司按委托人的意愿以信托公司的名义行使股东权利，并将企业利润收入对受益人进行分配。通过员工持股可以改变本企业产权结构，体现了信托制度在企业激励分配方面的优越性和灵活性，进而达到重组本公司的目的并获取预期收益的一种信托收购行为。

员工持股权信托方案具体操作如下：

(1) 公司将职工的购股资金，如担保借款、税前利润奖励分配、企业公益金以及现金出资作为信托资金，也可以将科技成果(专利、专有技术)作为信托财产，委托给信托公司。

(2) 公司或职工作为委托人与信托公司签订信托合同，依据委托人确定的管理方式或信托公司代为确定的管理方式管理、运用和处分信托资金或信托财产。

(3) 信托公司利用上述信托资金收购目标公司股份，同时办理股东变更的工商登记，成为目标公司法律意义上的股东。

(4) 信托公司按照信托合同及文件的具体约定予以履行，委托人、受托人及受益人按照信托合同的约定享有权利、承担义务。职工所享有的信托受益权可按照信托合同的规定进行转让、继承、回购。

三、信托的职能与作用

(一) 信托的职能

信托业以其独特的、有别于其他金融机构的职能，牢固地在现代各国金融机构体系中占有重要的一席之地，并以其功能的丰富性，而获得“金融百货公司”之美誉。但必须明确的一点是，虽然时至今日，信托业的职能很多，但其原始功能——财产管理功能是其基本职能，其他诸种职能都是在这一职能的基础上衍生而来。

1．财产管理职能

财产管理功能是指信托受委托人之托，为之经营管理或处理财产的功能，即“受人之托、为人管业、代人理财”，这是信托业的基本功能。现代信托业所从事的无论是金钱信托还是实物信托，都属于财产管理功能的运用，其理论支持是现代产权理论。在该功能下，信托业作为受托人，必须按委托人的要求或其指定的具体项目，发放贷款或进行投资，为委托人或受益人谋利。而且，信托财产所获收益，全部归受益人享有，信托机构只能按契约规定收取相应手续费。

2．融通资金职能

融通资金功能是指信托业作为金融业的一个重要组成部分，本身就赋有调剂资金余缺之功能，并作为信用中介为一国经济建设筹集资金，调剂供求。由于在商品货币经济条件下，财产有相当一部分以货币资金形态存在，因此对这些信托财产的管理和运用就必然伴随着货币资金的融通。表面上看信托业的这一功能与信贷相似，但实则有质的区别，在融资对象上信托既融资又融物；在信用关系上，信托体现了委托人、受托人和受益人多边关系；在融资形式上，实现了直接融资与间接融资相结合；而在信用形式上，信托成为银行信用与商业信用的结合点，因此，信托融资比信贷融资有显著优势。

3．协调经济关系职能

协调经济关系功能是指信托业处理和协调交易主体间经济关系和为之提供信任与咨询事务的功能。因其不存在所有权的转移问题，所以有别于前两种功能形式。在现代经济生活中固有的信息不完备和交易主体内存的机会主义行为倾向，使得交易费用越发昂贵。因此为降低交易费用，弱化交易对方的机会主义行为，交易主体通常都要了解与之经营有关的经济信息，如经济政策、技术可行性、交易对方资信、经营能力、付款能力、经营作风、市场价格、利率、汇率以至生活习俗等。信托机构通过其业务活动而充当“担保人”、“见证人”、“咨询人”、“中介人”，为交易主体提供经济信息和经济保障。

4．社会投资职能

社会投资职能是指信托业运用信托业务手段参与社会投资活动的功能。信托业务的开拓和延伸，必然伴随着投资行为的出现，也只有信托机构享有投资权和具有适当的投资方式的条件下，其财产管理功能的发挥才具有了可靠的基础，因此信托机构开办投资业务是世界上许多国家的信托机构的普遍做法。信托业的社会投资职能可以通过信托投资业务和证券投资业务得到体现。在我国，自1979年信托机构恢复以来，信托投资业务一直是其最重要的一项业务，这一点，从我国大多数信托机构都命名为“信托投资公司”可见一斑。因此，社会投资功能可以定位为中国信托业的辅助功能之一，但一定要按照信托原理的要求来对这一功能加以运用和发挥。

5．为社会公益事业服务的职能

为社会公益事业服务的职能是指信托业可以为欲捐款或资助社会公益事业的委托人服务，以实现其特定目的的功能。随着经济的发展和社会文明程度的提高，越来越多的人热心于学术、科研、教育、慈善、宗教等公益事业，纷纷捐款或者设立基金会，但他们一般对捐助或募集的资金缺乏管理经验，并且又希望所热心支持的公益事业能持续下去，于是就有了与信托机构合作办理公益事业的愿望。信托业对公益事业的资金进行运用时，一般采取稳妥而且风险较小的投资方法，如选取政府债券作为投资对象。信托机构开展与公益事业有关的业务时，一般收费较低，有的甚至可不收费，提供无偿服务。

综上分析，由于信托制度是一种财产转移和管理制度，信托业的本质是财产管理机构，所以中国信托业的职能定位应当是以财产管理功能为主，以融通资金功能次之，而以协调经济关系功能、社会投资功能和为社会公益事业服务功能为辅。

（二）信托的作用

1．信托拓宽了投资者投资渠道

对于投资者来说，存款或购买债券较为稳妥，但收益率较低；投资有可能获得较高收益，但对于投资经验不足的投资者来说，在资金量有限的情况下，很难做到组合投资、分散。此外，市场变幻莫测，投资者缺乏投资经验，加上信息条件的限制，难以从中获得很好的投资收益。信托作为一种新型的投资工具，把众多投资者的资金汇集起来进行组合投资，由专家来管理和运作，经营稳定，收益可观，可以专门为投资者设计间接投资工具，投资领域可以组合资本市场、货币市场和实业投资领域，大大拓宽了投资者的投资渠道。信托之所以在许多国家受到投资者的欢迎，发展如此迅速，都与信托作为一种投资工具所具有的独特优势有关。

2．信托通过把储蓄转化为投资，促进了产业发展和增长

信托吸收社会上的闲散资金，为企业筹集资金创造了良好的环境，实际上起到了把储蓄资金转化为生产资金的作用。这种把储蓄转化为投资的机制为产业发展和增长提供了重要的资金来源，特别是对于某些基础设施建设项目，投资者因为资金规模的限制无法参与，但通过信托方式，汇集大量的个人资金投资于实业项目，不仅增加了的渠道，同时也为基础设施提供了新的来源。而且，随着信托的发展壮大，这种作用将越来越大。

3．信托促进金融市场的发展和完善

市场作为信托重点投资的市场之一，信托的发展有利于市场的稳定。信托由专家来经营管理，他们精通专业知识，投资经验丰富，信息资料齐备，分析手段先进，投资行为相对理性，客观上能起到稳定市场的作用。同时，信托一般注重资本的长期增长，多采取长期的投资行为，不会在市场上频繁进出，能减少市场的波动。

4．信托有利于货币市场的发展

《信托管理办法》规定信托可以参与同业拆借，信托管理运用资产的方式可以采用贷款方式，信托可以用自有资产进行担保，这些业务不仅是银行业务的重复，而是对于中国货币市场的补充。商业银行作为货币市场的主要参与者，有其运作的规模效应，但同时也限制了它的灵活性。信托虽没有商业银行的资金优势、网络优势，但其可以直接联系资本市场和实业投资领域，自有其业务灵活性，对于企业的不同的需求和理财需求能够设计个性化的方案，丰富货币市场的金融产品。

四、投资信托

（一）投资信托的起源与发展

投资信托也叫投资基金，即集合不特定的投资者，将资金集中起来，设立投资基金，并委托具有专门知识和经验的投资专家经营操作，使中小投资者都能在享受国际投资的丰厚报酬的同时减少投资风险，共同分享投资收益的一种信托形式。基金投资对象包括有价证券和实业。投资信托起源于19世纪的英国，主要为便利海外投资，20世纪50年代起，投资信托在西方国家获得迅猛发展，成为大众化的理财工具。

（二）投资信托的作用

(1) 分散风险，使小额投资也能分散投资。

(2) 专家决策，委托专家经营管理，提高了资金运用效益，流动性增强。

(3) 确保投资者获得稳定收益。

(4) 提供多样服务。

第三节　租　　赁

一、租赁的产生与发展

租赁是一种古老的信用形式，它在私有制的基础上产生并得以发展。从历史发展来看，主要经历了古代租赁、传统租赁和现代租赁三阶段。

古代租赁主要是实物信用(借贷)形式，租赁的目的是满足对物件使用价值的需要，租赁标的(对象)范围狭窄，主要是与农业生产相关的物件。

传统租赁，赁租期短，出租人不仅提供租赁物件，而且提供维修、保养等全面服务。租期结束后，承租人返还租物。传统租赁是在商品经济有了一定发展的基础上出现的，与古代租赁相比，其区别表现在两个方面：一是出租人与承租人之间借助法律形式(签订契约)保障各自权益。二是标的物的范围更加广泛，与机器化大工业生产相关的物件逐步成为主要的租赁对象。

现代租赁既不像一般的银行信用那样借钱、还钱，也不同于一般的商业信用，而是一种以融资为直接目的的信用方式，是以分期偿还租金的方式进行的将融资与融物二者结合在一起的特殊的金融业务。

二、租赁的概念及特征

租赁业务是由一方把自己所有的资本设备租给另一方在约定期限内使用，而由租用人依约按期付给出租人一定数额的租金。它是信贷和贸易相结合的融资和融物混为一体的业务过程。

（一）租赁所包括的基本内容

(1) 租赁当事人包括出租人和承租人。出租人：出租物件的所有者，拥有租赁物件的所有权，将物品租给他人使用，收取报酬。承租人：出租物件的使用者，租用出租人物品，向出租人支付一定的费用。

(2) 租赁标的。租赁标的指用于租赁的物件。

(3) 租赁期限。租赁期限即租期指出租人出让物件给承租人使用的期限。 物品的租赁期限不得超过二十年。超过二十年的，超过部分无效。租赁期间届满，当事人可以续订租赁合同，但约定的租赁期限自续订之日起不得超过二十年。

(4) 租赁费用。租赁费用即租金是承租人在租期内获得租赁物品的使用权而支付的代价。

（二）现代租赁的特征

租赁的主要特征包括以下四个方面：

(1) 租赁一般采用融通设备使用权的租赁方式，以达到融通资产的主要目的。对出租人来说，租赁是一种金融投资的新手段，对承租人来说则是一种筹措设备的新方式。

(2) 租赁设备的使用限于工商业、公共事业和其他事业，排除个人消费用途。

(3) 租金是融通资金的代价，具有贷款本息的性质。

(4) 租期内设备的所有权归出租人，使用权归承租人。

三、租赁的分类

租赁的业务形式多种多样，按照不同标准，可有不同的划分。

（一）以租赁目的和投资回收方式为标准，可分为融资租赁和经营租赁

(1) 融资性租赁又称金融租赁，指租赁的当事人约定，由出租人根据承租人的决定，向承租人选定的第三者(供货人)购买承租人选定的设备，以承租人支付租金为条件，将该物件的使用权转让给承租人，并在一个不间断的长期租赁期间内，通过收取租金的方式，收回全部或大部分投资。

(2) 经营性租赁是指一种短期租赁形式，是指出租人向承租人短期出租设备，并提供设备保养维修服务，租赁合同可中途解约，出租人需向不同承租人反复出租才可收回对租赁设备的投资。

（二）从征税的角度，对租赁可分为节税租赁和非节税(销售式)租赁

(1) 节税租赁在美国被称为真实租赁，出租人根据自己设备的所有权可以享受加速折旧的税收优惠，并可以降低租金的形式向承租人转让部分税收优惠的租赁业务。

(2) 非节税租赁也称为有条件销售式租赁，这类租赁业务在有些国家的税法中通常被当作分期付款交易来看待。

节税租赁与非节税租赁最大的区别在于：经营节税租赁的租赁公司能享受税收优惠，能从期末资产产值中获益而降低租赁利率，使租赁融资的资金成本低于银行借款利率，使承租人从中受益。非节税租赁因不能享受税收优惠，其实际利率往往会高于银行借款利率。

（三）以租赁中出资比例为标准，可分为单一投资租赁和杠杆租赁

(1) 单一投资租赁，是指在一项租赁交易中，设备购置投资由出租人独自承担的投资租赁。

(2) 杠杆租赁是在一项租赁交易中，出租人只需投资租赁标的购置款项20%～40%的资金，运用财务杠杆原理，带动其他债权人对该项目60%～80%的款项提供无追溯权的贷款，

出租人以拥有的租赁标的所有权向贷款人抵押，以租赁的做法类似于银行贷款。

杠杆租赁主要有以下几个优点：① 某些租赁物过于昂贵，租赁公司不愿或无力独自购买并将其出租，杠杆租赁往往是这些物品唯一可行的租赁方式。② 美国等资本主义国家的政府规定，出租人所购用于租赁的资产，无论是靠自由资金购入的还是靠借入资金购入的，均可按资产的全部价值享受各种减税、免税待遇。因此，杠杆租赁中出租人仅出一小部分租金却能按租赁资产价值的 100%享受折旧及其他减税免税待遇，这大大减少了出租人的租赁成本。③ 在正常条件下，杠杆租赁的出租人一般愿意将上述利益以低租金的方式转让给承租人一部分，从而使杠杆租赁的租金低于一般融资租赁的租金。④ 在杠杆租赁中，贷款参与人对出租人无追索权，因此，它较一般信贷对出租人有利，而贷款参与人的资金也能在租赁物上得到可靠保证，比一般信贷安全。杠杆租赁的对象大多是金额巨大的物品，如民航客机等。

(四) 从出租方设备贷款的资金来源和付款对象来看，可分为直接租赁、转租赁、售后租赁

(1) 直接租赁是指出租人用在资金市场上筹措的资金，向制造厂商支付贷款，购进设备后直接出租给承租人的业务，简单说就是购进、租出。

(2) 转租赁是由出租方从一家金融租赁公司或从设备制造厂商租入一项设备后，再转租给承租方的一种金融租赁形式。

(3) 回租赁是承租方将自制的或外购的机器设备先按其账面价格或重估价格卖给金融租赁公司，然后再以租方式租回使用的一种金融租赁形式。

四、租赁的基本职能

(一) 金融职能

租赁与金融相结合，成为现代租赁行业快速发展的重要动因，租赁因此具有了较强的金融职能。租赁的金融职能具有不同于银行的表现形式。虽然融资租赁在我国常被人称为“金融租赁”，租赁公司也常被冠以“金融租赁公司”之名，但租赁公司并没有像银行一样的经营一般存、贷款业务。租赁的金融职能是在“融物”的过程中实现的，物为载体，以物的融通实现资金的融通，即“融物”与“融资”相结合。具体而言，租赁交易中，出租人融通资金为承租人购买租赁标的，如机器设备等，将其出租给承租人使用；承租人在拥有租赁标的使用权的同时，也解决了购置租赁标的所需的资金。在我国，融资租赁已经被社会当成是一种特殊的金融服务，被很多学者称为解决中小企业融资困境、发展基础产业、帮助国有企业改制乃至开发中西部的重要金融手段。

(二) 贸易职能

贸易职能就是交易职能。租赁业务实质上是一种承租人通过分期支付租金获得商品使用权的交易活动。承租人用支付租金的形式，在租期内分次购买租赁标的使用权，因此租赁可以看作一种商品交易行为，交易的对象即为租赁标的的使用权。在融资租赁中，租赁期满，

承租人可以以较低的价格向出租人支付租赁物品的清算残值，从而获得租赁标的的所有权。这一购买残值的过程，更清楚地显示了租赁是一种特殊形式的出售租赁标的的商贸活动。

租赁的贸易职能在现代社会得到很好的发挥。租赁交易以其自身的特点参与社会生产与生活活动，可大大促进商品交易的扩大，对生产资料与消费资料都具有明显的促销功能。企业可以通过租赁形式获取生产设备扩大生产，居民也可以通过租赁消费的形式拉动消费需求。从生产企业的角度看，租赁的存在能够显著地扩大产品销售。

【知识拓展】

融资租赁对各方当事人都有利

现代租赁的最主要特征，就是融资与融物相结合，而且以融资为目的。在现代社会经济当中，租赁已成为重要的投资和融资方式。如下图所示。

以图示之：

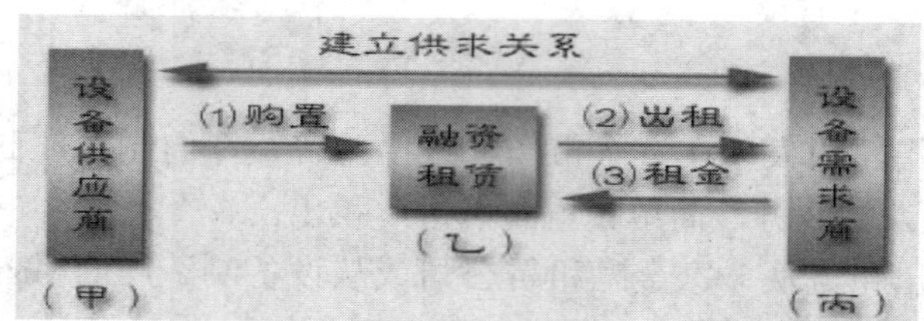

对于甲来说，有利之处在于可以实现扩大销售，增加营业收入规模。对于乙来说，达到了融通资金、解决设备资金来源的问题。同时，按月支付租金，避免了购置设备的一次性支付巨额款项或若是贷款的一次性偿还银行贷款本息的资金剧烈波动。丙既可以是商业银行，也可以是专营的融资租赁公司或是设备供货商自己，无论由谁做融资租赁业务，都是在租赁信用当中作为债权人一方，由于承租方(债务人)是以按月支付租金的方式偿付债务，发生支付困难的可能性小，因而大大提高债权人投资的安全性，降低了风险。

五、融资租赁

（一）融资租赁

融资租赁和传统租赁一个本质的区别就是：传统租赁以承租人租赁使用物件的时间计算租金，而融资租赁以承租人占用融资成本的时间计算租金。融资租赁是市场经济发展到一定阶段而产生的一种适应性较强的融资方式，是 20 世纪 50 年代产生于美国的一种新型交易方式，由于它适应了现代经济发展的要求，所以在 20 世纪 60～70 年代迅速在全世界发展起来，当今已成为企业更新设备的主要融资手段之一，被誉为“朝阳产业”。我国 20 世纪 80 年代初引进这种业务方式后，二十多年来也得到迅速发展，但比起发达国家来，租赁的优势还远未发挥出来，市场潜力很大。

（二）融资租赁的主要特征

融资租赁的特征一般归纳为以下五个方面：

(1) 租赁标的物由承租人决定，出租人出资购买并租赁给承租人使用，并且在租赁期间内只能租给一个企业使用。

(2) 承租人负责检查验收制造商所提供的设备，对该设备的质量与技术条件，出租人不向承租人做出担保。

(3) 出租人保留设备的所有权，承租人在租赁期间支付租金而享有使用权，并负责租赁期间设备的管理、维修和保养。

(4) 租赁合同一经签订，在租赁期间任何一方均无权单方面撤销合同。只有设备毁坏或被证明已丧失使用价值的情况下方能中止执行合同，无故毁约则要支付相当重的罚金。

(5) 租期结束后，承租人一般对设备有留购、续租和退租三种选择，若要留购，购买价格可由租赁双方协商确定。

(三) 融资租赁的种类

1. 根据出租人对购置一项设备的出资比例不同进行分类

(1) 简单融资租赁。

简单融资租赁是指由承租人选择需要购买的租赁物件，出租人通过对租赁项目风险评估后出租租赁物件给承租人使用。在整个租赁期间，承租人没有所有权但享有使用权，并负责维修和保养租赁物件。出租人对租赁物件的好坏不负任何责任，设备折旧在承租人一方。

(2) 杠杆融资租赁。

杠杆租赁的做法类似银团贷款，是一种专门做大型租赁项目的、有税收好处的融资租赁，主要是由一家租赁公司牵头作为主干公司，为一个超大型的租赁项目融资。首先成立一个脱离租赁公司主体的、专为本项目成立的操作机构——资金管理公司提供项目总金额20%以上的资金，其余部分资金来源则主要是吸收银行和社会闲散游资，利用100%享受低税的好处，采用“以二博八”的杠杆方式，为租赁项目取得巨额资金。其余做法与融资租赁基本相同，只是合同的复杂程度因涉及面广而随之增大。由于可享受税收、操作规范、综合效益好、租金回收安全、费用低，一般用于飞机、轮船、通信设备和大型成套设备的融资租赁。

(3) 委托融资租赁。

一种方式是拥有资金或设备的人委托非银行金融机构从事融资租赁，第一出租人同时是委托人，第二出租人同时是受托人。出租人接受委托人的资金或租赁标的物，根据委托人的书面委托，向委托人指定的承租人办理融资租赁业务。在租赁期内租赁标的物的所有权归委托人，出租人只收取手续费，不承担风险。这种委托租赁的一大特点就是让没有租赁经营权的企业，可以“借权”经营。电子商务租赁即依靠委托租赁作为商务租赁平台。

第二种方式是出租人委托承租人或第三人购买租赁物，出租人根据合同支付货款，又称委托购买融资租赁。

(4) 项目融资租赁。

承租人以项目自身的财产和效益为保证，与出租人签订项目融资租赁合同，出租人对承租人项目以外的财产和收益无追索权，租金的收取也只能以项目的现金流量和效益来确定。出卖人(即租赁物品生产商)通过自己控股的租赁公司采取这种方式推销产品，扩大市场份额。通信设备、大型医疗设备、运输设备甚至高速公路经营权都可以采用这种方法，其他还包括返还式租赁、融资转租赁等。

2. 融资租赁按其业务方式不同可分为四种类别

(1) 直接租赁，租赁公司通过筹措资金，直接购回承租企业选定的租赁标的物后给承租企业使用。承租企业负责设备的安装、维护，同时支付保险金和其他税金。

(2) 杠杆租赁，出租人在投资购买租赁设备时享有杠杆利益，也就是说出租人在购买价格昂贵的设备时，自己以现金投资设备成本费的20%～40%，其余的购置费用通过向银行或保险公司等金融机构借款而获得，然后把购得的设备出租给用户。这种做法类似银团贷款。

(3) 转租赁，由租赁公司作为承租人，向其他租赁公司租回用户所需要的设备，再将该设备租赁给承租企业使用，原租约与转租约同时并存有效。

(4) 回租租赁，又称回购租赁、返还式租赁，是指由设备使用方首先将自己的设备出售给融资租赁公司(出租人)，再由租赁公司将设备出租给原设备使用方(承租人)使用。

【资料阅读】

融资租赁的流程

(1) 企业向××中心提出融资租赁申请，填写项目申请表。

(2) ××中心根据企业提供的资料对其资信、资产及负债状况、经营状况、偿债能力、项目可行性等方面进行调查。

(3) ××中心调查认为具备可行性的，其项目资料报送金融租赁公司审查。

(4) 金融租赁公司要求项目提供抵押、质押或履约担保的，企业应提供抵押或质押物清单、权属证明或有处分权的同意抵押、质押的证明，并与担保方就履约保函的出具达成合作协议。

(5) 经金融租赁公司初步审查未通过的项目，企业应根据金融租赁公司要求及时补充相关资料。补充资料后仍不能满足金融租赁公司要求的，该项目撤销，项目资料退回企业。

(6) 融资租赁项目经金融租赁公司审批通过的，相关各方应签订合同。

(7) 办理抵押、质押登记、冻结、止付等手续。

(8) 承租方在交付保证金、服务费、保函费及设备发票后，金融租赁公司开始投放资金。

(9) ××中心监管项目运行情况，督促承租方按期支付租金。

(四) 融资租赁的作用

在各种租赁中，融资租赁的作用最为广泛，具体表现为以下八个方面。

1. 提高企业资金流动性改善财务状况

对承租企业而言，融资租赁具有相对其他融资方式的一些独特特点。

第一，承租人可达到分期付款的目的。对企业而言，保持较高的资金流动性是财务管理追求的重要目标之一，并不是每个企业都能有充足的现金和流动资产，而且融资能力也受到多方面因素的限制，因而一种能很好提高企业流动能力的途径会受到相当企业的欢迎。

融资租赁由于其分期付款的特点解决了企业的投资需要，在不占用过多资金的前提下使其流动能力得到提高，是企业融资的一种较好方式。

第二，承租方可以取得税收优惠，是众多企业采取这种工具的重要原因。一些国家为鼓励投资，专门为融资租赁提供了税收优惠，有些国家在融资租赁发展初期，采取了特定领域投资的税收减免政策，承租人通过融资租赁可以直接或分享出租人在特定领域进行租赁投资获得的投资税收减免。

第三，承租方可利用融资租赁改善财务状况。现代租赁的特点是其创新性，各种租赁方式被创造出来，为具有不同需要和偏好的投资者所运用。回租即是其中一种重要的方式，承租人通过将现有资产出售给出租人，出租人再将该资产出租给资产出售企业，通过这种方式，承租人仅付出当期租金，但获得了出售资产的现金流，实现了当期现金状况的改善；另外很多企业通过利用经营性租赁方式实现表外融资，既实现了投资的目的，又改善了表(资产负债表)内财务状况。

因此，在企业进行资本结构设计选择融资工具时，通常根据资产负债情况，财务杠杆的运用和风险情况来选择，融资租赁工具提供了一种较好的选择，在企业财务决策中，融资租赁往往被一些现金流不足、财务风险较高的新企业和中小企业所采用。

2. 优化资产结构，降低金融资产风险

一方面因为融资租赁资金用途明确，因而减少了出租人在信息方面的不对称，从而降低了风险。与银行贷款相比，由于融资租赁已经确定了资金的用途，并事先经过周密的项目评估，出租人始终参与设备购买、安装、使用的全过程，可以掌握承租人的更多商业信息，大大减少出租人的风险，同时，出租人还可以利用所拥有的所有权随时监督企业利用租赁设备经营的状况，即使发生风险，由于融资租赁中租赁资产所有权并不归承租人所有，在存在完善的二手设备市场条件下，可以通过出售的方式部分收回投资，减少出租人的损失，大大降低了投资风险，因而吸引了大量金融机构进入这个行业。

另一方面，金融租赁公司相对于一般企业具有更大的规模、更好的资信水平，更完善的风险管理制度，银行更愿意向这些金融租赁公司融资而不愿意直接向一般企业融资，从而一定程度上优化了银行的资产结构，降低了金融风险。

3. 强化产品促销提高企业竞争力

厂商采取融资租赁方式促销产品，更有利于应收款的收回。相对其他如分期付款、买方信贷等促销手段，融资租赁销售的货物由于所有权没有转让，有固定的用途，因而风险更小，未来现金流更有保证，其分期付款和税收政策也更有利于吸引一般消费者，从而实现厂商设备等商品的销售，是企业尤其是设备生产企业实现促销的一种有利选择。

当前，随着市场中买方对附加金融服务的产品或服务产生了更大的需求，制造商通过投资设立金融服务公司来向顾客提供全面的产品服务正成为一种趋势，也是制造商进一步增强其在市场上竞争力的必然选择。

4. 盘活企业闲置资产提高资源利用率

利用租赁方式可以将大中型企业的闲置设备转移到中小型乡镇企业，将发达地区的二手设备转移到不发达地区，按照经济发展的梯度转移资源，有效利用闲置设备，提高资源利用效率。

对较发达地区而言，产业结构的升级将导致一部分仍具有一定的科技水平且可以用于生产的设备淘汰，但这些设备对较不发达地区而言，却仍相当先进，而这些设备在价格上往往具有优惠，因而通过租赁的方式不仅解决了发达地区产业结构调整而带来的设备处理问题，而且解决了不发达地区科技进步与资金缺乏的矛盾，促进了全社会资源的有效运用，加快了全社会的平衡发展。特别就我国实际情况看，东部沿海地区与西部内陆地区经济发展水平落差很大，可以利用租赁方式把东部地区的二手设备转移到西部去，促进西部大开发。

5．规避贸易壁垒

各国对相互之间贸易都有一定的限制，通过融资租赁，可以避免直接购买的限制，从而突破贸易壁垒，迂回进入。另外，通过融资转租赁的方式还可以打破一些国家的金融管制，将贷款改为融资租赁可以避免直接融资的限制。

6．节省项目建设周期

融资租赁将融资和采购两个过程合成一个，可以提高项目建设的工作效率。由于租赁本身的灵活性和抗风险能力，也减少了许多项目建设过程中不必要的繁杂手续，可以使企业早投产，早见效益，抓住机遇，抢占市场。

7．有利于技术改造

因率先使用先进设备，而不用担负由于技术进步导致设备落伍淘汰的风险。对企业及时更新技术装备，迅速采取新技术、新工艺，提高产品竞争力和市场占有率十分有利。

8．可以取得税收优惠

国家为了鼓励投资，专为融资租赁提供了税收优惠，通过融资租赁的项目可以加速租赁物件的折旧。实际上把一些应该上缴国家的税款用来偿还租金，加速了设备的更新改造。

本章小结

(1) 保险是集合具有同类风险的众多经济单位或个人，以合理计算分担金的形式，实现对少数成员因该风险事故所致经济损失补偿的行为。保险从一产生开始就具有分散风险、补偿损失的职能。随着保险分配关系的发展，现代保险在保险的基本职能上又派生出两个职能：积蓄基金职能、防灾防损职能。保险的作用：担当社会稳定器(减震器)、助动器，保证社会经济生活的安定，促进经济的快速发。保险的主要业务有财产保险和人身保险。

(2) 信托的职能：财产管理职能、融通资金职能、协调经济关系职能、社会投资职能、为社会公益事业服务的职能。信托的作用：拓宽了投资者投资渠道，促进了产业发展和增长，促进金融市场的发展和完善，有利于货币市场的发展。投资信托也叫投资基金，即集合不特定的投资者，将资金集中起来，设立投资基金，并委托具有专门知识和经验的投资专家经营操作，使中小投资者都能在享受国际投资的丰厚报酬不同的减少投资风险。

(3) 租赁是一种古老的信用形式，它在私有制的基础上产生并得以发展。租赁的业务形式多种多样，按照不同标准可有不同的划分。以租赁目的和投资回收方式为标准可划分为融资租赁和经营租赁。融资租赁，又称金融租赁或财务租赁，是指出租人根据承租人对供货人和租赁标的物的选择，由出租人向供货人购买租赁标的物，然后租给承租人使用。

知识网络图

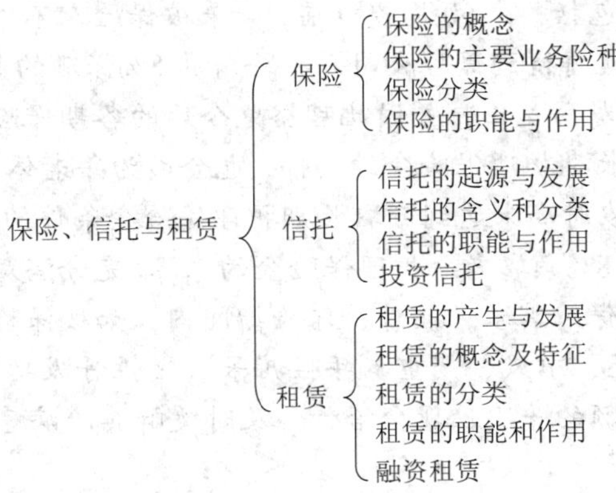

本章练习

一、思考题

(1) 简单叙述保险的职能和作用。

(2) 信用保证保险的发展对我国经济建设有何现实意义？

(3) 信托有哪些职能和作用。

(4) 投资信托的种类有哪些？

(5) 租赁具有哪些特征？

(6) 融资租赁的种类有哪些？

二、典型案例分析

【案例 1】

长期护理保险：老龄社会已悄然而至，我们准备好了吗

目前，中国 60 岁以上人口已达 1.43 亿，占总人口的 10.97%，并以每年 3%的速度递增。老年人口中，日常基本生活不能自理的超过 15%，同时，癌症、中风等疾病的发生率也大大增多。目前的社区护理收费约为 800～2000 元/月，今后还会更高，一旦发生，将给家庭财务造成巨大黑洞。“421”的倒金字塔家庭结构，让子女承受沉重负担，也使居家养老的传统模式面临巨大挑战。随着我国社会老龄化程度的不断提高，对于老年人生活照料需求和丧失日常生活能力之后的护理需求，也迅速增长起来。但是，目前的医疗保健制度已经无法完全满足当今的需要。

针对社会日益高涨的需求，国内第一家专业的健康保险公司——中国人民健康保险股份有限公司(简称：中国人保健康)今天(2006 年 6 月 15 日)宣布，在全国范围内推出“全无忧长期护理个人健康保险”，这是国内首个全国性的具有全面保障功能的长期护理保险。这是一种主要承担由专业护理、家庭护理及其他相关服务项目而产生费用支出的新型健康保险产品。在国外已有30多年的历史，该产品可以根据被保险人不同年龄阶段的实际保障需求，为客户提供长期护理、老年护理、癌症、老年疾病、身故等全方位、多层次的综合保障。

该产品具体保障内容包括：在60周岁以前，如果被保险人不幸因各种原因丧失了独立生活自理能力，被保险人就将得到保险公司每年给付的8%保额的长期护理保险金，用以支付该被保险人各年的护理费用支出，并因此可豁免今后的各期保险费；而当被保险人步入老年后，即便不满足领取长期护理保险金的条件，也会因为年老体衰需要不同程度的看护，因此该产品对年满60周岁时尚未达到领取长期护理保险金条件的客户，特别设计了从60周岁当年起每年按保额的8%领取老年护理保险金的保障，充分满足了被保险人年老后对老年护理和高额医疗费用的保障需求；此外，保险期间内，如被保险人罹患癌症或约定的五项老年疾病(急性心肌梗死、中风、严重老年性痴呆、慢性呼吸功能衰竭、帕金森氏病)之一，更可得到最高两倍保额的一次性现金给付，及时缓解其治病导致的巨大经济压力。

请分析：

老年人最需要的护理是什么？护理保险有什么特点？

【案例2】

家族信托起纠纷　众亲属对簿公堂

程先生将一大笔遗产留作家族基金，希望家庭成员能妥善利用，但部分家庭成员“公款私用”，导致家庭内部起纠纷。记者昨日从市中级人民法院获悉，这场家庭纠纷最终双方握手言和。

程先生生前在香港当教师，有一个胞弟、一个表姐和三个侄子。1991年临终前，程先生立下遗嘱，将其遗产40余万元港币成立家族基金，交给与他同在香港的表姐和胞弟在东莞购买商铺，所得租金由胞弟和其中两个侄子程丙、程丁共同管理。

一年之后，程先生的表姐、胞弟和另一位侄子程乙的姐夫一起，在万江买了两间商铺，产权证只有上述三个人的名字。家庭其他成员一直都不知道程先生有回莞购置商铺及成立家族教育基金等情况，直到去年才知道买商铺的事情。

一石激起千层浪。程乙认为，商铺是用家族基金购买的，程先生的表姐三人如果把商铺的产权登记在三人名下，就是侵占了家族成员的共同财产。而且，这三个人管理家族基金十几年来，从未公布过基金的管理和使用情况，严重缺乏透明性。

事情在家庭内部难以解决，程乙便把三人告上了法庭，要求法院判决确认自己及其他家族成员为这两间商铺的共有人。

庭审中，三位被告辩称，这两间铺位属于信托财产，并不是共同财产或者遗产，不属于程氏子孙的任何人。三位被告作为遗嘱指定的委托人，可以作为信托财产的实际管理人。

法院通过调解，近日化解了当事双方的对立情绪，确认了两间商铺为家族基金的财产，程先生的表姐、胞弟和程乙的姐夫只是房屋权属登记的代表人，他们承诺每年定期公布一次基金账目执行情况及执行制度。

请分析：

为什么家族信托宜交专人管理？

第十章　货币供求

【知识目标】

1. 理解货币需求的含义，掌握货币需求的影响因素
2. 理解货币供给的含义，掌握货币供给的影响因素
3. 理解货币均衡含义
4. 深刻理解通货膨胀和通货紧缩的含义、类型及危害

【能力目标】

1. 掌握分析通货膨胀或通货紧缩的能力
2. 熟练掌握治理通货膨胀和通货紧缩的治理对策

案例导入

谁“害死”了津币

津巴布韦曾经是西方殖民者垂涎之地，被称为“英国王冠上的宝石”。津巴布韦自然资源丰富，还是世界第三大烟草出口国，经济发展水平曾经是非洲的典范，但是货币政策的失败，使津巴布韦百姓的生活陷入水深火热的境地。2008 年 3 月 18 日，津巴布韦新任财政部长滕达伊·比蒂公开表示，本国货币津巴布韦元的“死亡”已成现实，2007 年 10 月份开始津元就在垂死挣扎，现在已不再流通。

1980 年，独立后的津巴布韦废除原殖民地货币“罗得西亚元”，设立自己的货币。最初设立的津元比美元值钱：1 津元＝1.47 美元，然而几年后津元开始不断贬值。

根据资料记载，1980 年独立以来，津巴布韦的通货膨胀率大体经历了三个阶段：

1980 年到 1990 年为第一阶段，通胀率一直维持在 10%～20%。

1991 年到 2000 年为第二阶段，通胀率跃至 20%～60%。

2001 年到 2008 年为第三阶段，通胀率跃至天文数字。

2001 年，津巴布韦发生恶性通货膨胀，通胀率首次跃上 100%，达到 112.1%。2002 年通胀率为 198.93%；2003 年通胀率为 598.75%；2004 年通胀率为 132.75%；2005 年通

胀率为 585.84%。

2006 年 8 月 1 日，津巴布韦再施货币制度改革，按 1∶1000 实施新旧津元兑换，新津元对美元又做了进一步贬值处理。

2007 年 2 月，津巴布韦中央银行宣布通货膨胀为“非法”，并宣布自 2007 年 3 月 1 日至 6 月 30 日之间的任何商品涨价均为不合法。其间，还逮捕了一些将产品涨价的津巴布韦商人，但收效甚微。与此同时，新面值为 5000 元和 5 万元的无记名支票先后分别发行。

2007 年 7 月，津巴布韦政府宣布临时停止发布通货膨胀率数据。显然，这意味着津巴布韦通货膨胀已经失去控制。从 8 月到年底，无记名支票的面值从 20 万元到 100 万元不断发行。2007 年，津巴布韦通货膨胀率飞涨至 66212.3%。

到 2008 年 1 月，津巴布韦通货膨胀率首次突破 100000%。3 月，通胀率为 355000%。5 月通胀率可能为 2000000%，6 月通胀率可能为 15000000%，7 月通胀率估计为 40000000%～50000000%。

在无记名支票发行方面，2008 年 1 月分别发行了面值为 100 万元、500 万元和 1000 万元的无记名支票，规定每人每天提取现金的最大额度从现行的 5000 万元提高到 5 亿元。4 月起，2500 万元和 5000 万元无记名支票开始发行，而且每个人每天最大提现额提高至 50 亿元。到 2008 年 7 月 30 日，津元官方汇率为：1 美元＝637 亿津元！

2008 年 7 月 30 日，津巴布韦政府宣布津元第三次“自我革命”，按 1∶100 亿实行新旧货币兑换。

但是每一次“自我革命”都没有达到控制通胀的效果，2009 年 1 月 16 日，津央行又发行面值为 10 万亿、20 万亿、50 万亿和 100 万亿的巨额钞票。半个月后，津巴布韦再次启用新货币，1 津元相等于原来的 1 万亿津元，即在旧货币面值后去掉 12 个零。半年来津央行就两次在其货币面值后去零。但是此时，津元已经几乎无人问津，杂货买卖、公立医院账单、财产出售、出租、法律费用、蔬菜、甚至手机充值卡都是以外币结算。自 2008 年 9 月份开始津巴布韦中央银行已至少批准 1000 家商店用外币计价销售商品，正如新财长所承认，津巴布韦货币在现实中已经“死亡”。

津巴布韦货币的“死亡”，实际上是国家经济发展遭遇严重危机的表现。近年来，津巴布韦内外交困，从内部看，政局不稳定影响经济生产，加上天灾人祸，导致粮食等商品极度缺乏。另一方面，2000 年起以英美为首的西方国家对津巴布韦实行经济封锁，要求其尽快偿还外债，从而造成国家外汇、燃油和电力的严重短缺。拥有伦敦大学经济学学位的津巴布韦总统穆加贝坚持认为可以多印刷钞票来压低价格，所以大量发行大额钞票。显然，这一招失败了。

第一节　货币需求

一、货币需求概述

从字面上理解，需求就是以一种欲望，一种纯心理的占有欲望。经济学意义上的“需求”不仅是指人们希望得到或拥有某种东西的欲望，而且是一种有支付能力的需求。人们的欲望是无限的，但需求确实有限的，所以需求必须同时包括以下两个基本因素：一是人们希望得到或持有；二是人们有能力得到或持有。

因此货币需求是指经济主体(如居民、企业和单位等)能够并愿意持有货币的行为。经济学意义上的需求指的是有效需求，不单纯是一种心理上的欲望，而是一种能力和愿望的统一体。从货币需求的定义可以看出以下几个方面：

(1) 货币需求作为一种经济需求，理当是由货币需求能力和货币需求愿望共同决定的有效需求，这是一种客观需求。不能将货币需求仅理解为一种主观欲望、一种纯心理的占有欲望。经济学意义上的需求虽然也是一种占有欲望，但它与个人的经济利益及其社会经济状况有着必然的联系，始终是一种能力和愿望的统一。同时满足两个基本条件才能形成货币需求：一是有能力获得或持有货币，二是必须愿意以货币形式保有其资产。所以，经济学研究的对象是这种客观的货币需求。

(2) 人们产生对货币需求的根本原因在于货币所具有的职能。货币需求是一种派生需求，派生于人们对商品的需求。货币是固定充当一般等价物的特定商品，具有流通手段、支付手段和贮藏手段等职能，能够满足商品生产和交换的需求，以及以货币形式持有财富的需求等。在现代市场经济社会中，人们需要以货币方式取得收入，用货币作为交换和支付的手段，用货币进行财富的贮存，由此对货币产生了有一定客观数量的需求问题。

(3) 货币需求主要是一个宏观经济学问题。因为市场需求是由货币所体现的有现实购买力的需求，所以宏观调控主要也是需求面的管理。当然，它的实现又必然要通过对货币供给的控制来进行，由此不能忽视与货币需求相对应的货币供给问题在宏观调控中占有的突出地位。

二、西方货币需求理论

(一) 费雪方程式

1911 年，美国耶鲁大学教授欧文·费雪(1867—1947 年)在其出版的《货币的购买力》一书中提出了著名的“交易方程式”，被称为费雪方程式。费雪认为，假设以 M 表示一定时期内流通货币的平均数量，V 为货币流通速度，也就是每单位货币在一年内与商品交易的平均次数，P 为各类商品价格的加权平均数，T 为各类商品的实际交易数量，则

$$MV=PT \text{ 或 } P=MV/T$$

这一公式说明，P 的值取决于 M、V、T 这三个变量的相互作用。不过费雪分析，在这三个经济变量中，M 是一个由模型之外的因素所决定的外生变量；V 是由经济中影响个人交易方式的制度所决定的，由于制度性因素在短期内不变，因而可视为常数；交易量 T 对产出水平常常保持固定的比例，并且由于费雪认为工资和价格是完全有弹性的，所以，在正常年份整个经济的总产出总是维持在充分就业的水平上．故在短期内也可以认为是大体稳定的。因此，只有 P 和 M 的关系最重要。这样，P 的值就取决于 M 数量的变化。

(二) 剑桥方程式

由剑桥学派经济学家马歇尔和庇古等人发展起来的现金余额数量论也得出了与现金交

易说完全相同的结论，但分析的出发点完全不同，它首先将货币视为一种资产，然后探讨哪些因素决定了人们对这种资产的需求，进而得出货币和价格水平同比例变化的货币数量论观点。

$$M_d = KPY$$

其中 K 代表人们的持币比例，即人们经常在手边保存的平均货币量在他们的年收入中所占的比例，也代表了人们愿意以货币这种形式持有的名义国民收入的比例。根据剑桥学派的分析，在短期内，K 和 Y 都是相对稳定的。同时货币数量的变化都不会对这两个变量产生任何影响。因此，剑桥方程式与费雪方程式相同，均认为货币数量的任何变动必将使一般物价水平作同方向、等比例的变动。但是，剑桥学派强调人们对货币的主观需求因素，认为经济主体对于目前消费与将来消费的偏好程度以及经济主体对投资报酬与物价水平的预期会影响经济主题的持币行为。

（三）凯恩斯及其学派的货币需求理论

按照凯恩斯的观点，人们持有货币可以满足三种动机，即交易动机、预防动机和投机动机，所以凯恩斯把人们对货币的需求称为流动偏好。流动偏好表示人们喜欢以货币形式保持一部分财富的愿望或动机。

交易性货币需求是居民和企业为了交易的目的而形成的对货币的需求，居民和企业为了顺利进行交易活动就必须持一定的货币量，交易性货币需求是由收入和利率水平共同作用的。

预防性货币需求是指为了应付意外的事件而形成的货币需求。

投机性货币需求是由于未来利息率的不确定，人们为了避免资本损失或增加资本利息，及时调整资产结构而形成的货币需求。货币需求分为在当前价格水平下的名义货币需求和剔除价格影响下的实际货币需求等两种形式。在正常情况下，出于交易动机和预防动机的货币需求取决于收入水平的高低，出于投机动机的货币需求取决于利率水平的高低，于是，货币需求可以分为 M_1 和 M_2，L 表示流动偏好函数，Y 和 r 分别表示收入和利率，相应的货币需求函数关系可写为

$$M = M_1 + M_2 = L_1(Y) + L_2(r)$$

其中，L_1 与 Y 成正比函数关系，L_2 与 r 成反比函数关系。

虽然我们可以分别研究货币需求的交易动机、预防动机和投机动机，但是个人出于哪种动机而持有货币是很难分得清楚的，同样一笔货币可以用于任何一种动机。这三种动机都会影响个人对货币的持有量，并且当其他资产形式的获益提高时，对于货币的需求将下降。

（四）弗里德曼货币数量说

1956 年，弗里德曼发表了名作——《货币数量说——新解释说》，标志着现代货币数量论的诞生。弗里德曼认为影响人们持有货币数量的因素主要有三类：(1) 财富是影响货币需求的重要因素。这里的财富是包括货币在内的各种资产的总和。同时，他又将总财富划分为人力与非人力财富两种形式。(2) 货币及其他各种财富的预期收益率是影响货币需求的另一因素。(3) 其他因素，如财富所有者的特殊偏好等。

弗里德曼根据以上影响人们持有货币数量的因素提出了货币需求函数：

$$M_d / P = f(Y_p, W, r_m, r_b, r_e, 1/P \cdot dP / dt, \mu)$$

其中，M_d / P——表示实际货币需求；

Y_p——代表实际恒久性收入，即财富；

W——代表非人力财富占个人总财富的比率；

r_m——代表货币的预期名义收益率；

r_b——代表固定收益的债券预期名义收益率，包括债券利息与资本利得；

r_e——代表非固定收益的证券预期名义收益率；

$1/P \cdot dp/dt$——表示商品价格的预期变化率，即实物资产的预期名义报酬率；

μ——代表反映主观偏好、社会风尚及客观技术与制度等因素的综合变量。

在上述影响货币需求的因素中，Y_p 和 r_m 与货币需求成正向关系，W、r_b、$1/P \cdot dP/dt$、r_e 与货币需求成反向关系。

（五）马克思的货币需求理论

马克思认为，一定时期，社会对执行流通手段职能的货币需求量是一个客观必要的宏观总量，由商品劳务量、商品劳务价格水平和货币流通速度(次数)三个因素决定的。因此，

$$M = PQ / V$$

即执行流通手段的货币必要量=商品价格总额/同名货币的流通次数

这一公式表明：在一定时期内，执行流通手段的货币必要量主要取决于商品价格总额和货币流通速度两类因素，与商品价格总额成正比，与货币流通速度成反比。

三、货币需求的影响因素

（一）收入状况

在其他情况不变的条件下，收入水平的高低与货币需求成正比，即收入水平越高，货币需求越多；收入水平越低，货币需求越少。因为在货币经济中，收入与支出都是以货币形式体现的，因此收入多，支出的货币自然多了。另外，收入的数量往往决定这总财富的规模及其增长速度，也就决定了人们愿意以货币形式持有其总财富的比例。

（二）市场利率

在市场经济中，市场利率与价格一样是调节经济活动的重要杠杆。在正常情况下，市场利率与货币需求成负相关关系，即市场利率上升，货币需求减少；市场利率下降，货币需求增加。市场利率主要是从下面两个方面影响货币需求。

1. 市场利率决定人们持有货币的机会成本

在现代经济中，可供人们选择的金融资产很多，货币资产只是其中的一种。市场利率将在一定程度上决定或影响非货币金融资产的收益率，从而决定或影响人们持有货币的机会成本。市场利率上升意味着经济主体因持有货币而放弃的收益增加，即人们持有货币的机会成本增加；市场利率下降，则人们持有货币的机会成本减少。因此，市场利率上升，货币需求将减少；市场利率下降，则货币需求将增加。

2．市场利率影响人们对资产持有形式的选择

在一般情况下，市场利率与有价证券的价格成反比，即市场利率上升，有价证券价格下跌；市场利率下降，有价证券价格上升。根据市场周期性变化的规律，市场利率上升到一定高度时将下跌；反之亦然。因此，当利率上升时，人们往往预期利率将下降，而有价证券价格将上升，于是人们减少货币需求量而增加有价证券持有量，以期日后取得资本溢价收入；反之当利率下降时，人们将预期利率会回升，而有价证券价格将下跌，为避免资本损失，人们将减少有价证券的持有量，相应地增加货币的持有量，并准备在有价证券下跌后再买进有价证券以获利。

（三）消费倾向

在一般情况下，消费倾向与货币需求成同方向的变动关系，即消费倾向越大，则货币需求就越多；消费倾向越小，货币需求就越少。在现代货币经济中，人们为了实现消费，必须以货币作为购买、流通手段。所以在一定时期内，人们计划的消费越多则他们的货币需求越多。

（四）信用的发达程度

在信用发达的经济中，相当一部分交易可以通过债权、债务的相互抵消来进行清算，就减少了作为流通手段和支付手段的货币的必要量，人们的货币需求量亦因此减少，因此在一般情况下，信用的发达程度与货币的需求成负相关关系。

（五）货币流通速度、商品劳务量和商品劳务价格水平

根据马克思的货币需求量理论：

$$M = PQ / V$$

得出商品劳务价格水平和商品劳务量同货币需求成正比，而货币流通速度同货币需求成反比。

（六）公众的预期和偏好

公众的预期和偏好是公众的一种心理活动，心里活动本身就是很复杂的，因此，它对货币需求的影响也是很复杂的，比如公众预期投资收益率上升，则货币需求减少；人们偏好货币，则货币需求增加等。公众预期和偏好对货币需求的影响是一个重要的微观性因素，公众预期和偏好问题实质是每个市场参与者的个人行为问题，但一种普遍的预期一旦形成就一定会对客观经济产生不可估量的影响。

【知识拓展】

人人都是“购物狂”

按照广大第三世界人民的消费标准，美国几乎人人都是“购物狂”——年人均收入水平超过 30 000 美元，其国民人均食品、衣着、能源与各种资源的消费量几乎都是世界最高水平。

有资料显示：美国居民的食品消费支出仅占个人消费总支出的 14%。2014 年美国人均消费支出是中国人均消费支出的 28 倍。

在衣着消费方面，美国人喜欢求新求异，只有工作装才有可能穿着3年以上，休闲装一般只穿1～2年就被淘汰，人均拥有各季服装均在10套以上。大量从中国以及其他发展中国家进口的服装，价格十分低廉。即便是像上述服装的大量消费，美国人用于服装上的消费支出占个人消费总支出的比重也不到5%。

在居住条件上，美国60%以上的居民拥有自己的独立住房，每栋住房占地多在两三亩地。巨大的宅院，大都拥有停车房、花园、游泳池。房子多为两层，建筑面积一般在200～300平方米。即便是公寓式的住房，除了有多间卧室、卫生间、厨房等必需的生活设施外，往往还有会客厅、游艺室、洗衣间、储藏室等。

美国相对较低的房价与工作较大的流动性，使许多美国人平均每5～7年就搬一次家，每搬一次家，家具等设施都要重新购置。即使是10年内未搬家，家中的多数家具也会随时尚的变化而进行更换。

居住的相对分散使70%以上的美国城市居民家庭拥有私人轿车，许多家庭都拥有2～3辆，乡镇居民更是几乎100%的家庭拥有汽车，即使是拿政府救济的人也可能拥有汽车，因为汽车的价格从几百美元(二手旧车)到几十万美元不等。2016年美国私人汽车保有量近2.2亿辆，年人均年汽油消耗1679升，是世界上汽车生产与消费最多的国家。

美国人的高消费不仅体现在居民消费商品数量多一方面，也体现在消费方式上。美国的快餐，每年消费着数以亿计的各种纸杯、纸盒、纸巾等纸品；由于美国人普遍饮用瓶装水和易拉罐饮料，为此美国每年要扔掉数千亿支塑料瓶和金属易拉罐。此外，各种一次性商品的广泛使用，如一次性纸尿裤、纸巾、纸杯、桌布、一次性文具、照相机等的大量消费，都使美国成为一个名副其实的高消费国家。

美国人在耐用消费品的消费方面，更新换代的速度很快。据调查，在美国手机一般一年换一部。家中汽车和其他家用电器，也很少是用到报废年限才被淘汰。在美国人的生活垃圾中，书桌、橱柜、冰箱、电视机、烘干机、家用电脑、床垫等样样都有。有研究表明，到上个世纪末美国人每年所扔掉的各种物品大约有2.8亿件。

支撑美国巨大的经济规模与国民较高的消费水平是其大量的能源消费。据统计，占不到世界人口5%的美国人，却消费了近1/4的世界能源。根据联合国的统计，到上个世纪末美国人均能源消费量是我国的10倍，美国居民家庭生活平均用电量约是我国城市居民家庭生活平均用电量的3～4倍。

第二节 货币供给

一、货币供给及货币供给量

(一) 货币供给的含义

货币供给(money supply)是指某一国或货币区的银行系统向经济体中投入、创造、扩张(或收缩)货币的金融过程。在现代市场经济中，货币流通的范围和形式不断扩大，现金和活期存款普遍认为是货币，定期存款和某些可以随时转化为现金的信用工具(如公债、人寿保险单、信用卡)也被广泛认为具有货币性质。货币供给对经济有着广泛的影响，它不仅影响着一国经济的总体状况，也影响著我们每个人的日常生活，因此货币供给的增加和减少往往会引起人们的极大关注。

（二）货币供给量的含义

货币供给量是指一个国家在某一特定时点上由家庭和厂商持有的政府和银行系统以外的货币总和。货币供给量的含义主要包括以下几个方面。

(1) 货币供给是一个存量概念，货币供给量是指一国某一时点上的货币存量。货币供给量不外乎是指被财政部门、各个生产经营单位、家庭个人所持有，由银行体系所供给的存款量和现金发行量，因此，影响和决定货币供给存量大小的是银行的信贷收支。银行是供给和改变货币存量大小的重要机构。

(2) 货币需要量虽也是一个有客观数量界限的存量，但毕竟是一个预测量。而货币供给却是实实在在地反映在银行资产负债表上的一定时点上的银行负债总额。具体地说，存款量是商业银行的负债，而现金发行量则是中央银行的负债。

(3) 因为中央银行能够按照自身的意图运用货币政策工具对社会的货币量进行扩张和收缩，即货币供给量的大小在很大程度上为政策所左右，所以货币供给首先是一个外生变量。然而，货币供给量的变化又受制于客观经济过程，即除受中央银行货币政策工具的操作左右外，还决定于经济社会中其他经济主体的货币收付行为。它同时又是一个内生变量，即不为政策因素所左右的非政策性变量。由此，中央银行对货币供给量的调控就变得十分困难。

（三）货币供给量层次的划分

各国中央银行在确定货币供给量的统计口径时，都以货币流动性大小作为划分货币供给量层次的标准。1994 年 10 月 28 日中国人民银行颁布了《货币供给量统计和公布暂行办法》，暂行办法中指出："根据国际通用原则，以货币流动性差别作为划分个层次货币供给量的标准。"根据我国的实际情况，我国货币供给量划分为 M_0、M_1、M_2、M_3，各层次的货币内容如下：

M_0 = 流通中的现金；

M_1 = M_0 + 企业存款(企业存款扣除单位定期存款和自筹基建存款) + 机关、团体、部队存款 + 农村存款 + 信用卡类存款(个人持有)；

M_2 = M_1 + 城乡居民储蓄存款+企业存款中具有定期性质的存款(单位定期存款和自筹基建存款)+外币存款+信托类存款；

M_3 = M_2 + 金融债券 + 商业票据 + 大额可转让定期存单等。

【知识拓展】

中国 2009 年 5 月 M2 较上年同期增 25.74%

中国 5 月末广义货币供给量(M_2)继续维持高速增长，同时新增贷款较上个月有所反弹，显示货币信贷环境依然异常宽松。

中国央行周五公布，截至 2009 年 5 月末 M_2 为人民币 54.82 万亿元，较上年同期增长

25.74%，增速较 4 月份的 25.95%略有回落，但高于 3 月份的 25.51%。M_2 增速在今年 3 月和 4 月连续创出 1999 年以来公开数据中的新高。

此前中国 M_2 增速高点是于 2003 年 8 月中国投资热潮背景下创出的 21.55%。

今年以来 M_2 增速始终维持高水平，2 月份 M_2 较上年同期增长 20.48%，增速明显高于 1 月末的 18.79%。中国 2009 年全年 M_2 增速目标为 17%左右，而此前 3 年的 M_2 年度增速目标均为 16%。

从 2008 年中国广义货币供给量走势看，M_2 增速于第三季度开始放缓，11 月末达到 14.8%的年内最低增速，但年末反弹至 17.82%，反映出随着经济环境变化，中国政府去年对信贷货币政策的调整。2008 年 1 月末 M_2 较上年同期增长 18.94%，为年内最高。

2007 年全年 M_2 一直维持高速增长，除 1 月份增速为 15.90%外，其余月份的增速均超出当年 16%左右的调控目标，7 月份增幅达到 18.48%，为全年最高。

央行周五还宣布，5 月份新增人民币贷款 6,645 亿元，较上年同期多增 3,460 亿元。新增贷款额较 4 月份的 5,918 亿元有所反弹。

今年 3 月份新增人民币贷款创下 1.89 万亿元的历史高点，2 月份和 1 月份的新增贷款也分别高达 1.07 万亿元和 1.62 万亿元。

央行公布，1～5 月累计新增人民币贷款 5.84 万亿元，较上年同期多增 3.72 万亿元。

为增加信贷对投资的支持力度以刺激经济增长，中国将今年的新增贷款目标设定在人民币 5 万亿元以上。

中国 2008 年全年新增人民币贷款 4.91 万亿元。

(摘自 2009-6-12《华尔街日报》)

二、西方货币供给理论的主要内容

在现实生活中，货币供给与货币需求是相伴而生的。但在理论研究中，与货币需求理论相比，货币供给理论却是相对后起的。直到从 20 世纪 60 年代初期开始，现代意义上的货币供给理论才逐渐产生。自此有许多经济学家诸如弗里德曼、施瓦茨、卡甘、乔顿等人对货币供给理论做出了重要贡献。在此，我们介绍西方国家主要的货币供给理论及其模型。

首先，根据相关定义得出以下公式：

货币存量(M) = 通货(C) + 活期存款(D)

基础货币(H) = 通货(C) + 总准备金(R)

总准备金(R) = 活期存款法定准备金(r_d) + 定期存款法定准备金(r_t) + 超额准备金(r_e)

1．弗里德曼-施瓦茨的货币供给模型

弗里德曼和施瓦茨关于货币供给量的决定因素的分析见于他俩合著的《1867—1960 年的美国货币史》一书。他们的模型为

$$m=\frac{\dfrac{D}{R}\left(1+\dfrac{D}{C}\right)}{\dfrac{D}{R}+\dfrac{D}{C}}$$

其中，基础货币 H 由中央银行决定，而影响货币乘数的变量在弗里德曼-施瓦茨的分析中简

化为两个：存款准备金比率(D/R)和存款与通货的比率(D/C)。由方程式可看出决定货币存量的三个因素即 H、D/R 和 D/C，他们称之为“货币存量的大致的决定因素”。

从基础货币来看，它是非银行公众所持有的通货与银行的存款准备金之和。它们之所以还被称为高能货币，是因为一定量的这样的货币被银行作为准备金而持有后可引致数倍的存款货币。弗里德曼-施瓦兹认为高能货币的一个典型特征就是能随时转化为(或被用作)存款准备金，不具备这一特征就不是高能货币。

弗里德曼-施瓦兹利用上述分析方法，检验 1867—1960 年美国货币史得出的基本结论是：高能货币量的变化是广义货币存量长期性变化和周期性变化的主要原因；D/R 比率和 D/C 比率的变化对金融危机条件下的货币运动有着决定性影响，同时 D/C 比率的变化还对货币存量长期缓慢的周期性变化起重要作用。

2．卡甘的货币供给模型

几乎就在弗里德曼和施瓦兹两人写作《1867—1960 年的美国货币史》一书的同时，美国著名经济学家菲利普·卡甘系统地研究了美国 85 年中货币存量的主要决定因素，并于 1965 年出版了专著《1875—1960 年美国货币存量变化的决定及其影响》。就分析货币量的决定而言，这两部著作所使用的方法很相似，而且这三位经济学家在写作过程中经常交流研究成果。卡甘货币供给模型的推导如下：

$$m=\frac{1}{\frac{C}{M}+\frac{R}{D}-\frac{C}{M}\cdot\frac{R}{D}}$$

卡甘的这一模型与弗里德曼-施瓦兹的模型相似，但略有不同。他也认为决定货币乘数的变量只有两个：一是通货与货币存量的比率(C/M)，并以此取代存款与通货比率；二是准备金与存款比率(R/D)，并以此取代存款准备金比率。但是，这些区别并没有多大理论上的意义，(R/D)只是(D/R)的倒数，而(C/M)和(D/C)一样也反映了 M、C、D 三者之间的关系，因为 $M=C+D$。

3．乔顿的货币供给模型

美国经济学家乔顿于 1969 年对前面所讲的两个模型进行了改进和补充，导出了一个数额比较简洁明了的货币供给模型。自提出以后，乔顿模型得到了大多数经济学家的认可或接受，并被大多数教科书采用。因此，该模型被看作是货币供给机制的一般模型。

乔顿模型采用的货币定义仍为 $M=C+D$。根据现代货币供给理论，货币供给量(M)是基础货币(H)与货币乘数(K)的乘积。则

$$M=K\cdot H$$

分别以 c、r_d、r_t、t、e 表示通货活期存款比率(C/D)，活期存款法定准备金比率(R_d/D)，定期存款法定准备金比率(R_t/D_t)，定期存款与活期存款比率(D_t/D)，以及超额准备金比率(R_e/D)，代入上式可得到

$$M=\frac{1+c}{r_d+r_t\cdot t+e+c}\cdot H$$

除了前面介绍的一些西方经济学内容的货币供应理论外，其他学者如布伦纳、梅尔泽、史密斯等人都有各自的货币供应理论和货币供应模型，并且相互之间都不尽相同，有些差

别还比较大。但正统的货币供给理论都有着一个统一的模式，即货币供给量是基础货币和货币乘数两个因素的乘积，这是货币供给的简单模型。

三、货币供给过程

（一）中央银行通过调节基础货币量而影响货币供给的过程

中央银行是和一国金融体系的管理者，在货币供应着发挥着至关重要的作用。中央银行通过对货币发行的控制影响货币供应量。

市场上所流通的全部现金都是中央银行发行的，并通过信贷程序投入市场。现金是货币供应量重点基础，狭义的货币供应量 M_0 即指现金，也是基础货币中的重要部分。现金的发行本身就是货币供给；同时，现金作为基础货币，其周转可形成信用创造。所以中央银行通过对现金发行的控制就可以从很大的程度上控制货币供给的状况。但是从另一个角度看，中央银行只是从技术上管理现金发行，先进发行的多少最终还是取决于社会经济部门对现金的需求量。另外中央银行还可以通过影响商业银行的信用创造能力、通过公开市场操作来影响货币供给，具体操作方法见下章。

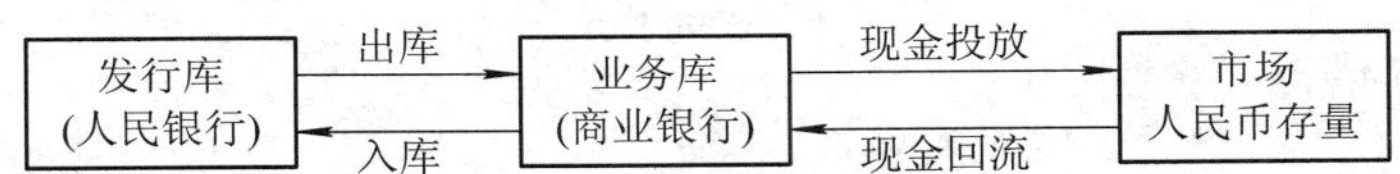

（二）商业银行通过派生存款机制向流通供给货币的过程

商业银行主要通过本身的业务活动来对货币供给发挥作用，主要从以下两个方面进行影响货币供给。

(1) 商业银行通过其业务活动创造派生存款来影响货币供给。在一个封闭的银行体系中，由于办理转账结算，银行吸收的每笔原始存款再贷放出去，都会按照一定的比例再次形成存款，循环不断，就产生出高于原始存款几倍的派生存款，货币供给量自然就增加了。

(2) 商业银行通过提高贷款的质量和效益，加快资金的周转次数。如果银行的信贷速度和质量提高，就可以使贷款及时收回然后再贷放出去，增加贷款的周转速度，提高资金在一定时期内的使用频率，也就相当于增加了货币的供应量。

四、货币供给量的决定因素

决定货币供给的因素包括中央银行增加货币发行、中央银行调节商业银行的可运用资金量、商业银行派生资金能力以及经济发展状况、企业和居民的货币需求状况等因素，以下主要从两个方面进行阐述。

（一）基础货币

基础货币，又称高能货币、强力货币，是指商业银行存入中央银行的准备金与流通于银行体系外通货的总称，即

$$B = R + C$$

其中，R 表示存款准备金，C 表示流通中的通货，B 表示基础货币。R 包括商业银行在

中央银行的法定存款准备金以及超额存款准备金，还包括商业银行持有的库存现金；C 是指社会公众所持有的现金通货，它流通于银行体系之外。

中央银行供给基础货币有三种途径：一是变动其储备资产，在外汇市场买卖外汇或贵金属；二是变动对政府的债权，进行公开市场操作，买卖政府债券；三是变动对商业银行的债权，对商业银行办理再贴现业务或发放再贷款。当中央银行扩大基础货币供给，商业银行的存款货币创造能力就强，整个市场货币供给量就会增加。

（二）货币乘数

所谓货币乘数，也称为“信用的扩张倍数”或“存款的扩张倍数”，是指一定量的基础货币发挥作用的倍数，即银行系统通过对一定量的基础货币运用之后，所创造的货币供给量与基础货币的比值。

在基础货币一定的条件下，货币乘数决定了货币供给的总量。货币乘数越大，则货币供给量越多；反之，货币乘数越小，则货币供给量也就越少。所以，货币乘数是决定货币供给量的又一个重要的甚至是更为关键的因素。

设 M_s 为货币供给量，m 表示货币乘数，B 是基础货币，那么，整个货币供给量模型为

$$M_s = m \cdot B$$

货币乘数模型为

$$m = \frac{M_s}{B}$$

另外根据弗里德曼-施瓦茨的货币供给模型

$$m = \frac{\frac{D}{R}\left(1 + \frac{D}{C}\right)}{\frac{D}{R} + \frac{D}{C}}$$

由方程式可看出决定货币存量的三个因素即是 H、D/R 和 D/C。其中基础货币 H 由中央银行决定，存款准备金比率(D/R)的大小取决于存款货币银行的行为，存款与通货比率(D/C)的大小取决于私人部门——包括个人与公司的行为。综上所述，货币供给量是由中央银行、商业银行及社会公众这三个经济主体的行为所共同决定的。因此货币供给具有一定程度内生性，并非是完全由中央银行决定的外生变量。这也增加了中央银行实施货币政策的难度和有效性。

第三节　货币均衡

一、货币均衡的含义和特征

（一）货币均衡的含义

货币的需求与货币供给既相互对立，又相互依存，货币的均衡状况就是这两者对立统

一的结果，货币均衡是用来说明货币供给与货币需求的关系。货币均衡即货币供求均衡，是指在一定时期经济运行中的货币需求与货币供给在动态上保持一致的状态。

绝对的均衡是不存在的，所以我们不能把货币均衡理解为货币供给和货币需求的绝对均衡。货币均衡也不能简单地理解为货币供给和货币需求自身的关系，还必须联系社会总共接和社会总需求来分析。

(二) 货币均衡的特征

(1) 货币均衡是货币供求作用的一种状态，使货币供给与货币需求的大体一致，而非货币供给与货币需求在教置上的完全相等。

(2) 货币均衡是一个动态过程，在短期内货币供求可能不一致，但在长期内是大体一致的。

(3) 经济中货币均衡在一定程度上反映了经济总体均衡状况。

二、社会总供求均衡的含义

(一) 社会总需求

社会总需求是指一个国家或地区在一定时期内(通常 1 年)由社会可用于投资和消费的支出所实际形成的对产品和劳务和购买力总量。它包括两个部分：一是国内需求，包括投资需求和消费需求。投资需求由固定资产投资需求和流动资产投资需求组成。消费需求由居民个人消费需求和社会集团消费需求组成。二是国外需求，即产品和劳务的输出。

测算社会总需求有两种方法：

(1) 从需求形成角度测算，就是在生产指标基础上，按影响总需求的因素作出调整，以得到社会总购买力的方法。其计算公式为

社会总需求＝本期国内生产总值－本期储蓄＋本期银行信贷收入＋本期财政赤字＋本期出口

(2) 从需求使用角度测算，就是把社会总购买力可能使用去向的各个项目加总在一起的方法。其计算公式为

社会总需求＝本期投资需求总量＋本期消费需求总量＋本期国外需求总量

上述需求总量和供给总量比较，反映着以货币支付力所代表的需求与实物(包括劳务)供应之间的平衡状况。

(二) 社会总供给

它与社会总需求是宏观经济学中的一对基本概念。社会总供给是指一个国家或地区在一定时期内(通常为 1 年)由社会生产活动实际可以提供给市场的可供最终使用的产品和劳务总量。它包括两个部分：一是由国内生产活动提供的产品和劳务，包括农林牧渔业、工业、建筑业等行业提供的产品，也包括由交通运输、邮电通信、银行保险、商业服务业等行业提供的服务，即国内生产总值。二是由国外提供的产品和劳务，即商品和劳务输入。其计算公式为：

社会总供给＝本期国内生产总值＋本期进口－本期不可分配部分(其中本期不可分配

部分，是指国内生产总值中当年不能进行分配的部分，如人工培育正在生长过程中的牲畜、树木、由于天灾人祸造成的损失等)。

另外由于各时期的供求状况相互影响，在测算社会总供给时，应考虑各时期之间的衔接。其计算公式又可表示为

社会总供给＝本期形成的社会总供给＋期初供给结余总额。

(三) 社会总供求均衡

一国经济在运行过程中总产品的需求量等于供应量，此时的产出水平就是均衡产出水平，对应的价格水平就是均衡价格水平，它是社会总供给和社会总需求共同作用的结果，即为社会总供求平衡。社会总供求平衡是一个动态和变化的过程，

保持社会总需求与总供给的平衡，是国民经济持续快速健康发展的需要。长期经济建设的实践表明，总需求过大，投资膨胀，经济增长过快，超过社会财力、物力、资源的承受能力，各方面都绷得很紧，这种状况难以持久，最终会引起经济上的大起大落，给国民经济造成巨大损失。因此，为促进国民经济持续快速健康发展，必须注意调控社会总需求与总供给的基本平衡。

保持社会总需求与总供给的平衡，是调整产业结构，提高社会经济效益的需要。为了促进产业结构和产品结构的调整及产品质量的提高，提高社会经济效益，也要保持社会总需求与总供给的平衡。

保持社会总需求与总供给的平衡，是保证经济体制改革顺利进行的需要。搞好经济体制改革，必须有一个比较稳定和宽松的社会经济环境。总需求过大，往往会引起通货膨胀，而通货膨胀往往导致企业生产行为和居民消费购买行为的混乱。由于企业无法依据正常的信息进行生产和引发的居民的抢购行为，社会经济秩序难以稳定。因此，为保证经济体制改革的顺利进行，也必须保持社会总需求与总供给的基本平衡。

三、利率与货币均衡

市场经济条件下货币均衡的实现有赖于三个条件，即健全的利率机制、发达的金融市场以及有效的中央银行调控机制。

在完全市场经济条件下，货币均衡最主要的实现机制是利率机制。除利率机制之外，还有中央银行的调控手段、国家财政收支状况、生产部门结构是否合理、国际收支是否基本平衡等四个因素。然而在市场经济条件下，利率不仅是货币供求是否均衡的重要信号，而且对货币供求具有明显的调节功能。因此，货币均衡便可以通过利率机制的作用而实现。

就货币供给而言，当市场利率升高时，一方面社会公众因持币机会成本加大而减少现金提取，这样就使现金比率缩小，货币乘数加大，货币供给增加；另一方面，银行因贷款收益增加而减少超额准备来扩大贷款规模，这样就使超额准备金率下降，货币乘数变大，货币供给增加。所以，利率与货币供给量之间存在着同方向变动关系。就货币需求来说，当市场利率升高时，人们的持币机会成本加大，必然导致人们对金融生息资产需求的增加和对货币需求的减少，所以利率同货币需求之间存在反方向变动关系。当货币市场上出现均衡利率水平时，货币供给与货币需求相等，货币均衡状态便得以实现。当市场均衡利率变化时，货币供给与货币需求也会随之变化，最终在新的均衡货币量上实现新的货币均衡。

第四节 通货膨胀和通货紧缩

货币失衡是相对于货币均衡而言，指货币供给偏离货币需求的一种经济现象。货币供给大于货币需求，引发通货膨胀；或是货币供给小于货币需求，引发通货紧缩。

一、通货膨胀的含义

通货膨胀是现代经济中使用频率很高的一个词汇，也是老百姓非常关心的一个经济问题。在普通大众眼里，通货膨胀就是“物价上涨”。一般地说，通货膨胀必然引起物价上涨，但不能说凡是物价上涨都是通货膨胀。影响物价上涨的因素是多方面的。

(1) 纸币的发行量必须以流通中所需要的数量为限度，如果纸币发行过多，引起纸币贬值，物价就会上涨。

(2) 商品价格与商品价值成正比，商品价值量增加，商品的价格就会上涨。

(3) 价格受供求关系影响，商品供不应求时，价格就会上涨。

(4) 政策性调整，理顺价格关系会引起上涨。

(5) 商品流通不畅，市场管理不善，乱收费、乱罚款，也会引起商品价格的上涨。可见，只有在物价上涨是因纸币发行过多而引起的情况下，物价上涨才是通货膨胀。

通货膨胀在现代经济学中意指整体物价水平上升即经济运行中出现的全面、持续上涨的物价上涨的现象。纸币发行量超过流通中实际需要的货币量，是导致通货膨胀的主要原因之一。其实质是社会总需求大于社会总供给。

纸币流通规律表明，纸币发行量不能超过它象征地代表的金银货币量，一旦超过了这个量，纸币就要贬值，物价就要上涨，从而出现通货膨胀。通货膨胀只有在纸币流通的条件下才会出现，在金银货币流通的条件下不会出现此种现象。因为金银货币本身具有价值，作为贮藏手段的职能，可以自发地调节流通中的货币量，使它同商品流通所需要的货币量相适应。而在纸币流通的条件下，因为纸币本身不具有价值，它只是代表金银货币的符号，不能作为贮藏手段，因此，纸币的发行量如果超过了商品流通所需要的数量，就会贬值。

正确理解通货膨胀的含义是研究和治理通货膨胀的理论前提和基础。然而，由于不同时期的通货膨胀在不同国家或地区表现出不同的特征，经济学家对其成因、表现形式以及内在机制的认识不尽相同，从而对通货膨胀给出的定义也不同。

我们将通货膨胀的定义概括为：在纸币流通条件下，流通中的货币量超过实际需要量所引起的货币贬值，商品和劳务的货币价格总水平普遍、持续、明显上涨的经济现象。

二、通货膨胀的测量

通货膨胀的测量是由某一时期内观察一个经济体中大量的劳务所得或物品价格之改变而得，通常是基于由政府所收集的资料，而工会与商业杂志也做过这样的调查。物价与劳务所得两者共同组成物价指数，通货膨胀率为该项指数的上升幅度。

1. 消费物价指数

消费物价指数(CPI)，也称零售物价指数，是选择具有代表性若干消费品的零售价格以及水电等劳务费用价格编织袋指数。这种指数是由各国政府根据各自国家若干种主要食品、衣服等日用消费品的零售价格以及水、电、住房、交通、医疗等服务费用而编制出来的。在我国，通常是用全国零售物价指数来测量通过膨胀率。该指数的优点是资料搜集容易，公布频率高，通常每月一次，能及时反映影响居民生活水平的消费品价格的变动趋势；然而，该指数所包括的范围较窄，只包括社会最终产品中居民消费品这一部分，不能反映公共部门的物品、生产的资本品以及进出口商品和劳务的价格变动趋势。

【资料阅读】

中国2009年4月居民消费价格分类指数见表10-1所示。

表10-1　中国2009年4月居民消费价格分类指数

项目名称	上年同月=100			上年同期=100		
	全国	城市	农村	全国	城市	农村
居民消费价格指数	98.5	98.3	99.0	99.2	98.9	99.7
一、食品	98.7	99.1	97.7	100.0	100.4	99.0
粮食	105.5	105.5	105.5	104.8	104.9	104.7
肉禽及其制品	86.5	87.0	85.3	91.1	91.7	89.8
蛋	105.1	105.1	105.0	101.5	101.5	101.4
水产品	103.4	103.6	103.0	106.0	106.1	105.8
鲜菜	110.9	109.9	113.9	105.5	105.1	106.9
鲜果	100.4	100.3	100.9	98.4	98.5	98.1
二、烟酒及用品	101.6	101.8	101.4	101.9	102.2	101.6
三、衣着	97.7	97.5	98.3	97.6	97.4	98.2
四、家庭设备用品及服务	100.9	101.1	100.4	101.8	102.0	101.2
五、医疗保健及个人用品	100.9	100.8	101.1	101.2	101.1	101.5
六、交通和通信	97.8	97.5	98.6	97.5	97.1	98.3
七、娱乐教育文化用品及服务	99.0	98.3	100.9	99.4	98.8	100.9
八、居住	96.0	94.5	99.2	96.8	95.0	100.7

2. 批发物价指数

批发物价指数(PPI)，也称生产者价格指数，是根据制成品和原材料的批发价格编制而成的。批发物价指数反应商业部门或批发商从生产厂家购买商品你所支付的价格的变动程度，它包括生产资料和消费品在内的全部商品批发价格，但不包含劳务价格。该指数的优点是对商业周期反应灵敏；缺点是指数编制中没有考虑劳务产品，它只计算了商品在生产和批发环节上的价格变动，没有包含商品最终销售时的价格变动，故其范围比CPI更为狭窄。

3. 国民生产总值平减指数

国民生产总值平减指数是按当年价格计算的国民生产总值与按不变价格计算的国民生产总值的比率。所谓不变价格，指的是所规定的某一基期年份的价格。它可以反映全部生产资料、消费品和劳务费用的价格的变动，包含面更广泛些。该指数的优点是包括范围广，能较为全面的反映总体物价水平的变动情况；但由于编制所需数据繁多，资料搜集困难且编制难度大，因而公布频率不如 CPI，通常是一年一次，不能及时反映一国通货膨胀状况。

三、通货膨胀的类型

在经济分析中，由于研究者对通货膨胀所强调的重点和目的不同，则会按不同的标准对其进行分类。

1．按严重程度分类

根据通货膨胀的严重程度通常可将其分为：温和的通货膨胀、严重的通膨胀和恶性通货膨胀。目前人们普遍认为，3%以内的通货膨胀率属于正常的物价上升，可以为社会所承受。当价格总水平的年增长率超过 3%而停留在 10%以内时，我们称之为温和的通货膨胀。当通货膨胀率突破 10%而进入两位数增长，且发展速度很快时，被认为是严重的通货膨胀。恶性通货膨胀就是指物价上升特别猛烈，且呈加速趋势，此时货币已完全丧失了价值贮藏功能部分地丧失了交易媒介功能。

2．按表现形式分类

根据通货膨胀的表现形式分类，可分为公开型通货膨胀和隐蔽型通货膨胀。公开型通货膨胀是指政府当局不对物价进行管制，而由市场力量所决定的一般物价水平明显而直接的、持续的上升过程，这是市场经济条件下通货膨胀的一般表现形式。隐蔽型通货膨胀则是指表面上货币工资没有下降，物价总水品也没有提高但居民实际生活水平却下降到现象。其原因是当经济生活中积累了难以消除总需求大于总供给的压力时，由于政府采取物价管制而使物价水平不能自由上升的通货膨胀，如凭证购买、有价无货、产品质量下降等。

3．按成因分类

按照通货膨胀的成因，经济学界存在着各种不同的分类，最常用的分类方法是将其划分为需求拉上型通货膨胀、成本推进型通货膨胀以及结构性通货膨胀等三类。

(1) 需求拉上的通货膨胀是指总需求过度增长所引起的通货膨胀，即“太多的货币追逐大小的货物”，按照凯恩斯的解释，如果总需求上升到大于总供给的地步，过渡的需求是能引起物价水平的普遍上升。所以，任何总需求增加的任何因素都可以是造成需求拉动的通货膨胀的具体原因。

(2) 成本推进的通货膨胀。成本或供给方面的原因形成的通货膨胀，即成本推进的通货膨胀又称为供给型通货膨胀，是由厂商生产成本增加而引起的一般价格总水平的上涨，造成成本向上移动的原因大致有工资过渡上涨、利润过渡增加、进口商品价格上涨、需求和成本混合推进、预期性和结构失调等。

① 工资推进的通货膨胀。

工资推动通货膨胀是工资过渡上涨所造成的成本增加而推动价格总水平上涨，工资是生产成本的主要部门。工资上涨使得生产成本增长，在既定的价格水平下，厂商愿意并且能够供给的数量减少，从而使得总供给曲线向左上方移动。

在完全竞争的劳动市场上，工资率完全由劳动的供求均衡所决定，但是在现实经济中，劳动市场往往是不完全的，强大的工会组织的存在往往可以使得工资过渡增加，如果工资增加超过了劳动生产率的提高，则提高工资就会导致成本增加，从而导致一般价格总水平上涨，而且这种通胀一旦开始，还会引起“工资——物价螺旋式上升”，工资物价互相推动，形成严重的通货膨胀。另外工资的上升往往从个别部门开始，最后引起其他部分攀比。

② 利润推进的通货膨胀。

利润推进的通货膨胀是指厂商为谋求更大的利润导致的一般价格总水平的上涨，与工资推进的通货膨胀一样，具有市场支配力的垄断和寡头厂商也可以通过提高产量的价格而获得更高的利润，与完全竞争市场相比，不完全竞争市场上的厂商可以减少生产数量而提高价格，以便获得更多的利润，为此，厂商都试图成为垄断者。结果导致价格总水平上涨。

一般认为，利润推进的通货膨胀比工资推进的通货膨胀要弱。原因在于，厂商由于面临着市场需求的制约，提高价格会受到自身要求最大利润的限制，而工会推进货币工资上涨则是越多越好。

③ 进口成本推进的通货膨胀。

造成成本推进的通货膨胀的另一个重要原因是进口商品的价格上升，如果一个国家生产所需要的原材料主要依赖于进口，那么，进口商品的价格上升就会造成成本推进的通货膨胀，其形成的过程与工资推进的通货膨胀是一样的，如 20 世纪 70 年代的石油危机期间，石油价格急剧上涨，而以进口石油为原料的西方国家的生产成本也大幅度上升，从而引起通货膨胀。

④ 需求和成本混合推进的通货膨胀。

在实际中，造成通货膨胀的原因并不是单一的，因各种原因同时推进的价格水平上涨，就是供求混合推进的通货膨胀。例如假设通货膨胀是由需求拉动开始的，即过渡的需求增加导致价格总水平上涨，价格总水平的上涨又成为工资上涨的理由，工资上涨又形成成本推进的通货膨胀。

⑤ 预期性通货膨胀。

在实际中，一旦形成通货膨胀，便会持续一般时期，这种现象被称之为通货膨胀惯性，对通货膨胀惯性的一种解释是人们会对通货膨胀作出的相应预期。预期是人们对未来经济变量做出一种估计，预期往往会根据过去的通货膨胀的经验和对未来经济形势的判断，做出对未来通货膨胀走势的判断和估计，从而形成对通胀的预期。

预期对人们经济行为有重要的影响，人们对通货膨胀的预期会导致通货膨胀具有惯性，如人们预期的通胀率为 10%，在订立有关合同时，厂商会要求价格上涨 10%，而工人与厂商签订合同中也会要求增加 10%的工资，这样，在其他条件不变的情况下，每单位产品的成本会增加 10%，从而通货膨胀率按 10%持续下去，将形成通货膨胀惯性。

⑥ 其他还存在结构失调型通货膨胀。在这里不进行赘述。

四、通货膨胀对国民经济的影响

通货膨胀对经济的影响既有积极的作用，也有消极方面的作用。但总的说来，其消极作用要远远大于积极作用。20 世纪 50 年代至 60 年代，人们普遍认为通货膨胀造成的经济增长的代价并不太严重，且一定的通货膨胀对经济增长是有益的。一般说来，通货膨胀在初期阶段，对经济的增长可以起到一定的刺激作用，例如在货币贬值情况下，人们担心物价会再一步上升尽可能多购买商品，从而扩大了市场上对消费品的需求，带动生产发展。但是，随后 20 多年内的通货膨胀和经济危机在很大程度上改变了人们的这种看法，由于通货膨胀的动态作用，如果不及时加以控制，极小的通货膨胀则可能导致严重的通货膨胀，最终给经济带来灾难性的破坏。以下我们将从生产、流通、分配和消费等四个方面来探讨通货膨胀对国民经济的影响。

(一) 通货膨胀对生产的影响

在通货膨胀初期，商品价格上涨的幅度大于工资的增长，厂商实际成本下降，利润增加，从而刺激厂商扩大投资及生产规模，促进产量的增加与经济的增长；与此同时，货币的贬值刺激了消费需求的增长，产品销售因之而增加，进一步刺激了生产规模的扩大和经济的增长。

然而，随着通货膨胀的推进，在商品与劳务的价格普遍上涨的情况下，原材料价格上涨尤甚，从而导致生产成本提高，生产性投资风险加大，生产部门的资金进而转向商业部门或进行金融投机，引起生产规模的大幅度萎缩；被严重扭曲的市场价格失去了其应有的调节功能，消费者与生产者也因此失去了做出正确决策的标准，容易形成错误的消费与投资决策，进而导致经济资源的不合理配置和浪费，严重阻碍生产的进行与经济的增长，同时，通货膨胀使货币的价值尺度功能受到破坏，厂商的成本、收入、利润等无法进行准确的核算，企业的经营管理尤其是财务管理陷入困境，严重影响生产活动的正常进行。

(二) 通货膨胀对流通的影响

通货膨胀破坏了正常的商品流通秩序。在通货膨胀情况下，价格信号被严重扭曲，商品均向着价格更高的方向流动，从而出现了商品的倒买倒卖，使其迟迟不能进入消费领域；盲目的流动同样会增加商品的运输成本，造成社会资源的浪费。在此期间，人们为了防止进一步的物价上涨及货币贬值，纷纷采取抢购行为使商品供求严重失衡，从而破坏了流通秩序；由于国内市场商品价格的上涨，出口商品的价格也会上涨，这样会使国内商品进入国际市场的通道受阻。

(三) 通货膨胀对分配的影响

国民收入经过物质生产部门的初次分配之后，会由于税收、利息、价格等经济杠杆的作用而发生再分配。通货膨胀直接改变了社会成员原有收入和财富的实际水平，引起国民收入的非正常地再分配，加剧分配不公，这是因为不同社会成员的收入方式和收入水平不同，消费支出的负担不同，消费领域和消费层次也不尽相同。另外在不可预期的通货膨胀之下，名义工资总会有所增加(尽管并不一定能保持原有的实际工资水平)，随着名义工资的提高，达到纳税起征点的人增加了，有许多人进入了更高的纳税等级，这样就使得政府的税收增加。但公众纳税数额增加，实际收入却减少了。政府由这种通货膨胀中所得到的税收称为“通货膨胀税”。

(四) 通货膨胀对消费的影响

消费是生产的目的，消费水平是衡量社会成员生活水平的标准，而消费水平的高低取决于个人对商品使用价值或效用的直接占有和支配能力的大小。在商品货币经济条件下，人们的这种支配能力是通过货币收入表现出来的。通货膨胀使币值下降，人们在分配中所得的货币收入的实际价值也因此而大打折扣，实际消费水平也就随之下降了。

五、通货膨胀的治理对策

由于通货膨胀的成因多种多样，治理通货膨胀也应该采取不同的对策。主要的治理措施有以下几种。

（一）紧缩性货币政策

紧缩性货币政策的直接作用是减少货币供应量。中央银行采取的紧缩性货币政策措施有三个方面：

(1) 中央银行提高法定存款准备金率，使商业银行的超额准备金减少，贷款能力减弱，从而削弱商业银行的存款货币创造能力和供给能力，减少社会的信用供给量，达到紧缩货币的目的。

(2) 提高利率，抑制投资需求，刺激储蓄增长和降低消费需求。当经济出现需求拉上的通货膨胀时，中央银行也可以提高再贴现率和再贷款率，从而抑制信用需求，相应地抑制投资需求和消费需求，缓解供求矛盾。

(3) 通过公开市场业务出售政府债券，相应地减少经济体系中的货币存量。央行还可以运用选择性货币政策工具和直接信用控制工具来调节货币流通量。

（二）紧缩性财政政策

紧缩性性财政政策就是通过调整财政收入总额和不同的财政收支项目来抑制社会总需求的膨胀，从而可以直接控制社会总需求。紧缩性财政政策概括地说就是增收节支、减少赤字。其主要的措施有以下两种：

(1) 增加赋税。赋税的增加可以减少消费者的可支配收入，缩减其购买力，从而抑制消费需求和投资需求；同时，赋税的增加可以降低财政赤字，缩减货币的财政性发行量，相应减少货币供给量。

(2) 削减政府支出，其中包括减少军费开支和政府在市场上的采购、限制公共事业投资和公共福利支出。

（三）紧缩性收入政策

紧缩性收入政策，是政府对工资和物价进行直接管制的政策，主要适用于治理成本推进型通货膨胀。其措施有以下三种：

(1) 工资一物价指导线。该指导线是指政府根据劳动生产率长期的增长趋势来确定工资与物价的增长标准，要求将工资与物价的增长率限制在劳动生产率的平均增长幅度以内。

(2) 实行物价管制，采取必要的法律、行政手段严厉打击扰乱市场经济秩序的违法违规行为。

(3) 运用税收手段，即通过对过多增加工资的企业按工资超额增长比率征收特别税等方法来抑制收入增长速度，以控制消费需求。

（四）积极的供给政策

供给学派认为，治理通货膨胀，摆脱滞胀困境的方法在于增加生产和供给。政府加大对市场短缺商品的投资，加大对关乎国计民生的支柱产业、基础产业的投入，或提供减税等优惠措施来引导资本向这方面流入，调整过剩商品的生产，促进供求关系的改善。

另外当通货膨胀达到恶性发展并面临货币制度崩溃边缘时，治理对策还包括废除旧币，发行新币的做法。

六、通货紧缩

（一）通货紧缩的含义

当市场上流通的货币减少，人民的货币所得减少，购买力下降，影响物价之下跌，造成通货紧缩。长期的货币紧缩会抑制投资与生产，导致失业率升高及经济衰退。

依据诺贝尔经济学奖得主萨缪尔的定义：价格和成本正在普遍下降即是通货紧缩。经济学者普遍认为，当消费者物价指数(CPI)连跌三个月，即表示已出现通货紧缩。通货紧缩就是产能过剩或需求不足导致物价、工资、利率、粮食、能源等各类价格持续下跌。

在经济实践中，判断某个时期的物价下跌是否是通货紧缩，一看消费者价格指数(CPI)是否由正转变为负，二看这种下降的持续是否超过了一定时限。

也有学者将通货紧缩细分为 deflation 与 disinflation，前者的标志是 CPI 转为负数，亦即物价指数与前一年度相比下降；后者的标志是 CPI 连续下降，亦即物价指数月度环比连续下降。

（二）通货紧缩的利弊

一般来说，适度的通货紧缩，通过加剧市场竞争，有助于调整经济结构和挤去经济中的“泡沫”，也会促进企业加强技术投入和技术创新，改进产品和服务质量，对经济发展有积极作用的一面。

但过度的通货紧缩，会导致物价总水平长时间、大范围下降，市场银根趋紧，货币流通速度减慢，市场销售不振，影响企业生产和投资的积极性，强化了居民“买涨不买落”心理，左右了企业的“惜投”和居民的“惜购”，大量的资金闲置，限制了社会需求的有效增长，最终导致经济增长乏力，经济增长率下降，对经济的长远发展和人民群众的长远利益不利。由此看来，通货紧缩对经济发展有不利的一面。为此，我们必须通过加大政府投资的力度，刺激国内需求，抑制价格下滑，保持物价的基本稳定。

与通货膨胀相反，通货紧缩意味着消费者购买力增加，但持续下去会导致债务负担加重，企业投资收益下降，消费者消极消费，国家经济可能陷入价格下降与经济衰退相互影响、恶性循环的严峻局面。通缩的危害表现在：物价下降了，却在暗中让个人和企业的负债增加了，因为持有资产实际价值缩水了，而对银行的抵押贷款却没有减少。比如人们按揭购房，通缩可能使购房人拥有房产的价值，远远低于他们所承担的债务。

（三）通货紧缩的治理

1. 宽松的货币政策

采用宽松的货币政策，可以增加流通中的货币量，从而刺激总需求。

2. 宽松的财政政策

扩大财政支出，可以直接增加总需求，还可以通过投资的“乘数效应”带动私人投资的增加。

3. 结构性调整

对由于某些行业的产品或某个层次的商品生产绝对过剩引发的通货紧缩，一般采用结构性调整的手段，即减少过剩部门或行业的产量，鼓励新兴部门或行业发展。

4. 改变预期

政府通过各种宣传手段，增加公众对未来经济发展趋势的信心。

5. 完善社会保障体系

建立健全社会保障体系，适当改善国民收入的分配格局，提高中下层居民的收入水平和消费水平，以增加消费需求。

（四）通货紧缩与通货膨胀的关系

1. 区别

(1) 含义和本质不同。通货膨胀是指纸币的发行量超过流通中所需要的数量，从而引起纸币贬值、物价上涨的经济现象。其实质是社会总需求大于社会总供给。

(2) 表现不同。通货膨胀最直接的表现是纸币贬值，物价上涨，购买力降低。通货紧缩往往伴随着生产下降，市场萎缩，企业利润率降低，生产投资减少，以及失业增加、收入下降，经济增长乏力等现象。主要表现为物价低迷，大多数商品和劳务价格下跌。

(3) 成因不同。通货膨胀的成因主要是社会总需求大于社会总供给，货币的发行量超过了流通中实际需要的货币量。通货紧缩的成因主要是社会总需求小于社会总供给，长期的产业结构不合理，形成买方市场及出口困难导致的。

(4) 危害性不同。通货膨胀直接使纸币贬值，如果居民的收入没有变化，生活水平就会下降，造成社会经济生活秩序混乱，不利于经济的发展。不过在一定时期内，适度的通货膨胀又可以刺激消费，扩大内需，推动经济发展。通货紧缩导致物价下降，在一定程度上对居民生活有好处，但从长远看会严重影响投资者的信心和居民的消费心理，导致恶性的价格竞争，对经济的长远发展和人民的长远利益不利。

(5) 治理措施不同。治理通货膨胀最根本的措施是发展生产，增加有效供给，同时要采取控制货币供应量，实行适度从紧的货币政策和量入为出的财政政策等措施。治理通货紧缩要调整优化产业结构，综合运用投资、消费、出口等措施拉动经济增长，实行积极的财政政策、稳健的货币政策、正确的消费政策，坚持扩大内需的方针。

2. 联系

(1) 二者都是由社会总需求与社会总供给不平衡造成的，亦即流通中实际需要的货币量与发行量不平衡造成的。

(2) 二者都会使价格信号失真，影响正常的经济生活和社会经济秩序，因此都必须采取有效地措施予以抑制。

本 章 小 结

(1) 货币需求(money demand for)是指经济主体(如居民、企业和单位等)能够并愿意持有货币的行为。经济学意义上的需求指的是有效需求，不单纯是一种心理上的欲望，而是一种能力和愿望的统一体。货币需求的影响因素有收入状况、市场利率、消费倾向、信用的发达程度、货币流通速度、商品劳务量和商品劳务价格水平、公众的预期和偏好等。

(2) 货币供给(money supply)是指某一国或货币区的银行系统向经济体中投入、创造、扩张(或收缩)货币的金融过程。货币供给量的决定因素是基础货币和货币乘数。

(3) 货币均衡即货币供求均衡，是指在一定时期经济运行中的货币需求与货币供给在动态上保持一致的状态。

(4) 通货膨胀在现代经济学中意指整体物价水平上升即经济运行中出现的全面、持续上涨的物价上涨的现象。治理通货膨胀的措施主要包括紧缩性货币政策、紧缩性财政政策、紧缩性收入政策、积极的供给政策。通货紧缩是经济中货币供给量少于客观需要量，社会总需求小于总供给，一般物价水平普遍而持续下跌、币值不断上升的经济现象。

知识网络图

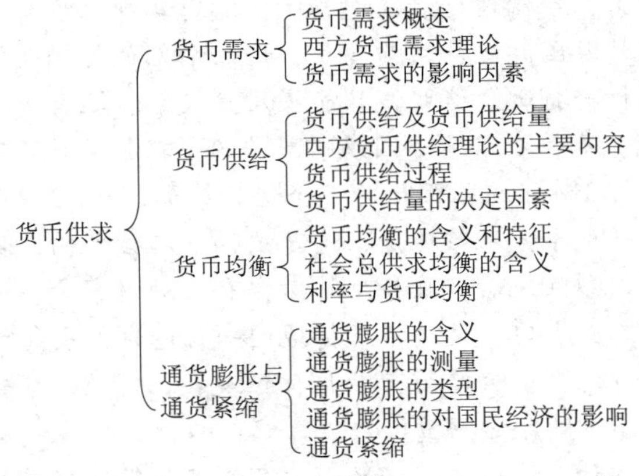

本 章 练 习

一、思考题

(1) 西方货币需求理论的主要内容。

(2) 解释货币供给的含义与形成。

(3) 存款货币的创造过程。

(4) 货币均衡与社会总供求平衡。

(5) 货币失衡与社会总供求失衡的关系。

(6) 通货膨胀的治理对策。

(7) 通货紧缩理论的主要内容。

二、典型案例分析

【案例 1】

前南斯拉夫通货膨胀

前南斯拉夫时期，汇率极不稳定，其最大面值曾发行过 5000 亿第那的货币，成为世界上迄今为止最大面值的货币。如今，在英国伦敦大英博物馆钱币馆展出的钱币中，其中第一个栏目就是前南斯拉夫时期的 5000 亿第那，而当时的票面价值才值 10 个马克(约合现在的 5 欧元)。

当时由于货币贬值，南斯拉夫人买台电视需要用车拉钱，据当地人描绘，几乎要用整整一轿车后备箱的钱。甚至买一个面包也要用好几沓钱，数起来很费劲。当时货币贬值的速度说起来几乎令人难以置信，如果你到咖啡馆要一杯咖啡，马上付钱和喝完付钱是不一样的，因为往往喝咖啡的时间说不定货币又贬了。有位学生家长早上给孩子吃午饭的钱，孩子没舍得花，晚上又带回了家，家长一听就骂了孩子一顿，因为到晚上这个钱已经贬得吃不了一顿饭了。

贝尔格莱德一位开餐馆的朋友曾告诉笔者一则真实的故事：他国内一位朋友的亲戚在南斯拉夫出车祸去世，家人在清理死者的遗物时，发现其身上装有几亿面值的第那，按照家人的想象，死者在国外做国际贸易生意多年，这几个亿最起码也值几百万人民币。谁知托我这个朋友在该国银行一打听，这些钱只能买几盒火柴。还有一个真实的、富有戏剧性的故事：1996 年的一天，有位在当地中国餐馆工作的年轻服务员下班后，与一位厨师一起步行走回住地，在半路上捡到了一张面值为 5 个亿的第那，是 1992 年版的。当时这位服务生兴奋不已，同行的厨师也半开玩笑地说，这是咱俩一起捡到的，你要分给我一半，服务生笑着回答说没问题。回到住地后，服务生担心会有人劫财害命，连激动带害怕一夜没睡着觉，好不容易捱到第二天上班，便迫不及待地问一位南斯拉夫籍的女翻译，这些钱能值多少，翻译看后马上告诉他，虽然票面有 5 亿，但现在已不值一分钱，听完解释，服务生大失所望，才知当时的通货膨胀之严重。

有关前南斯拉夫的这种经济现象，世界上许多经济学家不得其解。他们认为，其他任何国家遇到这种经济状况恐怕早都垮了，而南斯拉夫经济居然还能正常运转，商品照常销售，人民还在正常生活，实在不可思议，可以说这在世界金融史上是一个奇迹。

请分析：

前南斯拉夫通货膨胀的特点？

【案例 2】

通缩危害甚于通胀

5 月 15 日出版的英国《经济学家》刊文指出，通货膨胀虽然危害严重，但通货紧缩的危害有过之而无不及。

默尔•哈泽德，一位讽世的低音男歌手，深解目前的货币混乱状况。他颤声唱道："通胀还是通缩，如果你能，请告诉我，我们会重蹈津巴布韦或日本的覆辙吗？"

美国该如何避免这次自20世纪30年代以来最严重的经济衰退所带来的通缩压力，同时又可以预防美联储的一系列举措带来的通胀压力？诺贝尔经济学奖得主保罗•克鲁格曼5月4日警告说，日本式的通缩已初露端倪。而同时，艾伦•梅尔策预测，20世纪70年代的通货膨胀将会重现。这两种观点都刊登在了《纽约时报》的同一版面上。两种担忧均不容忽视，但通胀较远且是可控的，而通缩已迫在眉睫，且是致命的。

对于通缩的担忧并不是基于今年美国3月份的消费价格指数比去年同期下降了0.4%。虽然这是自1955年以来第一次达到这样大的年下降幅度，但这只是能源价格剧跌所造成的短期结果，扣除食品和能源外的核心通胀率为1.8%。真正令人担忧的是价格持续下滑，这才是真正通缩的标志。

到目前为止，对通胀的预期还比较坚定，但工资冻结和减薪也许很快将改变人们的想法。在一次民意调查中，超过1/3的受访者表示，他们或他们家庭的某些成员遭受了减薪或减少工时的痛苦。美国第一季度就业成本指数同比仅增长了2.1%，这是自1982年以来的最低增幅。在上次2003年的那场通缩恐慌中，工资总额增长了近4%。

这有什么关系吗？如果价格下跌是先进的生产力使然，就像19世纪末那样，那么它是一个进步而非经济崩溃的信号。然而，今天的通缩更像20世纪30年代的那场恶性通缩，因为需求疲软、家庭和公司都负债累累。在通缩情况下，即使名义工资、物价和利润都下跌的时候，债务的名义价值仍然是固定的，实际债务负担因此加重，从而导致借款方削减开支以还债或者拖欠贷款。那样则会破坏金融体系、加深经济衰退。

从1929年至1933年，物价下跌了27%。而此次各国央行已经开始着手解决。美国、英国、日本和瑞士的央行已经将短期利率下调至或接近于零，并且通过购买债券而扩大资产负债表规模。然而正是这种反通缩的热情引起了梅尔策等人士的警觉。梅尔策担心，送走通缩的代价是美联储不能或不愿及时转变政策以防止通胀抬头。

但通胀比通缩更容易调节。一国的央行可以通过将利率提升至需要的高点来抑制通胀，却不能通过将名义利率降至零以下来解决通缩。通缩剥夺了央行利用负实际利率来刺激消费的能力。那些已将利率降到几近零的央行现在正运用非常规的、量化的工具，但其效果有待验证。

人们担心，当需要提高利率时，美联储可能会因政治压力或担心破坏金融市场而踌躇不前。在经过了2003年的通缩恐慌后，美联储加息的速度相当慢。针对剥夺12位联邦储备银行行长在货币政策中的话语权的提议，美国总统奥巴马应该不予采纳。国会应该批准美联储发行自己的债券，这样美联储采取紧缩货币政策时就有更多的余地，而无需无序出售所持有的非流动私人债券。确保美联储的政治独立并为其配备更好的工具将有助于央行在通胀来临时更好地应对。

(来源：2009-5-22《经济参考报》)

请分析：

通缩与通胀的危害。

第十一章 货币政策

【知识目标】

1. 了解货币政策的含义和基本特征
2. 深刻理解货币政策的最终目标和中介指标
3. 掌握货币政策工具的基本内容，区分各个工具之间的差异性
4. 了解货币政策的运行环境

【能力目标】

1. 掌握货币政策工具的操作原理
2. 熟练掌握分析各种货币政策的能力

案例导入

世界主要国家针对国际金融危机的救助措施

面对百年罕见的国际金融危机，2008 年美国、欧盟各国、英国、日本、主要新兴市场经济体等纷纷出台一系列大规模、大力度的危机救助政策，试图缓解信用紧缩、维护金融稳定、恢复市场信心、刺激经济复苏。

多次大幅降息，缓解市场流动性紧张。次贷危机爆发以来，各主要央行降息频率、幅度空前。9 月份，雷曼破产、危机迅速升级后，多国采取了共同降息行动，美联储、日本、英国央行先后将基准利率降至接近“零”水平，欧洲央行也将基准利率降至成立以来的最低水平。

通过各种货币政策工具，直接向市场注入流动性。美联储创设或改进了多种非常规的货币政策工具，如短期资金标售(TAF)、一级交易商信用工具(PDCF)等，向市场注入流动性超过 1.5 万亿美元；开始购买总量上限分别可达 1.25 万亿和 2000 亿美元的机构担保房贷抵押债券(MBS)和普通机构债券；并直接向资产抵押债券市场提供最多达 1 万亿美元的融资。欧洲央行、英格兰银行和日本央行通过拍卖机制向市场注入大量流动性；英格兰银行还成立了 500 亿英镑的特别基金，用以购买私人部门持有的政府担保债券、公司债、商业票据、

特定种类资产抵押债券等资产。同时，美联储、英格兰银行和日本央行等已展开购买国债实现量化宽松货币政策的操作，美联储、英格兰银行分别宣布将在六个月、三个月内购买3000亿美元和750亿英镑本国国债的计划，日本央行将每月购买国债额度从1.4万亿日元提高至1.8万亿日元。

通过国有化、注资、剥离不良资产、提供担保等手段，救助金融机构。美国已接管或部分国有化了房利美、房地美和花旗集团等主要金融机构；承诺对房利美、房地美、各大银行等机构最多可注资1.1万亿美元；宣布将设立5000亿—1万亿美元的公私合营投资基金，用于清理有毒资产；通过联邦存款保险公司为银行提供担保。欧盟委员会已批准了德国、英国、西班牙、意大利等成员国总额超过2万亿欧元的金融救助计划，其中德国金融救市计划总额5000亿欧元，4000亿欧元用以担保银行间贷款，800亿欧元直接向金融机构注资，200亿欧元在紧急情况下买入银行坏账。英国政府先后将北岩银行、布拉德福德-宾利银行、苏格兰皇家银行、莱斯银行等全部或者部分国有化；并出台两轮以重启银行融资渠道、保证银行放贷能力为目的的银行救助方案，为银行的问题资产和债务进行担保，向金融机构直接注资。

通过大规模减税、增加政府支出等政策，刺激实体经济。美国政府2008年实施了以一次性退税为主要内容、总额1680亿美元的刺激经济增长计划，2009年初又推出了减税和增加政府支出并举、总规模高达7870亿美元的经济刺激计划，并宣布将使用750亿美元防止房屋止赎。欧盟推出了总额2000亿欧元经济刺激计划，包括扩大公共开支、减税、降息三大举措。英国政府出台了以减税为核心、总额200亿英镑的一揽子经济刺激计划。包括俄罗斯、韩国、巴西在内的众多新兴市场经济体纷纷出台财政措施，维护经济金融稳定运行。

各国加强协作，共同应对危机。美国、欧元区、英国、日本、澳大利亚、韩国、新加坡等经济体央行，通过货币互换安排共同向全球金融市场注资。世界主要经济体通过G20峰会、达沃斯世界经济论坛等，加强在维护全球金融稳定、促进世界经济复苏、改革全球金融体制等方面的沟通协作，携手应对危机。以上各类救助措施在缓解危机冲击、稳定金融、刺激经济方面取得初步成效。但是值得注意的是，在危机中主要经济体出台了一系列新的监管措施，加强政府干预，甚至采取了保护国内相关产业、限制国外竞争及海外投资的措施，可能导致从新兴市场国家向发达经济体的资本回流趋势进一步延续，国际资本流动规模进一步萎缩。

第一节　货币政策

货币政策作为宏观经济间接调控的手段，在整个国民经济宏观调控体系中居于十分重要的地位。货币政策目标是通过货币政策工具的运用来实现的。货币政策目标的正确选择、决策和政策工具的正确使用是货币政策有效发挥作用的重要前提。货币政策工具是中央银行为实现货币政策目标而采用的手段。货币政策工具的形式多样，各有特点和使用条件，不同国家在不同时期的经济管理体制和金融体制的差别对货币政策工具的作用具有制约性。因此，在运用货币政策工具时，根据货币政策的目标、经济体制和各政策工具的特点有针对性地选择使用。

制定和实施货币政策，是中央银行的基本职责之一。货币政策作为宏观经济间接调控的重要手段，在整个国民经济宏观调控体系中居于十分重要的地位。没有哪一个国家可以在货币政策出现问题的情况下，经济仍长期正常稳定发展的。货币政策的失误可能会导致长期严重通货膨胀，带来整个经济混乱，影响经济增长，就业率下降，人民生活水平下降，影响社会秩序安定，引发政治危机等。正因为如此，当代各国都把货币政策列为重要政策问题，把货币政策和财政政策作为宏观经济调控的重要政策。

一、货币政策的含义及构成要素

（一）货币政策的含义

货币政策是指中央银行为实现一定的经济目标，运用各种工具调节和控制货币供给量和利率等中介指标，进而影响宏观经济的方针和措施的总称，是国家宏观经济的重要组成部分。货币政策的变化会引起一般价格水平的变化、就业率的变化、经济增长速度和经济结构的变化、国际收支平衡的变化等，因而它是现代市场经济国家最重要的宏观经济调控手段之一。中央银行在国家法律授权的范围内独立地或在中央政府领导下制定货币政策，并运用其拥有的货币发行特权和各种政策手段，利用其领导和管理全国金融机构的特殊地位，组织货币政策的实施。

（二）货币政策的构成要素

实施货币政策的根本目的，在于通过对社会货币供应量的控制来左右社会总需求水平，以达到社会总供给和总需求之间的协调平衡。从表面上看，货币政策一般包括三个方面的内容：货币政策工具、货币政策中介指标和货币政策最终目标。但是，货币政策一旦实施，如何使其按照政策意图发生作用、如何又进一步影响实体经济中总需求和总供给的平衡等都是货币政策所要研究的问题。因此，货币政策实际上包括政策目标、实现目标的政策工具、监测和控制目标实现的各操作指标和中介指标、政策传递机制和政策效果等基本内容。这些基本内容紧密联系，构成一个国家货币政策的有机整体。在制定和实施货币政策时，必须对这一有机整体进行统筹考虑。

二、货币政策的类型及内容

（一）根据货币政策的目的不同，分为以下三个类型

1．扩张性货币政策

这是一种在社会有效需求不足，社会总需求严重落后于社会总供给状态下，通过增加货币供应量带动社会总需求以刺激经济协调增长的一种货币政策。其目的在于通过增加货币供应量，改变原有的货币供求关系，形成供给略大于需求的对应关系，从而刺激社会需求的增长，但如果扩张过度，则会引起通过膨胀。其主要措施有以下三个方面：一是降低法定准备金率，以提高货币乘数，增加货币供应量；二是降低再贴现率，以诱使商业银行增加再贴现，增强对客户的贷款和投资能力，增加货币供应量；三是公开市场业务，通过

购进有价证券，来增加货币供应量。除以上措施外，中央银行也可以用“道义劝告”和“窗口指导”方式来影响商业银行及其他金融机构增加放款，以增加货币供应量。在我国，扩张型货币政策常表现为扩大贷款规模。

2. 紧缩型货币政策

这是一种在社会总需求严重膨胀的经济状况下，通过紧缩货币供应，以抑制社会总需求膨胀的一种货币政策。目的在于通过紧缩货币供应量，最终实现货币供应量大致等于需求的对应关系，从而抑制社会需求膨胀，但如果紧缩过度，则会使经济萎缩，失业增加。其措施是扩张型货币政策中所采用的措施的反向运用。在我国紧缩型货币政策常表现为压缩贷款规模。

3. 中立性货币政策

这是一种在社会总需求与总供给基本平衡的状态下采取的一种货币政策。目的在于保持原有的货币供应量与需求量之间的大体平衡关系，但绝对平衡或持久性平衡状态是难以实现的。

一国在选择货币政策的类型时，一般应考虑以下几个因素：首先，适应国家总的经济政策，根据不同时期国家的经济目标和经济状况而定；其次，适应货币流通自身要求，使货币代表的价值相对稳定，以免给整个社会经济带来严重影响；最后，适应社会总需求与总供给的平衡状态。在具体的选用中，要借鉴各国的经验和教训，并结合我国的国情，制定我国的货币政策，不能单纯的是扩张、紧缩或中立货币政策，而应是紧中有松、松中有紧、紧松结合适度的、有弹性的货币政策。

（二）根据货币政策的作用范围不同，分为以下三个类型

1. 信贷政策

信贷政策是中央银行为了实现货币政策目标，对信用进行管理而采取的方针和各种措施。通过调节社会信用总量和社会信用的构成，来实现货币政策目标。使用的措施有一般性和选择性货币政策工具以及直接和间接信用管制手段。

2. 利率政策

利率政策是中央银行控制和调节市场利率的方针和各种措施，是中央银行间接控制信用规模的重要手段。通过控制和调节市场利率的一般水平，使市场利率能够比较正确地反映社会资金的供求状况以及控制和调节利率结构，使资金的流动按照政策意图进行，提高资金的使用效率。在市场经济比较发达的国家，央行通过再贴现政策间接影响市场利率水平和利率结构；而在市场经济不发达的国家，央行往往采取对利率直接管制的措施。

3. 外汇政策

外汇政策是中央银行控制和调节汇率、实施外汇管制、控制国际资本流动和平衡国际收支的方针和各种措施，具体措施主要有汇率政策和行政管制。

三、货币政策的特征

中国过去长期不太重视货币政策，而较为重视财政政策。在经济体制改革后，货币政

策成为了中国控制和调节经济最重要的经济政策之一，也是世界上国家主要采用的宏观经济政策之一，其特点主要有以下几个方面。

（一）货币政策是宏观经济政策

货币政策作用对象不是银行或厂商等经济单位的金融行为，而是与宏观经济目标有关的货币供应量、信用量、利率、汇率等宏观经济总量问题。

（二）货币政策是调整社会总需求的政策

货币政策是通过对货币供应量的调节来调整社会总需求中的投资需求、消费需求等，并间接的影响社会总供给的变动，从而促进社会总供给与总需求的平衡。

（三）货币政策主要是间接调控政策

货币政策主要是运用经济手段来调节经济。央行主要运用法定准备金率、再贴现率、公开市场业务来调节市场。但在这个调节过程中，央行主要是通过作用于金融机构，对金融机构的行为产生影响来实现目的。

（四）货币政策是长期连续的经济政策

尽管各种具体的货币政策措施可能是短期的，但货币政策的目标一般在短期内是难以实现的，需要连续的操作才能接近或达到长期目标。

（五）货币政策是比较灵活的经济政策

因为受到财政收支的限制，财政政策的灵活性比较有限，因为它只能在收入和支出上进行调节。相比之下，货币政策就没有这个限制，并且可运用工具也比较多，灵活性较强。

四、货币政策的功能

货币政策作为国家重要的宏观调控工具之一，主要具有以下几个功能。

（一）促进社会总需求与总供给的均衡，保持币值稳定

社会总需求与总供给均衡是货币均衡前提，也是社会经济平稳运行的重要前提。社会总需求是市场有支付能力的需求，它是由一定时期的货币供给量来实现的。中央银行通过货币政策的实施，调节货币供应量，来影响社会总需求，从而促进社会总需求与总供给的平衡。

（二）保持经济的稳定增长

货币政策具有扩张或紧缩经济的作用。适当的逆风向行事的货币政策有利于抑制经济的剧烈波动。当经济过度膨胀时，紧缩性货币政策有利于抑制经济的进一步膨胀；而当经济衰退和萧条时，扩张性货币政策有利于刺激投资和消费，制止经济的衰退，促使其经济复苏和增长。因此，货币政策是抑制经济波动、促使经济稳定增长的重要宏观调控手段。

(三) 促进国际收支平衡，保持汇率相对稳定

在经济和金融日益全球化、国际化的背景下，一国汇率的相对稳定是保持本国经济稳定健康发展的必要条件。而汇率的稳定又与国际收支平衡密切相关。货币政策通过对本币供给量的控制、利率和汇率的适时适度调整等措施，对促进国际收支平衡，保持汇率相对稳定具有重要作用。

(四) 保持金融稳定，防范金融危机

信用货币制度下，稳定和良好的货币金融环境依赖于中央银行正确的货币政策。正确的货币政策有利于金融稳定，而不正确的货币政策则可能导致金融动荡，如当出现经济泡沫和金融泡沫时，宽松的货币政策可能加剧泡沫膨胀，给泡沫破灭和金融的急剧动荡留下了隐患；反之，当刨沫破灭时，过度紧缩的政策可能加剧其动荡。因此，正确的货币政策有利于抑制金融泡沫和经济泡沫的形成，避免泡沫突然破灭对国民经济，特别是金融部门的猛烈冲击，有利于保持金融稳定，进而防范金融危机。

【知识拓展】

美联储的货币政策是导致次贷危机的直接原因

任何政府都是在不得已的情况下才选择超低利率。美联储为应对2000年的网络股泡沫破灭和2001年的“9·11”而维持了1%的基准利率一年之久。低利率促进了经济繁荣，却带来了虚拟经济的不断膨胀，也孳生了次级债券，而次级债券与实体经济中的房地产直接挂钩，使得泡沫更具危险性。当次级债券衍生的“生物链”越来越长，当越来越多的金融机构卷入其中的时候，一方面，虚拟经济为实体经济配置资源的能力彻底丧失(由于次级债券的高收益，虚拟经济的大量资源配置到房地产相关领域，其他实体经济因缺乏资源而萎缩)，另一方面，更长的“生物链”要越来越依存处于“生物链”根基的房地产，经济运行的风险加大，命悬一线。

超低利率不可能长期维持，房地产的过热、虚拟经济的膨胀导致的潜在通胀风险提醒美联储加息，当利率的不断调高使得实体经济中房屋按揭者无法还贷时，房价的上涨也就戛然而止了，金字塔的根基出现了动摇直至最终坍塌。在这个过程中，次级债等金融衍生品是帮凶、是“杀人工具”。

危机的产生往往是不经意的，但是拯救危机却不得不大张旗鼓。美联储快速将利率从5.25%调低到0%，并且采取了非常规货币政策，直接“直升机”式向金融机构“空投钞票”，财政部也紧急行动，向可能丧失住房赎回权的按揭者提供援助。急剧萎缩的虚拟经济终于喘了一口气。

由于美联储决定了利率的升降，前主席格林斯潘成为众矢之的，其低利率政策催生了虚拟经济泡沫，而进一步采取的高利率政策则亲手刺穿了泡沫。格林斯潘为此多次受到美国国会传唤，饱受争议。但事实上，次贷危机真的是美联储的错吗?

随着市场经济的发展，货币政策的重要性正日益增强。现代市场经济不仅是高度货币化的商品经济，而且是高度资本化的市场经济。货币市场和资本市场在整个市场体系和国民经济运行中居于重要地位。货币和资本的供求均衡日益影响着整个国民经济的稳定和安全。经济和金融的国际化、全球化，使各个国家与世界市场的联系日益紧密，本币的供求均衡，利率或汇率的合理水平、贸易均衡、资本流动，对一个国家的经济发展和稳定是有极为重要的影响。而货币政策对它们都有支配性的作用，因此，制定和实施正确的货币政策具有重要的意义。那么要想有正确的货币政策，选择适当的货币政策目标就成了首要问题。

第二节　货币政策的目标

就不同时期而言，各个国家的货币政策目标也是发展变化的。目前存在着广泛承认的几项货币政策目标，实际上是经历了一个逐步发展的过程。

20 世纪 30 年代以前的国际金本位制时期，各国中央银行货币政策的主要目标是稳定币值和汇率。1929 年资本主义国家爆发了空前的经济大危机，失业问题成为当时资本主义国家的头号经济问题与政治问题，解决失业问题成为当时压倒一切的重要任务。与此同时，以凯恩斯主义为代表的宏观调节理论已经形成，国家干预经济的思潮开始抬头，当时主要资本主义国家的中央银行都以充分就业作为货币政策的首要目标。这样，货币政策目标就完成了从单一稳定货币向充分就业的过渡。

50 年代以来，各国经济进入恢复和发展阶段。到了 50 年代后期，西方国家中经济增长理论广泛流行，许多国家为了保护自身的经济实力和国际地位，都把发展经济、促进经济增长作为货币政策目标的重点。中央银行的货币政策目标也演进为稳定币值、充分就业和促进经济增长。

到了 20 世纪 60 年代，国际贸易获得了很大的发展，由于长期推行凯恩斯主义的宏观经济政策，许多国家开始出现通货膨胀，国际收支状况也随之恶化，特别是美国经济实力削弱，国际收支出现逆差，以美元为中心的国际货币制度面临严重威胁。在此情况下，各国中央银行的货币政策目标随之发展为币值稳定、充分就业、经济增长和国际收支平衡四个。至此，四大货币政策目标开始形成。但是目前就各国的情况来看，各国货币政策目标除表述上的差异外，做法也是有所区别的。如美国联邦储备银行把经济增长、充分就业、物价稳定和国际收支平衡作为货币政策目标；英格兰银行将充分就业、实际收入的合理增长率、低通货膨胀率和国际收支平衡作为货币政策目标；我国货币政策目标反映转轨经济的特点，以币值稳定为主兼顾经济增长和充分就业目标。

一、货币政策目标体系

制定货币政策，首先必须明确货币政策要实现的目标。货币政策目标是由最终目标、中介指标(指标)和操作目标(指标)三个层次有机组成的目标体系，如图 11-1 所示。

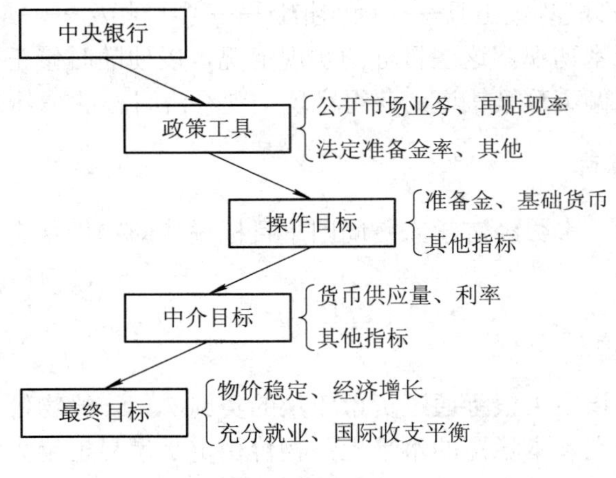

图 11-1　货币政策目标体系

（一）最终目标

最终目标是中央银行通过货币政策操作而最终要达到的宏观经济目标，主要有物价稳定、充分就业、经济增长和国际收支平衡等。

中央银行的货币政策目标同时也是一个国家的宏观经济目标。宏观经济目标的实现是国民经济各部门协调配合的结果。虽然中央银行制定货币政策，并在实现宏观经济目标中发挥关键作用。但是，中央银行也仅是通过货币政策工具的操作来调节货币供应量的变化，间接影响宏观经济目标，无法直接控制和实现宏观经济目标。央行根据市场来制定货币政策，政策实施到影响金融市场参与者的行为，改变货币供应量，再到最后实现宏观经济目标是一个漫长的过程，期间市场机制发挥作用如何、经济环境变化等存在很大的不确定性，会影响宏观经济目标的实现。因此，为了及时准确地监测和控制货币政策的力度和效果，中央银行需要有一套便于控制的中介指标和操作目标，将货币政策工具的操作与货币政策的最终目标联系起来。

（二）操作目标(指标)

与货币政策工具紧密联系的是操作目标，它是中央银行通过货币政策工具能够有效准确实现的经济变量，如准备金、基础货币等。这些变量对货币政策工具的变动反映较为灵敏，是政策工具操作直接引起变动、首先变动的指标。

（三）中介指标(指标)

中介指标处于最终目标和操作目标之间，是中央银行在一定的时期内和某种特定的经济状况下，能够量化达到的目标，主要有货币供应量和利率，在一定条件下，信贷量和汇率等也可以充当中介指标。这些中介指标是政策工具操作后，经由中央银行体系内部指标变化，引起整个金融体系指标变化的指标，它们与货币政策的最终目标联系紧密。它们的变动可以较好地预告最终目标可能出现的变动。因此，如果将宏观经济目标作为最终货币政策目标，中央银行通过在货币政策工具和最终货币政策目标之间建立用金融指标表示的操作指标和中介指标，形成政策工具——操作指标——中介指标——最终目标的目标体系，有利于在政策实施以后密切观察这些目标的实现情况，以便随时修正政策的力度和方向，保证政策的作用机制不偏离政策轨道，获得实现宏观经济目标的最佳效果。

二、货币政策最终目标

从目前的情况来看，多数经济学家赞同四重目标说，即物价稳定、充分就业、经济增长和国际收支平衡。

（一）物价稳定

所谓物价稳定，是指中央银行通过货币政策的实施，使一般物价水平在短期内没有显著或剧烈的波动，保持在基本稳定的水平上。物价稳定是世界上绝大多数国家政府宏观经济调控的目标之一，也是中央银行货币政策的首要目标。对物价稳定的理解应把握以下几方面具体内容。

1．物价稳定是指物价总水平的基本稳定，而不是某种商品的价格稳定

物价稳定一方面不是指某种商品的价格稳定，而是指市场中物价总水平保持稳定，另一方面物价稳定也不是说物价总水平绝对地静止不动，物价稳定不等同于冻结物价。因此，货币政策目标不是简单地抑制物价水平地波动，而是保持物价总水平的基本稳定。

2．物价稳定只能是相对的稳定

在市场经济中，绝对的物价稳定不仅事实上难以做到，而且对经济是有害的。适度的物价上涨是能够起到刺激生产、拉动经济的作用。因此，物价稳定的实质是控制通货膨胀，防止物价持续、大幅度上涨。

3．物价稳定是由币值稳定的政策目标演变而来的

在不兑现信用货币制度下，币值稳定与否是以单位货币的购买力来表现的，单位货币购买力又以综合物价指数来表示。因此，物价指数上升，说明单位货币购买力下降，货币贬值；反之，货币升值。物价稳定目标实质上就是币值稳定目标。

既然物价变动的总趋势是上升的，那么中央银行将物价控制在什么范围之内才算实现了物价稳定呢？在不同的国家、不同时期、不同的社会经济条件下，中央银行货币政策的物价稳定目标，不可能有整齐划一的数量标准。尽管在物价波动的容许幅度上不同经济理论相互之间还存在着争议，但从各国货币政策的实际操作来看，中央银行大多都比较保守，一般要求物价上涨率必须控制在 2%～3%之间，也有些发展中国家要求物价上涨率控制在5%以下。

（二）充分就业

所谓充分就业，通常是指凡有劳动能力并自愿参加工作者，都能在较合理的条件下，随时找到适当的工作。非充分就业，则表明存在社会资源特别是劳动力资源的浪费，失业者生活质量会下降，并导致社会不稳定。因此，许多国家都把充分就业作为最重要的宏观经济目标之一。宏观经济学中的充分就业是指所有能够被利用的资源全部得到利用，但是要测定市场中资源的利用程度是非常困难的。因此，充分就业目标也就往往被限定在劳动力资源方面，指任何愿意接受现有工作条件(包括工资水平和福利待遇等)并有工作能力的人都可以找到工作。任何社会都不可能达到100%的就业，因为即使一个国家就业机会与愿意就业人数相等，也会由于工作的转换、职业的挑选等原因使一部分人暂时失业。因此充分就业不是社会劳动力全部就业，而是扣除摩擦性失业、结构性失业、季节性失业、过渡性失业和自愿失业之后的就业水平。

摩擦性失业是短期内劳动力市场上劳动力的供求失衡造成的失业；结构性失业是由于某方面结构失调引发的失业，如由于经济结构调整引起新劳动力需求与劳动力供给矛盾导致的经济结构调整的结构性失业；由于信息不灵或者不同地区之间劳动力流动限制造成的地区间结构性失业等；季节性失业是指由于季节性原因引起的失业；自愿失业是指有工作能力但不愿意接受现有工作条件的失业。货币学派将上述摩擦性失业、结构性失业、季节性失业和自愿失业称为“自然失业”，是市场经济中无法避免的失业。因此充分就业不是追求零失业率，而是一国失业率一般低于某一数值时就表示该国已经达到充分就业了，数值高低取决于各国的具体经济情况，许多国家以3%～4%为界，也有认为必须控制到3%以下才算充分就业的国家。

就业水平受经济发展的规模、速度、结构以及经济周期的不同阶段等众多因素的影响。凯恩斯认为除了自然失业以外，还存在愿意接受现有工作条件但找不到工作的非自愿失业，产生非自愿失业的原因是对劳动力需求不足。很显然，货币政策并不能解决所有失业问题，能够发挥作用的是总需求不足引起的失业，包括周期性的失业，即经济周期变动引起的失业、劳动生产率提高引起的失业特别是在经济衰退、严重的时候，实行扩张性的货币政策，对扩大社会总需求，促进经济发展，降低失业率具有重要意义。

(三) 经济增长

所谓经济增长是一个国家一定时期内所生产的商品和劳务总量的增加。关于经济增长的概念，通常存在两种观点。一种观点认为，经济增长就是指国民生产总值(GDP)的增加，即一国在一定时期内所生产的商品和劳务总量的增加，或是指人均国民生产总值的增加。另一种观点则认为，经济增长就是指一国生产商品和劳务的能力的增加。两种观点各有优缺点。同前一种观点相比，后一种观点更强调增长的动态效率。一个国家只有经济增长了才能提高国民生活水平、提高就业率、提高本国的国际地位、增强中央银行政策调节的经济承受能力。因此，经济增长目标也是中央银行货币政策的重要目标之一。但是作为货币政策目标，在追求经济增长的同时，还必须考虑两点：第一，不能以破坏环境为代价追求经济增长；第二，经济增长应是长期稳定的增长。过度追求短期的高速甚至超高速的经济增长可能导致经济比例的严重失调、经济的剧烈波动。货币政策作为国家干预经济的重要手段，保持国民经济的长期稳定增长是其不可推卸的责任。

世界各国由于发展水平和发展条件的不同，在增长率的选择上往往存在差异，发达国家多把经济年增长率定在4%左右为理想目标，但对于不发达国家和发展中国家，这个目标值显然偏低。大多数发展中国家较发达国家更偏好于高的增长率。但长期以来人们对货币政策能在多大程度上影响经济增长一直存有激烈的争论。影响经济增长的因素很多，如社会劳动力的增加、劳动生产率的提高以及社会积累的增加等。中央银行只能有效地影响社会积累规模，但对于社会劳动力的增加、劳动生产率提高等要素，则影响甚微。一般情况下，中央银行可以通过降低实际利率来促进投资的增加，或者通过执行紧缩的货币政策，来抑制通货膨胀对投资的负面影响。目前较多数人的看法是，中央银行的货币政策只能以其所能控制的货币政策工具，通过创造和维持一个适宜于经济增长的货币金融环境，促进经济增长。

（四）国际收支平衡

所谓国际收支是指一国一定时期内由于政治、经济、文化往来而引起的一国对其他国家或地区的全部货币收支。国际收支平衡就是全部货币收入和货币支出基本平衡。随着经济国际化和金融一体化，国际收支的规模越来越大，在经济中的地位越来越重要，国际收支平衡已经成为中央银行货币政策的目标之一。国际收支平衡目标一般以一年为期。但是有些时候国际收支失衡是由于暂时的突发性事件引起的，例如发生自然灾害或依靠进(出)口的能源价格突然暴涨(跌)，或者由于发展经济的需要，某一年进口的资本品较多，以后一旦形成生产规模就会改善收支等。因此，国际收支目标也可以根据经济运行和增长的需要以及国际收支的结构，以若干年为平衡周期。前者称为静态平衡，后者称为动态平衡。

一个国家国际收支若出现严重失衡，无论是逆差还是顺差都会给该国经济带来不利影响。如果是逆差，还要分析是经常项目逆差还是资本项目逆差，或均为逆差。如果是经常项目逆差，表明商品和劳务的进口超过出口，很可能造成国内有效需求和国内资源利用不足；如果是资本项目逆差，可能是资金外逃，造成国内投资不足。无论哪种逆差都会造成国内货币的贬值和国内经济发展停滞。反之如果是顺差，也同样要分析是经常项目顺差还是资本项目顺差，或均为顺差。如果是经常项目顺差，一般来说会促进国内经济增长和充分就业，但是，也往往容易引起贸易摩擦。如果是资本项目顺差，还要看产生顺差的原因是长期资本，还是短期资本，是直接投资还是间接投资。如果是短期、间接资本，则很可能是国际游资，特别对发展中国家来说，尤其需要迅速采取对策。

货币政策在调节国际收支方面具有重要作用。利率、汇率的变动都会对国际收支产生重要的影响，如提高利率将吸引国际资本的流入，降低资本项目逆差；本币贬值有利于出口增加、进口减少，减少贸易逆差。因此，货币政策就是要通过对货币政策工具的适时运用，来最终实现国际收支的平衡。

上述四大目标是在经济发展的过程中形成，已经得到很多国家的认可，但是四大目标之间也是矛盾重重，如物价稳定与经济增长之间、物价稳定与充分就业之间、物价稳定与国际收支平衡之间等都存在着矛盾。因此，在现实中同时实现四大目标几乎是不可能的。在具体实施中，往往是根据各个时期的侧重点不同来选择目标。

（五）货币政策目标相互之间的关系

从长期来看，上述四个政策目标是统一、相辅相成、相互促进的。经济增长是物价稳定、充分就业、国际收支平衡的物质基础，只有持续、稳定、协调的经济增长，才能有货币市场和商品市场的供求平衡、物价稳定、就业率上升和较强的出口实力。反过来说，只有物价稳定了才能促进经济的增长，而充分就业就意味着充分利用资源，这当然也会促进经济增长；国际收支平衡有利于国内物价稳定，有利于改善经济结构，加速经济增长。综上得出，货币政策的四大目标从长期来看是一致的。然而从短期看，不同目标之间既存在统一性也存在矛盾性，为实现某个目标就可能影响其他目标的实现，因此产生了政策目标的选择问题。

上述诸目标之间的关系表明，为了实现某一目标所采取的货币政策，可能会损害另一些目标，因此各国在具体确定各个时期的主要货币政策目标时，还应根据各自当时的社会经济状况做出最适当的选择与取舍。

三、货币政策中间目标

由于货币政策的最终目标是一个长期起作用的稳定目标，并不是中央银行可直接控制的，而是一个长期、抽象的目标。因此需要准确选择中介指标，来最终实现最终目标。

(一) 选择操作指标和中介指标的标准

1. 相关性

作为操作目标、中介指标的金融指标必须与最终目标之间有密切的、稳定的、统计上的数量关系。只有这样，中央银行才能通过对中介指标的控制和调节，实现最终目标。

2. 可测性

央行要对作为操作指标、中介指标的金融指标能进行迅速和精确的测量。一方面，中央银行能够迅速获取这些指标的准确数据；另一方面，这些指标必须有较明确的定义并便于观察、分析和监测。

3. 可控性

央行要对作为操作指标、中介指标的金融指标必须能及时控制和调节。因为建立操作指标和中介指标的目的是通过对其进行调节达到实现最终目标的目的。因此，操作指标和中介指标必须具有可控性，否则，即使发现偏离政策目标也没有办法对其修正，就失去建立操作指标和中介指标的意义。

4. 抗干扰性

作为操作目标、中介指标的金融指标必须是那些受外来因素和非政策因素干扰程度较低的经济变量。如果影响因素和渠道较多，就难以判别货币政策影响的程度，也就无法掌握政策、力度的适当与否。

(二) 常用的操作指标分析

各国中央银行最常用的操作指标有准备金和基础货币。根据我国经济的发展情况，准备金和基础货币目前是我国现行的货币政策操作指标。

1. 准备金

准备金有很多种，如准备金总额、法定准备金、超额准备金、借人准备金、非借人准备金等。因此，选择哪个准备金指标作为操作指标就成为学术界以及中央银行政策制定者争论的焦点。理论界的争论暂且不管，从各国中央银行的实践来看，作为操作指标最常用的是准备金总额。那么中央银行各种货币政策工具是如何影响到准备金的呢？

(1) 法定准备金率的变化将直接导致准备金数量的变化，影响中介指标。

(2) 再贴现率工具变化通过再贴现贷款数量增减，影响商业银行借入准备金的数量，再影响货币数量。

(3) 中央银行公开市场业务通过债券买卖影响商业银行的非借入准备金数量，然后影响中介指标。

2．基础货币

基础货币又称“强力货币”和“高能货币”，是能够派生出信用货币的货币，它包括商业银行在中央银行的法定准备金和流通中的现金。这两种货币量是中央银行能直接控制的。另外，综合考虑准备金和现金的基础货币比只考虑一种的准备金更适合做操作指标。特别是在金融市场比较落后，现金流通率较高的情况下，基础货币比准备金更为重要。将基础货币作为操作指标的理由有两个方面：第一，对中央银行来说，基础货币更容易控制，因为中央银行通过变动存款准备金率就可以实现对存款准备金的控制，而流通中现金是由中央银行发行的；第二，基础货币的变化在一定程度上反映货币政策目标的变化。例如，当实行扩张性货币政策时候，就要放松银根，增加货币供应，通过乘数作用，整个货币供应量就会成倍的增长，从而达到经济增长的目标；反之，则会达到抑制需求，降低经济增长速度、稳定物价的目标。

（三）常用的中介指标分析

各国中央银行最常用的中介指标有货币利率和货币供应量。在一定条件下，贷款量和汇率亦可作为中介指标。

1．利率

将利率作为中介指标的主要理由有以下几点：

(1) 能够反映货币与信用之间供求状况的现状和变化情况。

(2) 利率水平可以由央行加以控制，中央银行通过变动准备金利率、贴现利率就可以影响整个金融市场的利率水平，因而具有较强的可控性。

(3) 数据易于及时收集和获得。

(4) 作用力大，影响面广。但是在实际的操作工作中，利率容易受到非政策性因素的影响，抗干扰性较弱。一是容易受心理预期、金融市场投机活动等影响从而降低其真实性；二是在经济活动过程中，其高低的变动是外生性的还是内生性的难以区分。比如，为了抑制需求，想通过货币政策工具的操作使市场利率提高到一个预定的水平，可是，经济活动本身却已经把市场利率提高到这个水平。两者方向相同，很难判断这个利率水平是不是货币政策作用的结果。

20 世纪 50 年代和 60 年代，西方各国都以利率作为主要的中介指标，70 年代后改为货币供应量为主，90 年代以来又成为美国等主要国家的首选中介指标。但在利率没有完全市场化的国家，利率主要是作为货币政策工具而不是中介指标。例如在我国因为主要利率都是管制利率，所以利率就无法作为中介指标，只能作为工具使用。

2．货币供应量

货币供应量既是经济内生变量，又是货币政策的外生变量。以货币供应量作为货币政策的中介指标的理由有以下几个方面：

(1) 可测性强，根据货币流动性和货币功能强弱划分的各层次的货币供应量，都可以从中央银行和商业银行及其他金融机构的资产负债表中整理、测算出来。

(2) 与货币政策最终目标的相关性强，货币供应量增加，表示货币政策扩张，反之紧缩。

(3) 抗干扰性强。不易将政策性效果与非政策性效果混淆。

(4) 可控性强。中央银行能控制货币供应量的变动。

但是，以货币供应量作为中介指标，也有其弱点。例如，公众持有现金比例的变化就会对货币供应量发生影响，从而使中央银行难以精确地控制货币供应量。在金融市场比较落后、信用工具较少情况下，现金是主要信用工具，控制住现金的供给也就在很大程度上控制住了货币量的供给。在此情况下，现金应作为中央银行的控制重点。随着金融市场发展，信用工具增加，现金比重下降，仅控制现金并不能有效控制货币供应量，也不能有效实现货币政策目标，控制重点应向范围更广的货币层次转移，但控制难度也随之增加。

3. 其他中介指标

除利率和货币供应量以外，还有一些指标可以充当中介指标，主要有贷款量和汇率。

(1) 贷款量与最终目标具有一定的相关性，数据也比较容易获得，央行还可通过对贷款规模的控制来控制贷款量。但同时也有自身的局限，例如比较发达的金融市场，融资渠道多样，贷款规模与最终目标的相关性就将减弱；另外可控性主要采取的是行政手段，不利于市场机制作用的发挥并且也难以确定正确的贷款规模和结构。

(2) 汇率也是一个可以充当中介指标的指标。特别是在一些实行本币与某国货币挂钩的发展中国家，汇率成为一个主要的中介指标。

四、货币政策的目标选择

1986 年 1 月，国务院发布的《中华人民共和国银行管理暂行条例》中规定，中央银行、专业银行和其他金融机构的金融业务活动，都应当以发展经济、稳定货币、提高社会经济效益为目标。1995 年颁布的《中国人民银行法》中明确规定："货币政策目标是保持货币币值的稳定，并以此促进经济增长。"显然在"稳定"与"增长"之间，有先后之序。在许多场合，尤其是经济发展的非正常时期，两者的矛盾往往显得较为突出。在这样的背景下，针对货币政策目标选择问题，主要存在着以下三大观点。

(一) 单一目标论

单一目标论认为，由于各个宏观经济目标之间存在矛盾性，货币政策只能是单一目标。这种观点又被分成两种完全对立的意见：一种从物价稳定及经济正常运行和发展的基本前提出发，强调物价稳定是货币政策的唯一目标；另一种则认为经济增长才是硬道理，鉴于我国经济正处于向现代商品经济发展的起飞时期，只能用经济增长来作为保证经济起飞的首要目标，而不宜把物价稳定作为宏观经济政策的首要目标。

(二) 双重目标论

双目标论认为，中央银行的货币政策目标不应是单一的，而应当同时兼顾发展经济和物价稳定的要求。经济增长是物价稳定的物质基础，物价稳定是经济增长的前提条件。二者是互相制约和互相影响的，只偏重某一目标对整个国民经济的稳定协调发展是不利的，因而主张要兼顾物价稳定和经济增长。这种观点多年来一直占主流，我国《中华人民共和国中国人民银行法》所宣布的货币政策就属于这种目标选择。

（三）多重目标论

多目标论认为，货币政策作为宏观经济间接调控的主要经济手段之一，目标不应该是单一的和双重的，而应该是多重的，在不同时期以不同的目标作为重点。经济高涨时期，物价稳定应是首选目标；经济紧缩时期，经济增长和充分就业就应成为首选目标；而在国际收支失衡、汇率波动时期保持际收支平衡、汇率稳定和金融稳定则成为该时期货币政策目标。

第三节 货币政策工具

货币政策工具是中央银行为达到货币政策目标而采取的手段。中央银行通过货币政策工具的运作，影响商业银行等金融机构的活动，进而影响货币供应量，最终影响国民经济宏观经济指标。根据货币政策工具的调节职能和效果来划分，货币政策工具可分为一般性货币政策工具、选择性货币政策工具和其他货币政策工具。

一、一般性货币政策工具

所谓一般性货币政策工具是对货币供应量进行调节和控制的政策工具，主要包括法定存款准备金政策、再贴现政策和公开市场业务。一般性货币政策工具的特点是对总量进行调节和控制的政策工具。

（一）法定准备金政策

1．法定准备金政策的涵义

法定准备金政策是中央银行在法律赋予的权利范围内，通过规定或调整商业银行缴存中央银行存款准备金的比率，控制和改变商业银行的信用创造能力，间接控制社会货币供应量的活动。目前在大部分国家，都在法律上规定存款准备金比率，并赋予中央银行调整法定存款准备金比率的权限。因此，法定准备金政策也可以称之为法定存款准备金政策。

商业银行将吸收的存款保留一部分用作支付准备金是由来已久的做法，把这种做法最早写入法律的为 1842 年美国的路易斯安那州《银行法》。而将存款准备金集中于中央银行，则最初始于英国。依法律形式规定商业银行必须向中央银行缴存存款准备金并规定法定准备率，则始于 1913 年美国的联邦储备法。但是存款准备金制度建立并不是作为中央银行货币政策的调节工具而设立，而是为了保持商业银行的清偿力而设立。1935 年，美联储首次获得了改变法定存款准备金率的权力，存款准备金制度才真正成为中央银行货币政策的重要工具。就目前来看，凡是实行中央银行制度的国家，一般都实行法定存款准备金制度。

2．法定准备金政策的作用

(1) 保证商业银行等存款货币机构资金的流动性。存款货币银行为了应付客户的提现需要，都要保持一定的现金准备。但是，保持现金准备对存款货币银行来说是一种负担。因为保持现金准备没有利息收入，还要为此支付保管费用、存款利息和员工的工资等，所以作为以营利为目的的金融机构来说，就会尽量减少现金准备，特别是当存在良好的投资机会的时候更是如此，其结果是常常发生流动性危机，历史上这种例子比比皆是。因此，各国普遍建立了存款准备金制度，强制存款货币银行将准备金存入中央银行，保证存款货币银行资金的流动性和清算能力。

(2) 集中一部分信贷资金。存款准备金缴存中央银行，使中国银行可以集中一部分信贷资金，用以履行中央银行职能，办理银行同业之间的清算，向金融机构提供信用贷款和再贴现贷款，以调剂不同地区和不同银行间短期资金的余缺。

(3) 调节货币供应量。法定存款准备金制度的建立为商业银行等存款货币机构派生存款规定了一个量的界限。法定存款准备金率的调整将直接影响商业银行等存款货币机构创造派生存款能力，从而影响货币乘数。同时，法定存款准备金率的调整还直接影响商业银行等存款货币机构的准备金结构。当提高法定存款准备金率时，商业银行的法定准备金增加，将降低商业银行的存款创造能力；反之亦然。如果法定存款准备金率的调高使法定准备金的增加超过商业银行超额准备金的数量，则将迫使商业银行迅速收回其已贷出款项或投资，其紧缩作用相当明显。因此，法定存款准备金政策为中央银行提供了一个调节货币供给总量，实施货币政策的强有力工具。

3．法定准备金政策的优缺点

法定存款准备金政策作为一种货币政策工具其优点主要有以下几个方面：

(1) 中央银行具有完全的自主权，它是三大货币政策工具中最容易实施的手段。

(2) 法定准备金政策对货币供应量具有极强的影响力，力度大、速度快，效果明显，是中央银行收缩和放松银根的有效工具。

(3) 法定准备金政策对所有存款货币金融机构的影响是均等的。而公开市场操作或再贴现率政策，只对参与市场操作或申请中央银行贷款的银行才发生作用。

但是它作为一种货币政策工具，也有一定的局限性，表现为以下几个方面：

(1) 对经济振动太大。由于整个银行存款规模巨大，法定存款准备金率的轻微变动将带来法定存款准备金量的巨大变动。通过货币乘数的放大作用，将对货币供给总量产生巨大的影响，甚至可能带来经济的强烈振荡。

(2) 法定准备金率的提高，可能使超额准备率较低的银行立即陷入流动性困境。为了减少这种冲击力，中央银行将被迫通过公开市场业务或贴现窗口向急需流动性的银行提供流动性支持，这又违背了央行货币政策的目的。因为法定存款准备金政策对经济的极大冲击力，所以中央银行使用时一般都比较慎重。

（二）再贴现政策

1．再贴现政策的涵义

再贴现政策是指中央银行通过改变再贴现率，影响商业银行等存款货币银行从中央银行获得的再贴现贷款和持有超额准备的成本，达到增加或减少货币供应量、实现货币政策目标的一种政策措施，包括对再贴现率和申请再贴现金融机构资格的调整。

早期的再贴现业务是一种纯粹的信用业务。商业银行通过将其持有的未到期的商业票据在中央银行办理再贴现，获得一定的资金，解决暂时的资金短缺问题。随着中央银行职能的不断完善和调节宏观经济作用的日益加强，再贴现业务逐步演变成调节货币供应量的货币政策工具。

2. 再贴现政策的内容

(1) 再贴现的条件。再贴现的条件是指从中央银行获得再贴现贷款的主体范围。大部分国家规定能够从中央银行获得再贴现贷款的主体是商业银行等存款货币银行。我国规定是在中国人民银行开设存款账户的商业银行、政策性银行及其分支机构，非银行金融机构要获得再贴现必须报请中国人民银行总行批准。

(2) 再贴现的对象。大部分国家中央银行对申请再贴现票据的种类、资格和再贴现贷款的范围都有限制。大部分国家还规定向中央银行申请再贴现的票据必须是以生产和流通过程中的商品为依据、能自行清偿的短期商业票据。例如，中国人民银行根据金融宏观调控和结构调整的需要，不定期公布再贴现优先支持的行业、企业和产品目录。各分行据此选择再贴现票据，安排再贴现资金投向，对有商业汇票基础、业务操作规范的金融机构和跨地区、跨系统的贴现票据优先办理再贴现。

(3) 再贴现的利率。中央银行根据市场资金供求状况和货币政策目标对再贴现利率进行调整。再贴现利率可以高于市场利率，也可以低于市场利率。高于市场利率表示再贴现利率是惩罚利率，中央银行并不鼓励商业银行向中央银行申请贴现贷款。反之则是鼓励利率，优先提供给信用好的金融机构。再贴现利率一般是短期利率，最长不超过 1 年。根据再贴现票据的信用等级，对再贴现实行差别利率。

【知识拓展】

企业怎样申请办理贴现业务

与贴现有关的商业票据，一般包括商业承兑汇票和银行承兑汇票两种。在我国，目前银行承兑汇票发展较好，是银行贴现的主要对象；而商业承兑汇票发展较为滞后，仅在部分试点地区可以办理贴现。

企业申请办理贴现，一般要经过以下六个环节。

第一，购销合同的订立。购货方与销货方进行商品交易时，双方要订立购销合同，明确商品交易关系。真实、合法的商品交易是商业汇票承兑、贴现与再贴现的基础。购销合同是证明这种交易的重要凭证。

第二，银行承兑汇票的预约。银行承兑汇票的预约是指购销双方就签发和使用银行承兑汇票事先所做的合意约定。例如，出票人在出票前需与受票人就银行承兑汇票的金额、到期日、付款地与付款人等达成一致意见。银行承兑汇票的预约成立后，购货方与销货方中的一方即负有依预约签发并交付银行承兑汇票的义务。

第三，银行承兑汇票的签发。银行承兑汇票按购货方与销货方的约定签发，具体可分为两种情况。一种是由付款人签发。当由付款人签发银行承兑汇票时，在汇票签发后，应向付款人的开户银行申请承兑。另一种是由收款人签发。由收款人签发的银行承兑汇票一式四联，并请付款人向其开户银行申请承兑，经付款人开户行承兑后，票据第一联由承兑银行留存，第二、三、四联交付款人。付款人将第四联留存，第二、三联退回收款人。

第四，贴现申请。销货方在收到银行承兑汇票后，该汇票到期前，如有资金需要，且这张银行承兑汇票符合有关贴现的基本条件，经背书后可向商业银行申请贴现。具体应提交以下资料：贴现申请书、贴现凭证、经持票人背书的未到期的银行承兑汇票、银行承兑汇票查询书、反映申请人经营情况和财务情况的报表及其他有关资料。

第五，贴现审查。商业银行收到贴现申请书及有关材料后，具体由信贷部门和会计部门分别对有关事项进行审查。信贷部门主要审查申请贴现的银行承兑汇票、商品交易合同及增值税发票复印件等是否真实、合法；贴现申请书的贴现凭证的填写是否正确无误；贴现资金的投放是否符合有关信贷政策的要求；审查企业的经营状况及资信情况；了解银行承兑汇票付款人的经济效益和信用等级等。会计部门主要审查银行承兑汇票是否符合《中华人民共和国票据法》(以下简称《票据法》)的有关规定；票据要素是否齐全；大小写是否相符；向承兑银行进行查询核实，并要求承兑银行书面电复。

第六，贴现审批。经审查合格的银行承兑汇票，各商业银行按其流动资金贷款的审批程序和审批权限进行贴现审批。经审批后，对获批准的贴现申请书由审批人填写审批意见并签章，再由会计部门具体办理贴现手续。

3．再贴现政策的作用

(1) 中央银行可以通过调整再贴现率，影响商业银行等存款货币金融机构的准备金和资金成本，从而影响他们的贷款量和货币供应量。再贴现率变化将影响商行从央行获得再贴现贷款的成本，进而影响到再贴现贷款。

(2) 再贴现政策具有影响和调整信贷结构的效果。方法有两个，即规定再贴现票据的资格和对再贴现票据实行差别再贴现率。

(3) 再贴现率的升降可产生货币政策变动方向和力度的告示作用，影响公众预期。

(4) 防止金融危机的发生，即发挥最后贷款人的作用。除了作为影响基础货币和货币供给总量的一种工具外，再贴现还具有防止金融恐慌的作用。在发生银行危机的时候，再贴现是向银行系统提供准备金的一种特别有效的方法。通过该渠道，资金可以立刻被送到急需它们的银行手里，再贴现是中央银行作为最后贷款人而发挥作用的主要形式。在 1929—1933 年间的金融危机中，美联储没有很好地利用贴现工具防止恐慌的发生和蔓延，以后它汲取该教训，在 1974 年拯救陷入困境的富兰柯林国民银行和大陆伊利诺斯国民银行中，1987 年防止星期一股市风潮可能引发的金融恐慌方面，美联储利用再贴现工具发挥了重要的作用。

4．再贴现政策的特点

再贴现政策的最大优点是中央银行可以利用它来履行最后贷款人的职责，并在一定程度上体现中央银行的政策意图，既可以调节货币总量，又可以调节信贷结构。因此，再贴现政策成为中央银行最早和最基本的调控手段，而且在大多数情况下也是有效的。但是，随金融市场的发展，特别是非存款货币金融机构的发展，其局限性也越来越明显。

(1) 一般来说，银行之所以愿意从中央银行借款是因为再贴现率与市场利率之间的利差足以弥补所承担的风险和有关费用。如果不能弥补风险和费用，银行就将收回贷款，归还从中央银行的借款。但是，如果银行预期市场利率进一步升高，尽管再贴现率已经降低，银行可能并不愿意马上增加贷款。反之，如果再贴现率已经提高，但银行预期还将提高，就可能并不急于归还从中央银行的借款。也就是说，市场利率与再贴现率之间的利差正好弥补银行承担的风险和有关费用的假设并不是市场经济的常态，而是特例，利差将随市场利率的变化而发生较大的波动，可能使再贴现贷款和货币供应量发生非政策意图的较大波动。

(2) 中央银行处于被动地位，再贴现率的变化与货币供应量的变化之间的关系并不确定。因此，贴现率的调高调低并不一定带来商业银行再贴现借款的相应减增。也就是说再贴现政策效果取决于再贴现率于市场利率之间的相关性，如果金融机构的资金来源有广阔的渠道、对中央银行再贴现贷款依赖程度很低，那么再贴现政策的效果也就有限。

(3) 再贴现率的调节方向缺乏弹性，不能在短期内任意改变，否则将引起市场和金融机构的无所适从。也就是说再贴现率作为市场利率的风向标需要相对稳定性。但是，事实上并不能保证中央银行对宏观经济形势的判断总是正确的。

(三) 公开市场业务

1. 公开市场业务的涵义

公开市场业务是指中央银行在金融市场买进或卖出有价证券，借以改变商业银行等存款货币机构的准备金，进而影响货币供给量和利率，实现货币政策目标的一种政策措施。

2. 公开市场业务的内容

(1) 确定买卖证券的品种和数量、制定操作的计划。

(2) 决定操作方式的长期性和临时性。长期性的目的是保证存款货币机构的流动性，临时性则是为了消除比如季节性的原因突然大量提现货存款增加，造成存款货币机构流动性不足或过剩的波动。

(3) 选取操作机构。中央银行公开市场的操作往往是通过中介商进行的，选取中介商的标准是：资金实力、业务规模和管理能力。

(4) 确定交易方式。交易方式主要有现券交易和回购交易两种。回购交易是指买(卖)方在卖出(买进)证券的同时，与买(卖)方约定在某个时间，按照某个价格，买入(卖出)相同数量的同品种证券的交易。卖出并约定将来买入的交易，称为正回购；买入并约定将来卖出的交易，成为逆回购。

【知识拓展】

公开市场业务交易公告[2017]第227号

人民银行于2017年11月28日以利率招标方式开展了2500亿元逆回购操作。具体情况如下：

逆回购操作情况

期限	中标量	中标利率
7天	1300亿元	2.45%
14天	1100亿元	2.60%
63天	100亿元	2.90%

中国人民银行公开市场业务操作室

二〇一七年十一月二十八日

3. 公开市场业务的作用

(1) 调控存款货币银行准备金和货币供给量。中央银行通过在金融市场买进或卖出有价证券，可直接增加或减少商业银行等存款货币机构的超额储备水平，从而影响存款货币银行的贷款规模和货币供给总量。

(2) 影响利率水平和利率结构。中央银行在公开市场买卖证券，首先，引起证券价格和证券市场利率的变化；其次，引起存款货币机构准备金数量的变化，通过乘数作用导致货币供应变化，也影响市场利率；再次，中央银行通过买卖不同期限的证券，也可以改变市场对不同期限证券的需求，使利率结构发生变化。

(3) 与再贴现政策配合使用，可以提高货币政策效果。当中央银行提高再贴现率时，如果商业银行持有超额储备而不依赖中央银行贷款，紧缩性货币政策就难以奏效。这时，中央银行若以公开市场业务相配合，在公开市场卖出证券，则商业银行的储备必然减少，紧缩政策目标就能够得以实现。

(4) 降低货币流通量的波动幅度。假定其他条件不变，货币供应量决定货币流通量，但是，有时货币供应量的决定是被动的。第一，政府财政的收入和支出在季节上有高峰和低谷，在税收高峰期买入债券，增加市场资金；在财政支出高峰期，卖出债券，回笼资金，可以达到金融市场稳定的目的。第二，政府发行新债时，中央银行不能直接承购新债。但是，仍然可以通过买入旧债，向市场供应资金和压低市场利率，保证新债的顺利发行和降低政府发债的成本。第三，抵消因外汇储备流出入引起的金融市场波动。在外汇储备流出多于流入时，应买入债券，增加货币供应；反之，则卖出债券，回笼货币。

4. 公开市场业务的优缺点

与其他货币政策工具相比，公开市场业务具有以下优点：

(1) 公开市场业务的主动权完全在中央银行，其操作规模大小完全受中央银行自己控制。

(2) 公开市场业务可以灵活精巧地进行，用较小的规模和步骤进行操作，可以较为准确地达到政策目标。

(3) 公开市场业务可以进行经常性、连续性的操作，具有较强的伸缩性，是中央银行进行日常性调节的较为理想的工具。

(4) 公开市场业务具有极强的可逆转性，当中央银行在公开市场业务操作中发现错误时，可立即逆向使用该工具，以纠正其错误。而其他货币政策工具则不能迅速地逆转。

(5) 公开市场业务可迅速地操作。当中央银行决定要改变银行储备和基础货币时，只要向公开市场交易商发出购买或出售的指令，交易便可很快地执行。

当然公开市场业务作为一种货币政策工具，也不可避免地存在以下局限性：

(1) 公开市场操作较为细微，技术性较强，政策意图的告示作用较弱。

(2) 需要以较为发达的有价证券市场为前提。如果市场发育程度不够，交易工具太少等都制约公开市场业务的效果。

二、选择性货币政策工具

选择性货币政策工具，是指中央银行针对某些特殊的经济领域或特殊用途的信贷而采用的信用调节工具。主要有消费者信用控制、证券市场信用控制和不动产信用控制等。

（一）消费者信用控制

消费者信用控制，是指中央银行对消费者的不动产以外的耐用消费品分期购买或贷款的管理措施。目的在于影响消费者对耐用消费品支付能力的需求。

在消费过度膨胀时，可对消费信用采取一些必要的管理措施。例如：首先，规定分期购买耐用消费品首期付款的最低限额，这一方面降低了该类商品信贷的最高贷款额，另一方面限制了那些缺乏现金支付首期付款的消费。其次，规定消费信贷的最长期限，从而提高每期还款金额，限制平均收入水平和目前收入水平较低人群的消费。最后，规定可用消费信贷购买的耐用消费品种类，也就是限制了消费信贷的规模。该类措施在消费膨胀时能够有效地控制消费信用的膨胀，许多国家在严重通货膨胀时期都采用过。相反，在经济衰退、消费萎缩，则应放宽甚至取消这些限制措施，以提高消费者对耐用消费品的购买能力，刺激消费的回升。

（二）证券市场信用控制

证券市场信用控制，是指中央银行对有价证券的交易，规定应支付的保证金限额，目的在于限制用借款购买有价证券的比重。它是对证券市场的贷款量实施控制的一项特殊措施，在美国货币政策史上最早出现，目前仍继续使用。

中央银行规定保证金限额的目的，一方面是为了控制证券市场信贷资金的需求，稳定证券市场价格；另一方面是为了调节信贷供给结构，通过限制大量资金流入证券市场，使较多的资金用于生产和流通领域。我国改革开放以来，证券市场从无到有，发展迅速，但也出现大量信贷资金流入股市、债市和期货市场的不良运行状况。为解决该问题，我国实行了证券业和银行业分业经营的管理体制，采取一系列措施限制信贷资金流入股市，限制证券经纪公司向客户透支炒股等，对于我国金融市场的稳定，抑制金融泡沫，避免金融危机发挥了重要作用。

（三）不动产信用控制

不动产信用控制，是指中央银行对商业银行等金融机构向客户提供不动产抵押贷款的管理措施，主要是规定贷款的最高限额，贷款的最长限期和第一次付现的最低金额等。采取这些措施的目的主要在于限制房地产投机，抑制房地产泡沫。美国在第二次世界大战和朝鲜战争时期，为了确保经济资源的合理利于，特设置 W 规则限制消费信用，设置 X 规则限制不动产信用。

【知识拓展】

分析：中国房贷政策是否以牺牲银行利益为代价

2008 年出台的购房政策或许可以刺激对房地产的需求，却可能让银行付出个贷风险加大、利润空间缩小的代价。

分析师们称，从央行不对称降息及此次按揭贷款调整看，未来出台刺激经济的政策亦有可能不再顾及银行的利益。亦有人担心，目前宏观经济下行风险仍居高不下，中资银行恐怕需进一步牺牲现有利益，以“实际行动”配合政府的宏观政策。

中国在发展市场经济，但银行业的收入在很大程度上仍然由政策决定。刺激经济政策虽然有利银行的贷款增长，但本周公布的房贷政策，至少在中短期内，会打压银行业的利润率。

“虽然新政是鼓励自住购房需求，但将首付比例从原来的三成降到二成，利率又打折，不仅压缩了银行的利润空间，也加大了银行的风险。”一大型国有银行房贷部的人士称。

中国周三公布一系列扶持房市政策，包括将商业性个人住房贷款利率下限扩大为贷款基准利率的 0.7 倍；最低首付款比例调整为 20%；个人住房公积金贷款利率下调 0.27 个百分点；还有从 11 月起，对个人首次购买 90 平方米及以下普通住房的，契税税率暂统一下调到 1%等。

根据上市银行公布数据测算，中国银行业个人住房按揭占贷款总量的 15%～20%。

海通证券金融业高级分析师邱志承指出，新政虽使买房成本和门槛大为下降，对于扩张房地产业的需求有明显的正面作用，但这一政策对于银行是不利的。此政策不仅会影响新发放按揭贷款的利率，存量按揭贷款的利率也会相应下浮；降低首付比例相当于提高了银行贷款的抵押率，增长了银行的风险敞口。

（来源：路透北京 2008 年 10 月 24 日）

（四）优惠利率

优惠利率是指中央银行对国家拟重点发展的某些部门，实行行业和产品规定较低的利率，以鼓励其发展，有利于国民经济产业结构和产品结构的调整和升级换代。优惠利率主要配合国民经济产业政策使用，如对急需发展的基础产业、能源产业、新技术、新材料的生产，出口创汇企业和产品的生产等，制定较低的优惠利率，提供资金方面的支持。

实行优惠利率有两种方式：其一，中央银行对这些需要重点扶持发展的行业，企业和产品规定较低的贷款利率，由商业银行执行。其二，中央银行对这些行业和企业的票据规定较低的再贴利率，引导商业银行的资金投向和投量。优惠利率多为发展中国家所采用，我国在此方面也使用较多。

三、其他货币政策工具

其他货币政策工具是中央银行针对特殊经济领域或特殊用途信贷而采取的信用调节工具。

（一）直接信用控制政策

直接信用控制政策是中央银行从内部结构和数量两方面，根据有关法令对商业银行创造信用业务加以直接干预的总称。比较重要的手段有信用分配、利率最高限额的管制、流动性比率管制和直接干预等。

1．信用分配政策

信用分配政策是指中央银行根据金融市场的供求状况和经济发展的需要，对各个商业银行的信用规模加以分配和限制的措施。在市场经济体制下，中央银行无法对商业银行从金融市场获得资金来源的信用扩张进行干涉，但是可对基于中央银行再贴现贷款的信用创造进行干预，如分配再贴现额度等。英格兰银行最先使用信用分配政策，规定自身每月授信额度，分配给各商业银行。若商业银行需要英格兰银行的再贴现贷款时，在此额度内申请。在计划经济体制下，信用分配成为最主要的信用控制手段。

2．利率管制政策

利率管制政策是指对金融市场上某些金融产品的利率进行管制的政策，是很常用的直接信用管制工具，最常见的是对存贷利率的管制。

3．流动性比率管制政策

流动性比率管制政策是指对流动资产与存款比率的管制。银行为了保持中央银行规定的流动比率，就不得不减少长期贷款、增加流动性资产。同时还必须持有一部分随时可提取的资产，达到中央银行限制信用扩张的目的。但是，一般说来，资产的流动性越大，其收益率就越低。高的流动性比率将减少银行的赢利能力，不利于银行经营。

4．直接干预政策

直接干预政策是中央银行利用其“银行的银行”的身份，直接对银行的信贷业务进行干涉，如规定银行的业务范围、放款的额度等。对业务经营不当的银行拒绝再贴现或实行惩罚性利率。

5．特别准备金政策

特别准备金政策就是中央银行规定银行在进行贷款时必须提留坏账特别准备金。例如我国在 1996 年开始要求国有商业银行提留新增贷款的 1%作为坏账准备金。

（二）间接信用控制政策

间接信用控制往往不具有强制性，因此发挥作用需要具备三个条件：中央银行在该国金融体系中有较高的威望和地位；该国的道德水准和遵纪守法的意识较强；中央银行拥有控制信用的足够的法律权力和手段。我国在经济转轨过程中，宏观调控方式逐步从以直接控制手段为主向以间接调控手段为主转变，其中道义劝告和窗口指导具有重要作用。

1．道义劝告

所谓道义劝告是指中央银行利用其在金融体系中的特殊地位和威望，通过对银行以及其他金融机构的劝告、交流等，影响其贷款的数量和投资的方向，使银行和其他金融机构自动采取相应措施，更好地贯彻中央银行政策，达到控制和调节信用的目的。道义劝告既能影响信用总量，又有助于调整信用的构成。

2．窗口指导

窗口指导是指中央银行根据产业行情、物价趋势和金融市场动向、货币政策的要求等，规定银行的贷款重点投向和贷款变动数量等。这些规定虽然没有法律强制力，但其作用有时也很大。窗口指导曾一度是日本银行货币政策的主要工具。我国在取消贷款规模控制以后，更加注重窗口指导作用，在1998年颁发了产业投资指导政策，以指导商业银行的贷款方向；此外，还定期(按年或季)对国有商业银行下达贷款增量的指导性计划，引导其贷款规模控制。

四、货币政策工具的运行环境

随着我国社会主义市场经济体制的逐渐建立，一般性货币政策工具已经成为中国人民银行调控货币供应量的主要工具，但是由于我国尚处于转轨阶段，金融体制中还存在很多管制，金融市场的成熟程度还不够，因此，一般性货币政策工具的作用受到很多限制，能够发挥的作用和对经济的影响都是有限的。

(一) 货币政策工具的使用受制于金融管理体制

货币政策工具发挥作用很重要的条件之一是金融市场的发展，因为货币政策发挥作用的基础是市场机制成为金融市场资源配置的主导机制。但是，我国金融体制中存在的管制阻碍了市场机制发挥作用。

(二) 货币政策工具运行受制于金融市场发展滞后

货币政策工具发挥作用很重要的条件之一是金融市场的发展，除了市场机制成为金融市场资源配置的主导机制以外，金融市场的规模、层次和有关规章制度也是必不可少的条件。例如，我国企业之间主要采用转账结算方式，相互提供商业信用并不普遍，商业票据的种类规模有限，票据市场不发达，中国人民银行事实上也难以通过再贴现政策调控货币供应量。

(三) 国际游资对货币政策工具的影响

国际游资，学术名称叫短期资本，俗话称为“热钱”，一般指一年内可以转换成现金的资本，主要包括现金、银行活期和短期存款、短期政府债券、商业票据、各种金融衍生品和共同基金。游资的特点是流动性、投机性强。

国际游资的流动将影响流入国货币政策的自主性，并使货币政策的有效性受到削弱。

目前，我国人民币汇率决定的市场机制尚未形成。在这种状况下，只能依靠利率的调节控制国际游资资金流入，但只有最终由资金供求决定的利率水平才能有效地控制投机性游资资金的持续流入。所以应该逐步建立有效的货币市场，发挥中央银行公开业务的调控职能，在投机性短期资本流动引起外汇市场变动时，调节货币市场利率，达到影响利率水平、控制套利资本获利空间、避免短期内资金频繁进出的目的。即使由于汇率变动或其他原因而造成国际游资的流动与货币政策目标同向，但是由于国际游资的流动一方面会缩短货币政策的时滞，另一方面可能会使货币政策的效果超过制定政策时的预期目标效果，从而造成经济过热或萧条，这时国际游资仍会降低货币政策工具的有效性和可靠性。

由于现阶段我国金融体制以及金融市场成熟程度的上述特点，一般性货币政策的作用受到限制，因此，应给予选择性货币政策发挥作用的舞台，例如利率管制、信用分配、禁止证券市场的信用交易等成为很重要的政策工具。

第四节　货币政策操作

所谓中央银行货币政策操作，是指中央银行为实施货币政策所采取的各种措施、手段和方法。中央银行通过运用货币政策工具调控中介指标来实现最终目标。

一、货币政策的制定与实施程序

（一）货币政策的制定

由于货币政策对国民经济活动的重要影响，货币政策的制定必须是具有较高权威性的机构来进行，其决策做出后才能得到坚决有效的贯彻实施。大多数国家的货币政策是由中央银行直接制定的，但在制定货币政策前应密切关注经济现状和运行情况等。

货币政策的决策权在不同的国家有不同的配置。

1．在中央银行具有高度独立性的国家

货币政策的决策权集中在中央银行的最高管理层，如美国的货币政策决策权集中在美联储理事会。在三大货币政策工具中，存款准备金率、再贴现率和再贴现窗口借款原则均由美联储理事会决定；公开市场操作则由美联储公开市场委员会决策。由于后者 12 名成员中 7 名成员来自于美联储理事会，美国货币政策决策权实际控制在美联储理事会，即其中央银行的最高管理机构手中。

2．在中央银行独立性较弱的国家

货币政策的决策权由中央政府和中央银行最高管理层分担。重大货币政策变动的决策权集中在中央政府，货币政策实施中的部分调整决策权由中央银行承担。

（二）货币政策制定机构

货币政策的制定是由决策机构按照一定的程序制定的。英格兰银行的中央银行研究中心曾经作过一项调查，发现在调查的 88 个国家和地区的中央银行中，有 79 个中央银行是由货币政策委员会或类似的机构来制定货币政策。比较有代表性的是美联储公开市场委员会、欧洲中央银行管理委员会、英格兰银行货币政策委员会和日本银行政策委员会等。《中华人民共和国中国人民银行法》规定："中国人民银行在国务院领导下，制定和实施货币政策"，"中国人民银行根据年度货币供应量、利率、汇率和国务院规定的其他主要事项做出决定，报国务院批准后执行。"可见，我国货币政策的最终决策权在国务院。就中国人民银行自身决策来说，从 1984 年中国人民银行开始专门行使中央银行职能到 1995 年《中国人民银行法》颁布前，决策机构是中国人民银行理事会。《中国人民银行法》颁布以后，按照法律规定，中国人民银行实行行长负责制。由此，中国人民银行不再设立理事会，由中国人民银行的行长行使最高决策权。同时，为有助于货币政策的正确制定，国务院根据《中国人民银行法》设立了中国人民银行货币政策委员会，作为中国人民银行制定货币政策的咨询议事机构。其职责是，在综合分析宏观经济形势的基础上，依据国家宏观调控目标，讨论货币政策的制定和调整、一定时期内的货币政策控制目标、货币政策工具的运用、有关货币政策的重要措施、货币政策与其他宏观经济政策的协调等涉及货币政策等重大事项，并提出建议。

(三) 货币政策实施程序

科学的决策程序是正确实施的保障。国家每一项货币政策的决策都需要遵循一定的程序。下面以中国人民银行货币政策委员会决策程序为例加以说明。

作为中国人民银行制定货币政策的咨询议事机构，中国人民银行货币政策委员会实行例会制度，在每季度的第一个月份中旬召开例会。货币政策委员会主席或者 1/3 以上委员联名，可以提议召开临时会议。货币政策委员会秘书处应当在货币政策委员会例会召开的 10 日前，将会议议题及有关资料送达全部委员；在会议召开时，向全部委员提供最新统计数据及有关技术分析资料。货币政策委员会会议有 2/3 以上委员出席，方可举行。货币政策委员会会议由主席主持，主席因故不能履行职务时，由副主席代为主持。货币政策委员会会议应当以会议纪要的形式记录各种意见。货币政策委员会委员提出的货币政策议案，经出席会议的 2/3 以上委员表决通过，形成货币政策委员会建议书。

中国人民银行报请国务院批准有关年度货币供应量、利率、汇率或者其他货币政策重要事项的决定方案时，应当将货币政策委员会建议书或者会议纪要作为附件，一并报送。中国人民银行报送国务院备案的有关货币政策其他事项的决定，应当将货币政策委员建议书或者会议纪要，一并备案。中国人民银行根据各省、市银监会分支机构具体实施货币政策。各行的分行根据央行的货币政策执行意见及情况传达到治辖区政府、银监会、商业银行及重要产业部门，使之了解货币政策情况，从而有目的地调节信贷投向和发展。

二、货币政策操作程序

中央银行是"银行的银行"，是监管一国金融机构与市场的最高权力机构。中央银行通过运用货币政策工具来进行实现货币政策的最终目标。

中央银行实施货币政策的具体方式常常被称为货币当局的操作程序。就美国的中央银行——联邦储备银行(简称"联储")来说，联邦基金利率是联储用来实施货币政策的关键利率。根据联储的政策目标和对经济的估测，由联邦公开市场委员会为基金利率设立目标。联邦公开市场委员会(FOMC)是联储负责货币政策制定的委员会，一旦该委员会设定其政策目标，就由纽约联邦储备银行执行其操作，因为该行最接近纽约市的巨大资本市场。

中央银行通常采用三种主要的政策工具来达到自己的调控目的，这三种政策工具分别是法定准备金率、贴现率和公开市场活动。例如公开市场业务的操作，公开市场活动所引起的银行准备金变动在经济中会引起连锁反应。首先，它对货币量具有乘数效应；其次，它改变了利率；再次，它改变了总支出和实际 GDP。在美国，联储通过公开市场业务改变非借入准备金(即准备金总额与借入的准备金之差)的存量，公开市场业务是美联储用来影响经济的最重要工具。

如经济过热时，中央银行担心出现严重的通货膨胀，决定采取减少总需求和支出的行动。为了达到这一目标，中央银行就会提高利率并限制贷款和对商品与服务的支出。中央银行在公开市场上出售有价证券，并使银行减少自己的贷款。银行不断减少自己的贷款，货币供给也随着减少。事实上，并不存在着完美的货币政策效应，比如说扩张性的货币政策会导致一定的通货膨胀，而紧缩性的货币政策则会导致一定的失业。因此，我们所看到的实际政策效应往往是多重目标趋向一般均衡和妥协的结果。

中国人民银行是我国货币政策的主要制定者和执行者，但是其政策独立性和决策能力仍有待于进一步提高。近年来，货币政策委员会从无到有，从影响力很弱到具有一定的业内影响力，也历经了艰难的跋涉和重构。而人们对中国未来的货币政策也有了更高的期待和信心。

三、货币政策的具体执行

在现代市场经济体制中，国家调控宏观经济主要依靠货币政策和财政政策，中央银行作为货币政策的制定者和执行者，成为国家最重要的宏观调控部门之一。同时，国家对宏观经济的调节，越来越依靠经济手段，只在必要时才采用行政手段，而中央银行通过货币政策对宏观经济的调节基本上是属于经济手段。在不同国家、不同经济发展状况下，货币政策的具体执行也有所不同。中国从 2001 至 2009 年货币政策的具体执行都有所不同。

本章小结

(1) 货币政策的目标有一个逐步形成的过程。货币政策目标体系括最终目标、中介指标和操作目标三个层次。货币政策的最终目标一般包括物价稳定、充分就业，经济增长和国际收支平衡。在短期内，除了充分就业与经济增长目标之间具有一致性外，其他目标之间通常是相互冲突的，并且，从各国家的实践来看，不同国家、不同时期的货币政策目标倾向分别有所侧重。结合实际，谈谈你认为中国目前货币政策目标应侧重谁。

(2) 货币政策的中介指标和操作目标具有可测性、可控性、抗干扰性以及与最终目标的相关性。

(3) 货币政策工具是一个有机整体，通常包括法定存款准备金、再贴现和公开市场业务，以及各种选择性货币政策工具和其他货币政策工具。不同的金融货币体制所侧重的货币政策工具不同。结合实际，谈谈中国目前应着重采用哪种货币政策工具。

(4) 货币政策操作是中央银行为实施货币政策所采取的各种措施、手段和方法。根据不同国家的经济发展情况、金融体制来具体执行货币政策。

知识网络图

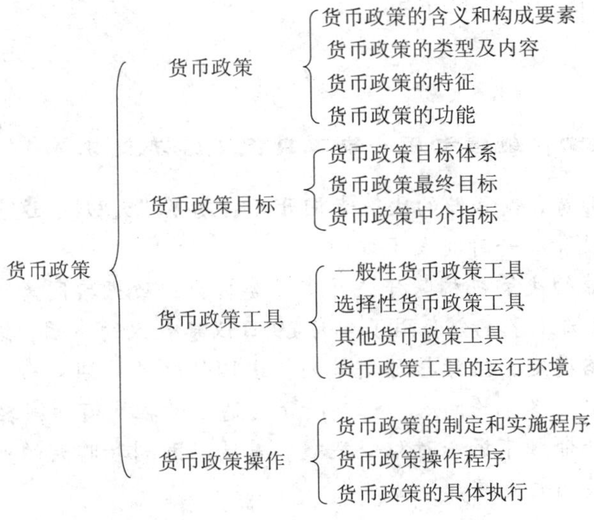

本章练习

一、思考题

(1) 货币政策对经济的影响？

(2) 货币政策最终目标及其相互间的关系如何？

(3) 结合当前实际，谈谈现阶段我国货币政策目标的选择。

(4) 请比较中央银行以一般性货币政策工具各自的优缺点及适用条件。

二、典型案例分析

【案例 1】

2017 年第一季度中国货币政策大事记

1 月 13 日，中国人民银行印发《关于全口径跨境融资宏观审慎管理有关事宜的通知》(银发〔2017〕9 号)，进一步完善了本外币一体化的全口径跨境融资宏观审慎管理框架。

1 月，为保障春节前由现金投放形成的集中性需求，中国人民银行陆续通过临时流动性便利(TLF)操作为现金投放量较大的几家大型商业银行提供了临时流动性支持。

1 月 23 日，中国人民银行向全国人大财经委员会汇报 2016 年货币政策执行情况。

1 月 23 日，中国人民银行、银监会、证监会、保监会、扶贫办五部门联合印发《关于开展金融精准扶贫政策效果评估的通知》(银发〔2017〕19 号)，切实发挥评估工作对进一步改进精准扶贫金融服务的积极作用。

2 月 17 日，发布《2016 年第四季度中国货币政策执行报告》。

2 月 27 日，中国人民银行按照定向降准相关制度，对参与定向降准金融机构 2016 年度支持“三农”和小微企业领域情况进行考核.

请分析：

中国 2017 年第一季度货币政策的特点。

【案例 2】

美联储：继续动用一切工具促进经济复苏

面对错综复杂的经济形势，美联储的决策者们开始打起了“太极”，这也让原本对这次年中议息会议期待颇高的投资人一时间没了方向。

经过两天会议，美联储的决策机构联邦公开市场委员会一致投票同意，维持利率在 0 至 0.25%不变。在会后，联储几乎完全套用了 4 月 29 日议息会议的声明，继续动用“一切工具”促进经济复苏和价格稳定，继续按原定计划推进国债收购计划。当局并未像部分人预期的那样公开提到“退出策略”的问题，但却暗示对通缩的担忧有所减轻。

上述模棱两可的声明让金融市场一时难以捉摸。美国、欧洲和昨天的亚太股市呈现个别发展态势，而美元则连续两天走高。

海外股市涨跌互现

相比 4 月 29 日的上次议息会议，本周美联储的例会在股市引起的反响要平静许多。周三收盘，美国三大股指涨跌互现，其中，道指微跌 0.3%，标普 500 指数上涨 0.7%。

而在昨天，亚太股市则普遍走强。其中，东京股市大涨 2.2%，中国香港股市跳升 2.1%，澳大利亚股市涨 1.0%，新加坡股市也收高 1.0%。除了印度和越南等极少数市场外，地区股市几乎全线收高，且涨幅大多超过 1%。在欧洲，昨天中盘，欧洲斯托克 600 指数大跌 1.5%。

分析人士认为，美联储在会后声明中基本重申了前一次会议的立场，而没有体现出太多的政策调整，不管是偏紧还是偏松，这反倒让市场有些无所适从。

与 4 月份的声明不同，美联储在最新声明中没有提到通胀“过低”的风险，但对于加息，当局也没有提及。CBOT 联邦基金利率期货的最新走势显示，市场预计美联储在今年年内加息的概率仍有 33%，本月初，该数字一度高达 75%。不过，多数专业人士仍认为年内加息的可能性不大。

就进一步放松政策的角度来看，美联储只是重申要在秋季前收购 3000 亿美元的国债，但当局没有说会继续加大收购力度。

境外私募基金天空财富投资的经理人赵路苗认为，美联储的声明让人看不出明显的趋势变化，所以市场有些失去方向。美联银行的经济学家席尔维亚表示，美联储希望明确表明，他们尚无任何加息的准备。同时又重申将动用一切途径确保经济增长，所以总体上当局是维持现行路线不变。

美元迎来朦胧利好

不过，美元似乎从联储会议中获得了支撑。过去两天，美元指数连续走高，进一步巩固 80 的重要关口。截至北京时间昨日 20 时 33 分，美元指数报 80.48，上涨 0.3%，前一天，该指数涨了 0.6%。

Forex.com 的首席汇市策略师多兰认为，美元之所以获得支撑，是因为联储没有提及任何有关加大量化宽松政策力度的意思，所以消除了对美元的不利因素。还有人认为，美联储对经济的评估没有预期的那么乐观，这可能诱发了避险意识升温，对美元有利。

ZEPHYR 管理公司的董事总经理吉姆表示，如果说这次会议有任何负面消息的话，那就是美联储似乎比市场更悲观一些。在会后声明中，联储表示，尽管经济似乎出现了温和的改善迹象，但决策者依然坚持认为“经济活动很可能在一段时间内维持疲软”。

分析师表示，美元走强部分原因还在于欧洲央行周三推出的大规模注资行动，后者对欧元形成压力。当日欧洲央行意外宣布，在今年的首次一年期再融资操作中，向区内银行拍卖高达 4422 亿欧元(6218 亿美元)的资金，为有史以来向银行体系注资规模最大的一次。

下月将出重量级报告

对于会前备受关注的“退出策略”问题，美联储在声明中没有任何涉及，尽管不排除在会议中谈到了这方面的话题。随着经济出现触底迹象，同时长期国债收益率持续攀升，不少人都警告说，货币当局在适当时候开始考虑逆转当前的超宽松政策。

在周三的联储会议后，美国国债收益率上升的势头并未缓解。昨天，美国国债连续第二天下跌，10 年期国债收益率则升至 3.71%附近。

摩根士丹利经济学家格林劳认为，联储在声明中没有提到“退出策略”并不出人意料。该行认为，尽管美联储需要在退出策略的信息传递方面仔细推敲，但任何文字上的表态都更适合在下月的半年度货币政策报告中体现。

研究机构高频经济的经济学家谢泼德森表示，美联储可能在会上讨论了退出策略的话题，但在会后声明中却只字未提。因为现在提似乎还太早。

由于本周的政策声明传递出的政策调整信息有限，市场都把关注重点放在了即将在 7 月 21 日公布的半年度货币政策报告上。届时，伯南克将向国会提交这份报告。

请分析：

美联储如何运用什么货币政策促进经济复苏？

第十二章　国际金融

【知识目标】

1．掌握国际收支的含义和国际收支平衡表的内容

2．了解国际收支平衡表失衡的原因，并能运用国际收支理论分析各国国际收支状况

3．掌握外汇、汇率的概念，理解汇率的决定基础及变动因素

4．掌握国际储备的含义、目地及特征、包含形式及来源，理解国际储备与国际清偿力的区别

5．理解国际货币体系的含义及主要内容，了解布雷顿森林体系和牙买加体系的主要内容，以及不同类型国际金融组织的宗旨

【能力目标】

1．掌握国际资本流动的含义及种类，理解国际资本流动对经济的影响

2．能运用所学知识分析现实生活中的汇率，并灵活运用套算汇率的计算法则

案例导入

中美贸易摩擦

随着中国国际收支经常项目持续顺差，中国与贸易伙伴国的贸易纠纷日益增多，其中与美国的贸易纠纷尤为严重。美方将其对中国的贸易逆差归结为人民币汇率制度，美国参议员舒默(Charles Schumer)和格雷厄姆(Lindesy Granham)为此提出了一项议案，即“舒默—格雷厄姆修正案”。他们措辞非常严厉地说“如果中国不在 6 个月内让人民币自由浮动，就对中国进口的所有商品征收 27.5%的关税”，并将这一提案的表决日期定为 2006 年 9 月 29 日。

根据美国政府公布的数据，2006 年 1 月份，美国对华贸易逆差从 163 亿美元攀升到 179 亿美元。但是对于中美贸易逆差，中国方面有不同看法。第一，中美对贸易统计的方法不同，所得出的数据并不一致，中国以生产所在地的统计方法，把外资在华企业和来料加工的出口也计算为中国的出口额，而放大了贸易逆差数据。而美国的传统贸易统计框架将美国的贸易逆差拔高了 1/4。第二，一方面美国政府限制高技术产品对中国的出口；另外一方面由于中国经济增长强劲，产品市场竞争力越来越强，受到美国消费者的欢迎，使美对华

贸易逆差长期不能逆转；第三，中国市场利润大，大量美国公司在华投资、在华生产，再把产品卖回国内，这也是美对华贸易逆差的原因之一。

2005年，中美贸易总额2850亿美元，比24年前的1981年增加50倍，美国在华出口2005年增长了22%，按照美国公布的数字，美国企业在中国获得30亿美元的净收益。同时，对中国而言，美国也是最重要的贸易伙伴国，依托对美出口，中国获得了外汇收入并使经济发展。所以，贸易摩擦不仅损害中国利益也损害美国利益，贸易摩擦不但破坏中美关系，还会使美方推出对华贸易保护政策。一旦出现贸易战，将对两国经济产生很大负面影响，也对世界经济产生消极影响。

请分析：

我国是如何计算中美贸易顺差数据的吗？

第一节 国际收支

在开放经济条件下，国际收支较为全面地反映一国与他国之间经济交往和国际金融活动，是一国国民经济的一个重要组成部分。国际收支的平衡与否不仅会对一国货币汇率以及对外经济关系与政策产生直接影响，还与国内经济政策的制定和调整密切相关。

一、国际收支的含义

国际收支的概念产生于17世纪，随着经济的发展，它经历了一个由狭义向广义演变的过程。早在17世纪初，国际收支被理解为一个国家对外贸易收支，即一国一定时期进口与出口的对比，且仅限于立即结清的现金收支。第一次世界大战后，国际收支的涵义有所改变，指一个国家在一定时期内的外汇收支，包括贸易与非贸易收支。第二次世界大战后，国际收支的内容进一步扩大，不仅包括贸易收支与非贸易收支，还包括资本输出等收入情况，由此形成了广义国际收支概念。

目前世界各国普遍采用的是广义的国际收支的概念，即一个国家在一定时期内(通常是一年)对外全部经济、政治、文化教育、科技往来所产生的经济交易的系统记录。对此可以从以下三个方面加以理解：第一，国际收支是一个流量的概念，它与一定的报告期相对应；第二，国际收支中记录的经济交易必须是在本国居民与非居民之间发生的；第三，经济交易是指经济价值从一个经济实体向另一个经济实体的转移。

此外国际货币基金组织为了统一国际收支的国际收支内容便于统一计算，对国际收支做了如下定义："国际收支是以统计报表方式，系统总结特定时期内一国的经济主体与他国的经济主体之间的各项经济交易"，包括：(1) 商品、劳务和收益的交易行为；(2) 该国所持有的货币性黄金、特别提款权的变化，以及与他国债权债务关系的变化；(3) 无偿的单方面转移项目。

二、国际收支平衡表

一个国家的国际收支情况，集中反映在该国的国际收支平衡表上。国际收支平衡表是系统记录一个国家在一定时期内各种国际收支项目及其金额的统计表。

国际收支是按照复式簿记原则编制的。它把全部对外经济活动划分为借方、贷方和差额三栏，分别反映一定时期内各项对外经济活动的发生额。一切收入项目或负债项目的增加、资产的减少计入贷方；一切支出项目或资产的增加、负债的减少计入借方。因此，原则上国际收支平衡表全部项目的借方总额与贷方总额是相等的，其净差额为零，故称国际收支平衡表。

根据国际货币基金组织《国际收支手册》(第五版)规定，国际收支平衡表由经常项目、资本和金融项目、净误差与遗漏项目构成。

(一) 经常项目

经常项目是对外经常发生的，并在整个国际收支总额中占重要份额的收支项目，是国际收支平衡表中最基本、最主要的项目，主要反映一国与其他国家在货物进出口、服务提供与引进、经常转移等涉外经济活动中所形成的实际资源的转移情况。它又可分为货物、服务、收益以及经常转移 4 个子项目。

(1) 货物，即商品贸易或有形贸易，主要指一般商品的进口与出口，除此以外还包括用于加工的货物、货物修理、非货币性黄金(即不用做储备资产的黄金)等的进出口。一般按照离岸价格(FOB)计算，出口记入贷方，进口记入借方。

(2) 服务，即劳务贸易或无形贸易，指由提供或接受劳务服务以及无形资产的使用所引起的收支，其具体内容主要包括运输、旅游、通信、建筑、保险、金融、计算机和信息等服务、专利权和特许使用费，以及其他商业服务所引起的收支活动，输出记入贷方，输入记入借方。

(3) 收益，即生产要素国际流动引起的要素报酬收支，包括非居民职工的报酬、投资收益等，如非居民工作人员的工资、薪金、福利；跨国投资所获股息、利息、红利、利润等。属本国的收入记入贷方，属本国的支出记入借方。

(4) 经常转移，又称无偿转移或单方面转移。内容包括政府转移和私人转移。如无偿捐助、战争赔款、侨汇、捐赠等。从国外转移至本国的资金记入贷方，从本国转移出国外的资金则记入借方。

(二) 资本与金融项目

资本与金融项目是主要反映金融资产在一个国家与其他国家之间转移情况的项目，分为资本项目和金融项目两个子项目。

(1) 资本项目，包括资本转移，如债务减免、移民转移等内容。

(2) 金融项目，是反映一国对外资产和负债的所有权变动的所有交易状况的项目，它又细分为直接投资、证券投资、其他投资和储备资产四项。

① 直接投资，反映跨国投资者永久性权益，即拥有控股权或经营权的投资，包括股本资本、用于再投资的收益和其他资本。

② 证券投资，即跨国投资者股本证券和债务证券两类投资形式。其中，股本证券是包括以股票为主要形式的证券。债务证券是包括中长期债券和一年期(含一年)以下的短期债券或货币市场有价证券，如短期国库券、商业票据、短期可转让大额存单等。

③ 其他投资，除直接投资和证券投资以外拥有的所有金融交易，分为贸易信贷、贷款、

货币和存款及其他资产负债四类形式。

④ 储备资产，是指一国政府拥有的对外资产。包括外汇、货币黄金、特别提款权、在基金组织的储备头寸四类：一是外汇，是指一国中央银行所持有的可用作国际清偿的流动性资产和债权；二是货币黄金，指一国中央银行作为储备持有黄金；三是特别提款权是国际货币基金组织对会员国根据其份额分配的可用以归还国际货币基金组织和会员国政府之间偿付国际收支赤字的一张账面资产；四是在基金组织的储备头寸，指在国际货币基金组织普通项目中会员国可自由提取使用的资产。

（三）净误差与遗漏

净误差与遗漏是轧平国际收支平衡表借贷方总额而设立的项目。按照复式记账原则，国际收支借方总额应与贷方总额相等，差额为零。但实际上由于国际收支活动的资料来源比较复杂，数据经常会有偏离或不一致；而且在统计工作中，常有可能发生统计误差；加之，还有一些人为因素，使得国际收支借贷方总额不能够自动达到平衡，因此出于会计记账借贷必须平衡的需要，人为地设置了错误与遗漏这一科目进行调整。当国际收支平衡表的各项数字因统计错误而导致总额不平衡时，就将其差额列入此项目。从账面上使国际收支借方总额与贷方总额相等，差额为零。

三、国际收支失衡的调节

（一）国际收支失衡的表现

国际收支平衡表是按照复式记账原理编制的，因此从账面上看，它永远平衡。但实际上，一国的国际收支总是不平衡，存在逆差或顺差，问题是如何看待国际收支差额。反映在国际收支平衡表中的各项经济交易按其性质不同，可分为自主性交易和调节性交易两类。前者是个人、公司或官方机构等基于某种经济目的以政治等方面的考虑而自动进行的交易，如商品的进出口、投资、赠与、援助等；后者则是为了弥补国际收支中自主性交易造成差额而被动进行的交易，如国际资金融通、动用黄金和外汇储备等。由于自主性交易具有自发性，因此，通常产生差额，不是顺差就是逆差，收支不可能相抵。所以自主性交易是否平衡是判断一国国际收支是否平衡的标准，如自主性交易正好收支相抵或基本相抵，则说明这个国家的国际收支是平衡的；相反，自主性交易不能相抵，出现差额，就被认为是国际收支不平衡。自主性交易的失衡，必然引发调节性交易。因此，当一国自主性交易出现明显的、较大数额的不平衡，就需要分析其原因，并采取相应措施加以调节。

（二）国际收支失衡的原因

国际收支平衡是相对的、偶然的，而收支不平衡是绝对的、经常的。导致国际收支失衡的原因是多种多样的，主要有以下几个方面。

1．周期性因素

任何国家的经济都存在着波动周期，这个经济周期分为繁荣、衰退、萧条和复苏四个阶段，在一定的时期内，周而复始，反复循环。在不同阶段，国际收支可能出现不同的失衡情况，当一国经济处于繁荣或复苏阶段，由于国内投资和消费需求过旺，进口增长超过出口增长，可能出现逆差；当一国经济处于萧条或衰退阶段，由于国内需求萎缩，进口需求迅速消退，可能出现顺差。而且，由于国际间交往日益紧密，发达工业国家的经济状况往往影响其他国家，致使各国的国际收支发生不平衡。

2. 结构性因素

各国由于历史、自然地理及政府引导等多种原因，经济产业结构差别很大，生产力发展水平各异。一些发展中国家曾长期受到殖民统治，其经济结构单一，甚至仅以某一两种初级产品作为其出口换汇的唯一或主要的手段。一旦国际市场对这些发展中国家赖以换汇的初级产品需求减少或价格下跌，这些国家的国际收支就会出现重大困难。另外，一些发展中国家的经济和产业结构变动的滞后和困难也会引起国际收支失衡。例如，一国的国际贸易在一定的生产条件和消费需求下本来是均衡的，当国际市场发生变化，新产品不断地淘汰陈旧产品，这些新的替代品性能更优，价格更低，如果该国不能及时根据国际形势调整自己的生产结构，那么，原有的贸易平衡就会被破坏，逆差就会出现。一般来说，这种由于产业结构和经济增长等因素造成的国际收支失衡具有长期持久、不易消除的特点。

3. 货币性因素

在一定汇率下，由于国内货币供应增加、一般物价水平上升引起国际收支的失衡。例如，某个国家内部发生通货膨胀，物价大幅度上涨，出口商品的成本提高，价格上涨，这种商品的输出必然受影响，而进口商品价格相对便宜，输入受到鼓励，引起国际收支逆差。一国国内的物价水平上升的原因一般被认为是货币供应量的过分增加，因此，这种国际收支的失衡被认为是货币性的。

4. 收入性因素

在一国经济迅速发展中，居民收入也会相应迅速增加，从而提出更高的消费要求，除了要求进口商品迅速扩大外，还增加了原来较低的收入水平时所没有或较少的其他消费需求，如旅游和进口奢侈品等。这种国民收入相对快速增长会导致进口需求的增长超过出口需求的增长，引起国际收支失衡，如20世纪80年代的韩国，经济迅速发展，人均GDP从1980年的1530美元猛增至1989年的5400美元，经济实力有了较大的增强，但是国际收支却由顺差转为逆差，1989年还有8亿美元的顺差，1990年逆差为50亿美元，1991年逆差更增至100亿美元，主要原因是居民海外旅游支出迅速增加，使无形贸易逆差严重。

5. 偶然性因素

偶然性因素如政治、经济事变、严重自然灾害等，会影响一段时期内的国际收支平衡。

【知识拓展】

国际收支的变化

2016年是汇改后的第一个完全年，也是人民币汇率延续贬值压力下的第一个整年，分析这一整年的国际收支新变化，将对我们理解贬值预期对我国国际收支的影响拥有重要意义。

国家外汇管理局于2017年2月8日公布了我国2016年四季度及全年的国际收支平衡表(其中四季度为初步数)。自2015年以来，我国国际收支已由过去的“时常项与金融项双顺差”格局过渡到了“时常项顺差、金融项逆差”的“一顺一”逆格局。在 2015 年“811 汇改”后，人民币前后阅历了四次贬值，累计幅度超过 10%，其中，在 2016 年贬值幅度达 6.6%。因而，2016 年是汇改后的第一个完全年，也是人民币汇率延续贬值压力下的第一个整年，分析这一整年的国际收支新变化，将对我们理解贬值预期对我国国际收支的影响拥有重要意义。

(三) 国际收支失衡的调节方式

国际收支失衡的调节方式主要有以下几种：

(1) 实行直接管制政策。直接管制包括外汇管制和贸易管制。外汇管制主要是对外汇买卖直接进行管制来控制外汇的供求，影响商品劳务的进出口和资本流动，以改善国际收支，诸如对外汇收支实行统收统支，收入的外汇全部卖给中央银行，控制进口用汇和出口结汇，对外汇收支进行限制等。贸易管制则是通过关税、配额、许可证制度等经济与行政的手段来直接控制进出口，以调节国际收支，缩减贸易逆差。

(2) 实施财政货币政策。当一个国家由于总需求过度而引起国际发生逆差时，政府可以采用紧缩性财政货币政策，减少开支、降低需求，控制货币供应量来消除逆差；而当一国总需求不足，经济衰退时候，政府可以通过增加财政开支，加大货币投放，刺激消费需求，以降低国际收支顺差。

(3) 实行汇率、利率政策。一国货币当局可利用调高利率或调低利率的方式来影响进出口及资本的流动。首先就汇率而言，在国际收支出现逆差时，促使本国对外汇的汇率下降，即本币贬值，可以起到限制进口，鼓励出口的作用，借以改善国际收支状况；相反在国际收支出现顺差时，促使本币升值，可减少出口，鼓励进口，缩小顺差；其次，从利率方面来看，假如一国央行提高利率水平，可以起到吸引外资流入，限制资本流出的作用，以缓和国际收支差额；反之，调低利率水平，则可以限制资本流入，促使资本流出，以减少顺差。

(4) 加强国际间经济合作。在一国国际收支不平衡时候，还可以寻求国际社会的帮助和支持，加强国际间经济和金融合作，如成立国际金融机构、协调各国金融政策，以及开展贸易谈判、利用国际间信贷等。

【知识拓展】

2015 年中国国际收支平衡表

项　目	行次	2015 年一季度(亿元人民币)	2015 年一季度(亿美元)
1. 经常账户	1	4844	789
贷方	2	37 365	6087
借方	3	−32 520	−5298
(1) 货物和服务	4	4702	766
贷方	5	32982	5373
借方	6	−28 280	−4607

续表一

项　　目	行次	2015年一季度(亿元人民币)	2015年一季度(亿美元)
① 货物	7	7227	1177
贷方	8	29 658	4832
借方	9	−22 431	−3654
② 服务	10	−2525	−411
贷方	11	3324	542
借方	12	−5850	−953
a. 加工服务	13	312	51
贷方	14	314	51
借方	15	−2	0
b. 维护和维修服务	16	22	4
贷方	17	41	7
借方	18	−19	-3
c. 运输	19	−633	−103
贷方	20	597	97
借方	21	−1230	−200
d. 旅行	22	−2494	−406
贷方	23	742	121
借方	24	−3236	−527
e. 建设	25	104	17
贷方	26	254	41
借方	27	−150	−24
f. 保险和养老金服务	28	−41	−7
贷方	29	62	10
借方	30	−103	−17
g. 金融服务	31	−14	−2
贷方	32	29	5
借方	33	−44	−7
h. 知识产权使用费	34	−243	−40
贷方	35	29	5
借方	36	−272	−44
i. 电信、计算机和信息服务	37	180	29
贷方	38	330	54
借方	39	−150	−24

续表二

项　　目	行次	2015年一季度(亿元人民币)	2015年一季度(亿美元)
j. 其他商业服务	40	324	53
贷方	41	899	147
借方	42	−575	−94
k. 个人、文化和娱乐服务	43	−16	−3
贷方	44	12	2
借方	45	−28	−4
l. 别处未提及的政府服务	46	−27	−4
贷方	47	15	2
借方	48	−41	−7
(2) 初次收入	49	2	0
贷方	50	3756	612
借方	51	−3753	−611
(3) 二次收入	52	140	23
贷方	53	627	102
借方	54	−487	−79
2. 资本和金融账户(含净误差与遗漏)	55	−4844	−789
(1) 资本账户	56	13	2
贷方	57	16	3
借方	58	-3	-1
(2) 金融账户(含净误差与遗漏)	59	−4857	−791
① 非储备性质的金融账户(含净误差与遗漏)	60	−9782	−1594
其中：2.2.2.1 直接投资	61	3085	503
2.2.2.1.1 直接投资资产	62	−1165	−190
2.2.2.1.2 直接投资负债	63	4250	692
② 储备资产	64	4925	802
a. 货币黄金	65	0	0
b. 特别提款权	66	−1	0
c. 在国际货币基金组织的储备头寸	67	44	7
d. 外汇储备	68	4882	795

注：(1) 根据《国际收支和国际投资头寸手册》(第六版)编制；(2) “贷方”按正值列示，“借方”按负值列示，差额等于“贷方”加上“借方”，本表除标注“贷方”和“借方”的项目外，其他项目均指差额；(3) 本表资本和金融账户(含净误差与遗漏)数据与经常账户差额金额相等，符号相反，资本和金融账户(含净误差与遗漏)中包含国际储备资产；(4) 以人民币计值的国际收支平衡表的折算方法为，当季以美元为计价单位的国际收支平衡表，通过当季人民币对美元季平均汇率中间价折算；(5) 本表计数采用四舍五入原则。

第二节　外汇和汇率

在开放经济条件下，外汇是使一国的对外经济能够正常进行的不可缺少的支付手段，而汇率则是成为一国的重要经济变量。汇率的高低变化对一个国家宏观经济运行产生至关重要的影响。

一、外汇的含义及种类

（一）外汇的含义

外汇是国际贸易及国际间债权债务清偿、资本国际转移等活动相伴相生，从而实现国际间的购买力转移，以及清算国际间债权、债务关系的一种主要工具。

(1) 静态的外汇，是指一国持有的、以外币表示的、可用于国际结算和支付的流通手段和支付手段。其具体形态包括：存放在外国银行的外币资产或以外币表示的银行存款；可以在国外得到偿付的、以外币表示的各种商业票据和支付凭证；外国政府国库券和其他外币有价证券；其他对外债权及外币现钞等。

(2) 动态的外汇，是指国际汇兑，把一国货币兑换成另外一国货币并借以清偿国际间债权、债务关系的专门性经营活动。早期的外汇概念就是指这种国际汇兑活动。

(3) 国际货币基金组织为了统一口径，对外汇下的定义是指货币当局以银行存款、财政部库券长短期政府证券等形式所持有的在国际收支逆差时候可以使用的债权。

(4) 我国外汇管理条例也规定了外汇的具体形态，即外国货币，包括外币现钞、铸币等；外币有价证券，包括政府公债、国库券、公司债券、股票、息票等；外币支付凭证，包括各种商业票据、银行存款凭证、邮政储蓄凭证等；以及其他外汇资金等。

（二）外汇的种类

外汇种类可以从不同角度、以不同标准或根据不同研究目的来划分，但常用的划分方式有以下几种：

(1) 从能否自由兑换的角度，可划分为自由外汇和计账外汇。自由外汇又称现汇，是指不需要货币当局批准，可以自由兑换成任何一种外国货币或用于第三国支付的外国货币及其支付手段，具有可自由兑换性的货币都是自由外汇，国际间债权、债务的清偿主要使用自由外汇。在自由外汇中使用较多的有美元(USD)、欧元(EUR)、日元(JPY)、英镑(GBP)、澳大利亚元(AUD)、加拿大元(CAD)和瑞士法郎(CHF)等外汇。常用的各国或地区货币及其符号，如表 12-1 所示。

计账外汇又称为协定外汇，是指不经货币当局批准，不能自由兑换成其他货币或用于第三国支付的外汇。它是签有清算协定的国家之间，由于进出口贸易引起的债权、债务不用现汇逐笔结算，而是通过当事国的中央银行账户相互冲销所使用的外汇。一般而言，记账外汇所使用的货币即可以是协定国任何一方的货币，也可是第三国货币。

【知识拓展】

表 12-1 常用的各国或地区货币及其符号

国别或地区	货币名称	货币符号	国 别	货币名称	货币符号
中国	人民币	CNY	爱尔兰	爱尔兰镑	IEP
美国	美元	USD	意大利	里拉	ITL
日本	日元	JPY	卢森堡	卢森堡法郎	LUF
欧洲货币联盟	欧元	EUR	荷兰	荷兰盾	NLG
英国	英镑	GBP	葡萄牙	埃斯库多	PTE
瑞士	瑞士法郎	CHF	西班牙	比塞塔	ESP
* 德国	马克	DEM	印度尼西亚	盾	IDR
* 法国	法郎	FRF	马来西亚	马元	MYR
加拿大	加元	CAD	新西兰	新西兰元	NZD
澳大利亚	澳大利亚元	AUD	菲律宾	菲律宾比索	PHP
中国香港	港元	HKD	俄罗斯	卢布	SUR
奥地利	奥地利先令	ATS	新加坡	新加坡元	SGD
芬兰	芬兰马克	FIM	韩国	元	THB
比利时	比利时法郎	BEF	泰国	泰铢	THP

(2) 根据来源和用途不同，可划分为贸易外汇和非贸易外汇。贸易外汇是对外贸易中商品进、出口及其从属活动所使用的外汇。商品进出口伴随着大量的外汇收支，同时从属于商品进出口的外汇收支还有运费、保险费、样品费、宣传费、推销费以及与商品进出口有关的出国团组费。

非贸易外汇是贸易外汇以外所收支的一切外汇。非贸易外汇的范围非常广，主要包括侨汇、旅游、旅游商品、宾馆饭店、铁路、海运、航空、邮电、港口、海关、银行、保险、对外承包工程等方面的外汇收支，以及个人和团体(公派出国限于与贸易无关的团组)出国差旅费、图书、电影、邮票、外轮代理及服务所发生的外汇收支。

(3) 根据交割期限，可分为即期外汇和远期外汇。交割，是指本币和外币所有者相互交换货币所有权的行为，也就是外汇买卖中外汇的实际收支活动。即期外汇指外汇买卖成交后在两个营业日内交割完毕的外汇。远期外汇指买卖双方根据外汇买卖合同，不需立即进行交割，而是在将来某一时间进行交割的外汇。

除以上常见的划分外，外汇还有许多划分种类，如官方外汇、私人外汇、黑市外汇、劳务外汇、旅游外汇、留成外汇等。

二、汇率的含义及种类

(一) 汇率的含义

汇率又称汇价，即两国货币的比率或比价，也即以一国货币表示另外一国货币的价格。

1．直接标价法

直接标价法是以一定单位外国货币为标准，来计算应付多少本国货币的标价方法，亦称为“应付标价法”，如东京外汇市场上 1 美元兑换 120.10 日元，我国银行外汇牌价 100 美元兑换 683.24 人民币等，均属于此种标价法。

【知识拓展】

我国的人民币汇率

2006 年 7 月 21 日是人民币汇率机制改革满一周年的日子。在中国外汇交易市场上，人民币兑美元的中间价再创新高,达到 7.9897：1,较 2005 年 7 月汇改前累计升值约 3.47%。

2005 年 7 月 21 日，中国人民银行宣布完善人民币汇率形成机制改革，与此同时，美元兑人民币交易价格调整为人民币 8.11 元兑 1 美元，人民币兑美元一次性升值 2%。人民币不再盯住任何一种单一货币，而是以市场供求为基础，参考“一揽子”汇率进行调整。

回顾这一阶段人民币中间价总体上呈上升趋势，在 2006 年 5 月 15 日人民币兑换美元汇率中间价首次突破 8：1 心理关口，达到 1 美元兑 7.9882 元人民币后，人民币兑美元汇率中间价一度围绕“破八”的关口反复震荡。种种迹象表明，人民币在下一阶段内持续升值将不可避免。

2017 年 11 月 27 日，人民币对美元汇率报 6.5874，较上一个交易日下跌 64 个基点，结束连续三日上涨态势。当日，在岸和离岸市场人民币汇率也出现了不同程度的下跌，截至记者发稿，在岸和离岸市场人民币汇率分别报 6.6048 和 6.6002，较上一个交易日分别下跌 20 个基点和 120 个基点。

以上不同阶段外汇报价能反映出汇率的变化，如何看懂外汇牌价？如何进一步认识汇率？影响汇率变动的因素有哪一些？本节将逐一进行阐述。

目前世界上大多数国家均采用直接标价法。直接标价法具有如下特点：

(1) 它是用 1 个或者 100 个单位的外国货币作为参考标准，折算成相应数额的本国货币，即外国货币的数值固定不变，本国货币的数值随外国货币币值的升降而变动。

(2) 在国际外汇市场上，各主要货币都习惯以美元为标准进行标价，即用 1 美元兑换多少本国货币来从事外汇交易。

(3) 当本币数额增大，代表外汇汇率升高；反之，则外汇汇率下降。

2．间接标价法

间接标价法是以一定单位的本国货币为标准，来计算应收多少外国货币的标价方法，亦称“应收标价法”。目前外汇市场上大约有五种货币在与美元交易时候采用间接标价法：英镑——GBP/USD、欧元——EUR/USD、澳大利亚元——AUD/USD、新西兰元——NZD/USD、南非兰特——RAND/USD。

美国长期以来采用直接标价法，但从 1978 年 9 月 1 日起，除对英镑等个别货币继续使用直接标价法以为，改用间接标价法公布汇率，以便与国际外汇市场上对美元的标价相一致，如：东京外汇市场上 USD/JPY=120.10，美国纽约外汇市场上同样也是 USD/JPY=120.20，这样有利于投资者进行比较，也便于外汇交易的开展。

间接标价法有如下特点：

(1) 本国货币的数值固定不变，外国货币的数值则即时变动。

(2) 当外币数额增大，则代表外汇汇率下降；反之则外汇汇率升高。

直接和间接标价两种标价法的兑换率实质上只是互为倒数的关系，没有重大差别。但在论述外汇汇率升降变化时，必须交代清楚是何种标价法，以免混淆汇率上涨、下跌的概念而产生错误。

(二) 汇率的种类

汇率是外汇买卖中本国货币对外国货币的折算。在实际外汇业务中，由于外汇买卖方式、各国汇率制度与外汇管理的宽严不同以及期限、内容的不同，故汇率可以从如下角度进行分类。

1. 银行买入汇率和卖出汇率(买入价和卖出价)

买入汇率和卖出汇率是在银行与非银行客户交易时所使用的汇率，也叫商人汇率，其买入和卖出是站在银行角度而言的，其价格是银行买入外汇或卖出外汇时使用的汇率。

买入价，即买入汇率，是指银行买入外汇时所使用的汇率。

在直接标价法下，外汇的买入价是前面一个数字，即数字较小的一个。例如，USD1=CNY$\underline{6.8143}$/6.8417，意味着银行所买的外汇是单位美元，在等式的左端，银行买外汇是收进美元，付出人民币。而付出的人民币数额就是等式右端带有下划线的数字，即单位外汇——美元的买入价。

在间接标价法下，外汇买入价是后一个数字，即数字较大的一个。例如，USD1=JPY110.10/$\underline{110.20}$，意味着银行所买外汇是若干日元，在等式的右端，即带有下划线的数字。银行买外汇是收进日元，付出美元；而这时美元是本币。

卖出价，即卖出汇率，是银行卖出外汇时所使用的汇率。

在直接标价法下，外汇的卖出价是后一数字，即数字较大的一个。例如，USD1=CNY6.8143/$\underline{6.8417}$，意味着银行所卖的外汇是单位美元，在等式的左端。银行卖外汇是付美元，收进人民币。而收进人民币数额就是等式右端带有下划线的数字，即单位外汇——美元的卖出价。

在间接标价法下，外汇的卖出价是前一数字，即数字较小的一个。例如，USD1 = JPY$\underline{110.10}$/110.20，意味着银行所买的外汇是若干日元，在等式右端，即带有下划线的数字。银行卖外汇时是付日元，收进美元；而这时美元是本币。

不管是直接标价法还是间接标价法，外汇的卖出价都比其买入价贵，其买、卖差价就是银行外汇买卖业务的收益。其幅度大小往往由于币种、金额及市场供求关系等情况的不同而不同，一般为1‰～5‰。

2. 即期汇率和远期汇率

即期汇率是指外汇买、卖成交后在两个营业日内办理交割手续时所使用的汇率。一般即期外汇交易都是通过电话、电报、电传方式进行，因此，即期汇率就是电汇汇率，同时也是外汇市场上的基本汇率。

远期汇率也称为期汇汇率，是外汇买卖成交后，按约定在到期日进行交割时使用的汇率。远期汇率常以对即期汇率的升贴水点数进行报价。

3. 电汇汇率、信汇汇率和票汇汇率

电汇汇率(T/T)是以电信方式进行外汇时使用的汇率，即以电信方式通知付款行时使用的汇率。由于国际上不同外汇市场之间较大金额的外汇买、卖通常都是以电话、电报、电传等电信方式进行，所以电汇汇率成为外汇市场上的基本汇率。而电汇汇率就是即期汇率。

信汇汇率(M/T)是以信函方式进行外汇交易时使用的汇率，即以信函方式通知付款时使用的汇率。由于以信函方式收付外汇时间比电汇慢，所以信汇汇率一般比电汇汇率低。

票汇汇率(D/T)是以汇票、支票或其他票据作为支付方式进行外汇买、卖时所使用的汇率，由于票汇方式，银行可以在一段时间内占用客户资金，因而票汇的汇率比电汇的汇率要低。

4. 固定汇率和浮动汇率

固定汇率是指两国货币比价基本固定，其波动被限制在一定幅度内。所谓固定比价，并不是一成不变的，而是一般不做大的变动，小变动则被限制在一定幅度内。国际金融领域历史上曾经两度出现固定汇率制，即国际金本位制和布雷顿森林体系。在前一种制度下是自发形成固定比价；在后一种制度下是人为规定的固定比价。

浮动汇率，即可变汇率，是指由货币当局自主调节或由外汇供求关系自发影响其涨落的汇率。其浮动的类型还可以进一步划分：按政府是否干预，可分为自由浮动与管理浮动；按浮动形式可分为单独浮动和联合浮动。

5. 基准汇率和套算汇率

所谓基准汇率是指一国货币同关键货币的比价，如美元对其他国家货币的汇率。套算汇率，又称为交叉汇率，指两国货币通过各自对第三国货币的汇率套算出的汇率。目前各国外汇市场上每天公布的外汇汇率都是各种货币兑换美元之间的汇率，非美元货币之间的汇率均需通过该汇率套算出来。具体计算方法如下：

(1) 关键货币同为基准货币，交叉相除。

例 1：已知某日外汇市场的行情为 USD/JPY=120.00/10，USD/DEM=1.8080/90，求 DEM/JPY。

解析：在这两组报价里面，美元均为关键货币并且是基准货币，采用交叉相除的办法。

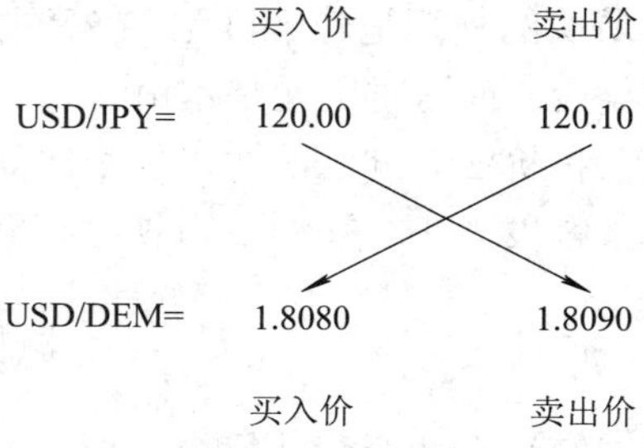

因此，DEM/JPY＝66.33/66.43

(2) 关键货币同为报价货币，交叉相除。

例 2：已知某日外汇市场的行情为 EUR/USD=1.1010/20，GBP/USD=1.6010/20，求 EUR/GBP。

解析：在这两组报价里面，美元均为关键货币并且是报价货币，采用交叉相除的办法。

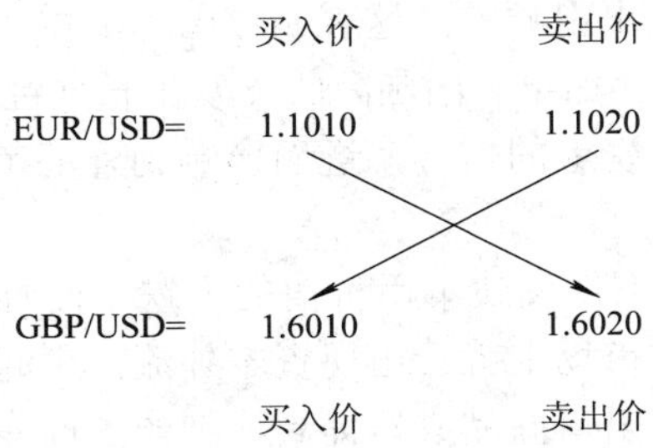

因此，EUR/GBP=0.6873/0.6883

(3) 关键货币在两组汇率中分别为基准货币和报价货币，同边相乘。

例 3：已知某日外汇市场的行情为 USD/JPY=120.10/20，EUR/USD=1.1005/15，求 EUR/JPY。

解析：在这两组报价里面，美元均为关键货币，并且在两组汇率中分别为基准货币和报价货币，采用同边相乘的办法。

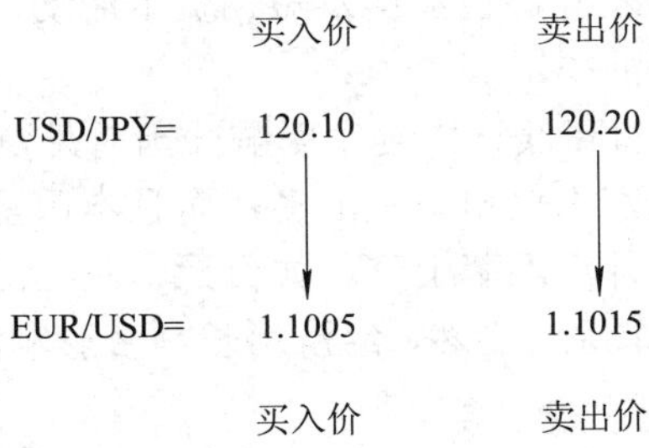

因此，EUR/JPY=132.17/132.40

三、汇率的决定基础与变动因素

1．汇率决定的基础

汇率是不同国家货币之间的比率。各国货币自身所具有或所代表的价值是汇率的决定基础。在金本位条件下，各国货币都是按照一定的价格标准规定含金量，因此当时汇率是以两国货币含金量之比(即铸币平价)来决定的。外汇汇率以铸币平价为基础在一定幅度内上下波动。

随着金本位制的逐步崩溃，世界各国普遍开始实行不兑换的纸币流通制度。纸币作为国家强制发行投入流通使用的货币符号，本身没有内在价值，最初各国是以法律的形式规定其纸币的含金量，两国货币所代表的含金量之比(黄金平价)成为汇率比价的决定基础。然而，纸币含金量毕竟只是名义代表的价值，一旦纸币实际代表的价值与名义上规定的含金量相差太远，就会使各国政府宣布本国货币贬值或升值。因此，在纸币流通条件下，决定汇率的真实基础是纸币实际代表的价值量，即各国货币的现实购买力之比。

2．影响汇率变动的主要因素

(1) 国际收支。国际收支状况对汇率的影响可以从外汇供求反映出来。如果一国国际收支出现逆差，表明该国外汇供不应求，这种压力将促使外汇汇率上浮，或该国货币汇率下调。相反，若一国国际收支出现顺差，这表明该国外汇供应充沛，从而促使外汇汇率下浮或该国货币汇率上升。另外，如果一国国际收支发生长期性、根本性的不平衡，如长期、大规模逆差，则将严重影响投资者的信心，进而影响到外汇市场投资者的集体性行动及汇率的走势。

(2) 通货膨胀。通货膨胀不仅反映本币价值的下跌，而且直接促使外汇汇率的上升。如果通货膨胀率高，那么资本市场上就会出现资本外流，引起外汇对外需求的增加。在商品市场上，因国内物价上涨，出口商品成本提高，削弱了商品在国际市场的竞争力，结果是出口商品减少；而进口商品则因通货膨胀大量增加，这种情况同样导致对外汇的需求增加。因此通货膨胀率高会直接诱使外汇汇率上升；相反，如果通货膨胀率低，外汇汇率一般会下降。

(3) 利率。在当代国际金融活动中，利率是决定和影响汇率变化最直接的因素。一般而言，两国利率之差决定着汇率波动的幅度。利率高的国家由于抛补套利而使远期汇率下跌；利率低的国家则远期汇率看涨。此外，一国实施高利率，短期会提高本币的价值，使外汇汇率降低。国际间利率的差异，也会诱发短期资本流动，这种资金的流动，改变了外汇市场的供求关系，从而影响汇率。

(4) 经济增长。经济增长的高低、快慢，影响一国对外贸易和外汇市场的交易。经济增长高且快和经济实力强的国家不仅出口收汇多，而且本币坚挺，币值上升，外汇汇率下降；相反，则本币币值下降，外汇汇率上升。如日元、欧元汇率在外汇市场上长期上升，与日、欧的经济增长较快密切联系。当然，经济增长是否影响汇率须同时考虑其他因素后，方能做出正确评价。

(5) 货币供给、失业率和税率。货币供给、失业率和税率作为一种宏观变量，也将影响一国经济增长、通货膨胀以及国际收支状况，从而间接影响一国汇率水平。

第三节　国 际 储 备

一、国际储备的含义及特征

国际储备作为一国国际清偿力的主要部分，体现了一国国际清偿力的强弱，是衡量一国对外金融和经济实力的一个重要标志。对调节国际收支、保证国家对外支付能力和资信、维持本币汇率稳定起重要作用。

(一) 国际储备的含义

国际储备是指各国货币当局持有的，用于平衡国际收支、保持其货币汇率稳定，并能为国际间普遍接受的各种资产的总称，一般具有以下几方面的特征。

1．官方持有

国际储备必须是该国货币当局持有，并能够随时自由支配的资产。企业或国民等非官方持有的外汇、黄金虽然也可用于国际性的流动资产，但不能由政府随时动用，只能在政府通过适当的形式转变为官方所有或拥有使用权后，才可自由支配。

2．自由兑换

作为国际储备的资产必须能够为其他国家乐意接受，否则用于弥补对国际收支逆差。

3．充分流动

作为国际储备的资产必须具有流动性，可以随时用于弥补国际收支逆差或干预外汇收支。

(二) 国际储备与国际清偿力

国际清偿力又称为“国际流动性”，是一国货币当局持有国际流动资产用以支持本国货币汇率，支付国际收支逆差和偿付到期外债的能力。这种能力分为现实能力和潜在能力两部分。现实能力是指在国际清偿时随时可以动用的国际储备资产。

官方持有的国际储备是国际清偿力的主要组成部分，又称为狭义国际清偿力，即现实的国际清偿力。而广义的国际清偿力还包括潜在的国际清偿力，例如政府在国外的可动用的中长期资产、政府可能从国际组织、外国政府或金融市场借入的资金，以及政府可能得到的私人金融和非金融部门一切外汇资产。在非常时期，政府可依据需要在短期内用这些外汇资产以支持本币汇率，平衡国际收支和清偿对外到期债务。

二、国际储备的形式与作用

(一) 国际储备的形式

按照国际货币基金组织的统计标准，形成某国国际储备的资产形态一般有四种形式，即政府持有的黄金储备、外汇储备、在国际货币基金组织的储备头寸和特别提款权。

1．黄金储备

黄金储备是指某国政府以金融资产形式所拥有或持有的货币性黄金。在国际金本位制和布雷顿森林体系时期，黄金一直是最重要的储备资产。布雷顿森林体系崩溃后，黄金储备作为国际储备的主体地位虽然受到冲击，但仍然被 IMF 作为统计的标准，这是因为黄金具有以下特点：(1) 黄金本身是就是贵重商品，是一国财富实力的象征，尤其是在国际形势动荡的情况下，黄金是国际储备中最坚实的组成部分；(2) 黄金是一国拥有所有权的财富，一个国家可自行控制其黄金储备量，不受他国的干预；(3) 各国政府可以通过出售黄金换取外汇，平衡国际收支差额。

2．外汇储备

外汇储备是指一国政府所持有的可自由兑换的货币币种所表示的外汇存款以及其他外汇金融资产。外汇储备作为一个国家国际储备最重要的组成部分，应具备以下基本条件：(1) 在国际货币体系中占最重要地位，成为世界各国普遍接受的国际结算的支付手段；(2) 可以自由兑换为其他货币性资产；(3) 其供给量与国际贸易和世界经济发展相适应，人们对其购买力的稳定性具有信心。

3．在国际货币基金组织的储备头寸

储备头寸被称为普通提款权，是指国际货币基金组织的会员国按照其规定可以无条件动用提取 IMF 的普通资金账户中的一部分资金份额，一般包括以下三部分：(1) 会员国缴纳份额的黄金外汇部分，该部分占会员国认缴份额的 25%。在牙买加体系生效后，要求会员国向 IMF 缴纳的可兑换货币或特别提款权；(2) IMF 用去的会员国的本币份额，该部分可由会员国用本国货币缴纳，占该会员国认缴份额的 75%；(3) IMF 向该会员国的借款，构成该会员国对 IMF 的债权。

4．特别提款权

特别提款权是指国际货币基金组织根据各会员国所占份额分配的，可以用以归还 IMF 的贷款以及会员国政府之间偿付国际收支赤字的一种账面资产。特别提款权是 IMF 设立的一种记账单位，主要用于各会员国国际收支产生困难时，弥补国际偿付能力的不足，是一种“虚拟”资产，只有价值尺度、支付手段和储藏手段，不具备流通手段的职能。

（二）国际储备的作用

拥有适量的国际储备对一国对外经济关系的顺利发展，有特别重要的作用，其具体表现在如下几个方面。

1．国际储备可以调节临时性国际收支不均衡

如果一国由于价格波动或自然灾害等原因，造成临时性或短期性国际收支逆差，就可以动用国际储备来弥补，而不必采取调整进出口贸易、压缩进口等影响国内经济发展和对外经济活动的措施。但是，一国的国际储备数量毕竟是有限的，因此其调整国际收支逆差的作用也是暂时的。如果发生结构性国际收支失衡，就必须进行长期政策性调整，例如，进行汇率调整或国内财政金融政策调整等。

2．国际储备可以用来干预外汇市场，支持本币汇率，外乎汇率稳定

在固定汇率制度条件下，西方各国大都建立了“外汇平准基金”，用以干预外汇市场，使本币汇率稳定在政府所希望的水平上。即使在浮动汇率制度下，也可以利用国际储备或明或暗地操纵外汇行市，实行所谓“管理浮动”，使汇率水平与本国的经济政策相适应。

3．国际储备是用以维持和加强本国货币信誉的物质基础

充足的国际储备存量可以支持并维护国内外对本国货币的信心，提高本币信誉。例如，第二次世界大战后期，美国拥有占世界黄金存量 70%以上雄厚的经济实力，美元可以直接兑换黄金，所以成为各国普遍乐于接受的支付手段和储备货币。但随着后来美国经济实力与地位的下降，其黄金储备不断下降，以至于出现不足抵付其同期高额短期对外债务的情况，从而使美元在国际上的信誉不断下降，“美元危机”频频发生。

4．作为通用的国际支付手段，必要时，国际储备可用于支付进口和偿还到期债务

国际储备是衡量一国偿债能力大小的重要指标。而一国对外资信的高低，除了由一国经济发展状况所决定，国际收支状况、偿债能力的大小也是重要的决定因素，所以国际储备的多寡衡量一国资信高低的重要指标。如果一国国际储备实力雄厚，资信就高，则在国际金融市场上借债较容易，贷款条件也较优惠；否则，就不容易在国际金融市场上筹措到资金，借款条件也较苛刻。

另外，还有一种把储存资金、增加收益看作是国际储备作用的说法。但储存资金，增加收益并不是国际储备的用途，不是其使用的直接目的，而是在保管和管理国际储备时派生出来的结果，是国际储备管理的内容。

三、国际储备的来源

概括地说，国际储备主要是通过以下几种来源形成的。

1．国际收支经常账户顺差

国际收支经常账户顺差主要是由外贸收入大于外贸支出而导致的国际储备存量增加，是国际储备增加最可靠和实际的来源。它表明一国在经济发达的同时，外贸也具有优势，是一国对外经济实力增强的标志，如原西德、日本从 20 世纪 70 年代以来，外贸顺差不断增加，国际储备也随之增加，经济实力不断增强，以至于与美国形成三足鼎立之势；又如我国从 1994 年汇率制度改革以来，由于大幅度降低人民币汇率，大大刺激了出口，外贸顺差迅速扩大，国际储备不断增加，对外经济实力明显增强。

2．国际收支资本账户顺差

国际收支资本账户顺差主要是由资本流入大于资本流出而导致的国际储备存量增加。一国的资本账户顺差如果没有经常账户逆差相抵消，即没有用于扩大进口，就会造成国际储备的增加。但是，资本账户顺差所形成的国际储备来源具有不稳定性和暂时性，其原因包括以下几点：

第一，长期资本的流入，包括国外直接投资和国家举借外债或发行债券，无论哪一种方式，在随后的年份中，都存在投资收益汇出或收回投资，以及还本付息问题。所以，长期资本项目顺差如果没有新资本注入，反而会因利润和红利及支付利息等的汇出而减少。如果外资抽回投资，或偿还本金等，还可能使顺差消失。而且，如果由长期国际借贷形成的资本流入超过一定限度，甚至还会出现偿债危机。

第二，短期资本的流入更是不稳定因素，在一些发达国家由于资本项目管制比较宽松，所以利率、汇率的投机活动比较活跃，因而由短期性资本形成的资本项目顺差具有转移不定的特性。而对发展中国家来说，短期资本的流入则更多地表现为债务负担的加重，从而可能导致偿债条件更为苛刻，或债务危机的发生。

3．国家通过干预外汇市场而收进的外汇

通过中央银行对外汇市场的干预，可以增加一国国际储备的存量。具体表现为：当本币受到升值压力时，金融当局为避免本币汇率波动对其经济产生不利影响，可以采用抛售本币换购外币的干预措施，购回的这部分外币可导致国家外汇储备的增加。但这只适用于少数货币坚挺的国家，而大部分发展中国家均表现为本币疲软，如果对本币贬值进行干预，则是抛售外币换回本币，因而会减少外汇储备。

4．国际货币基金组织分配的特别提款权

特别提款权作为 IMF 向会员国提供的资金来源，构成了会员国国际储备的一部分。但

是特别提款权的分配数量很有限，尤其是不能满足发展中国家对国际清偿能力的需要。因为特别提款权是按各国在IMF认缴的份额分配的，这种不合理的分配方式，使继续国际支付手段的发展中国家分配到的份额极少，杯水车薪，起不了太大的作用。

5. 中央银行通过在市场上的购买来增加黄金储量

中央银行持有黄金量的增加，可以扩充国际储备存量。增加黄金存量有两种途径：一是从国内收购黄金，并集中到央行手中；二是在国际黄金市场上购买黄金。但是由于黄金产量有限，而且工业与奢侈消费用金需求也很大，因此，作为国际储备的黄金，就难以增加。此外，如果用原有外汇储备来购买黄金，则只会改变估计储备的构成，而不改变国际储备的总量。

6. 一国官方或央行向国外借款的净额

官方向国外的借款可以形成国际储备的短期来源，但是借款的偿还则形成了国际储备的减少，所以从借到还不断重复的过程来看，长期中只有向国外借款的净额才能形成国际储备的来源。

除了以上来源之外，外汇储备资产的运用所带来的收益同样可以增加国际储备。购买外国国库券以及大额存单，利用外汇储备进行套利、套汇活动，不仅可以避免和减少外汇风险，还可能带来一定收益，从而增加国际储备。

四、我国国际储备的特点及管理

（一）我国国际储备的特点

我国国际储备与其他国际货币基金组织成员一样，由四个部分组成，即黄金储备、外汇储备、在国际货币基金组织的普通提款权和特别提款权。这种构成具有以下几个特点。

1. 黄金储备数量稳定

据中国人民银行公布的数据显示，2006年3月份，中国外汇储备中的黄金储备为1929万盎司。在过去的近40个月中，中国人民银行的黄金储备没有发生任何变化。

2. 外汇储备日益增长

1993年，我国外汇储备统计口径改为国家外汇库存后，储备数量连年增长，以美元套算，1994—2006年分别是516.20、735.97、1050.29、1398.90、1449.59、1546.75、1655.74、2121.65、2864.07、4037.51、6099.32、8188.72、10096.26亿美元，超过日本成为世界第一外汇储备大国，增速之快、数量之大，引起世界关注。

3. 在国际货币基金组织的普通提款权和特别提款权占国际储备的比重逐步下降

由于我国外汇储备急剧增加，而作为发展中国家在国际货币基金组织中的份额又较少，使得这部分储备相对额越来越少。

4. 国际储备的作用日益广泛

随着我国经济的快速增长和加入世界贸易组织等一系列国际组织，中国经济与世界经济一体化的程度越来越高，人民币的国际地位日益显现，我国国际储备的作用已由单一弥补国际收支逆差和偿还外债拓展到干预市场的资产等，其作用范围越来越大。

【知识拓展】

我国的外汇储备

在经历了 2008 年 10 月的短暂下滑后，我国外汇储备于 2008 年最后一个月再次站上 1.9 万亿美元大关，总储备近 1.95 万亿美元。

依据央行统计数据显示，截至 2008 年 12 月 31 日，国家外汇储备余额为 19460.30 亿美元，全年增加 4178 亿美元，但同比少增 441 亿美元。2008 年我国外汇储备虽仍增长 27.34%，但增速有所放缓，2007 年的增长率为 43.32%。

(资料来源：中证网，2009-1-14)

中国人民银行 7 日发布数据显示，截至 2016 年 12 月 31 日，我国外汇储备规模为 30105.17 亿美元，较 11 月底下降 410.81 亿美元。2016 年外汇储备累计下降 3198.44 亿美元，储备量逼近“3 万亿”关口。

(资料来源：新华社 2017-1-08)

(二) 我国国际储备的管理

我国国际储备的管理要坚持这样的宗旨：既要防止储备过少，造成支付困难；又要避免储备过多，造成资金积压和浪费。故此，本着兼顾安全性、流动性和盈利性的要求，应遵循以下原则：

(1) 在外汇储备结构上应坚持国际储备多样化的原则，以分散汇率变动的风险。例如，随着能源的进一步紧缺，国际石油价格的上扬，作为国际储备的一种形式，可以适量增加石油进口，建立石油储备。

(2) 在外汇储备投向结构上应兼顾流动性和盈利性的原则，既要满足对外支付的需要，又要获得最大收益。

(3) 外汇储备资产要实行分散化，不能过于集中于一两个国家或一两家银行，以防止外国政府冻结资金或银行倒闭。对外汇储备头寸的管理要运用金融技术和手段，以远期、期权、掉期等方式进行保值。

(4) 应根据国际黄金市场和国际金融形势的变化及时调整黄金储备。目前，中国黄金储备只相当于美国的 7.5%，而中国外汇储备中 70%是美元。随着人民币坚挺和美元的日益贬值，意味着我国外汇储备也会趋于贬值，因此，适量增加黄金储备是保持我国国际储备优势的重要手段。

第四节 国际货币体系

一、国际货币体系的含义

国际货币体系指各国政府为适应国际贸易与国际结算的需要，对货币的兑换、国际收支的调节等做出的安排或确定原则，及为此建立的组织等形式的总称。

一般而言，国际货币体系的内容主要包括：第一，国际储备资产的确定，即用什么货币作为国际间的支付货币，一国政府持有何种资产用以维持国际支付原则和满足调节国际收支的需要；第二，汇率制度的确定，即一国货币与其他货币之间的汇率应如何确定和维持，能否自由兑换成支付货币，是采取固定还是浮动汇率制度；第三，国际收支调节的方式，即当出现国际收支不平衡时，各国政府应采取什么方式弥补这一缺口，各国之间的政策又如何协调。理想的国际货币制度应能够促进国际贸易和国际资本流动的发展，主要体现在能够提供适量的国际清偿力并保持国际储备资产的信心，保证国际收支的失衡得到有效而稳定的调节，达到调节损失最小，并保证各国公平合理地承担调节的责任。本节将从以下三个方面内容介绍国际货币体系的发展。

二、国际货币体系的演变

（一）国际金本位制

国际金本位制度是以黄金作为国际本位货币的制度，其内容主要包括：第一，国际储备。金本位制的主要储备资产是黄金，但是随着世界经济与贸易的快速发展，黄金的产量逐渐无法满足经济发展的需要，主要资本主义国家的货币渐渐成为重要的储备资产，以英国英镑最为突出；第二，汇率制度。各国货币都有规定含金量，各国本位货币所含纯金量之比称为金平价，各国货币间的汇率根据金平价而得，称为法定平价。实际汇率不等于法定平价，而是围绕法定平价上下波动，波动的范围由黄金输送点决定。法定平价加黄金运送费用为黄金输出点，它是汇价上涨的上限；法定平价减黄金运送费用为黄金输入点，这是汇价下跌的下限。由于黄金输送点限制了汇价的变动，汇率波动幅度有限，因此汇率相对稳定；第三，国际收支的调节。在金本位制度下，由于黄金的自由输入、输出使得各国国际收支可以实现自发调节机制。英国于1816年率先实行金本位制度，19世纪70年代以后欧美各国和日本等国相继仿效，因此许多国家的货币制度逐渐统一，金本位制度由国内制度演变为国际制度。

（二）布雷顿森林体系

1944年，44个国家在美国新罕布尔州布雷顿森林城召开“联合国货币金融会议”，签订了《国际货币基金协定》和《国际复兴开发银行协定》，统称《布雷顿森林协定》，标志着新的国际货币体系——布雷顿森林体系建立。该体系的主要内容包括以下四个方面。

1．国际金融机构

成立一个永久性的国际金融机构——国际货币基金组织(IMF)，以促进国际间货币合作，稳定汇率，为成员国的国际收支失衡提供帮助，它是战后国际货币体系的核心，同时会上还成立了国际复兴开发银行。

2．国际储备

以黄金为基础，以美元作为国际货币体系的中心货币和主要国际储备资产。规定35美元等于1盎司黄金，各国可随时用美元向美国政府按官价兑换黄金。这种美元与黄金挂钩

及各国货币与美元挂钩的模式，称为“双挂钩”，

3．可调整的钉住汇率制

各国货币对美元汇率的波动幅度为1%，各国政府有义务在外汇市场上进行干预以保持汇率的稳定，只有当一国国际收支发生“根本性失衡”时，才允许贬值或升值。因此，布雷顿森林体系的汇率制度是可调整的钉住汇率制：本质上是固定汇率制，只是在此基础上赋予弹性汇率的特点，也就是，短期内汇率稳定，出现“根本性失衡”时可以调整。

4．国际收支调节机制

当成员国的国际收支出现短期的经常性项目赤字，而实行紧缩的货币或财政政策将影响其国内就业时，IMF 提供短期资金帮助其改善赤字状况。当成员国的国际收支处于“根本性失衡”状态时，允许其货币相对于美元升、贬值，但平价的变动须经 IMF 的同意。另外，协定取消对经常性项目交易的外汇管制，允许对资本项目交易进行限制。

布雷顿森林体系促进了战后国际贸易的迅速发展和生产国际化；一定程度上解决了国际清偿力不足的问题，美元作为主要的国际储备资产补充了黄金供应的乏力；消除了战前各个货币集团的对立，稳定了战后国际金融混乱的动荡局面；IMF 的成立缓解了各国国际收支困难，保障了各国经济稳定、高速发展。但是，该体系也存在内在的不稳定性。第一，储备资产的缺陷。各国国际储备的增加，要求美国国际收支逆差输出美元，这必将动摇美元信用，引发美元危机。而若美国要保持国际收支平衡以稳美元，则各国国际储备来源匮乏。这一对矛盾称为“特里芬难题”。第二，汇率制度缺乏弹性。当逆差出现，由于逆差国政府从政治经济利益出发，一般不愿意调整其汇率平价来改善国际收支逆差，而 IMF 又无权变更成员国的汇率平价，结果是汇率平价的调整为事后，投机行为的恶劣性不可避免。第三，国际收支调节不对称。一方面，美国可以用美元弥补国际收支赤字而不需像其他国家那样采取严格措施来保持国际收支平衡，这是美国的“铸造税”的优势；另一方面，其他国家可以通过调整汇率来获得国际收支盈余，而美国却无法随意改变汇率来调整其国际收支。同时，顺差国与逆差国的调整责任极不平等。由于顺差国一般需要通过扩张政策或货币升值政策来消除顺差，而这将造成国内通货膨胀的压力或出口减少，因此，顺差国一般不愿意采用。这就使国际收支的重担落在逆差国，加剧逆差国的经济困难。

到 1973 年 1 月，美元危机爆发，美元贬值，之后许多国家不愿意再承担干预黄金、外汇市场的义务，纷纷实行浮动汇率制度，布雷顿森林体系最终消亡。

(三) 牙买加体系

布雷顿森林体系崩溃之后，国际金融市场再度失去秩序，国际社会就国际货币改革中的国际储备货币、汇率制度、国际收支调节等主要问题进行激烈讨论，力图建立一种新型的国际货币体系。1976 年，达成“牙买加协议”并通过《IMF 协定的第二次修正案》，标志着新的国际货币体系的确立——牙买加体系，即现行的国际货币体系。其主要内容包括如下几个方面：

(1) 扩大特别提款权的储备资产作用。未来以特别提款权为主要储备资产，成员国用特别提款权在成员国之间或与国际货币基金组织开展业务。

(2) 确定浮动汇率合法性。允许固定汇率制和浮动汇率制同时存在，成员国可自行选择汇率制度。但国际货币基金组织有权对成员国的汇率进行监督，以避免成员国通过操纵

汇率来赢得不公平的竞争利益。当经济条件具备时，经国际货币基金组织 85%以上成员国同意通过则可以恢复调整的固定汇率制度。

(3) 扩大对发展中国家国际收支调节的资金援助。增加信用贷款额度，由占成员国份额的 100%提高到 145%，并放宽“出口波动补偿贷款”，由占成员国份额的 50%提高到 75%。

(4) 黄金非货币化。黄金与货币完全脱钩，黄金只作为普通商品，不再作为成员国间及成员国与国际货币基金组织间的支付手段。国际货币基金组织持有黄金总额的 1/6 按市场价格出售，超出官价的部分成立信托基金，用于对发展中国家的援助，另外的 1/6 按官价归还给成员国。

(5) 扩大成员国的基金份额。成员国的基金份额从原来的 292 亿美元特别提款权扩大到 390 亿美元特别提款权。同时成员国的份额比例也有所调整，德、日及某些发展中国家的份额比例提高，美国的份额比例略下降。

牙买加体系下多元化的储备资产、灵活的汇率制度和国际收支调节方式，使得该体系在实际运行中能够较适应当前世界经济发展的多样性和不平衡性。第一，储备资产的多样化。“牙买加协议”中寄希望于特别提款权成为主要储备资产，但实际上，特别提款权在国际储备资产中的地位有减无增。美元在国际储备资产中的垄断地位也被削弱，取而代之的是多元化的国际储备货币，主要包括欧元、日元、英镑等。第二，汇率制度的选择自由化。牙买加体系下各国可根据本国经济发展阶段选择汇率制度。1999 年，IMF 对汇率制度进行了重新分类，突出了汇率形成机制和各国政策目标的差异。第三，国际收支调节的多样性。汇率制度选择的灵活性使得汇率调节作为平衡国际收支的重要工具，除此以外，各国国内经济政策和国际经济政策也成为调节国际收支的重要手段。

但是牙买加体系也有不如意之处，主要体现在汇率剧烈波动、货币危机的频繁发生严重影响世界经济的发展；国际收支调节机制缺乏有效性，尤其是发展中国家在国际收支不平衡时所承担的义务与其国内经济发展难以协调。这些局限性将是今后国际货币体系改革的焦点问题。

三、欧洲货币一体化(区域性货币体系)

1999 年 1 月，欧洲经济货币联盟正式启动，代表欧洲货币体系——区域性货币体系正式开始运转。欧元——崭新的国际储备货币就此登上了国际金融的大舞台。

(一) 欧洲货币一体化的背景

欧洲货币一体化是在第二次世界大战以后的特定历史条件下逐步建立和发展起来的。欧洲各国认识到要成为世界上一支不可忽视的力量，就必须联合起来。1992 年 2 月 7 日，以《政治联盟合约》和《经济》为主要内容签署，并于 1993 年 11 月正式生效的《马斯特里赫条约》(以下简称《马约》)，是欧洲经济货币联盟进程中的里程碑。它不仅再次明确制定出欧洲货币一体化的具体实施过程，更为重要的是，它还为加入欧洲货币联盟的国家制定出了具体的可操作标准。

(二) 欧洲货币一体化的进程

第一阶段：1998 年 5 月至 1998 年 12 月 31 日，欧盟依据 1997 年的实际数据，决定哪些欧盟国家符合《马约》趋同标准。首批加入欧元的国家将有11个，它们分别是德国、法国、意大利、奥地利、荷兰、卢森堡、芬兰、比利时、爱尔兰、西班牙和葡萄牙。这一阶段还建立了欧洲中央银行，并为它制定统一货币政策创造了必要的技术性前提和设计了相应的运作框架。

第二个阶段：1999年1月1日至2001年12月31日，欧洲各国货币与欧元汇率不可逆转地固定起来；欧洲中央银行开始履行制定统一货币政策的职责；各国央行不再制定货币政策而成为欧洲中央银行的执行机构；欧元清算的欧洲间及时自动清算系统与各国的及时自动清算系统连接起来并开始运转；欧元开始在货币市场，银行间市场，支付清算和发行股票、债券中使用，但只是账面货币，不发行欧元现钞；欧元不在市场上流通，各国货币仍是合法货币，继续在市场上流通。

第三个阶段：2002年1月1日至2002年6月30日，欧洲中央银行发行欧元纸币和硬币，流通中开始使用欧元，但各国货币还在继续流通，成为欧元和各国货币并行的过渡时期。

第四个阶段：2002年7月1开始，欧元成为唯一的法定货币，欧洲货币联盟内各成员国货币退出流通系统。

(三) 欧洲货币体系的展望

欧元成为唯一法定货币，各国货欧元出现以前，美元在全球金融交易以及国际储备货币上的巨大份额是其他国家难以望其项背的。目前世界贸易计价的货币分布大体如下：美元占47.2%，欧元39.3%，日元占13.5%。从储备货币来看，美元占56%，日元占8%，欧元占30%。从以上可以看出，欧元出现以后，美元在全球金融交易和证券市场以及国际储备货币上“大哥大”的地位将受到欧元强有力的挑战，美元独霸天下的局面将不复存在，欧元与美元分庭抗礼之势必将形成。欧元的到来，毫无疑问将令目前国际金融体系变革的进程加快。

【资料阅读】

欧洲货币市场的管制

欧洲货币市场本身存在着导致国际金融市场动乱不安、加剧西方国家通货膨胀、破坏西方国家国内金融政策推行等消极因素。因此，从20世纪60年代后期，西方各国要求管理欧洲货币市场的呼声日益高涨。但是，除各国中央银行采取了一般手段将其持有的美元不再投入欧洲货币市场，一定程度上减少其资金来源，抑制其规模外，并未取得实质性进展。直到1981年12月3日，美国国际银行设施建立，才迈出重要一步。国际银行设施不是一个具有实体的独立银行体系，而是在美国境内的美国或外国银行开立的以经营欧洲货币和欧洲美元的账户，此体系的资产独立，与总行的账户分开。国际银行设施准许上述银行吸收非居民(即在美国地区以外的个人、银行和公司)以及美国国外公司、银行的存款，同时准许贷款给非居民；但贷款必须用于国际业务。创设国际银行设施的意义在于吸引巨额资本流入美国，改善国际收支状况，同时，吸回巨额境外美元以便就近管制，从而加强美国金融市场资本经营境外货币业务的竞争力。

第五节　国际资本流动

一、国际资本流动的含义

国际资本流动，即资本从一个国家或地区向另一个国家或地区进行转移的活动。国际资本流动是指那些会引起资本在国际间对流、且有偿付行为的交易。所谓“对流”是指，一方面，资本从一国或地区向另一国或地区流入；另一方面，利润与本息从对方回流。所谓“偿付”，即指还本付息的行为。从会计意义上分析，国际资本流动主要是与交易双方国际收支平衡表中资产负债日常发生额直接相关的活动。而由国际资本流动可以产生国际间的债权债务关系，债务负担严重的甚至可能导致债务危机以致国际金融危机的产生。自 20 世纪 80 年代以来多次爆发的国际债务危机及金融危机也都与国际资本流动有关。

一国一定时期跨国资本流动的状况，主要反映在国际收支平衡表中的资本账户上。资本流入，意味着资本从国外流入本国，本国收入增加，计入贷方；资本流出，意味着资本从本国流向外国，本国支出增加，记为借方。因此，国际资本流动的狭义概念主要与一国资产负债的日常发生额相联系，反映一国与他国之间的债权、债务关系。

除此之外，由于一国资本流动还反映在其国际收支平衡表中的经常账户的单方面转移项目和金融账户的官方储备变化中，所以，国际资本流动的广义概念，还包括这一部分内容。但单方面转移是无偿付行为的，两国之间并不发生债权、债务关系。而官方储备变化主要反映国家之间经济交易差额结算及支付或清偿，是一定时期内的最终清算。因此，国际资本流动主要是指狭义概念所包含的内容。

二、国际资本流动的分类

国际资本流动的类别，主要是根据两种标准进行划分，一种是按期限划分，分为长期资本流动和短期资本流动两种；另一种是按性质划分，分为官方资本流动和私人资本流动两种。长期资本流动。

（一）长期资本流动

长期资本流动是指一年期以上、主要是通过长期资本投资、购买证券及提供长期贷款等方式进行国际间资本转移，是国际资本流动的主要方式之一。从性质上划分，有官方长期资本流动和私人长期资本流动。官方长期资本流动大多采用政府贷款或援助形式；私人长期资本流动则主要通过国际信贷、国际直接投资或国际债券投资等方式进行。

1. 国际直接投资

国际直接投资是长期资本流动的主要形式之一，是指一国政府机构或私人资本在国外开办企业或以收买外国企业等方式而进行投资。其特征是通过直接投资获得对所投资企业的经营管理权。

直接投资所开办的企业可以采取合资、合作或独资企业等形式；而收买外国企业的方式则要求所购股份必须达到一定的比例，才能拥有对该企业的经营管理权，如美国要求这一比例必须达到 10%以上。另外，基于投资者对东道国投资环境的认可，还可以用其投资所获得利润进行再投资，而不用汇回母国。再投资的对象可以是原投资企业，也可以是东道国其他企业。

2．证券投资

证券投资也称间接投资，是长期资本投资形式之一，即一国政府机构或公司企业及其他投资者，以购买他国证券的方式所进行的投资。其主要特征是不参与对所投资企业的经营管理，所购买的证券包括股票和债券，其收益为股息、红利或债券利息。

购买他国股票若达不到直接投资所规定的比例，即零星股票购买，则不能拥有对企业的经营管理权，一般被视为间接投资。

3．国际中长期贷款

国际中长期贷款是指一国政府或企业从他国银行或其他金融机构借入中长期资金。官方的中长期信贷主要包括政府间借款或国际金融机构的贷款。私人中长期信贷主要通过向跨国银行借贷进行。

政府间借款的特点是期限长，利息低，条件优惠，但数额不大，而且一般要指定用途，并常常附加一些政治条件。

国际金融机构贷款的特点也是数额小，期限长，利息低，条件优惠，但申请贷款所要求的审批手续繁多，审查严格，而且一般也要指定用途，多为项目贷款，使用贷款时的监督较严。

跨国银行贷款，多为银团贷款，筹资成本较高。

此外，出口信贷也属于国际中长期贷款，其特点是有官方担保，利率较低，期限较长数额大，但往往是与大型成套设备贸易相联系，而且受国际协定的约束。

国际中长期贷款是一种传统的国际融资方式。由于这种方式常常导致债务危机的发生，因此，国际金融市场的证券化趋势发展迅速，国际债券融资已经成为中长期融资的主要形式。

（二）短期资本流动

短期资本流动主要是指以货币形式在国际间的资本流动，其期限最长为一年，最短为一天，是国际资本流动的主要形式之一。从性质上也可以分为官方短期资本流动和私人短期资本流动。但官方性质的短期资本流动主要是由于一国政府或官方机构由于短期资本闲置或短缺而引起的，在整个短期资本流动中所占比例较小；而私人性质的短期资本流动主要是由于国际贸易短期融资、银行同业拆借，以及因保值或投机活动而发生的资本流动，在整个短期资本流动中占较大比重。短期资本流动主要由以下交易引起。

(1) 国际贸易融资，是与一国进出口贸易相联系的短期资金融通，包括信用放款、抵押放款和票据贴现等。

(2) 银行同业拆借，是指跨国银行同业之间由于头寸调整而引起的短期资金融通期限较短，最短为日拆。

(3) 短期证券投资，即购买外国政府发行的国库券等。

(4) 在跨国银行或跨国公司内部，总行与分支行、母公司与子公司之间的短期资金调拨。

(5) 跨国银行短期贷款。是指跨国银行与非银行客户之间的短期资金贷放。一般为浮动利率，且利率高，风险大。

(6) 保值或投资活动，即由于利率、汇率、股价及商品价格波动所引起的保值或投机活，如套利、套汇、逃汇等活动，往往会引起短期资本的大量流动。

三、国际资本流动的影响

(一) 国际资本流动对相关国家经济的影响

1．长期资本流动对相关国家经济的影响

如前所述，长期资本流动的主要形式是直接投资、间接投资和国际信贷。这类投资期限长、数额大，其规模和结构直接影响到一国经济的长期稳定和持续发展。下面我们分别从资本输入国、输出国的角度分析长期资本流动的积极影响。

(1) 长期资本流动对资本输入国的积极影响。

① 缓解资金短缺的矛盾。资金短缺是制约发展中国家经济增长的主要瓶颈之一。这些国家在经济起飞过程中需要大力发展本国的能源、原材料、交通、通信、道路、桥梁等基础设施，单靠本国力量往往不能填补资金需求的巨大缺口，输入国外资本可以在短时间内获得大量资金，为国内经济的持续发展提供动力。

② 增加国内的就业机会。过高的失业率是破坏社会稳定的潜在威胁，因此充分就业是宏观经济调控的主要目标之一，而提供就业机会必须要有相应的生产资源和社会保障。许多国家因生产力发展水平所限，资金积累少而人口压力大，难以提供足够的工作岗位。从国外输入资本，尤其是长期资本，能够带来资金、技术、设备和其他生产要素，在较短的时间内创造更多的就业机会。剩余劳动力较多的国家如果能够结合本国国情，在引进外资时适当发展劳动密集型产业，则可缓解就业压力。

③ 推动产业结构升级。80 年代以来，国际资本流动的行业分布从种植业和采掘业逐渐向制造业和服务业转移，资本输出国往往以技术转让和技术入股的方式向资本输入国提供大量先进技术和先进工艺装备，在很大程度上推动了资本输入国产业结构的升级。

④ 提高出口创汇能力。资本输入国在吸收国外先进技术和装备的同时，也可利用外方现成的海外销售渠道，将自己的产品打入国际市场，提高出口创汇能力。

(2) 长期资本流动对资本输入国的消极影响。

① 挤占本国市场。对发展中国家而言，其幼稚的民族产业由于自身在规模、装备水平和管理经验上的局限，一时难以应付外资企业的冲击，如果本国的经济政策失误、外资管理出现漏洞，很可能在市场竞争中丧失领地，使国内企业生存和发展的空间日趋狭小。

② 引发债务危机。资本输入国必须结合本国国情，就引进外资的规模、结构和还款期限做统筹安排，如果过多地借入国际贷款或发行国际债券，而又不能有效利用，当偿债高峰期到来时，有可能造成沉重的债务负担，甚至引发债务危机。

③ 诱导通货膨胀。大规模的长期资本输入，一方面需要输入国大量的本币配套资金投

入，另一方面可能形成较大的本币兑换压力，如果货币当局不能进行有效的冲销，就可能诱导通货膨胀，冲击输入国经济的正常运行。

④ 危及经济自主。某些国际金融机构在提供国际贷款时，常常附带苛刻的限制条件，试图左右资本接受国的经济政策，而大量外国资本渗透到国民经济的重要部门，确有可能使资本输入国产生依赖性，丧失经济政策的自主权。

⑤ 形成经济泡沫。相对于巨额资金流入，某些新兴工业国家国内市场过于狭小，工业体系不完整，大量涌入的外资往往只能投向房地产等非生产部门，形成经济泡沫，损害经济基础。

(3) 长期资本流动对资本输出国的积极影响。

① 提高资本边际利润。长期资本输出国多为发达国家和新兴工业化国家，这些国家国内市场竞争激烈，资本供大于求，同时国内劳动力成本也较高，投资的预期利润率趋于下降，将剩余资本以直接投资、间接投资或国际信贷的形式输出国外，尤其是输往资金短缺、劳动力充裕的国家和地区，可以有效地提高资本利润率。

② 扩大出口规模。长期资本流动输出的不仅是货币资本，还包括技术装备和管理经验。对外提供出口信贷，往往伴随着本国大宗商品和大型成套设备的出口。在国外直接投资办厂，还可以避开各种关税和非关税壁垒。可见，长期资本输出可以扩大本国出口规模。

③ 提高国际地位。在当今世界，一国的国际地位在很大程度上取决于该国在国际经济领域的影响力。对外输出长期资本，在增强资本输出国经济实力的同时，既可以扩大该国在国际贸易与国际金融中所占的份额，又能在不同程度上影响资本输入国的经济、政治乃至整个社会生活，从而有利于提高资本输出国的国际地位。

(4) 长期资本流动对资本输出国的消极影响。

① 面临较大的投资风险。与资本输出国相比，海外各国的政治、经济、法律、文化环境千差万别，如果东道国发生政变、内战、颁布不利于外资的法令或陷入债务危机，都可能使输出的长期资本面临较大的风险。

② 培育潜在的竞争对手。长期资本流动将大量资金、现代技术装备和先进管理经验输出国外，这对促进东道国经济发展大有裨益，但与此同时也培育了潜在的市场竞争对手，当资本输入国的生产力取得长足进步之后，其产品的国际竞争力必然得到加强，有可能与资本输出国在国际市场展开竞争，甚至取而代之。

2．短期资本流动对相关国家经济的影响

短期资本流动的期限短、变化快，对经济的影响比较复杂。现择其要者，简述如下：

(1) 对国际贸易的影响。国际间的短期资本流动，如预付货款、延期结汇、票据贴现和短期信贷等，有利于贸易双方获得必要的信用支持，从而保证国际贸易的顺利进行。但是，资本在短期内大规模跨国跨地区的转移，容易使利率和汇率频繁波动，可能给国际贸易带来风险。

(2) 对国际收支的影响。如果一国的货币汇率因该国国际收支的暂时性逆差而出现下浮，投机者有可能趁此机会购入该国货币以待将来汇率回升时售出，这样就形成了该国的短期资本流入，弥补了国际收支逆差；当一国的货币汇率因国际收支出现持久性逆差而持续下跌，投机者可能卖出该国货币，造成资本外流，扩大国际收支逆差。反之，当一国国际收支出现暂时或持续性顺差时，投机者也均可根据自己对未来货币汇率走势的判断买卖外汇，从而形成短期资本的流动，影响该国的国际收支。

(3) 对货币政策的影响。一般来说，因短期资本流动性强，对货币政策的变化十分敏感，它在国际间的频繁流动不利于各国货币政策的有效实施。例如，当一国施行紧缩性货币政策时，由于该国利率上升，大量国外短期资本流入该国，增大对该国货币的需求，从而降低货币紧缩政策的效果。

(二) 国际资本流动对世界经济的影响

1．国际资本流动可以增加世界经济总产量

如前所述，资本的国际间流动使输出国降低了生产成本，提高了资本的边际收益，同时东道国也发挥了比较优势，获得了资金、技术和管理经验。只要资本输出的收益大于因国内资本减少造成的损失，资本输出国的国民收入水平就会上升。对资本输入国而言，只要引进资本后增加的产出高于必须支付给外国资本的报酬，该国的净收益也会扩大。所以，长期资本的国际间流动可使资本的边际产出均等化，资本在更大范围和更高层次上得到优化配置，推动世界经济的发展。

2．国际资本流动推动了世界经济一体化进程

世界经济一体化，是指各国经济的相互渗透、相互竞争与相互依存。国际资本流动的过程就是各种生产要素在国际间进行配置的过程。资本流动使世界各国生产、流通和消费的联系日趋紧密。作为世界经济一体化进程阶段成果的欧盟的形成，与区内国家资本的自由流动密不可分。

3．国际资本流动促进了国际金融市场的发展

日趋频繁的国际资本流动突破了民族经济的藩篱和金融管制的壁垒，使国际金融市场迅速成长起来。国际间数额不断增长的资本流动为国际金融市场规模的扩大提供了前提条件，资本流动涉及的众多金融交易品种进一步拓宽了国际金融市场的业务范围，随着国际资本流动在地域上的扩展，各种金融机构遍布全球，相互间展开激烈的竞争，极大地提高了金融服务的效率。目前，资产规模大、业务范围广和经营效率高的国际金融中心不断出现，这是国际资本流动的必然结果。

4．给世界经济运行带来了一系列新的不稳定因素

目前，国际金融市场存在数以万亿美元的投机性“热钱”，这些资金脱离了实际的商品生产和国际贸易领域，经常随着国际市场行情和各国经济状况的变动在国际间大规模迅速移动，在国际货币市场、证券市场和黄金市场频繁进出，加剧利率和汇率的波动，随时可能对国际金融市场和世界经济运行形成巨大冲击。

本 章 小 结

(1) 国际收支概念既有广义的也有狭义的。国际收支平衡表包括经常项目、资本与金融项目、净误差与遗漏项目。国际收支有顺差、逆差和平衡三种状态，造成国际收支失衡

的原因有周期性因素、结构性因素、货币性因素、收入性因素和偶然性因素，主要运用经济政策、直接管制、国际经济和做等方式调节失衡状态。

(2) 外汇有广义与狭义之分，外汇包括记账外汇和自有外汇，贸易外汇和非贸易外汇，即期外汇和远期外汇等。汇率的标价法主要有直接标价与间接标价，按照不同的划分方式可分为买入汇率与卖出汇率，即期汇率与远期汇率，电汇汇率、信汇汇率和票汇汇率，固定汇率与浮动汇率，基准汇率与套算汇率等。一国影响汇率变动的因素主要有国际收支、通货膨胀、利率、经济增长、货币供给、失业率和税率等。

(3) 国际储备是指各国货币当局持有的，用于平衡国际收支、保持其货币汇率稳定，并能为国际间普遍接受的各种资产。狭义的国际清偿力就是指国际储备，广义的国际清偿力则还包括了各类贷款能力。作为一国的国际储备主要包括黄金、外汇、特别提款权以及在基金组织的储备头寸四个部分。

(4) 国际货币体系指各国政府为适应国际贸易与国际结算的需要，对货币的兑换、国际收支的调节等做出的安排或确定原则，及为此建立的组织等形式的总称。一般包括国际储备资产的确定、汇率制度的确定以及国际收支失衡的调节，其演变过程大致经历如下阶段：国际金本位制、布雷顿森林体系、牙买加体系及区域性货币制度体系。

(5) 国际资本流动是指资本从一个国家或地区向另一个国家或地区进行转移的活动。一般包括长期资本流动和短期资本流动。作为资本流动不仅对相关国家经济的有积极和消极的影响，此外，对世界各国均具有影响作用。

知识网络图

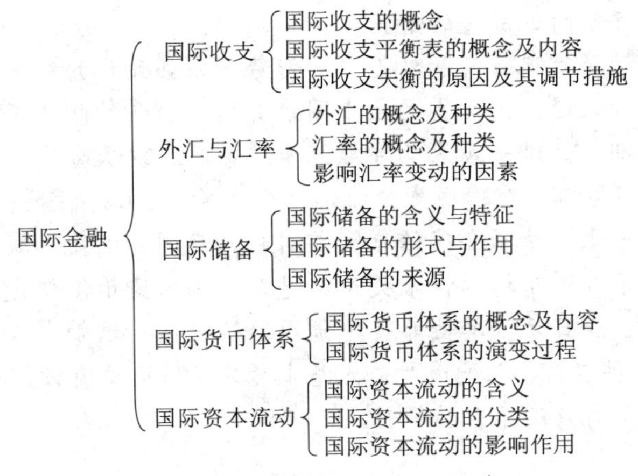

本 章 练 习

一、思考题

(1) 结合 2008 年中国国际收支平衡表来分析我国国际收支情况。

(2) 影响汇率变动的因素有哪些方面？

(3) 国际储备与国际清偿力的区别与联系？

(3) 国际货币体系的内容及发展过程有哪些？

(4) 国际资本流动的对世界的影响？

二、典型案例分析

【案例 1】

国际金融危机对人民币汇率走势的影响

2005 年 7 月人民币汇率形成机制改革后，人民币汇率弹性逐步增强。到 2008 年 9 月底，人民币对美元累计升值了 21.4%，对主要贸易伙伴货币的平均汇率水平(国际清算银行测算的名义有效汇率)累计升值了 13.4%。然而，随着国际金融危机日益严重，人民币升值步伐放缓。一是人民币对美元汇率由单边升值转为双向波动，汇率弹性明显增强。10 月以来，随着美元在国际市场上对除日元外的其他主要货币汇率大幅走强，境内人民币对美元汇率的双向波动性也有所增强。10 月至 11 月累计 40 个交易日内，人民币对美元汇率中间价贬值的天数占比达 55%，较前三个季度增加了 9 个百分点。二是境内外市场对人民币升值预期转为贬值预期。2008 年 3 月底以来，境外不交割远期(NDF)美元贴水开始收窄，升值预期逐渐缩小，9 月中旬后又进一步转为美元升水(人民币贬值)，并且升水幅度不断增大。10 月中旬起，境内各期限美元对人民币远期价格也由美元贴水转为美元升水，并且升水幅度不断扩大。三是外汇即期市场出现剧烈波动。银行间外汇市场交易价格波幅扩大，2008 年下半年人民币对美元交易汇价日均波幅 126 个基点，较上半年增加 32 个基点。其中，12 月的第一周，在银行间外汇市场上，人民币对美元交易价格相对当日汇率中间价出现连日触及跌停或在跌停价附近成交的情况。

人民币汇率双向波动是宏观经济和外汇市场形势一系列变化的结果。第一，随着世界金融市场动荡，经济陷入衰退，国际上对于中国经济增长前景的担忧不断上升，这影响到市场对人民币汇率的预期，并进一步影响即期汇率。第二，这次金融危机使得全球金融市场由流动性过剩转为信贷紧缩，对跨境资金流动产生影响。2008 年下半年以来，我国外汇储备增长放缓，一定程度上反映了全球信贷紧缩引起的我国外汇流入减缓、流出加快的变化。这种变化直接影响了外汇市场的供求关系，进而影响人民币汇率走势。第三，国际外汇市场上美元强劲上扬，除日元外其他非美元货币纷纷贬值，这带来人民币对美元被动贬值的压力。2008 年下半年以来，人民币对美元基本稳定，但名义有效汇率仍是升值(据 BIS 测算，下半年人民币名义有效汇率升值 8.4%)。

请分析：

(1) 为什么说金融危机会使人民币对美元汇率由单边开值转变为双间变动？

(2) 这种双向变动对我国经济影响如何？

【案例 2】

净误差与遗漏形成的原因和国际比较

净误差与遗漏也可称作平衡项目或统计误差，是国际收支平衡表中的一个单独项目，设立该项目的目的是平衡国际收支平衡表中各项目统计数据的误差和遗漏问题。

对于国际收支统计而言，国际收支平衡表中出现误差与遗漏是正常的。造成误差与遗漏的原因主要有三个方面：一是由于国际收支统计涉及一经济体的全部涉外交易，各国编制国际收支平衡表一般会使用多渠道多部门的多种数据来源，这些不同渠道、不同部门的数据往往在统计时点、统计口径与国际收支统计原则存在一定差异；二是各部门各自采集的数据不可避免地存在一定的统计误差；三是各数据源在货币折算等方面的差异在一定程度上也会造成误差与遗漏。

一般而言，净误差与遗漏的绝对值过大会影响国际收支统计的可信度。通常国际上认为，净误差与遗漏规模占进出口贸易总值的5%以下是可以接受的。

从各国近年来的统计情况看，一般绝大多数国家都低于这一比例。以 2007 年为例，部分国家的净误差与遗漏占其进出口贸易总值的比例如下：德国为 2.0%，日本为 1.3%，美国为 1.3%，俄罗斯为 2.1%，马来西亚为 1.5%，印度为 1.3%。我国 2007 年和 2008 年的净误差与遗漏规模占进出口贸易总值的比例分别为 0.77%和 1.04%。总体上看，在国际经济形势和宏观经济环境波动较大时，净误差与遗漏项目数据及其占货物贸易进出口总值比例较大，例如美国 1998 年的净误差与遗漏为 1488 亿美元，占比 9.4%；2004 年为 950 亿美元，占比 4.2%；2008 年为 1293 亿美元(初步数)，占比约 3.8%(见图 12-1)。

此外，国际收支平衡表中的净误差与遗漏一般呈现正负交替的随机分布状态，即净误差与遗漏既可能出现在贷方(为正值)，也可能出现在借方(为负值)。以 1998 年至 2007 年十年的时间段为例，部分国家的净误差与遗漏出现正负值的情况如下：德国负值三年，正值七年；日本负值四年，正值六年；美国负值六年，正值四年；俄罗斯负值九年，正值一年；马来西亚负值八年，正值两年；中国负值六年，正值四年。其中，我国 2005 年、2006 年净误差与遗漏均为负值，当时正面临较大的资本流入压力和较强的人民币升值预期。

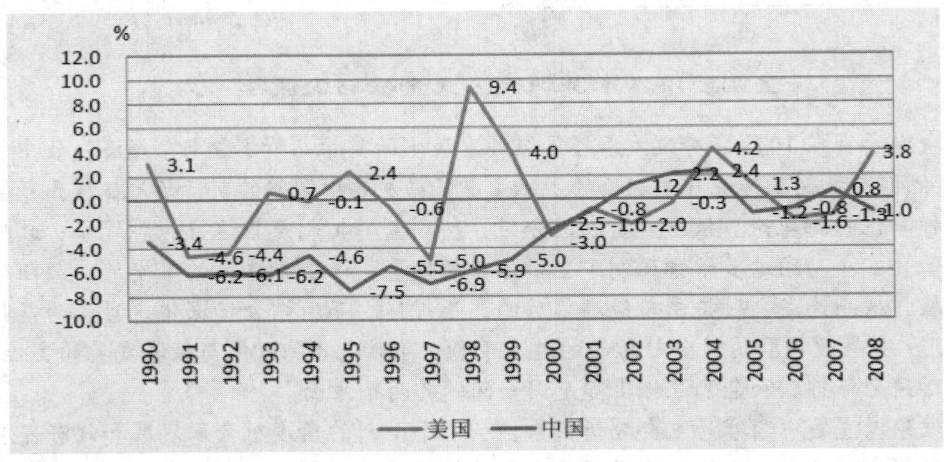

图 12-1　1990—2008 年中美净误差与遗漏额占比情况对比

(图片来源：2008 年中国国际收支报告)

请分析：

(1) 结合实际情况分析形成净误差与遗漏的原因有哪些？

(2) 如何将净误差与遗漏项目的数值控制在合理范围内？

第十三章 金融创新与金融发展

【知识目标】

1. 掌握金融创新的含义及其主要内容
2. 了解我国金融创新的内容和特点
3. 掌握金融风险及其防范的措施

【能力目标】

1. 理解金融创新的动因
2. 能够结合实际分析我国金融创新形式和发展

案例导入

美国经济学家罗纳德·麦金农与爱德华·肖

麦金农和肖在1973年分别发表了《经济发展中的货币与资本》与《经济发展中的金融深化》。他们在批判了传统货币理论的基础上，根据发展中国家的实际情况，提出了金融抑制和金融深化的新理论。根据麦金农的分析，所谓金融抑制是指这样一种现象：政府对金融体系和金融活动的过多干预压制了金融体系的发展，而金融体系的不发展，又阻碍了经济的发展，从而造成金融抑制与经济落后的恶性循环。而所谓金融深化，肖认为是指这样一种情形：如果政府取消对金融活动的过多干预，可形成金融深化与经济发展的良性循环。因此，所谓金融抑制和金融深化实际是同一问题的两个方面。

其理论以发展中国家为主要分析对象，从一个全新的角度对金融发展和经济发展的关系展开了研究，考察了发展中国家货币金融的特殊性，深刻地论证了金融发展与经济发展的辩证关系，提出了与传统货币理论大不一样，甚至截然相反的主张，在国外经济学界引起了强烈反响，引发了一场研究金融发展的浪潮。本章将着重介绍这一理论主要观点及其发展。

金融创新始于20世纪60年代，发展于70年代，成熟于80年代以后，也是世界金融业未来发展的一种趋势。金融创新是在货币经济走向金融经济、货币外延扩大以及金融功能扩张的背景下，金融业的现实反映，它为金融发展提供了深厚而广泛的微观基础，是推动金融发展的最为直接的动力；金融创新浪潮的兴起和迅猛发展，给整个金融体制、金融宏观调控乃至整个经济都带来了深远的影响。

第一节　金融创新概述

一、金融创新的含义

金融创新(Financial innovation)就是在金融领域内各种要素实行新的组合。具体来讲，就是指金融机构和金融管理当局出于对微观和宏观利益的考虑而在金融机构、金融制度、金融业务、金融工具以及金融市场等方面所进行的创新性变革和开发活动。

金融创新可以分为狭义的金融创新和广义的金融创新。

1. 狭义的金融创新

狭义的金融创新是指微观金融主体的金融创新，以 1961 年美国花旗银行首次推出的大额可转让定期存单(CD)为典型标志，特别是 20 世纪 70 年代西方发达国家在放松金融管制之后而引发的一系列金融业务的创新。放松金融管制的措施包括放宽设立银行的条件、放松或取消利率管制、放松对商业银行的资产负债管理、允许银行和非银行机构实行业务交叉等，这种制度上和观念上的创新直接导致了国际金融市场不断向深度和广度发展，也使高收益的流动性金融资产得以产生。同时，放松金融管制还增强了金融中介机构之间的竞争，使其负债对利率的弹性大大提高，负债管理的创新理论也由此而产生。

2. 广义的金融创新

广义的金融创新不仅包括微观意义上的金融创新，还包括宏观意义上的金融创新；不仅包括近年来的金融创新，还包括金融发展史上曾经发生的所有的金融创新。可以说，金融创新是一个历史范畴，自从现代银行业诞生那天起，无论是银行传统的三大业务、银行的支付和清算系统、银行的资产负债管理，还是金融机构、金融市场乃至整个金融体系、国际货币制度，都经历了一轮又一轮的金融创新。整个金融业的发展史就是一部不断创新的历史，这种金融创新是生产力发展后，反过来对生产关系组成部分的金融结构进行调整而产生的。因此，从某种意义上讲，金融创新也是金融体系基本功能的建设，是一个不断创新的金融体系的成长过程。

本书所讨论的金融创新主要是狭义的金融创新。

二、金融创新的背景与动因

金融创新属于历史范畴，其发生和发展的轨迹与特定历史时期的经济发展背景密切相关。第二次世界大战以来，世界经济形势和格局发生了巨大的变化，经济高速增长，高新技术日新月异，所有这一切正日益深刻地影响和改变着公众的生存方式和经济行为；同时，金融业发展的制度环境也已经发生了很大的变化，正是这些因素促成了国际金融领域创新浪潮的涌起。

（一）金融创新的经济背景

从当代经济发展史看，对近三四十年来的金融创新有较大影响的经济事件主要有欧洲货币市场的兴起、国际货币体系的转变、石油危机与石油美元的回流、国际债务危机等。

1. 欧洲货币市场的兴起

第二次世界大战后的二三十年中，世界经济发生了深刻变化，其中的生产国际化带来了市场国际化和资金国际化，欧洲货币市场就此形成。该货币市场的发展与三个因素有关：一是由于东西方冷战使前苏联和东欧国家持有的货币存入欧洲国家银行；二是由于 1957 年英国政府加强外汇管制，促使英国银行转向美元进行融资，美元在欧洲可以自由兑换；三是自 1958 年起，美国的国际收支逆差增大，致使许多国家将获得的剩余美元投向欧洲货币市场。

在这种情况下，美国政府为了限制资本外流，采取了一系列措施，如课税、利率或贷款限制等。而这些措施的出台又迫使美国商业银行在国内的业务受阻，只得向国外寻求发展，形成了美国资金的大量外流，促使了欧洲货币市场业务的兴盛。欧洲货币市场的出现，作为一个离岸金融市场，其本身就是一个在逃避管制中创造出来的产物。可以说，欧洲货币市场的建立，开创了当代金融创新的先河，其灵活多样的经营手段，为以后的金融创新树立了典范。

2. 国际货币体系的转变

1944 年，美英等 44 个国家确立了战后的国际货币体系——布雷顿森林体系，该体系实际上是以黄金为基础，以美元为最主要的国际储备货币，实行黄金-美元本位制。该货币体系实行的是“双挂钩”制度，即美元与黄金挂钩，其他国家的货币与美元挂钩。这种以美元为中心的货币体系对战后的国际贸易和世界经济的发展起到了一定的积极作用。但是，从 1950 年起，美国的国际收支出现逆差，美元大量外流。60 年代中期以后，美元又多次爆发危机，国际货币体系进入了动荡时期；1971 年 8 月，尼克松政府宣布实行“新经济政策”，停止了美元与黄金的兑换；1973 年 2 月，美元再度贬值，各国主要货币开始浮动，随后不久便逐步发展成为浮动汇率制。浮动汇率制的诞生，标志着布雷顿森林体系的终结。

而国际货币体系由相对稳定的“双挂钩”制，转变到不太稳定的、极易引发贬值、投机甚至传播通胀的“浮动汇率制”，给各国和世界经济带来较大的风险，这当然也会使金融机构的经营面临的市场风险加大，所以，国际货币体系的转变是促进金融创新的一个不容忽视的环境因素。

3. 石油危机与石油美元回流

1973 年 10 月，中东战争爆发，石油输出国组织(OPEC)以石油为武器，与西方发达国家抗衡，在加快石油国产化的同时，大幅度提高了油价，从 1973 年 10 月的每桶 3.10 美元，涨到了 1981 年 10 月的每桶 34 美元，油价上涨了 11 倍，给世界经济带来巨大影响，形成了石油危机。

随着 OPEC 石油价格的大幅提高，石油输出国的贸易收支出现巨额顺差。由于石油贸易是以美元计价并结算的，而且美元在石油盈余资金中所占的比重最大，故称石油美元。

石油危机造成了全球性的国际收支的严重失衡，从 1973 年—1983 年，工业化国家累计有 224 亿美元的经常项目逆差，非产油的发展中国家经常项目的逆差竟高达 5682 亿美元，为了弥补国际收支的失衡，逆差国纷纷进入欧洲货币市场和国际资本市场寻求资金。与此同时，石油输出国为了寻求有利的投资场所，也将巨额的石油美元投向了欧美金融市场。这样一来，石油美元从石油输出国返回到了石油进口国，形成了石油美元的回流。

石油美元的回流在一定程度上促进了国际金融市场的发展，十年间，吸引了累计高达 4000 多亿的美元。但是，由于涌入国际金融市场的资金大部分是短期金融资金，流动性大，在浮动汇率的条件下，石油美元在国际间大量、快速地流动，在一定程度上助长了投机活动，加剧了金融市场的动荡，由此导致了利率、汇率的剧烈、频繁的波动，使融资双方要求有新的金融交易工具来规避日益增大的市场风险。金融机构一方面要满足客户的这种对新金融工具的市场要求，另一方面也是出于自身业务经营的需要，通过各种金融创新来降低市场风险。

4．国际债务危机

20 世纪 70 年代以来，许多发展中国家为了加速本国经济的发展，对国际金融市场上的资金需求极为旺盛。但是由于一些发展中国家缺乏对债务结构、规模的宏观管理与控制的经验，不顾自身偿债能力而盲目借入超过自身承受能力的外债，其结果必然是导致严重的债务问题。至 1983 年底，发展中国家的债务总额已达 8000 亿美元。此外，由于石油涨价、利率提高以及国际贸易中的保护主义盛行、发展中国家出口下降等原因，致使这些债务国的偿债能力大打折扣，终于爆发了 80 年代初期的以南美发展中国家为主要债务国的债务危机，加剧了国际金融的不稳定性，对国际金融业影响深远。

国际商业银行面对这场严重的债务危机，纷纷缩小融资规模、改革融资方式，从而导致了一大批新的融资工具和融资方式的诞生，同时还想出了许多解决债务问题的创新方法，如债权转股权、购回旧债发行有抵押的新债、债务转债券等，使危机得到了很大程度的缓解。所以，从某种意义上讲，20 世纪 80 年代的这场债务危机，虽然造成了国际金融业的剧烈震荡，但却成就了融资工具和融资方式的改革与创新。

（二）金融创新的动因

通过以上国际经济条件变化的背景分析，可以看出，经济生活对金融创新有着巨大的需求。但是，金融业作为一个特殊的行业，其各种创新的出现和广泛传播，还有一些复杂的原因和条件，正是这些因素构成了金融创新的直接动因。

1．金融管制的放松

20 世纪 30 年代，随着西方国家经济大危机的爆发，各国为了维护金融体系的稳定，相继通过了一系列管制性的金融法令。严格的管制虽然促进了金融体系的稳定，但也造成了严重的“脱媒”现象。于是，政府的严格管制的逆效应产生了——金融机构通过创新来规避管制，寻求管制以外的获利空间。

此时政府发现，如果政府对金融机构的创新行为严加管制，则会使金融机构创新的空间依然狭窄，不利于经济的发展；但如果采取默认的态度，任其打政策、法律的“擦边球”，又有纵容其违法、违规之嫌。所以，从 20 世纪 80 年代起，各国政府为了适应宏观市场经济发展以及微观金融主体的创新之需，逐步放宽了对金融机构的管制，才使得金融创新掀起了一股浪潮，成为推动国际金融业快速发展的内在动力。由此可见，金融创新是需要一定宽松的制度环境的，否则，金融创新就会失去实际意义。

2. 市场竞争的日益尖锐化

竞争是市场经济的重要规律之一，没有竞争就不是市场经济。随着现代经济一体化、市场的国际化，金融领域的发展极为迅速。金融机构的种类、数量急剧增加，金融资本高度集中，同时向国外市场发展。由此伴随而来的金融机构之间的竞争也日趋尖锐，而且面临的风险更大，特别是当经济遇到危机时，市场经济优胜劣汰的本能机制，在金融领域里演绎得更加充分，金融机构倒闭、合并、重组的事件屡见不鲜。所以，为了在竞争中求生存、谋发展，在市场上立于不败之地，金融机构就需要不断的改革与创新。可以说，金融业的发展史，就是一部创新史。

3. 追求利润的最大化

利润水平的高低，是衡量金融企业实力的重要标志之一，也是进一步开辟市场、发展业务的重要物质条件。发展金融业务，扩大资产负债规模的最终目的就在于追求利润的最大化。影响金融企业利润的因素有很多，其中既有内部的条件，也有外部的因素。例如，国家的宏观经济政策(包括货币、财政、产业等)，还有金融管制力度方面的变化，法律环境的改善，公众诚信度的提高，金融企业的经营管理水平、员工素质等。但是，在市场经济的大环境下，如何在法律许可的范围内进行改革、创新，以获取更大收益，就在于金融企业内在的强大动力。不少融资工具、融资方式以及管理制度的创新就是在金融管制放松的市场环境下产生出来的，如 20 世纪 60 年代离岸银行业务的创新，便是在不受国内金融外汇法规约束，还可享受一定的税收优惠的条件下发展起来的。

4. 科学技术的进步

20 世纪 70 年代以来，一场以计算机等为根本特征的新技术革命席卷世界。90 年代以后，以网络为核心的信息技术飞速发展，信息产业成为最新兴的产业。这些高新技术也被广泛应用到金融机构的业务处理过程之中，为金融创新提供了技术上的支持，成为技术型金融创新的原动力，促进了金融业的电子化发展。

金融电子化给金融业的运作带来的变革主要体现在两方面：一是以自动化处理方式代替了人工的纸处理方式，从而降低了信息管理的费用，如信息的收集、贮存、处理和传递等一系列过程；二是以自动渠道(如远程、网络银行、电子银行等)，来改变客户享受金融服务和金融产品的方式。新技术革命提供的技术支持，为金融业务和金融工具的创新创造了必要的条件。

第二节 金融创新的主要内容

金融创新的内容十分广泛，各种创新又有着自己的目的与要求，所以，金融创新可以有不同的分类方法。例如，按照创新的主体来划分，金融创新可以分为市场主导型和政府主导型；按照创新的动因来划分，金融创新可以分为逃避管制型、规避风险型、技术推动型和理财型等；按照创新的内容来划分，金融创新可以分为工具的创新、机构的创新、业务的创新、制度的创新等。

下面就按照广泛的划分理解，对金融制度的创新、金融工具的创新以及金融业务的创新进行分析论述。

一、金融制度的创新

金融制度是金融体系中的一个非常重要的方面。在一系列的金融创新与金融自由化的过程中，金融制度的变化是不可避免的。在制度变革的基础上，金融创新又会在一个更新层面上展开，进而推动金融创新的深入发展。

所谓金融制度的创新是指金融体系与结构的大量新变化，主要表现在以下三个方面。

（一）分业管理制度的改变

长期以来，在世界各国的银行体系中，历来有两种不同的银行制度，即以德国为代表的“全能银行制”和以美国为代表的“分业银行制”，二者主要是在商业银行业务与投资银行业务的合并与分离问题上的区别。但自 20 世纪 80 年代以来，随着金融自由化浪潮的不断升级，这一相互之间不越雷池一步的管理制度已经发生改变，美国于 1999 年底废除了对银行业经营严格限制 60 多年的《斯蒂格尔法案》，允许商业银行混业经营。从目前来看，世界上大多数国家的商业银行的上述两个传统特征和分业界限已逐渐消失，商业银行的经营范围正不断扩大，世界上的著名大银行实际上已经成为“百货公司”式的全能银行，从其发展动向看，商业银行经营的全能化、综合化已经成为一种必然的趋势。

（二）对商业银行与非银行金融机构实施不同管理制度的改变

由于商业银行具有信用创造的特殊功能，因此，世界上的大多数国家都对商业银行实行了比非银行金融机构更为严格的管理制度，如对其市场准入的限制、存款最高利率的限制、不同存款准备金率的差别限制、活期存款不得支付利息的限制等。但是，在不断发展、扩大的金融创新中，非银行金融机构正是看准了这一制度上的薄弱之处，进行了大胆创新与发展，使非银行金融机构的种类、规模、数量、业务范围与形式等迅速发展，使商业银行在新的市场竞争中处于明显的弱势。鉴于经济环境、市场条件所发生的巨大变化，各国政府都先后缩小了对两类金融机构在管理上的差别，使商业银行与非银行金融机构在市场竞争中的地位趋于平等。

（三）金融市场准入制度趋向国民待遇

在 20 世纪 80 年代以前，许多国家均采取了对非国民进入本国金融市场以及本国国民进入外国金融市场以种种限制，尤以日本为最，在金融自由化浪潮的冲击下，这些限制正逐渐取消。

经济一体化和金融全球化的发展，为跨国银行的出现以及国际金融中心的建立创造了条件。各国大银行争相在国际金融中心设立分支机构，同时在业务经营上加快电子化、专业化和全能化的步伐。由于金融创新，使各国之间的经济、金融联系更加紧密，经营的风险也在加大，从而使全球金融监管出现自由化、国际化倾向，各国政府在对国际金融中心、跨国银行的监管问题上更加注重国际间的协调与合作。

二、金融业务的创新

金融业务的创新是把创新的概念进一步引申到金融机构的业务经营管理领域，它是金融机构利用新思维、新组织方式和新技术，构造新型的融资模式，通过其经营过程，取得并实现其经营成果的活动。在金融业务的创新中，因为商业银行业务在整个金融业务中占据举足轻重的地位，所以，商业银行的业务创新构成了金融业务创新的核心内容。下面重点分析商业银行的业务创新。

（一）负债业务的创新

商业银行负债业务的创新主要发生在20世纪的60年代以后，主要表现在商业银行的存款业务上。

(1) 商业银行存款业务的创新是对传统业务的改造、新型存款方式的创设与拓展上，其发展趋势表现在四方面：一是存款工具功能的多样化，即存款工具由单一功能向多功能方向发展；二是存款证券化，即改变存款过去那种固定的债权、债务形式，取而代之的是可以在二级市场上流通转让的有价证券形式，如大额可转让存单等；三是存款业务操作电算化，如开户、存取款、计息、转账等业务均由计算机操作；四是存款结构发生变化，即活期存款比重下降，定期及储蓄存款比重上升。

(2) 商业银行的新型存款账户突出个性化，迎合了市场不同客户的不同需求，主要有可转让支付命令账户(NOW)、超级可转让支付命令账户(Super NOW)、电话转账服务和自动转账服务(ATS)、股金汇票账户、货币市场互助基金、协议账户、个人退休金账户、定活两便存款账户(TDA)、远距离遥控业务(RSU)等。

(3) 商业银行借入款的范围、用途扩大化。过去，商业银行的借入款项一般是用于临时、短期的资金调剂，而现在却日益成为弥补商业银行资产流动性、提高收益、降低风险的重要工具，筹资范围也从国内市场扩大到全球市场。

（二）资产业务的创新

商业银行的资产业务的创新主要表现在贷款业务上，具体表现在以下四方面：

(1) 贷款结构的变化。长期贷款业务尤其是消费贷款业务，一直被商业银行认为是不宜开展的业务。但是，在20世纪80年代以后，商业银行不断扩展长期贷款业务，在期限上、投向上都有了极大的改变。以美国商业银行为例，以不动产贷款为主的长期贷款已经占到商业银行资产总额的30%以上；在消费贷款领域，各个阶层的消费者在购买住宅、汽车、大型家电、留学、修缮房屋等方面，都可以向商业银行申请一次性偿还或分期偿还的消费贷款。消费信贷方式已经成为不少商业银行的主要资产项目。

(2) 贷款证券化。贷款证券化作为商业银行贷款业务与国债、证券市场紧密结合的产物，是商业银行贷款业务创新的一个重要表现，它极大地增强了商业银行资产的流动性和变现能力。

(3) 与市场利率密切联系的贷款形式不断出现。在实际业务操作过程中，商业银行贷款利率与市场利率紧密联系、并随之变动的贷款形式，有助于商业银行转移其资产因市场利率大幅度波动所引起的价格风险，是商业银行贷款业务的一项重要创新。其具体形式有浮动利率贷款、可变利率抵押贷款、可调整抵押贷款等。这些贷款种类的出现，使贷款形式更加灵活，利率更能适应市场变化。

(4) 商业银行贷款业务“表外化”。为了规避风险，或为了逃避管制，也可能是为了迎合市场客户之需，商业银行的贷款业务有逐渐“表外化”的倾向。其具体业务有回购协议、贷款额度、周转性贷款承诺、循环贷款协议、票据发行便利等。

证券投资业务上的创新主要有股指期权、股票期权等形式。

【知识拓展】

苏宁电器股票期权激励计划

2007 年 1 月 30 日，苏宁电器董事会通过股票期权激励计划(草案)，方案包括苏宁电器股份有限公司拟授予激励对象 2200 万份股票期权，每份股票期权拥有在激励计划有效期内的可行权日以行权价格和行权条件购买一股公司股票的权利。本激励计划的股票来源为公司向激励对象定向发行股票。本次激励计划涉及的标的股票总数为 2200 万股，占激励计划公告日公司股本总额 72 075.2 万股的 3.05%。股票期权有效期内发生资本公积转增股本、派发股票红利、股份拆细或缩股、派息事宜，行权价格将做相应的调整。除上述情况外，因其他原因需要调整股票期权数量、行权价格或其他条款的，应经公司董事会做出决议并经股东大会审议批准。

(三) 中间业务的创新

商业银行中间业务的创新，彻底改变了商业银行传统的业务结构，极大地增强了商业银行的竞争力，为商业银行的发展找到了巨大的、新的利润增长点，对商业银行的发展产生了极大的影响。具体表现在四个方面：第一是中间业务领域极度扩张，使商业银行日益成为能够为客户提供一切金融服务的“金融超市”；第二是中间业务的收入占银行业务总收入的比重不断增大，使商业银行的竞争从价格的竞争转向服务质量的竞争；第三是现代企业需要商业银行提供信托、租赁、代理融通、现金管理、信息咨询等多种中间业务，从而使银企关系加强，商业银行“万能”的地位得以巩固；第四是中间业务创新的主题是电子计算机的广泛应用，随着商业银行中间业务的自动化、服务综合化的发展，商业银行业务电子化的进程不断加快。

商业银行中间业务创新的内容主要包括以下几个方面：

(1) 结算业务日益向电子转账发展，即资金划转或结算不再使用现金、支票、汇票、报单等票据或凭证，而是通过电子计算机及其网络办理转账，如“天地对接、一分钟到账”等。

(2) 信托业务的创新与私人银行的兴起。随着金融监管的放松和金融自由化的发展，商业银行信托业务与传统的存、贷、投资业务等逐步融为一体，并大力拓展市场潜力巨大的私人银行业务。如生前信托、共同信托基金等，通过向客户提供特别设计、全方位、多品种的金融服务，极大地改善了商业银行的盈利结构，拓展了业务范围，争夺了“黄金客户”，使商业银行的竞争力大大提高。

(3) 现金管理业务的创新是由于商业银行通过电子计算机的应用，为客户处理现金管理业务，其内容不仅限于协助客户减少闲置资金余额并进行短期投资，还包括为企业(客户)提供电子转账服务、有关账户信息服务、决策支援服务等多项内容。该业务既可以增加商业银行的手续费收入，还可以密切银企关系，有利于吸引更多的客户。

(4) 商业银行之所以可以在信息咨询方面进行创新是因为现代社会已经成为信息社会，而金融业也成为依靠信息及其技术从事业务经营的部门。同时，社会各经济部门对金融信息的依赖程度正日益加深，金融信息的生产日益现代化、市场化，这一切均极大地推动了商业银行信息咨询业的创新与发展。例如，客户咨询数据库以及权威专家的信息资源系统等，为社会、客户提供各种准确、及时、权威且有偿的信息服务。

(5) 商业银行自动化服务的创新，也是由于电子计算机的广泛应用引起的。电子化、自动化的全方位、全天候的金融服务，使商业银行业务发生了巨大的变革，主要包括银行卡业务、自助银行、网络银行、自动柜员机、售货点终端机、居家银行服务等，得到了广泛的应用，其发展势头方兴未艾。

(6) 与中间业务联系密切的表外业务，是商业银行业务创新的重要内容，它们当中有很多都可能在一定的条件下转化为表内业务。商业银行发展、创新表外业务的直接动机是规避金融监管当局对资本金的特殊要求，通过保持资产负债表的良好外观来维持自身稳健经营的形象。当然，表外业务也是商业银行顺应外部金融环境的改变，由传统银行业务向现代银行业务转化的必然产物。表外业务虽然没有利息收入，但却有可观的手续费收入。从世界各国银行业的发展情况看，表外业务发展迅猛，花样品种不断翻新，有些商业银行的表外业务收益已经超过传统的表内业务收益，成为商业银行的支柱业务。目前，商业银行的表外业务主要有贸易融通业务(如商业信用证、银行承兑汇票)、金融保证业务(如担保、备用信用证、贷款承诺、贷款销售与资产证券化)、衍生产品业务(如各种互换交易、期货和远期交易、期权交易)等。

三、金融工具的创新

金融工具的创新是金融创新的最主要的内容。近年来出现的金融创新中，最显著、最重要的特征之一就是大量的新型的金融工具被创造出来。这些新型金融工具的出现，使人们对于“货币”、“资金”、“资本”、“金融商品”、“金融资产”等原有概念的认识产生了困惑。因为这些事物的出现，是当今特定历史时期的新生事物，要求人们重新审视和界定上述概念的含义及范畴。特别是20世纪70年代出现的衍生金融工具，更是向人们展示了金融资产保值和风险规避的全新概念。

(一) 基本存款工具的创新

基本的存款工具有活期存款、定期存款、储蓄存款等，但是，在金融工具的创新过程中，这些基本存款工具的界限早已被打破，形成了一些新的存款工具，主要包括可转让支付命令、自动转账服务账户、超级可转让支付命令、货币市场存款账户、个人退休金账户等。这些账户的特点是既能灵活方便地支取，又能给客户计付利息，这些新型存款账户的出现，为客户提供了更多的选择，充分满足了存款人对安全、流动和盈利的多重要求，从而吸引了更多的客户，扩大了商业银行的资金来源。

(二) 衍生金融工具的创新

衍生金融工具是伴随着近二十年来新一轮金融创新而兴起和发展起来的。它的出现，可以说给当代金融市场带来了划时代的贡献，除了让人们重新认识金融资产保值和规避风险的方式手段之外，还具有很强的杠杆作用，让人们充分体会到了“四两拨千斤”的快感。因此，人们把衍生金融工具称为“双刃剑”，如果运用得当，可给金融业带来许多好处，能起到传统避险工具无法起到的保值、创收作用；但如果运用失当，也会使市场参与者遭受严重损失，甚至危及整个金融市场的稳定与安全。

四、金融创新的影响

(一) 金融创新的微观效应

从微观角度看，金融创新不过是市场均衡力量在金融领域中的一种反应，是金融家为在金融市场上寻求赢利的机会，通过各种类型的金融创新而谋利的过程，降低交易成本和改善风险分配是金融创新的主旨。金融创新对微观金融主体的影响体现在以下几个方面。

1. 金融创新为金融机构拓展了生存空间

金融创新对金融机构的影响主要表现在机构扩张和业务趋同等方面。

(1) 金融创新创造了一些新型金融机构，促进了非银行金融机构的快速发展。这些新型金融机构有的是出于满足新的金融需求而诞生的，这主要是指资本市场上的某些中介机构，例如各类新式的投资基金；有的是由于技术创新对现有金融机构的改造，诸如电话银行和网络银行之类，它们提供的金融服务内容并没有很大变化，仅是服务方式的创新。金融创新促进了金融机构的多样化发展。

(2) 金融创新改变了金融中介机构的分割局面，使得金融机构日趋同质化。商业银行和储蓄机构之间的基本区别已经不复存在，存款性金融机构和非存款性金融机构之间的主要差别也在缩小。金融创新促进了金融机构混业经营的趋势。这种金融机构之间的同质化，将会加剧金融机构间的竞争，一方面促进了金融机构经营管理观念的创新，提高了金融机构的经营效率，促进了金融资源的有效分配；另一方面可能导致金融体系的不稳定性，这一点在后面将会提到。

(3) 金融创新促进了金融机构业务的创新和多元化，使金融机构摆脱困境，拓展了新的盈利空间。在20世纪60年代的美国，由于市场利率大幅度上升，银行业由于利率最高限的法令，不能提高利率来吸收资金，导致资金来源日益枯竭。金融机构若不进行创新，就难以逃脱破产的命运。正是金融创新中诞生的一系列兼具收益性和流动性的金融工具的出现，使金融机构获得充足的资金来源。在资金运用方面，传统的业务分工和机构分工的界限不断被金融创新所打破。金融机构服务功能不再局限于传统的信用中介和信用创造，除存、贷、结算等传统基本业务外，还向证券、租赁、房地产和信托等方面拓展，业务领域大大拓宽。金融服务技术的进步也为新业务开拓创造了条件：ATM可以24小时为客户提供零售银行业务，信贷资产证券化业务将间接金融中介机构与资本市场紧密联系在一起。

2. 金融创新使投资者增强了抗风险的能力

金融创新推动了金融工具品种和数量的扩张以及交易成本的降低，使得投资者抵抗风险的能力得以增强。

(1) 金融创新创造了许多新型金融工具，提供了多功能、多样化和高效率的金融工具和金融服务，扩大了投资者的选择空间。这方面既有银行金融机构创造的新金融工具，例如 CD、NOW、ATS、MMMF、MMDA 等，又有非银行金融机构的创造，如各类新型保险单、各类新式基金的股份等，还有大量的衍生金融工具，如金融期货、期权、互换等，国际金融市场上衍生工具已达 1200 余种。此外，还有技术创新带来的工具创新，如卡式货币和电子货币等。这些丰富多彩、各具特性的新型金融工具，使投资者能很容易实现投资组合，分散或转移投资风险，实现在一定风险水平下的收益最大化，或一定收益水平下的风险最小化。

(2) 金融创新降低了持有和保管金融工具的成本，同时也降低了发行成本。许多现代金融工具简化并规范了其存在的实物形式，由于现代计算机技术和信息技术在金融领域的广泛应用，一些金融工具干脆放弃实物形式，实行无纸化发行，这样就明显降低了持有者管理成本和发行者成本。

(3) 金融创新便利了金融工具的交易，各类资产之间转换方便，大大降低了金融工具的交易成本。一方面，多样化金融工具满足多样化需求，使得金融市场的参与者增多，交易量迅速扩大，降低了交易的平均成本；另一方面，由于金融创新使各种金融工具之间的替代性增强，转换率上升，使交易者的机会成本下降。而且，由于国际金融市场比较发达并逐步走向统一，资金的自由快速转移，全球一体化交易，使得金融工具的交易十分便利，不再受制于时间、空间和交易量等制约。此外，随着网络的发展和进一步普及，网上交易也将变得越来越普遍。

3. 金融创新可能使金融机构经营风险增大

金融创新和放松管制后，为获得稳定的资金来源，银行为各类新型的存款负债支付了更高的利息，银行融资成本大大增长，这一方面迫使银行去承担风险更大的贷款，以取得更多的收益。另一方面，商业银行也越来越多地运用“资产负债表外项目”来经营，例如银行承兑汇票、信用证业务、利率互换和从事其他套利活动。这些经营项目都不表现在银行的资产负债表内，从而避开了中央银行的监督和控制，同时使银行增加了收入。虽然当银行表外业务发生时，银行并无资金外借，但银行承受了风险，一旦债务人不能履行其承诺，银行就要承担债务人的责任，所以银行的经营风险在提高。

金融创新使得金融机构之间的竞争加剧，银行的经营风险提高，导致金融体系的稳定性在下降。例如美国政府允许储蓄贷款机构购买公司债券和商业票据，以及某些不动产贷款和有价证券投资，但是 1987 年以石油产业萧条为契机，储贷机构不良债权问题完全暴露，引发一连串破产倒闭。金融创新促进了包括金融衍生工具在内的金融资产多样化发展，但金融衍生工具是一种杠杆性的金融工具，对市场价格有推波助澜的作用。它虽然可以为当事人提供规避风险的功能，但因为其杠杆特性恰好能满足投机者需要，所以实际金融运行中它可能更多的是被作为投机性的交易工具，而且交易规模很大，直接危及整个金融交易体系的安全，使金融机构的安全性受到威胁。以美国为例，20 世纪 50 年代银行倒闭家数平均为4.6家，60年代为5.2家，70年代为7家。而从1982年开始，银行倒闭家数急剧上升，1981年至1987年分别为9、42、43、80、120、145、200家。由银行倒闭而产生的社会管理成本急剧增加，引起西方国家重新看待金融创新的净收益问题。

（二）金融创新的宏观效应

金融创新除了对金融机构和投资者等微观金融主体产生巨大影响外，还对宏观经济产生较大的影响。下面将从金融创新对货币需求、货币供给和货币政策三个方面的影响，来探讨金融创新的宏观效应。

1．金融创新对货币需求的影响

此处货币需求概念中的货币，是通常所定义的狭义货币，包括现金和活期存款两个部分。金融创新对货币需求的影响主要体现在以下两个方面：

(1) 降低货币需求总量，改变广义货币结构。尽管经济发展水平的提高、商品货币化程度的加深、市场交易规模的扩大等因素，会导致货币需求处于一个长期的绝对增长的趋势，但金融创新却通过金融电子化和金融工具多样化，使人们在经济生活中对货币的使用量自然减少，并且使货币在广义货币结构中的比重下降。这是因为：一是金融创新中出现了大量货币性极强的金融工具，具有较好的变现功能和支付功能，在为人们提供流动性的同时，还提供了一定的收益，从而引起对传统货币需求的减少。二是金融创新带来的金融电子化和支付结算系统的改革，缩小了现金的使用范围，发达国家正趋向于走向无现金社会，这样就减弱了人们对狭义货币的流动性偏好。并且，随着货币流通速度的加快，对活期存款的需求也大为减少，因而导致对货币的需求在不断下降。三是金融创新使金融机构业务中出现了一种证券化的趋势，使得介于资本市场和货币市场之间的金融工具大量增加。这些新型金融工具既能获得交易的便利，又可获得较高的投资回报率，缩小了货币支付手段和贮藏手段之间的转换成本，从而相对提高了持币的机会成本。人们在其资产组合中将会尽量减少货币的持有量，增加非货币性金融资产的比重。

(2) 降低了货币需求的稳定性。金融创新对货币需求稳定性的影响主要通过三个途径发生作用：一是金融创新改变了人们持有货币的动机，引起货币需求结构的变化。金融创新中出现了许多货币性极强的新型信用工具和存款账户，在具有一定投资功能的同时，还具有良好的支付功能和变现能力。这导致货币的交易性需求下降和投机性需求上升，这使得货币需求的构成发生变化。交易性货币需求主要受国民收入等规模变量的影响，而国民收入在短期内是相对稳定的，因而交易性货币需求表现得相对稳定。而投机性货币需求主要取决于机会成本和投资者的预期等机会成本变量，金融创新导致金融资产价格的波动将会增大，影响投资者预期的稳定性，使得投机性货币需求具有不稳定的特性。这样稳定性强的交易性货币需求的比重下降，稳定性差的投机性货币需求的比重上升，从而导致整个货币需求函数的稳定性在下降。二是金融创新使货币需求的决定因素变得复杂和不稳定，各种因素的影响力及其与货币需求关系的不确定性更为明显。金融创新使得市场利率更为复杂多变，而货币需求的利率弹性也不稳定。金融创新还影响货币流通速度，使之有加快的趋势，但这种加速又是难以把握和测算的。三是由于金融创新使货币与其他金融工具之间的替代性增强，资产流动的交易成本又很低，因而在短期内经济形势稍有变化，就会引起资金在各类金融资产之间的大规模转移。由于新型金融工具既有交易的功能，又能支付较高的利息或随市场利率浮动，对公众较有吸引力，通过财富效应的作用，往往导致狭义货币需求变动频繁，且无规律可循。虽然传统的货币理论认为，货币需求可能是收入、价格和利率的一个稳定函数，但这种稳定性是基于不变的制度环境这个假定，金融创新导致的制度变迁显然会影响货币需求的稳定性。

2. 金融创新对货币供给的影响

金融创新对货币供给的影响是全面而深刻的，“金融创新可能已经改变了货币供给过程本身，并且因此影响了货币当局控制多种货币流通量的能力”(丹尼尔·桑顿，考特尼·斯通，2000 年)。金融创新对货币供给的影响体现在以下三个方面：

(1) 金融创新扩大了货币供给主体。金融创新推进了金融业务综合化和金融机构同质化的趋势，模糊了存款性金融机构和非存款性金融机构之间的业务界限，混淆了两者在存款货币创造功能上的本质区别。随着电子货币、卡式货币、网上交易的普及，使得存款货币的创造不再局限于商业银行，各类非银行金融机构也都有创造存款的功能，而且这种能力还有增强的趋势。因此，金融创新之后，在许多混业经营的国家，货币供给由提供通货的中央银行和提供存款货币的商业银行这二级主体，扩展为中央银行、商业银行和非银行金融机构这三级主体。

(2) 金融创新增强了金融机构的货币创造能力。任何时点上的货币供应量都是基础货币和货币乘数这两类集合变量的乘积，当中央银行提供的基础货币既定时，货币乘数就成为决定货币供给的关键变量。对货币乘数起决定性作用的因素有现金比率、定期存款比率、法定存款比率和超额储备比率，这四种因素均与货币乘数呈反向变动关系。金融创新就是通过作用于这四项来影响货币乘数，进而影响货币供给的。金融创新通过提高持币的机会成本和促进支付制度的发达这两个方面来对现金比率产生向下的压力，使得货币乘数得以上升。金融创新中出现大量非存款性金融工具，这些金融工具在安全性、流动性和收益性上都有很强的吸引力，使定期存款作为价值贮藏手段的吸引力下降。公众在资产组合过程中，就会将一部分定期存款转换成其它证券类金融资产，从而降低定期存款比率，提高货币乘数。由于中央银行一般对不同类型的金融机构采用差别准备金率，金融创新通过模糊对象界限，减少商业银行活期存款等方面，来使实际提缴的法定准备金减少，降低法定存款比率。金融创新从三个方面导致银行降低超额储备率：一是增加银行持有超额准备金的机会成本；二是因同业拆借市场发达，降低了拆借储备金的价格；三是公众对通货的偏好下降，银行保有库存通货的需求量减少，超额准备金比率的下降同样导致货币乘数的上升。

(3) 金融创新使得货币供给的内生性增加。货币供给内生性是指货币供给受经济体系运行中内在因素的影响程度，内生性强则中央银行对货币供给的可控性就减弱。金融创新一方面通过减少货币需求、充分利用闲置资金、加快货币流通速度，来改变货币供给的相对量；另一方面通过扩大货币供给的主体、加大货币乘数、创造新型存款货币，使得货币供给在一定程度上脱离中央银行的控制，也越来越多地受制于经济体系内在因素的支配。总之，经历金融创新之后，货币供给量不再是完全受中央银行绝对控制的外生变量，除基础货币外，它受经济内生变量的影响越来越大，因而严重削弱了中央银行对货币供给的控制能力。

3. 金融创新对货币政策的影响

由于金融创新重新阐释了某些基本的金融概念，改变了微观金融主体的运作环境，因而对已有的货币政策提出了严峻的挑战。货币政策主要包括政策目标(包括最终目标、中间目标和操作目标)、操作工具和传导机制等内容，金融创新对货币政策的影响，主要表现在中间目标、操作工具和传导机制等三个方面。

(1) 金融创新使得货币控制的中间目标复杂化。现代金融的理论和实践过程中，尽管货币在不断扩展，由 M_1、M_2 扩张到 M_3、M_4 等，但在确立货币控制的中间目标时，一般仍采用狭义货币概念即 M1。因为 M1 具有强力货币的特征，是作为媒介的货币和作为资产的货币的明显分界，以此为基础制订的货币政策的实际效果是比较好的。但新型金融工具的出现使得货币外延的明显分界变得模糊，许多账户兼有交易功能和投资功能，对于公众而言，货币与其他金融工具之间的差异不具有显著意义，两者之间有高度的替代性。在交易账户与投资账户之间，广义货币与狭义货币之间，甚至在本国货币和外国货币之间的差异正在迅速消失。当然，现在也有许多国家把 M_2 作为货币控制的中间目标，但 M_2 范围如何确定，如何有效控制，仍然是充满不确定的因素，并且是在不断变化的。

由于货币定义和计量的日益困难，中央银行越来越难以把握货币总量的变化，传统货币政策的效力正在降低。于是中央银行可能的选择是从控制狭义货币走向控制流动性资产，各国对货币供给的层次在不断修改。美国在 1971—1984 年间共修改货币定义七次，货币供给指标发展到目前的 M_1、M_2、M_3、L 和 Debt 五个。但尽管如此，金融创新带来的这方面问题并未解决，电子货币、多功能信用卡究竟属于哪一个层次，各国中央银行尚无明确答案。

(2) 金融创新降低了货币政策工具的效力。中央银行货币控制的传统手段是三大法宝，即法定准备金比率、再贴现率和公开市场操作。

首先，金融创新导致存款准备金比率调整的效力弱化。由于准备金存款是无息或低息的，会造成银行资金的占压和融资成本上升。金融机构必然通过金融创新来规避法定准备金的约束，例如金融机构通过回购协议、货币市场共同基金账户等方式筹集的资金不算作存款，因而不交纳法定准备金。金融创新增大了金融机构不用交纳准备金就获取资金来源的范围，这极大限制了通过法定准备金比率来控制金融机构派生存款的效果。

其次，金融创新使银行融资渠道多样化，存款机构非不得已不会向中央银行申请再贴现或再贷款。不但国内融资方式灵活多样，而且欧洲货币也成为国内货币的理想替代品。在现代金融技术条件下，资金的国际调度十分迅速，这使得金融机构对中央银行贴现窗口的依赖大为降低。当“能一次解决所有需求”的发达金融市场产生后，中央银行调节再贴现率的做法就渐渐失去意义。

最后，金融创新推动了金融市场的发展，为中央银行的公开市场业务提供多样化的交易手段和场所，强化了公开市场业务的作用，但同时也增加了有效运用公开市场手段的难度，使货币政策在很大程度上依赖于公开市场业务的有效性。目前，随着金融全球化进程的深入，在国际金融市场上迅速游动的各类资金越来越庞大，金融市场的动荡也日益频繁和剧烈，使中央银行的公开市场业务的操作难度很大，特别是外币公开市场业务的操作，中央银行也有力不从心的感觉。

(3) 金融创新扩大了货币政策效率的时滞。货币政策的时滞包括内在时滞和外在时滞，前者是指中央银行决策过程中的时滞，后者是指货币政策作用于经济过程中的时滞。金融创新首先影响货币政策的内在时滞，因为金融创新在各个方面深刻地影响了金融运行的过程，中央银行在制定货币政策时，必须考虑金融创新的内容、金融创新的速度以及金融创新所导致的货币政策传导途径的改变，从而扩大了货币政策的内在时滞。

金融创新还影响货币政策的外在时滞。外在时滞首先体现在中央银行作用于金融机构的过程中，金融业务的交融分散了中央银行的控制重点。前面已提到，由于金融创新打破金融机构业务限制，使能开办活期存款的金融机构越来越多。而且商业银行可以将存款余额用于证券投资，降低其信用创造能力。所以，金融创新已经改变了货币供给过程，进而影响了货币当局控制各种货币总量的能力，不但非银行金融机构在分享传统的货币创造能力，而且某些非金融机构，例如发行购物卡的商业企业，实际上也在供给货币，至少是在减少货币的交易需求。其次，外在时滞还体现在金融机构作用于企业和居民的过程中，金融创新创造了大量的新型金融工具，使得他们的货币需求的利率弹性发生变化。在利率变动的情况下，居民和企业的经济行为不一定像中央银行或金融机构预期的那样变化，这样也延缓了货币政策发生作用的时间。

第三节　我国的金融创新

金融创新理论于 20 世纪 80 年代中期被引入我国，随着我国金融体制改革的不断深入，我们已经在借鉴国际金融创新的先进成果的基础上，立足于本国国情，创造性地建立起新型的社会主义市场经济的金融体系，它不仅是对转轨时期金融体制的主动调整，也是金融业在市场经济发展过程中的自我完善与发展。所以，我国的金融创新是一种有目的的创新行为，对于尽快建立完善社会主义市场经济条件下的金融体制及其运行机制有十分重要的意义。

一、我国金融创新的内容

随着我国经济的发展，金融体制改革的不断深入，金融创新也取得了不小的成就。无论是从金融机构的组织结构和形式，还是金融宏观调控机制的建立，或者是金融工具、金融交易技术等方面均发生了巨大的变化。

（一）金融体制的创新

自 1978 年的改革开放以来，我国金融机构不断创新，初步形成了以中央银行为领导，国有商业银行为主体，合作金融、政策性金融以及其他多种金融形式并存、分工协作的金融组织体系。我国金融体制创新主要表现在两个方面：

一是中央银行体制的形成。在计划经济体制时期，我国只有一家银行——中国人民银行，其具有双重职能，既是政府管理金融业的政府机关，又是办理各种金融业务的经济组织，这种“大一统”的金融体制不适应经济改革、发展的需要，必须进行改革。1984 年，中国人民银行将自身的各相关业务逐步分离出来，分别恢复、成立了工、农、中、建四大国有专业银行，而它自己也完全独立出来，专门行使中央银行的管理职能，这标志着我国新的金融体系的建立。

二是商业银行和各种非银行金融机构的建立。1979 年以后，在四大国有专业银行恢复建立的基础上，又逐渐恢复建立了中国人民保险公司、中国国际信托投资公司；1987 年以后，我国又相继成立了交通银行、招商银行、中信银行、上海浦东发展银行等股份制的商业银行；同时成立了财务公司、证券公司、信托投资公司、租赁公司等，另外还积极开拓国际金融市场，引进外资金融机构；1994 年，我国又成立了三家政策性银行初步实现了政策性金融与商业性金融的分离，四大国有专业银行也正在逐步地向国有商业银行转化。

（二）金融管理制度的创新

金融管理机构的创新具体表现在两个方面：

(1) 中央银行自身金融监管方法和手段的创新。我国中央银行成立以来，其金融监管由从前的纯粹计划金融管制逐步转变为金融宏观调控；调控的方式也由过去的计划、行政手段的直接调控转为经济、法律手段的间接调控。更多地启用存款准备金、再贴现率以及公开市场操作等货币政策工具。随着我国“入世”成功，对外开放的扩大，近年来，中央银行已经开始进行本、外币联动的双向宏观调节。

(2) 对金融机构的管制有所放松，并趋于科学化、市场化。首先是从 1987 年以后，中央银行允许金融机构业务交叉，各家国内商业银行都可开办城乡人民币、外币多种业务，公平竞争；同时，企业和银行可以自由地进行双向选择，打破了资金供给制。金融管制的放松，给国内各家商业银行造成了一个压力较大的市场竞争的外部环境，但同时也大大提高了商业银行的经营管理水平和服务质量。其次，是对金融机构的信贷资金管理趋于科学化。过去的信贷资金管理体制僵化，效率很低，不利于调动基层银行的经营积极性，于是从 1994 年开始采用“总量控制、比例管理、分类指导、市场融通”的新型管理体制；与此同时，又先后对商业银行实行全面的资产负债比例管理、风险管理、贷款五级分类管理等，使中央银行对商业银行的信贷资金管理更加规范与科学。最后，是对金融机构的利率管理部分地引入了市场机制。中央银行对金融机构同业拆借的利率基本放开，由市场供求关系决定资金拆放利率的升降；对存贷款利率允许在一定幅度内上下浮动，增强了利率杠杆的弹性和调节作用。

（三）金融市场的创新

改革开放以前，我国没有金融市场，资金融通完全依靠财政拨款或银行间接融资渠道。1981 年，国家财政部开始发行长期政府债券，我国金融市场发展的序幕由此拉开。经过二十多年的努力，到目前为止，我国已经建立并形成了多种类、多层次、初具规模的金融市场体系。

1. 票据贴现市场

从 1980 年起，上海开始进行商业票据贴现业务的试点，1982 年中国人民银行肯定了成绩并推广经验，1986 年正式开办了对专业银行贴现票据的再贴现业务，推动了票据承兑贴现和再贴现业务市场的发展。

2．同业拆借市场

在计划经济时期，我国银行信贷资金管理体制实行的是统存统贷、存贷分离，“打酱油的钱不能打醋”，根本谈不上资金拆借。改革开放以后，众多不同形式的金融机构的发展，使信贷资金在使用上出现了时间差、地区差、行业差、项目差，客观上产生了相互调剂、融通资金的要求。至 1996 年 1 月，全国统一资金拆借市场成功地实现了一级交易网络联网试运行，生成了全国统一的同业拆借加权平均利率，并对外公布，使中国的同业拆借市场得以规范运行和发展。

3．证券市场

我国证券发行的直接原因是为了弥补国家建设资金的不足。随着经济的发展，1981 年，政府发行了新中国成立以来第一次长期国债，随后，有价证券的发行种类逐渐增多，国债、企业债、金融债、股票等相继登台亮相，为国家的经济建设、企业的发展，增加了更多直接融资的渠道，也为老百姓提供了更多、可供选择的投资机会。

在资本市场的建立上，我国不仅借鉴国外经验，而且根据中国国情进行创新，形成了具有中国特色的 A 股、B 股市场。在市场结构上形成了以承销商为主的一级市场；以沪、深两市交易所为核心、各城市证券交易中心为外围、各地券商营业部为网络的二级市场。

4．外汇市场

从新中国成立到改革开放以前，我国一直实行严格的外汇管理，自然不存在自由外汇买卖市场；1980 年 10 月，中国银行部分分行开始面向国有企业和集体企业开办外汇调剂业务，这是我国外汇调剂市场的萌芽形态。1988 年，随着外贸体制改革的深化，国务院制定了《关于办理留成外汇调剂的几项规定》，允许各省市设立外汇调剂中心，在北京设立全国外汇调剂中心，推动了外汇调剂市场的发展和规范；1994 年，为适应国内经济体制改革的深化和对外开放的不断扩大，外汇管理体制进行了一次重大改革，内容包括进行汇率并轨、实行银行结售汇制、建立银行间外汇交易市场等，这次改革，向建立统一的、开放的外汇市场迈出了突破性的一步。此后，外汇市场的创新之举仍然不断，如 1996 年 7 月起对外商投资企业开始实行银行结售汇制，1998 年 12 月 1 日起关闭外汇调剂中心，外商投资企业的外汇买、卖全部纳入银行结售汇体系等。

5．黄金市场

我国一直是一个黄金生产和消费的大国，但建国以后长期实行统购统配计划管理体制，禁止黄金在国内流通，制约了黄金生产和经营的活力，削弱了黄金在金融市场的作用。随着经济的发展，我国于 1982 年开放了黄金饰品零售市场，1993 年改革黄金收售价格的定价机制，此后开办了黄金寄售业务，并改革黄金制品零售管理审批制。2002 年成立了上海黄金交易所，标志着我国由货币市场、证券市场、保险市场、外汇市场和黄金市场组成的主要金融产品的交易市场全部建成。

（四）金融交易技术的创新

传统的金融交易技术主要是所谓的“三铁”，即铁账、铁款、铁算盘，其特征是手工操作、速度慢、效率低、差错多等。改革创新使计算机及现代通讯技术在金融业中得到广泛应用，使结算手段、支付手段开始了一场彻底的变革。

(1) 银行联行业务的创新，即银行联行业务计算机处理系统的开发和卫星通讯的联网，实现了一次数据输入、一条龙处理联行报单及有关数据，做到了安全、快捷、有效，大大提高了银行的工作效率，也提高了全社会资金的使用效率。

(2) 速汇、即付银行业务的开办，这是在银行办理汇款业务的三种传统方式——电汇、信汇、票汇的基础上推出的一种新型的小额汇款方式，大大方便了普通百姓的资金划拨。

(3) 电话银行业务的开办。电话银行是一种与电脑网络相连的业务系统。通过电话，银行客户可以直接办理有关业务及相关查询，有的还可以办理传真业务。目前，在我国大中城市的许多银行都开办了此项业务，在极大地方便了客户的同时，也使银行业务得到了迅速发展。

(4) 自助银行服务。自助银行服务是借助于银行电脑网络系统，由客户自己通过计算机的提示，自己操作完成所需要的业务服务的一种新型银行技术。例如招商银行“一卡通”的自助缴费、自动转账、网上支付、自助贷款等，为商业银行高效发展、完善服务创出了一条新路。

(五) 金融业务与工具的创新

从金融机构的负债业务创新看，先后出现了不同期限的定期存款、保值储蓄存款、住宅储蓄存款、委托存款、信托存款、礼仪存款、通知储蓄存款等新品种；从资产业务看，先后出现了抵押贷款、质押贷款、消费贷款、助学贷款、住房按揭贷款、汽车消费贷款、银团贷款等新品种，而且，贷款范围也由过去仅有的国有企业、集体企业(主要是国有企业)扩大到私营、外资、合资甚至个人；从中间业务看，最具代表性的是信用卡业务，它从无到有，从单一的消费功能到目前的本、外币的存取汇兑、贷款、清算、投资、消费一条龙服务，这是我国商业银行从未有过的新型的金融服务。

随着我国金融市场的发展，金融工具的创新也十分活跃，既有货币市场工具的创新，如国库券、商业票据、短期融资债券、回购协议、大额可转让存单等；又有资本市场工具的创新，如中长期政府债券、企业债券、受益债券、股票、股权证、基金证券、投资连接保险、分红型保险等。其中，股票市场的工具创新中，除了引进国际通用的普通股和优先股等吸纳性创新外，还有独具我国特色的B股、法人股权证、国有股权证、内部职工股权证等原始性工具的创新，极大地丰富了我国的金融资本市场。

二、我国金融创新的特点

我国是一个发展中国家，尤其是在目前正处于由计划经济体制向市场经济体制的转轨时期，因此，在金融创新上具有很明显的中国特色。

(一) 我国的金融创新起步较晚、但发展很快

国外的金融创新在20世纪60年代已开始，而我国的金融创新却始于20多年以后，而且是从一个比较低的基础上起步的，其发展程度与发展水平大大滞后于国际水平。但是，我国金融创新的进展却十分惊人，成效显著，这主要是因为在经济体制的转换过程中，金融体制必然会产生巨大的变迁，在这个变迁过程中，不但变迁和创新的方面很多，而且程度也相当剧烈。这是因为市场经济的改革使长期在计划经济体制下受压制的金融机构的市

场活力得到了成倍的释放。所以，中国的金融创新的变化与成就是有目共睹的，可以用天翻地覆来形容。

（二）吸纳性创新多、原创性创新少

自改革开放以来，我国创新的金融工具近百种，范围涉及金融业的各个层次与方面，但其中的 85%左右是通过“拿来”的方式从西方国家吸纳过来的，基本上是借鉴别人的创新成果。而真正由我国首创、具有中国特色的原创性创新工具却很少，这与我国目前经济、金融发展水平相对滞后、缺乏相应的管理经验和创新人才以及金融机构独立性较小、金融监管环境相对较严有很大关系。

（三）金融创新的手段单一，重数量、轻质量

西方发达国家的金融创新大多建立在高科技、高效率以及金融机构发达和金融市场完善的基础上。而我国目前才刚刚起步的市场经济，各方面的机制还未完全建立与健全，致使有些创新内容浮浅、方式简单、手段落后。所以，我国现有的金融创新重点放在易掌握、方便操作、科技含量较小的外在形式上，主要表现在经营机构弱化，高投入、低产出；金融资产表现为软约束资产，规模扩张明显，金融产品单调，无法适应经济发展和改革的需要。如市场流通性差，靠强行摊派的债券、简单靠提高利率吸引资金的有奖储蓄、金融机构的增设、金融业务的扩张等，而与市场经济体制要求相适应的经营机制方面的创新则明显不足。

（四）负债类业务创新多、资产类业务创新少

长期以来，存款等负债业务是各家金融机构竞争相对激烈的业务领域，金融机构推出的业务创新和工具创新也在这个领域里最为丰富。前述的政府债券、企业债券、金融债券、大额存单、保值储蓄等大部分业务和工具创新都属于负债类的业务创新。而资产类业务创新，尤其是贷款，长期以来受到国家金融管理部门的严格控制，一直属于金融机构垄断的资源。在该领域中，几乎不存在竞争，因而金融机构也就不需要、也没有动力去进行创新，这与金融创新的内在规律是相符的。当代金融创新的实践发展表明，竞争是金融创新的催化剂，而垄断则是竞争的天敌。中国金融创新的这一特点也提醒告诫我们，要促进中国的金融创新，首先必须培育、创新竞争性的金融市场体系。

（五）金融创新有明显的区域性特征

我国的市场经济首先在经济特区和沿海城市落足。经济特区和沿海城市率先打破传统体制的束缚，金融管理相对较松，金融市场较为活跃，且呈适度竞争态势，这些都为金融创新提供了较好的外部环境。例如，创建于深圳的招商银行，自建行以来，大胆创新，不断开拓，现已成为中国商业银行努力创新的典型代表。所以，沿海地区实行先行一步的发展市场经济的战略，带动了经济的起飞；而富裕的经济条件和强烈的营利动机又使金融机构有了投入创新的物质基础和内在冲动。因此，我国的金融业务和金融工具的创新一般是先在经济特区或沿海城市产生，然后逐步向内地推广，有着明显的区域性特征。

（六）金融创新主要是靠外部力量推动的被动创新

迄今为止，我国金融机构的各种创新(尤其是国有商业银行)主要是由体制转换和改革政策等外部因素推动的，如中央银行监管体制的改革、资产负债比例管理制度、贷款风险的五级分类制度、资本金管理等。而金融创新的主体——金融机构的内在创新动力明显不足，这与国有商业银行长期以来独立性不强、没有市场竞争压力、政府保护过多有密切联系。一般认为，当金融机构能够从一般的经营中赚取利润且不会被市场所淘汰时，它是不会去花力气创新的。所以，我们必须清醒地认识到，在我国"入世"后，随着市场经济体制的逐步完善，这种来自经济体制转换创新的外部推动力将逐渐减弱，政府的保护伞将逐渐消失，中国的金融机构必须积极有效地激活自身创新的内在动力，否则，中国的金融机构将会被市场所淘汰。

第四节　金 融 发 展

【知识拓展】

上世纪 90 年代金融发展理论的新发展

在金融发展和经济增长的关系上，上世纪 90 年代金融发展理论家继承并发展了麦金农-肖学派的观点。与麦金农-肖学派一样，他们认为金融发展(包括金融中介体的发展和金融市场的发展两个方面)既对经济增长产生影响又受到经济增长的影响；与麦金农-肖学派不一样，他们使上述观点具体化和规范化了。具体来说，麦金农-肖学派对金融发展和经济增长关系的研究大致停留在经验式的主观判断上，对这种关系的刻画较为粗糙，经不住仔细推敲。其结果是，在麦金农-肖理论及其扩展那里，金融发展和经济增长关系过于简单，启发性不强，麦金农-肖学派的政策主张很难有效。

90 年代金融发展理论家意识到并克服了麦金农-肖理论及其扩展的上述缺陷。他们把金融发展置于内生增长模型中，建立了大量结构严谨、逻辑严密和论证规范的模型；并通过实证分析试图对理论模型的结果加以检验。从这种意义上讲，90 年代金融发展理论家从理论和实际的结合上把金融发展理论提升到一个新的高度，提出的政策主张更加贴近现实，尽管模型的复杂程度大为提高。下面我们简要介绍一下 90 年代金融发展理论的最新成果。

一、金融发展与经济增长的关系

（一）经济增长对金融发展的作用

对一国而言，金融中介体和金融市场形成之后，其发展水平会随该国内外条件的变化而变化。这也是金融中介体和金融市场的发展水平在不同国家或同一国家不同时期之所以不同的原因。既然金融中介体和金融市场有个动态的发展过程，就有必要从理论上对这一过程加以解释。

在经济发展的早期阶段，人均收入和人均财富很低，人们无力支付固定的进入费，或者即使有能力支付也因为交易量太小、每单位交易量所负担的成本过高而得不偿失，从而没有激励去利用金融中介体和金融市场，除非在他们的收入和财富达到一定的水平之后。由于缺乏对金融服务的需求，金融服务的供给无从产生，金融中介体和金融市场也就不存在。

但是，当经济发展到一定阶段以后，一部分先富裕起来的人由于其收入和财富达到上述的临界值，所以有激励去利用金融中介体和金融市场，亦即有激励去支付固定的进入费。这样，金融中介体和金融市场就得以建立起来。随着时间的推移和经济的进一步发展，由于收入和财富达到临界值的人越来越多，利用金融中介体和金融市场的人也越来越多，这意味着金融中介体和金融市场不断发展。最终，当所有人都比较富裕，都能从金融服务中获益时，金融部门的增长速度就不再快于经济领域的其他部门了。

莱文(Levine，1993)扩展了上述观点，在其模型中，固定的进入费或固定的交易成本随着金融服务复杂程度的提高而提高。在这种框架下，简单金融体系会随着人均收入和人均财富的增加而演变为复杂金融体系。

最后，莱文指出，诸如投资银行之类的复杂金融中介体之所以形成，是因为它们具有以下“对生产过程进行调查并把资源调动起来以充分利用有利的生产机会”的功能，但这类金融中介体的形成只能在人均收入达到一定水平之后，“如果人均收入很高，当事人就会选购包括调查厂商、论证项目和调动资源等在内的金融服务以充分利用投资机会。如果人均收入不高，当事人就会发现这些金融服务所带来的额外收益不足以抵偿成本”，从而不去购买这些金融服务，相反，他们满足于现有的简单金融中介体(其功能仅限于降低交易成本)，在这种情况下，金融中介体当然得不到发展。

（二）金融发展对经济增长的作用

20 世纪 90 年代金融发展理论的最核心部分在于对金融发展作用于经济增长的机制做出全面而规范的解释。根据马尔科帕加诺的简易模型，金融体系可以通过影响储蓄转化为投资的比例(ϕ)、资本的边际社会生产率或私人储蓄率来影响增长率，下面我们依次介绍这三种机制。

1．将储蓄被转化为投资

金融体系的第一种重要功能是把储蓄转化为投资。在把储蓄转化为投资的过程中，金融体系需要吸收一部分资源，从而 1 元钱的储蓄只能带来少于 1 元的投资。剩下的以存贷利差的形式流向银行，以佣金、手续费等形式流向证券经纪人和交易商。

金融体系对资源的吸收，一方面反映着金融体系因提供服务而获取的报酬，另一方面也反映着中介体的 X—非效率和市场力量。另外，中介体的活动常常受到税收方面的歧视(如法定准备金、交易税等)和政府的管制，导致单位毛利上升。金融发展使金融部门所吸收的资源减少——使投资的比例提高，从而使增长率提高。

2．提高资本配置效率

金融体系的第二种重要功能是把资金配置到资本边际产品最高的项目中去。在上述框架中，金融体系通过三种方式来提高资本生产率，从而促进增长。第一种方式是收集信息以便对各种可供选择的投资项目进行评估；第二种方式是通过提供风险分担(risk sharing)

来促使个人投资于风险更高但更具生产性的技术；第三种方式是促进创新活动。

在不存在银行的情况下，家庭只能通过投资于能随时变现的生产性资产来防范特异的流动性冲击，从而常常放弃更具生产性但流动性更差的投资项目。这种无效性可以由银行来克服，它把存款人的流动性风险汇集在一起，并把大部分资金投资于流动性更差但更具生产性的项目。银行所持有的流动资产的数量不必超过那些遭到流动性冲击的家庭的预期取款。

除了银行，消费者也可以通过金融市场来分担流动性风险。在莱文的分析中，个人通过在股票市场上出售股份而不是从银行取款来缓解特异的流动性冲击，同时，股票市场也允许当事人通过证券组合来降低收益率不确定带来的风险(简称收益率风险)。股票市场的这种双重保险功能促使人们更加愿意投资于流动性更具生产性的项目，也避免了不必要的投资终止。所以，股票市场建立和发展有助于投资生产率和增长率的提高。

金和莱文在其建立的内生增长模型中，以企业家精神(或创新活动)为纽带把金融和增长联系起来。他们认为，金融和创新的联系是经济增长中的关键因素。在他们的理论模型中，金融体系可以提供四种服务：① 对投资项目进行评估以甄别出最有前途的项目，特别地，评估潜在企业家的项目需要支付相当大的固定成本，金融体系既能胜任这项工作，又能承担这种成本；② 项目所需的资金数量很大，这要求把许多小储蓄者的资金聚集在一起，金融体系能够有效地做到这一点；③ 尝试创新的结果是不确定的，金融体系能够为个人和企业家提供分散风险的便利；④ 生产率提高要求个人从事有风险的创新活动而不是因循守旧(用现有的方法来生产现有的产品)，创新的预期报酬是创新者作为行业中的佼佼者(生产率领先者)而占有的利润，金融体系能够准确地披露这些预期利润的现值(金和莱文称之为“创新租金(innovation rents)”)。凡此种种，都有助于创新活动，即有助于生产率的提高，从而有助于增长率的提高。

3．改变储蓄率

金融发展影响经济增长的第三种方式是通过改变储蓄率。在这种情况下，金融发展和经济增长关系的符号是不明确的，因为金融发展也可以降低储蓄率，从而降低增长率。金融发展也使厂商所支付的利率和家庭所收取的利率之间的差距缩小。这些因素都对储蓄行为产生影响，但在每一种情况下，效应都是不明确的。

20世纪90年代的金融发展理论是在70、80年代金融发展理论和内生增长理论的基础上建立起来的，它试图利用内生增长理论的研究方法来研究金融体系(包括金融中介体和金融市场)是如何内生形成的，以及内生出来的金融体系是如何与经济增长发生相互作用的。

90年代金融发展理论在理论模型中引入了诸如不确定性、信息不对称、不完全竞争、质量等级和外部性之类的与完全竞争不相容的因素。由于模型假设比较贴近现实，提出的政策主张比较符合各国的实际。因此，尽管90年代金融发展理论的研究对象不限于发展中国家，为这一理论的形成和发展做出重要贡献的也基本上是发达国家的学者，但它对于发展中国家的金融理论研究和金融发展实践似乎更具有借鉴意义和参考价值。

二、中国的金融发展

1．转轨经济条件下的金融发展

随着经济体制改革的进行，金融业得到了迅猛的发展，具体而言表现在以下几个方面：

(1) 二级银行体制的建立和金融机构的多元化发展。

改革开放以来，中国金融发展的一个最主要的内容便是打破了原有的人民银行“大一统”的局面，形成了多元化的金融机构体系。它主要表现在中、农、工、建四大国有商业银行的复兴和中央银行体系的确立，各种全国性或地方性股份制商业银行的崛起、政策性银行的创立和非银行金融机构的多样化发展以及外资金融机构的引入等方面。

金融体制改革以来，最先进行的改革就是恢复了二级银行制度，中国农业银行和中国银行先后从人民银行中分离出来，成为了独立的经营金融业务的机构。1983 年，中国工商银行与中国人民银行分离，主要承担工商信贷，城镇储蓄业务。而人民银行则专司中央银行职能。这样，我们形成了以中国人民银行为中央银行，四大国有商业银行为支柱的二级银行体制。

随着金融业的发展，一些全国性和地方性的股份制商业银行也相继成立，交通银行、中国光大银行、招商银行等商业银行的成立和发展，成为我国金融机构中的重要组成力量。

【知识拓展】

西安市商业银行

西安市商业银行是西安市人民政府控股的地方性股份制商业银行。1997 年 5 月，在中国人民银行和西安市人民政府的支持下,42 家城市信用社合并组建西安城市合作银行,1998 年更名为西安市商业银行，从此走上了集约化经营的道路。开业 10 年来，在市委、市政府和人民银行以及陕西银监局的正确领导和关怀下，在广大股东及社会各界的大力支持下，围绕“服务地方经济、服务中小企业、服务广大市民”的市场定位，西安市商业银行不断深化改革，按照现代企业制度完善法人治理结构，规范内部管理，增强服务功能，优化资本结构，实现了跨越式发展，并于 2004 年成功引进国际金融公司和加拿大丰业银行两家国外战略投资者，成为西部地区第一家引进外资的城市商业银行，也是全国 115 家城市商业银行中继上海银行和南京银行后第三家引进外资的城市商业银行。截至 2006 年末，各项存款余额 324 亿元，贷款余额 239 亿元，总资产 383 亿元，实现拨备前利润 4.5 亿元。目前西安市商业银行已成为中国西部地区经营规模和盈利能力居前的商业银行。

2007 年 5 月 13 日，西安市商业银行迎来了十年华诞。经过十年努力，西安市商业银行 113 家支行遍布西安主要街区，2000 余名员工服务于千家万户，着力打造“市民银行”，积极支持市政基础设施及曲江新区、大唐芙蓉园等建设，扶植地方中小、民营科技企业发展，致力于西安地方经济建设与发展；不断完善金融电子化建设，推出电话银行“96779”和“福瑞卡”，开展中间业务惠及市民、拓展利润空间，为西安金融插上了腾飞的翅膀；成功引进国际金融公司和加拿大丰业银行两家境外战略投资者，增强了参与国际金融市场竞争的实力；制定未来发展战略，确立在条件成熟时实施跨区域经营的战略思想。

此外，政策性银行以及各种非银行金融机构的成立，如证券公司、保险公司、信托投资公司等使得我国的金融机构呈现多元化的发展势头。

(2) 金融资产的种类和数量的变化。

① 金融资产总量发展迅速。

从金融总量看，各项主要指标的增长速度均超过经济增长 1 倍以上，2000 年与 1978

年相比，金融机构的总资产增长了65.3倍，年均增长21.0%；贷款余额增长了52.9倍，年均增长19.9%；存款余额增长了94.2倍，年均增长23.0%；货币总量增长了88.0倍，年均增长22.6%；城乡居民储蓄增长了304.5倍，年均增长29.7%。

② 金融资产结构由单一化向多元化转变。

随着经济体制改革的进行，中国金融资产的结构也相应发生了变化。1992—2000年，广义货币M2在金融资产总量中的比重由87.6%下降到65.8%，债券余额的比重由8.8%上升到10.7%，股票市价总值的比重从3.6%上升到23.5%，是成长最快的一种金融资产。货币、债券和股票相对数量的变化，反映了银行中介机构相对地位的下降和资本市场相对地位的提高。

股票市场的迅速发展也可以从股票市场筹资规模的扩张以及股票筹资额和银行贷款增加额的比率变化中得以体现。1994年境内股票筹资额为99.8亿元，占银行贷款增加额的比率仅为1.38%，而2000年境内股票筹资额达到1498.5亿元，占银行贷款增加额的比重上升到11.23%。

除了股票市场的迅速发展以外，债券发行规模的扩张，特别是国债和政策性金融债的扩张，也是推动中国金融资产规模扩张、改变金融资产结构的重要力量。在开始发行企业债和金融债的1986年，国债余额占各种债券余额的比重为73%，1994年以后，国债发行的绝对规模迅速攀升，国债发行额占GDP的比重也不断上升，1995年新开辟了政策性金融债，形成了国债和政策性金融债共同主导债券市场的局面。到2000年底，国债和政策性金融债券占债券余额的96%。

2. 中国金融发展道路选择——金融约束

【知识拓展】

金融约束论

对于一国政府的金融管理活动与该国经济增长之间的关系，不同的理论从不同角度给出了差异很大的结论。如金融抑制论认为，政府对金融市场价格和数量的控制扭曲了资源配置，阻碍了经济增长。尽管从重视市场机制在经济发展中的基础调节作用的传统经济学理论的观点来看，金融抑制论毫无疑问应该是正确的，但在现实中许多国家在经济发展的实践中所走出的道路并不能够为这一理论提供更多的佐证，反而从另一个方面对其科学性提出了疑问。二战后到现在，东亚经济得到了飞速的发展，东南亚的泰国、印尼和马来西亚等国家，以及中国的经济都得到了巨大的发展，而这些国家多多少少都存在着金融抑制现象，按照金融抑制论的观点，这些国家由于存在严重的金融抑制问题，经济不应该有飞速的发展，但是事实却恰恰相反。

在这一背景下，以托马斯·赫尔曼、凯文·穆尔多克和约瑟夫·斯蒂格利茨为代表的经济学家于20世纪90年代末针对发展中国家的国情提出了“金融约束论”。他们认为，政府通过实施限制存贷款利率、控制银行业进入等一整套的约束性金融政策，在银行业创造租金，从而可以带来相对于自由放任政策和金融压抑政策下更有效率的信贷配置和金融业深化，对发展中国家维护金融机构的安全经营、保证金融体系的稳定、推动金融业发展的进程极为重要。金融约束的主要政策有利率控制和资产替代等，其中利率控制是核心。金融约束的本质是：政府通过一系列的金融政策在民间部门创造租金机会，即取得超过竞争性市场所能产生的收益的机会，这种租金能够促进市场更好地为经济发展服务。“金融约束论”的核心观点是：提供宏观经济环境稳定、通货膨胀率较低并且可以预测的前提，由存款监管、市场准入限制等组成的一整套金融约束政策可以促进经济增长。

如前所述，在金融发展理论提出后，受到了来自各方的修正或批评，而其中影响较大的应该是斯蒂格利茨等人提出的金融约束政策。对于我国的金融发展，谈儒勇(2000 年)在分析我国经济现状后认为，我国应该采用金融约束政策，但在具体的政策选择上又有别于斯蒂格利茨等人的政策措施。

根据前面的介绍，金融约束指的是一组金融政策，主要表现在对存款利率加以控制、对贷款利率加以控制、对银行业竞争加以限制和对资产替代加以限制等，这些政策旨在为银行部门和生产部门创造租金机会，或者旨在提高金融市场的效率。

而在我国，较适宜的金融约束政策是对存贷款利率加以控制，而不应该对银行业竞争加以限制和对资产替代加以限制，其理由有以下几个方面。

1.“限制银行业竞争”在我国不可取

我国银行业的垄断程度偏高，在这种情况下，对银行业的竞争加以限制无疑使已经糟糕的情况变得更加糟糕。如果既有的垄断格局不被打破，在我国发展中介体主导型的金融体系就成了一句空话。所以对我国政府来说，在推行金融约束的过程中，不仅不应该对进入加以限制，相反应该对进入(包括外资银行的进入)加以适当的鼓励。银行之间的相互竞争既有助于金融中介效率的提高，也是最终实现金融开放的先决条件。

2.“对资产替代加以限制”在我国不可取

从我国目前金融资产的结构状况可以看出，虽然改革开放以来非银行的融资渠道得到了较快的发展，但是从资产总量上来看，直接融资的比率仍然很低，融资对银行的依赖性仍然非常明显。在这种情况下，限制其他金融资产的发展，无疑将加重银行体系承担社会资金供给的担子，不利于融投资体系的建立和金融的良性发展。

3.“对存贷款利率加以控制”在我国的必要性

金融约束的一个重要特征是实际利率必须为正，但不能太高。为此，政府需要对利率加以控制，使之低于竞争均衡水平。较低的实际存款利率为银行部门创造了租金机会。租金机会的存在职使现有银行的自有资本增加(资本金得到充实)，从而使银行更加稳健地经营，增强了抵御风险的能力，也使现有银行面临潜在竞争者的进入威胁，从而使它们更加自觉地改善金融服务，降低金融中介成本，所有这些都是中介体主导型金融发展战略的题中之义。另外，政府有时也需要对贷款利率加以控制，以便为生产部门创造租金机会，特别是在我国国有企业整体经营状况堪忧的现阶段，更需要政府这只“看得见的手”从外部为它们减轻债务负担并降低融资成本，同时，国有企业效率的提高也有助于银行不良资产问题的解决。

实际上，近年来我国负的通货膨胀率为政府推行金融约束政策提供了绝无仅有的大好机会。即便在不进一步降低法定存、贷款利率的情况下，政府也可以通过积极的财政政策和适当的货币政策，使通货膨胀率适当回升，从而收到金融约束的效果，即正的但较低的实际存、贷款利率。而且，为了使银行更加稳健地经营，存款利率的下调幅度要适当大于贷款利率的下调幅度，即提高存贷利差，使银行的资本金得到充实以增强自身抗风险的能力。

本章小结

(1) 金融创新是微观金融组织为了寻求利润的最大化，减轻外部对其造成的金融压制而采取的自卫行为，是在努力消除和减轻施加给微观金融企业的经营约束中，实现金融工具和金融交易的创新。

(2) 金融创新的内容十分广泛，各种创新又有着自己的目的与要求。所以，金融创新可以有不同的分类方法。按创新的内容来划分，金融创新可以分为工具的创新、机构的创新、业务的创新、制度的创新。

(3) 我国是一个发展中国家，尤其是在目前正处于由计划经济体制向市场经济体制的转轨时期，因此，在金融创新上具有很明显的中国特色，主要表现为发展很快吸纳性创新多原创性创新少；金融创新的手段单一重数量、轻质量；负债类业务创新多、资产类业务创新少；金融创新有明显的区域性特征。

(4) 90 年代金融发展理论的最核心部分在于对金融发展作用于经济增长的机制做出全面而规范的解释。随着我国经济体制改革的进行，金融业得到了迅猛的发展。中国金融发展道路选择——金融约束。

知识网络图

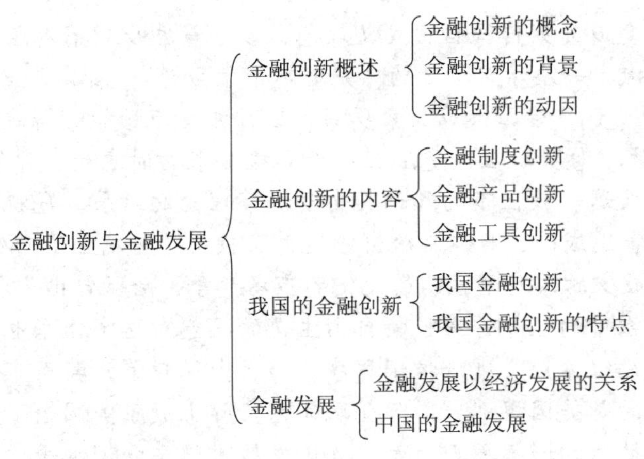

本章练习

一、思考题

(1) 如何理解金融创新的含义？

(2) 是哪些因素推动了金融创新的发展？
(3) 简述金融创新的宏观和微观效应？
(4) 试述中国金融创新的特点？
(5) 金融发展如何影响经济增长？
(6) 经济增长如何影响金融发展？

二、典型案例分析

【案例 1】

美国“金融创新”犹如脱缰之马

以负有维护美国经济整体稳定重责的美联储为例，它只负责监督商业银行，无权监管投资银行；而负责投资银行的监管方——美国证券交易委员会，也只是在2004年经过艰难谈判后才获得监管权的。这就使得像美国国际集团(AIG)这样涉及多领域的“巨无霸”，在相当长一段时间里处于根本无人监管的灰色地带，可以自由自在地进行“金融创新”。

金融评级机制在此次危机中，也出现了严重失误。那么多金融机构的贷款出现了问题，它们发行的金融产品有那么多漏洞，金融评级机构居然“视而不见”，使很多问题债券、问题银行能够长期被评估为“优等”。一位在某评级机构的结构性金融产品部门工作的业内人士形象地说，什么都可以评级，我们甚至可以评估一头被结构化的母牛。这无异于在鼓励华尔街大施“金融炼金术”，肆无忌惮地四处“圈钱”。

由于国际金融体系是以美国为主导的，而美国又无视一些国家多次提出的加强监管的建议，因此，整个国际层面也缺乏有效的金融监管。在监管滞后的整体气氛下，金融机构的贪婪性迅速膨胀。

新自由主义是一套以复兴传统自由主义理想，以尽量减少政府对经济社会的干预为主要经济政策目标的思潮。一些学者称之为“完全不干预主义”，因其在里根时代勃兴，因此又称其为“里根主义”。而“金融大鳄”索罗斯把这种相信市场能够解决所有问题的理念称为“市场原教旨主义”。索罗斯在接受法国《世界报》采访时表示，“(华尔街的危机)是我所说的市场原教旨主义这一放任市场和让其自动调节理论的结果。危机并非因为一些外来因素，也不是自然灾害造成的，是体制给自己造成了损失。它发生了内破裂。”新自由主义的模式，突出强调“最少的政府干预，最大化的市场竞争，金融自由化和贸易自由化”。由于美国在国际金融体系中的主导作用，新自由主义的思想对这个体系也形成了极大影响，包括会计制度、市场评级体系、风险控制程序，乃至金融政策，甚至市场适用的语言、计价货币等，统统采用的是美国规则，国际金融体系实际上成了美国金融体系。很显然，这不符合平等、公平、协商的国际原则，无视各国发展阶段、管理水平、经济和社会体制的差异。越来越多的经济学家已经认识到，未来国际金融体系的改革与调整要想取得成果，就必然要触动这一思想基础。

在经济全球化迅速发展的背景下发生的金融风暴，必然会产生比以往更强烈的冲击。

请分析：

金融创新应该在怎样的金融监督体系下进行才不会像“脱缰之马”？

【案例2】

金融服务创新

——招行推"金葵花"钻石服务体系

招商银行推出"金葵花"钻石品牌，该品牌仅面向金融资产超过500万元的钻石级客户群体提供服务。据招行财富管理业务相关人士介绍，该体系的酝酿由来已久，目前，"金葵花"钻石客户服务体系推出条件已经成熟，首批40家钻石财富管理中心已在北京、上海、广东、浙江、山东等大部分地区开业。钻石级核心客户有着独特的理财需求和投资习惯：首先，他们对资讯的需求高，希望理财经理更多地提供资讯和参考，自己来判断决策，相对于私人银行客户，他们更注重亲身参与到理财过程之中；其次，中国人"财不外露"的传统观念使得他们注重服务过程的私密性，行为处事低调。

请分析：

金融业服务意识的重要性以及金融服务创新与金融发展的关系。

参 考 文 献

[1] 黄达. 金融学. 北京：中国人民大学出版社，2014
[2] 蔡泽祥. 货币银行学. 西安：西安交通大学出版社，2008
[3] 郝书辰. 金融概论. 北京：中国财政经济出版社，2005
[4] 孟昭兰. 中央银行学. 西安：西安交通大出版社，2007
[5] 孙可娜. 证券投资. 北京：高等教育出版社，2003
[6] 贝政新. 证券投资学. 上海：复旦大学出版社，2005
[7] 贺强. 证券投资学. 北京：首都经济贸易大学出版社，2007
[8] 中国证券业协会编，证券市场基础知识. 北京：中国财政经济出版社，2008
[9] 中国证券业协会编，证券交易. 北京：中国财政经济出版社，2008
[10] 刘连生. 保险原理与实务. 北京：中国人民大学出版社，2008
[11] 许谨良. 财产保险原理和实务. 上海：上海财经大出版社，2007
[12] 张洪涛. 人身保险. 北京：中国人民大学出版社，2008
[13] 蔡鸣龙. 信托与租赁. 北京：中国金融出版社出版，2006
[14] 魏永芬. 金融学概论. 大连：东北财经大学出版社，2006
[15] 王灵华. 国际金融学. 北京：清华大学出版社，2007
[16] 弗雷德里克·S·米什金. 货币金融学. 7 版. 北京：中国人民大学出版社，2007
[17] 李克桥，崔喜元. 国际金融实务. 北京：中国财政经济出版社，2007
[18] 梁峰. 金融学概论. 北京：中国财政经济出版社，2007
[19] 高建侠，李小丽. 金融基础. 北京：中国科学技术出版社，2008
[20] 余珊萍，虞斌. 国际金融. 南京：东南大学出版社，2000